Les pages 103-104 ont
été coupées . 15 déc. 1897

LAÏCISATION

DE

L'ASSISTANCE PUBLIQUE

CONFÉRENCE FAITE A L'ASSOCIATION PHILOTECHNIQUE
LE 26 DÉCEMBRE 1880

PAR

BOURNEVILLE

Médecin des hôpitaux
Membre du Conseil municipal de Paris, etc.

PARIS
—
AUX BUREAUX DU *PROGRES MÉDICAL*
6, RUE DES ÉCOLES, 6
1881

LAICISATION

DE

L'ASSISTANCE PUBLIQUE

M. de Hérédia, membre du Conseil municipal de Paris et président de l'Association philotechnique, a pensé qu'il était utile de créer auprès des sections déjà existantes de l'Association, une nouvelle section, sous le nom de *section d'hygiène et de médecine usuelle*. L'inauguration de cette section a eu lieu le 26 décembre à la mairie du III° arrondissement.

C'est à cette occasion que nous avons eu l'honneur de faire sur les *Ecoles municipales d'infirmières de Bicêtre et de la Salpêtrière* et sur la *laïcisation de l'Assistance publique* la conférence suivante que, en raison des circonstances, nous croyons devoir faire tirer à part, telle qu'elle a paru dans le *Bulletin de l'Association philotechnique* (1).

---

(1) Les épreuves ne nous ayant pas été communiquées, il s'est glissé dans la publication du Bulletin quelques erreurs que nous avons corrigées; c'est la seule modification que nous avons cru utile de faire, bien que, en maints endroits, le rédacteur se soit borné à une analyse de ce que nous avons dit.

Mesdames, Messieurs,

Mon collègue et mon ami M. de Hérédia, dans le discours qu'il a prononcé le 11 décembre dernier dans le grand amphithéâtre de la Sorbonne, a indiqué les améliorations à introduire dans l'organisation du programme de l'Association philotechnique ; il a, et avec raison, particulièrement insisté sur l'enseignement professionnel, et annoncé en même temps la création d'une section pour l'enseignement professionnel des infirmières et des garde-malades à la mairie du IIIe arrondissement.

A ce propos, il vous a dit quelques mots de l'organisation établie par le Conseil municipal à Bicêtre et à la Salpêtrière. Aujourd'hui, il a pensé qu'il convenait de donner à l'ouverture de la nouvelle section une certaine solennité; il vous a réunis, et pour compléter les renseignements qu'il vous avait donnés sur l'organisation de nos Ecoles municipales d'infirmières, il a fait appel à mon concours....

Après de longues et consciencieuses observations faites par moi dans un grand nombre d'hôpitaux dont la surveillance intérieure était confiée dans les uns à des laïques, dans les autres à des religieuses, je suis arrivé à cette conclusion que rien n'était fait pour l'instruction des surveillantes laïques pas plus que pour celle des religieuses ; chez les unes et chez les autres, aucune connaissance professionnelle; chez toutes les préjugés et la routine. C'était là une situation déplorable. Ce que je vais dire des infirmières s'applique également aux infirmiers....

Voyons d'abord comment s'opère leur recrutement. Un ouvrier sans travail, appartenant à n'importe quelle profession, se présente dans un hôpital où il y a des vides dans le personnel, — et il y en a toujours, — on le prend comme infirmier. C'est à peu près la même chose pour les femmes. Des Bretonnes, des Franc-Comtoises désirent trouver pour quelque temps de l'occupation à Paris, elles considèrent les hôpitaux comme des espèces d'auberges, d'hôtels meublés ; elles se présentent ; on a besoin d'infirmières ; on les prend sans se préoccuper de ce qu'elles savent ; puis, quand elles ont pris pied à Paris et qu'elles se sont retournées, qu'elles se sont créé des relations, elles trouvent, en ville, une place meilleure et vont exercer une autre profession.

Mais, si le recrutement des femmes était encore à peu près passable, — en revanche celui des hommes était tout à fait déplorable. Bien des fois vous avez pu lire dans les journaux le récit d'actes de brutalité et même de vols commis par les infirmiers, en particulier dans les grands établissements.

Je m'étais depuis bien longtemps demandé s'il n'y avait pas de remède à apporter à un pareil état de choses. Je savais qu'à une certaine époque, sous la royauté de juillet, le Conseil des hospices avait installé à la Salpêtrière et à Bicêtre une école primaire où l'on engageait les infirmiers et les infirmières à aller apprendre à lire et à écrire ; je crois que ces cours, où il n'était nullement question d'enseignement professionnel, ont duré une dizaine d'années.

En 1871, j'avais un plan de réformes tout prêt. Les temps troublés d'alors ne me permirent pas de le mettre à exécution, mais l'idée de cette réforme me préoccupait toujours (1). Je m'enquis de ce qui se faisait ailleurs ; en Angleterre, en Suisse, en Allemagne, aux Etats-Unis, j'appris qu'il existait un grand nombre d'écoles professionnelles, les unes libres, les autres annexées aux hôpitaux ; les unes confiées absolument à des laïques, les autres à des diaconesses, ou même à des religieuses. Ainsi à Londres, la maison de Saint-Jean est dirigée par les sœurs de Saint-Jean ; l'école de Westminster's Hospital est au contraire laïque. Elle a été fondée par la femme du doyen de Westminster, lady Stanley, et les statuts de l'école portent que tout ce qui a rapport à l'élément religieux sera absolument exclu de l'enseignement. C'est bien là une école laïque. Je signale le fait en passant

____

(1) J'indiquai dans une lettre à l'un des vétérans de la démocratie, à Charles Delescluze dont j'avais été le collaborateur au *Panthéon de l'Industrie* (1867), au *Réveil*, la nécessité de préparer, par un enseignement spécial, les infirmières laïques à remplacer les religieuses.

parce que cette école laïque a été fondée par une femme qui occupait dans le protestantisme une haute situation....

Comme journaliste, j'appelai bien des fois l'attention de l'Administration sur cette réforme urgente des services hospitaliers. Mes appels restèrent vains. En 1875 je pensai qu'il fallait agir d'une autre façon. Je profitai de la présence de mon ami M. Talandier au Conseil municipal pour l'engager à déposer un vœu tendant à la création d'Ecoles d'infirmiers et d'infirmières. Son vœu fut renvoyé à l'un des rares conseillers municipaux hostiles à toute idée de réforme; aucun rapport ne fut fait. En 1877, je devins membre du Conseil municipal; le Conseil envoya à Londres une délégation dont je fis partie; je pus de cette façon prendre des renseignements plus complets. Et avec M. le Dr Hart, rédacteur de l'un des principaux journaux de médecine de Londres, pendant mon séjour, je visitai non seulement l'école laïque de Westminster's Hospital, mais aussi celle de Saint-Jean; je me procurai également les documents spéciaux qui ont été publiés en Angleterre sur cette partie de l'organisation hospitalière. A la fin de 1877, le Conseil municipal m'ayant chargé de faire le rapport sur le budget de l'Assistance publique, j'en profitai pour appeler de nouveau l'attention de l'Administration sur ce qui existait en Angleterre et dans d'autres pays. J'indiquai même les ouvrages qu'il était nécessaire de consulter.

Le Conseil émit un vœu favorable; mais l'Administration ne prenant aucune initiative, je pensai, fort du vœu du Conseil municipal, que je devais intervenir d'une façon active et énergique. J'allai trouver le secrétaire général de l'Assistance publique, qui était alors M. Bailly. Son accueil fut bienveillant et sympathique; immédiatement il donna des ordres au directeur de la Salpêtrière, afin que, ensemble, nous prissions toutes les mesures nécessaires pour l'organisation définitive de l'école, pour le choix des professeurs et pour celui des institutrices. Peu après la direction de l'Assistance publique changea, et lorsque M. Michel Möring en prit possession, tout était prêt pour l'inauguration de l'école. Cette cérémonie eut lieu le 1er avril 1878. Voici quelles étaient les deux grandes bases qui avaient été adoptées: 1° école primaire; 2° école professionnelle. Comme je l'ai dit tout à l'heure, la plupart des infirmières n'avaient aucune notion d'instruction primaire ; donc avant de leur donner l'instruction professionnelle, il fallait les mettre en mesure de lire les livres consacrés à cet enseignement. Quelques mois après, en juillet, eut lieu l'ouverture de cet enseignement professionnel. Comme nous n'avions pas encore de littérature spéciale qui en traitât, je fis appel au concours de quelques-uns de mes amis(1), et j'eus bientôt à ma disposition un *Manuel*, destiné à l'enseignement des infirmières. Il parut, de semaine en semaine, par livraisons qui, au fur et à mesure qu'elles étaient prêtes, étaient introduites comme exercice de lecture dans l'école primaire. De plus, les *dictées*, au lieu d'être faites sur n'importe quel sujet, étaient tirées d'un *Manuel* anglais, à l'usage des infirmières. En outre, au lieu de faire lire aux élèves des manuscrits ordinaires, je fis faire par les enfants de Bicêtre et de la Salpêtrière un manuscrit composé de la traduction d'un autre *manuel* anglais, celui de Domville(2). C'est par la lecture de ce *maunscrit* d'un nouveau genre, par ces *dictées* sur des sujets professionnels, par la lecture du *Manuel de l'Infirmière*, que les élèves, qui avaient déjà quelques rudiments d'instruction primaire, furent préparées à suivre l'enseignement professionnel et à en profiter.

Les cours de l'*enseignement professionnel* comprenaient l'anatomie, la physiologie, les pansements, la petite chirurgie ; enfin un cours d'administration qui était confié à M. Le Bas, directeur de la Salpêtrière. Le but de ce dernier cours était de faire comprendre aux élèves en quoi consiste l'organisation intérieure d'un hôpital, quel est le rôle du directeur, du médecin, du chirurgien, etc., quels sont le règlements de l'Administration de l'Assistance publique.

Dans la seconde année, le *manuel* fut complété ; nous y ajoutâmes un certain nombre de questions qui n'avaient pas été trai-

(1) Blondeau (A.), de Boyer, Brissaud (Ed.), Duret (H.), Maunoury (G.), Monod, Poirier, Sevestre (A.), Yvon (P.), rédacteurs du *Progrès médical.*

(2) La traduction a été faite par nos amis H. Cl. de Boyer et R. de Musgrave-Clay.

tées dans les trois premiers volumes ; un nouveau cours fut consacré aux soins à donner aux femmes en couches et aux enfants nouveau-nés. De plus, nous organisâmes les *exercices pratiques*, faits au lit du malade sous la direction d'une surveillante. Ces cours pratiques prirent une certaine extension dans cette seconde année qui finit, comme la première, par une distribution de prix. Les fonds nécessaires furent encore fournis par le Conseil municipal qui tenait à donner à ces écoles un cachet absolument municipal et laïque, et aussi à en garder la surveillance.

Dans la troisième année, nous avons ajouté aux cours déjà existants deux nouveaux cours : celui d'*hygiène* et celui de *petite pharmacie*, qui complètent l'ensemble de cet enseignement professionnel. Ce n'est qu'après des études approfondies, après des discussions minutieuses entre mes collaborateurs et moi que cet ensemble a été définitivement arrêté. Cependant, malgré les soins que nous avons apportés à l'élaboration de ce programme, il a été l'objet de critiques. Pourquoi, nous a-t-on dit, faites-vous de l'anatomie, de la physiologie ? A entendre nos adversaires on aurait cru que nous faisions l'enseignement complet de ces deux branches de la science, tandis qu'en réalité nous nous bornons à des notions élémentaires que tout le monde devrait posséder, et dont l'acquisition ferait disparaître bien des préjugés qui existent sur l'organisation du corps humain et sur le fonctionnement de ses divers organes. Nous avons répondu à ces critiques en disant : Pour qu'une infirmière renseigne d'une façon convenable le médecin pendant sa visite, il est nécessaire qu'elle possède quelques connaissances en anatomie et en physiologie. En voici la démonstration.

Le médecin a fréquemment besoin de savoir si le malade a éprouvé des frissons. Comment voulez-vous qu'une infirmière constate le frisson d'une manière précise, si elle n'a pas quelques notions sur ce que c'est que le pouls, si elle ne sait pas qu'il y a, à tel endroit du bras, une artère dont les battements produisent ce qu'on appelle le pouls ? Or, si vous dites à une infirmière ce que c'est qu'une artère vous faites de l'anatomie ; et si vous ajoutez que les battements de l'artère sont déterminés par des mouvements de contraction et de dilatation du cœur, vous faites de la physiologie.

Le médecin a besoin de savoir si le malade a eu de l'oppression. Comment une infirmière renseignera-t-elle utilement le médecin si elle ne sait pas ce que c'est que la respiration ; il faut qu'elle sache que le corps renferme des organes qu'on appelle les poumons ; que ces poumons occupent telle place ; que l'air pénètre par la bouche, par le nez, arrive dans le larynx, dans la trachée, dans les bronches et enfin dans les poumons. Il faut donc qu'elle connaisse, au moins en gros, en quoi consiste le poumon, puis comment l'air pénètre de l'extérieur dans le poumon. Première question : Qu'est-ce que le poumon ? C'est de l'anatomie. Deuxième question : Qu'est-ce que les phénomènes qu'on appelle l'inspiration et l'expiration ? Comment se produisent-ils ? C'est de la physiologie. Et il y a bien d'autres questions semblables. Vous chargez une infirmière de faire une injection sous-cutanée ; il faut évidemment, pour qu'elle n'agisse pas en aveugle et au hasard, qu'elle sache ce que c'est que la peau, de combien de couches elle est composée ; il faut qu'elle sache qu'entre la surface intérieure de la peau et les parties profondes, il y a un tissu plus ou moins lâche, qu'on appelle le tissu cellulaire et dans lequel l'injection doit être faite.

On voit par ces exemples combien il est nécessaire qu'un enseignement de cette nature soit donné, aussi bien dans les écoles de Bicêtre et de la Salpêtrière, que dans les sections spéciales de l'Association philotechnique, et que les élèves y acquièrent des notions *élémentaires*, j'insiste sur le mot, d'anatomie et de physiologie. Je dois dire que dans nos cours six leçons sont consacrées à l'anatomie et six à la physiologie ; on ne peut en douze leçons inculquer sur ces matières des connaissances approfondies ; il ne s'agit évidemment que d'enseigner à nos élèves les notions les plus simples, celles qui leur sont indispensables.

Voilà donc en quoi consiste l'organisation des Ecoles d'infirmières, créées par le Conseil municipal et confiées à l'Assistance publique.

Pour être complet, je dois dire qu'à côté d'elles, il s'est créé à la mairie du VIᵉ arrondissement une École d'ambulancières, mais les cours qui y sont faits sont exclusivement théoriques; il n'y a pas d'exercices pratiques, tandis que ces derniers ont été institués aux écoles de Bicêtre et de la Salpêtrière d'une façon sérieuse. En effet, pour que ces écoles donnent tous les fruits qu'on est en droit d'en attendre, elles doivent avoir une annexe à l'hôpital. J'ai donc jugé utile de demander à l'Administration l'autorisation d'admettre aux cours professionnels les élèves du dehors, c'est-à-dire toutes les personnes de bonne volonté qui désirent recevoir cet enseignement, ou pour soigner leurs parents malades, ou pour se soigner elles-mêmes, ou pour apprendre la profession de garde-malade. Elles peuvent suivre les sept cours du programme, puis compléter leur instruction, en prenant part aux exercices pratiques qui sont faits dans les salles de malades (1).

En insistant auprès du Conseil municipal et auprès de l'Administration pour la création des Ecoles professionnelles d'infirmières, je poursuivais un double but : d'abord, fournir à l'Assistance publique et aux établissements hospitaliers un personnel capable; en second lieu, pousser le plus grand nombre possible de femmes à embrasser la profession de garde-malade. De cette façon je pensais arriver, d'une part, à remplacer les religieuses des hôpitaux par un personnel d'infirmières laïques et de surveillantes laïques, et, d'autre part, à instruire des garde-malades laïques se substituant en ville aux religieuses, qui actuellement, ont presque le monopole des soins à donner dans les familles.

Sur ce dernier point, il existe beaucoup de préjugés. On s'est fait de la religieuse un idéal tout à fait spécial et à part, mais

____

(1) Les *élèves externes* avaient été admises en 1879 aux exercices pratiques ; la nouvelle Administration s'est montrée jusqu'ici moins favorable ; mais nous espérons que, si M. Quentin, accédant à nos désirs, consent à assister un jour à ces exercices, il n'y verra pas plus d'inconvénients que son honorable prédécesseur qui a toujours témoigné une très vive sympathie aux Ecoles d'infirmières.

complètement faux. S'il est vrai qu'un certain nombre de religieuses soignent bien les malades, sont dévouées, obéissantes aux ordres du médecin et à ceux de l'Administration, il faut bien avouer aussi que c'est là l'exception. Dans la très grande majorité des cas, les religieuses sont loin de réaliser l'idéal qu'on se fait d'elles: elles sont désobéissantes aux ordres du médecin, rebelles aux injonctions de l'Administration; loin d'être dévouées aux malades, elles ne s'en occupent pas. On les représente toujours comme étant la probité même; c'est encore une erreur. J'ai recueilli des faits fort nombreux; j'ai comparé ce qui existait *autrefois* avec ce qui se passe *aujourd'hui*, et de tous les documents que j'ai rassemblés, j'ai constitué un dossier dont je vais vous faire connaître quelques extraits, qui mettront hors de doute, je le répète, que l'idéal qu'on s'est formé des qualités et des vertus des religieuses est considérablement exagéré.

Le Dr Bourneville lit alors des extraits d'un très intéressant recueil en voie de publication : « *Documents pour servir à l'histoire de l'Hostel-Dieu de Paris et des hôpitaux qui en dépendent,* » et les rapproche des faits qui se passent journellement et que personne ne peut contester, car, maintes fois, l'Administration a dû intervenir. Le premier extrait montre que, dès 1559, on se plaignait « *du mauvais traictement que font les Relligieuses, Prieure et soubz-Prieure de l'Hostel-Dieu, aux pouvres mallades y affluans, tellement que, à raison de ce, plusieurs mallades ne veulent aller audit Hostel-Dieu qui est ung grand scandale.* »

Les choses se passaient ainsi en 1559. Aujourd'hui, dans les hôpitaux et dans les asiles d'aliénés, des faits identiques se produisent. Voici comment certaines religieuses s'y conduisent :

« Elles administrent des bains comme punition, ou mettent la camisole sans en demander l'autorisation aux médecins. Elles font travailler les malades à des broderies, à des tapisseries, à des fleurs artificielles et cela évidemment pour des usages étrangers aux asiles...

« Elles font avaler de force des médicaments — qui n'ont pas été prescrits. — Dans un asile d'aliénés, une sœur a fait prendre, sans motif connu, à une malade une solution de sulfate d'atropine. »

Or, chacun sait que l'atropine est un médicament fort dangereux : La malade, ainsi traitée, a failli mourir.

Ailleurs, les religieuses ne se font pas faute de faire accomplir aux malades des travaux pénibles, malgré la défense des médecins.

Dans d'autres hôpitaux, les religieuses se livrent à des sévices contre les malades et les enfants; elles ont souvent la main fort leste; elles ne se gênent pas pour les fouetter, les souffleter même pour mettre au cachot les enfants malades; et non seulement les enfants, mais les adultes. Nous pourrions citer entre autres, une religieuse des Enfants-Malades qui a été renvoyée parce qu'elle pinçait jusqu'au sang les oreilles des enfants ; nous pourrions rappeler que, il y a quelques années encore, les religieuses de Lourcine et celles de l'hospice des Enfants-Assistés mettaient les malades au cachot.

Les rapports des religieuses et des novices, — celles qu'on appelait autrefois « les filles blanches », — ne sont pas meilleurs. A la fin de 1877, dans un hôpital de Paris, une religieuse a battu sa novice. Vous voyez qu'en 1877 et en 1880, comme en 1859, la conduite des religieuses envers les malades et à l'égard de leurs novices n'a pas varié.

On parle beaucoup du temps que les religieuses consacrent aux malades; à en croire certains journaux, elles sont constamment au chevet des malades et des mourants. Eh bien, c'est là encore une légende absolument fausse. Pendant la plus grande partie de la journée les religieuses sont absentes des salles de malades; elles arrivent le matin pour assister à la visite du médecin, expédient rapidement le peu qu'elles ont à faire, s'en retournent à leur communauté, reviennent dans le courant de la journée pendant plus ou moins de temps, puis repartent le soir à leur communauté pour reprendre leurs exercices religieux. Il est nécessaire que vous connaissiez les faits d'une façon précise, et voici un extrait qui va vous permettre de comparer ce que font les laïques et les religieuses.

« Un autre avantage des laïques sur les religieuses consiste en ce que les premières consacrent tout leur temps aux malades, tandis que les autres en ont une partie notable employée à des exercices religieux. Les renseignements que nous avons pris dans les divers asiles, soit auprès des médecins, soit auprès des directeurs, peuvent se résumer ainsi :

« *Asile de*..... 6 heures : Messe à laquelle assiste toute la Communauté. De 7 heures à 7 heures 1/2, premier déjeuner. — De 11 heures à 11 heures 1/2, deuxième déjeuner. — De 11 heures 1/2 à midi 1/2, récréation à laquelle prend part toute la communauté. — De 5 heures à 6 heures, dîner (à ces trois repas assistent simultanément toutes les religieuses). De 6 heures à 8 heures, récréation, exercices religieux, etc.; 8 heures, coucher. — Le dimanche, messe de 9 à 10 heures; vêpres de 3 à 4 heures.

« Les *cérémonies religieuses* du mois de mars (mois de Saint-Joseph) et du mois de mai (mois de Marie) ont lieu de 7 à 8 heures du soir, dans la chapelle et toutes les religieuses y assistent. Tous les premiers vendredis de chaque mois, salut à 5 heures 1/2. — Chaque samedi toutes les sœurs voilées se rendent de 4 h. 3/4 à 5 h. 1/2 à la communauté en hiver, à la chapelle en été; probablement, nous dit-on, pour la cérémonie du baise-main de leur supérieure..

« A ces époques, de même qu'à l'Avent, les exercices religieux deviennent impossibles à contrôler. Les *confessions ordinaires* et *extraordinaires* ont également lieu à la chapelle. Les *Chemins de la Croix*, les *chapelets*, les *saluts*, etc., sont aussi dits dans la chapelle sans qu'il soit possible d'apprécier exactement le temps qu'ils prennent. Les *retraites* qui ont lieu, en général, deux fois par an, quelquefois dans une ville éloignée, nécessitent chaque fois, et pendant huit jours, l'absence de 8 à 10 religieuses. »

Voilà ce qui se passe dans les établissements livrés aux communautés religieuses. Voyons maintenant comment vont les choses dans les établissements laïques.

« A la *Salpêtrière*, les surveillantes et sous-surveillantes laïques se rendent à 6 heures du matin dans leurs salles et y restent jusqu'à 8 heures du soir, c'est-à-dire 14 heures, dont il faut déduire 1 heure consacrée à chacun des deux repas, ce qui réduit à 12 heures le temps de leur présence dans les salles. Enfin, les précautions sont prises pour qu'il y ait toujours, même à l'heure des repas, quelques-unes d'entre elles présentes dans les salles. »

Voilà pour 1880 ; voyons ce qui se passait en 1636 et en 1639. Je tire toujours mes renseignements du « *Registre de l'ancien Hostel-Dieu.* »

« *Année 1636.*

« Monseigneur le premier Président a fait entendre à la Compagnie qu'il y a eu plainte contre les religieuses lesquelles « au lieu de sa-
« pliquer comme elles devoient au service des pauvres, s'adonnoient
« à la prière et méditation la meilleure partie du temps, que s'estoit
« chose bonne que de prier, mais que leur principalle fonction estoit
« le service des pauvres. »

« *Année 1639.*

« On s'est plaint..... que les malades étaient abandonnés et délaissés des religieuses qui sont en trop grand nombre et qu'elles ne s'occupaient qu'à leurs méditations au lieu de faire leur devoir et s'assujettir auprès des pauvres languissans. Monsieur Lavocat, administrateur, a répondu que ces filles (les religieuses) ont « *des esprits es-
« tranges et difficiles à gouverner* ».

C'est exactement la même chose aujourd'hui ; je vous le ferai voir dans quelques instants.

Les religieuses doivent obéissance à l'Administration ; mais autrefois, pas plus qu'aujourd'hui, cette obligation ne les gêne guère.

Quand un médecin veut déplacer une religieuse qui s'acquitte mal de son service, il lui est presque impossible d'arriver à ses fins. Ce n'est qu'après des plaintes répétées qu'il arrive quelquefois à obtenir ce changement.

J'ai dit que, souvent, les religieuses font mal leur service ; en voici la preuve :

« Maintes fois, on a constaté que les sœurs s'abstiennent de prévenir les médecins quand les malades ont des affections des organes génitaux. Elles font ce qu'elles peuvent pour qu'aucun examen de ce côté ne soit pratiqué.

« Elles prennent en grippe les malades non mariées, les servent

mal; — même chose pour celles qui ne font pas leurs devoirs religieux.

« Elles considèrent la folie comme un résultat du péché, — font des
lectures mystiques à des malades atteints de folie religieuse. »

Cela arrive à chaque instant dans nos asiles d'aliénés; pas
n'est besoin de dire que les religieuses agissent ainsi malgré les
ordres formels et contraires des médecins.

Les règlements ordonnent que les supérieures assistent à la
visite du médecin. Le plus souvent, elles s'en dispensent.
On leur donne l'ordre d'administrer exactement les médicaments aux malades. Or, fréquemment on a découvert dans
des placards, dans des cachettes, des magasins complets de médicaments qui avaient été délivrés, mais non administrés. Que
deviennent ces médicaments? Sont-ils prescrits en sous-main ?...
Il y a des religieuses qui, en effet, se mêlent de faire de la médecine, et même de la chirurgie à leur façon, au nez des chefs de
service.

Maintenant, comment les religieuses se conduisent-elles vis-à-
vis des infirmières? C'est un véritable despotisme. Aux Enfants
et dans les asiles d'aliénés de la Seine, elles défendent aux infirmières de donner le moindre renseignement au médecin, si bien
que les infirmières ne disent rien ou répondent d'une manière
évasive; et même dans certains établissements qui dépendent de
a préfecture de la Seine les infirmières sont pendant la visite
envoyées au premier étage, afin qu'aucune d'elles ne puisse parler au médecin. C'est une sœur qui est là et qui répond, et encore,
quand des cas graves sont survenus, la sœur ne répond que si
le signe lui en est fait par la supérieure. En sorte que le plus
souvent le médecin n'a pas de renseignements exacts.

Les religieuses décachètent les lettres des infirmières; cela se
passait encore il y a moins d'un an; et il a fallu que des ordres
soient donnés pour que les religieuses respectassent le secret des
lettres. L'année dernière, elles ont fait une quête parmi les infirmières d'un asile de la Seine pour le rachat de leurs péchés,
parce que l'administration leur avait donné des aliments gras à

certains jours défendus. Le directeur, prévenu, donna l'ordre
aux religieuses de rendre l'argent qu'elles avaient recueilli. A
quoi le destinaient-elles? On n'en sait rien ; souvent elles font
des quêtes pour d'autres motifs. Quelle est la destination de ces
fonds? Elle reste absolument ignorée.

Quand les infirmières sont récalcitrantes, quand elles se permettent de donner au médecin des renseignements plus ou moins
en cachette, si les religieuses l'apprennent, elles les renvoient
immédiatement sans leur donner leurs huit jours, sous prétexte
de négligence dans le service ou pour tout autre motif; elles le
peuvent, parce que dans la plupart des hôpitaux et des asiles
elles ont la haute main sur le personnel secondaire; c'est même
elles qui le choisissent.

L'orateur fait d'autres citations, puisées à la même source, qui
prouvent que l'indépendance à l'endroit de l'Administration a
toujours été pratiquée par les religieuses.

En 1578, plainte que les sœurs de l'Hôtel-Dieu emploient *à leur
service* des personnes convalescentes, « *jusqu'au nombre de 200 ou environ* », dont l'entretien occasionne naturellement « *grande et excessive
dépense.* »

En 1578, défense de recevoir des *filles blanches* ou novices, *attendu
qu'il y a un nombre excessif de religieuses et filles blanches qui font une
grande dépense à icelluy Hostel-Dieu.* »

En 1632, l'administration est avertie que « *aucunes religieuses re-
tiennent en la maison* et permettent *coucher personnes non malades ni
reçues.* »

Retenez bien ce fait. Au XVIᵉ siècle on se plaint que dans le
grand Hôtel-Dieu de Paris, il y a un nombre considérable de
novices, de religieuses et de personnes attachées à leur service.
C'est encore la même chose de nos jours, car les religieuses ont,
dans certains établissements et malgré les règlements, des filles
de service, des domestiques à elles.

« En 1664, le bureau se plaint de **nouveau** que les religieuses gardent à leur service « *grande quantité de garçons et filles qui sont beaucoup à charge à la maison.* »

Cette désobéissance, permanente dans les temps anciens, s'est perpétuée jusqu'à notre époque. Il y a 1C mois, la supérieure de Sainte-Eugénie disparut du jour au lendemain ; elle fut remplacée par une autre sœur. Il paraît qu'il était venu un ordre d'en haut ; c'était le supérieur des Pères Lazaristes qui avait opéré le changement, mais l'Administration n'en fut nullement avisée. On nous assure que la supérieure d'un de nos grands asiles, disposait encore, l'an dernier, de deux religieuses qui lui servaient de secrétaires.

Bien des fois on s'est plaint du manque d'économie des religieuses. Voici ce qu'il en était déjà en 1594.

16 décembre. « La compagnie prie le dépensier « *d'avoir l'œil que les religieuses et filles blanches ne prennent le charbon* » et de veiller à ce que les salles où sont les malades soient toujours chauffées. »

En « 1573. Cedict jour (20 nov.), sur la plainte faite des larrecins qui se commettent par la porte dudict Hostel-Dieu, du costé du Petit Pont, et qu'il estoit besoing de faire fermer la porte par où l'on entre aux salles des malades, mesmement que *depuis dix ans* il s'y est fait des larrecins innumérables, lesquelz ont causé de grands murmures en ceste ville par les bons bourgeois, manans et habitans d'icelle, à cause des mauvais traitements que ont faict et font les religieuses aux pauvres malades dudist Hostel-Dieu, par le moyen de ce que leur pitance et vivres leur est osté par lesdites religieuses et faict emporter hors d'icelluy Hostel-Dieu par ladicte porte du Petit Pont. A ces causes et pour y obvier, a esté advisé par la Compagnie qu'il en sera communiqué à Messieurs du Chappitre..... »

Ainsi, au bout de dix ans, on s'aperçoit que la nourriture destinée aux malades était volée et disparaissait par la porte du Petit-Pont ! Où allait-elle ? C'est ce qu'on ne dit pas.

Quel est l'état des choses aujourd'hui ? A-t-il changé ? Voici la réponse pour 1880.

« Dans quelques-uns des asiles, les sœurs tiennent un débit de café. L'achètent-elles ou vendent-elles simplement le café qui est prescrit par les médecins? Nous l'ignorons; mais le seul fait qu'elles puissent être soupçonnées de faire un trafic devrait amener l'administration à interdire un semblable commerce. Le médecin seul a qualité pour prescrire du café, et s'il juge qu'un malade en a besoin il doit l'ordonner.

« Les malles, les caisses des religieuses sortent sans être visitées. Des ustensiles de ménage, du linge sortent de l'hôpital et vont à d'autres destinations. »

Voici encore un autre fait qui s'est produit dans l'un des grands asiles de la Seine.

« L'administration ayant constaté la disparition d'une énorme quantité de linge dans cet asile, s'est décidée à retirer aux religieuses la garde du magasin de toiles et autres étoffes pour les confier au maître tailleur. »

Je viens de donner quelques renseignements sur l'insubordination constante des religieuses vis-à-vis des médecins et de l'administration ; je vais maintenant faire connaître les règlements qui concernent les religieuses et les laïques ; puis vous jugerez.

« L'article 15 des statuts des Dames hospitalières de l'Hôtel-Dieu, approuvé par décret du 26 décembre 1810, est ainsi conçu :

« La prieure distribue les sœurs dans les emplois. L'ADMINISTRATION *ne peut ni forcer son choix, ni destituer une sœur, ni la faire passer d'autorité d'un emploi dans un autre.* Elle peut demander ces destitutions ou changements, et en cas de refus, le préfet du département prononcera, sauf recours au Ministre de l'Intérieur. »

Ainsi, pour changer une religieuse, il faut aller parfois jusqu'au ministre! A Paris, les inconvénients sont atténués parce que les médecins ont une certaine autorité et aussi parce que les religieuses craignent de tomber sur des malades récalcitrants qui peuvent s'adresser à des journaux toujours prêts à accueillir des plaintes de ce genre ; mais en province ce n'est pas du tout la même chose, et les religieuses ne sont pas obligées de prendre autant de précautions qu'à Paris. Voici un fait qui m'a été communiqué par un de mes amis, médecin de l'hôpital de Reims:

« Nous avons actuellement une épidémie de variole ; on avait mis,
tout d'abord, les varioleux dans une salle où se trouvaient quelques
paralytiques et gâteux. Nous avions obtenu, non sans peine, que ces
derniers fussent soustraits au contact des varioleux et qu'on les mît
dans une autre salle. Deux jours après, sans ordre de l'administration
et à mon insu, les religieuses avaient réintégré ces paralytiques et ces
gâteux dans la salle des varioleux. »

C'est tout naturel ! Elles n'ont pour la plupart aucune instruction; elles ne possèdent aucune notion d'hygiène ; elles profes-
sent même pour elle le plus souverain mépris; la médecine, la
science, tout cela sont autant d'inventions diaboliques; elles n'ont
qu'une chose en tête: c'est d'éluder toutes les prescriptions et
toutes les lois médicales.

Abordons maintenant les règlements relatifs aux surveillantes.

Lorsqu'on a organisé la Salpêtrière et Bicêtre, ces deux établissements ont été confiés à des laïques. Voici le texte du dernier règlement :

« Les employés, autres que ceux désignés dans les sections précédentes, les *servants* (ou surveillants), domestiques, infirmiers et gens
de peine, attachés à l'Administration et au service des hospices *sont
à la nomination de l'Administration et* RÉVOCABLES PAR ELLE. (Art. 18
de l'*Ordonnance du* 31 *octobre* 1821.)

On voit la différence. Quand il s'agit de religieuses, c'est la
supérieure qui est la maîtresse ; quand il s'agit de laïques, c'est
l'Administration; et elle est maîtresse absolue. C'est là un grand
avantage, parce que quand une surveillante laïque se conduit
mal avec des malades ou n'obéit pas aux ordres du médecin ou
de l'Administration, celle-ci peut la remplacer en lui donnant
ses huit jours ; il s'ensuit que les surveillantes laïques, sachant
que leur position et leur avenir dépendent de la façon dont elles
s'acquittent de leurs fonctions, s'efforcent de satisfaire les malades, les médecins et l'Administration.

On a fait valoir un argument contre le remplacement des religieuses par des laïques : on a dit : mais cela coûtera beaucoup plus cher. Eh bien, je vous ai montré que les religieuses étaient une source de dépenses considérables. Déjà autrefois, alors que la foi religieuse était très vive, les anciens administrateurs se plaignaient du trop grand nombre des religieuses, des novices, des filles blanches, de détournements qu'elles commettaient. J'ai voulu me rendre compte, et voir si réellement les religieuses coûtaient moins cher que les laïques, et pour cela j'ai cherché à établir la comparaison des dépenses dans des établissements absolument semblables, d'une part la Salpêtrière où les malades sont confiées à des laïques, de l'autre un asile de la Seine où la division des femmes est confiée à des religieuses.

Je ne me suis servi pour faire ce travail comparatif que des chiffres et des renseignements communiqués par l'administration ; or, je suis arrivé à cette conclusion que « *pour un même nombre de malades, les religieuses coûtent en argent* 400 *fr. de plus que les laïques, et que de plus nous avons à nourrir, chauffer, blanchir, etc.,* QUATRE *religieuses au lieu de* DEUX *laïques.*

Vous êtes à présent, Messieurs, parfaitement en mesure d'apprécier la lettre ci-jointe, que M. Davillier, vice-président du Conseil de surveillance de l'Assistance publique, vient d'adresser à M. le président de la République, en donnant bruyamment sa démission.

A M. GRÉVY, *Président de la République.*

Monsieur le Président,

M. le préfet de la Seine vient de prendre un arrêté qui renvoie, à bref délai, les sœurs de Saint-Vincent-de-Paul des hospices la Rochefoucauld et des Petits-Ménages, pour les remplacer par des surveillantes laïques.

Le préfet a sans doute des motifs graves, puisqu'il méconnaît la loi du 10 janvier 1849, lui prescrivant de demander l'avis du Conseil de surveillance dont il a l'honneur d'être le président de droit.

Cette mesure que l'on veut généraliser pour obéir aux injonctions du Conseil municipal, est aussi injuste qu'impolitique, et blessera la conscience publique.

Elle aura une influence fàcheuse sur la fortune de l'Assistance, en augmentant les dépenses et surtout en éloignant les personnes charitables disposées à lui faire des libéralités, qui seront péniblement impressionnées en voyant l'administration sortir de son rôle pour tomber dans la politique.

Elle privera la population hospitalière des soins zélés et éclairés de ces admirables sœurs respectées par tous les honnêtes gens, que l'on ne pourra pas remplacer, qui ne marchandent jamais leur concours, payant trop souvent de leur vie le dévouement qu'elles prodiguent, sans avoir donné lieu à aucun reproche, de l'aveu même de l'administration qui les frappe, au milieu des épidémies dont la ville de Paris est victime.

Tous ces motifs me font un devoir de protester, avec toute l'énergie de ma conviction, contre l'arrêté du préfet de la Seine, et de vous prier d'accepter ma démission de membre du Conseil de surveillance de l'Assistance publique, dont j'ai eu l'insigne honneur d'être élu neuf fois de suite vice-président depuis l'année 1871.

Daignez agréez, Monsieur le Président, l'hommage de ma haute considération.

Signé : Henri Davillier.

Par les faits que j'ai fait passer sous vos yeux, vous avez pu juger de la vérité des allégations de M. Davillier. Il aurait dû se rappeler avant d'écrire sa lettre que :

« Actuellement, sur les 27 établissements hospitaliers dépendant de l'Assistance publique de Paris, 8 sont, depuis un temps plus ou moins reculé, confiés à des laïques, ce sont: Bicêtre, la Clinique d'accouchements, l'hôpital Laënnec, l'hospice Lenoir-Jousseran, la Maison municipale de Santé, la Maternité, le Midi, la Salpêtrière. »

Il aurait dû ne pas oublier de signaler la conduite des laïques dans des établissements d'une importance aussi considérable que Bicêtre et la Salpêtrière; il aurait dû comparer ce que coûtaient les services des surveillantes laïques avec la dépense qu'entraîne l'organisation religieuse; avant de s'avancer autant, il aurait dû examiner les faits: c'était son devoir d'administrateur. Il parle du dévouement des sœurs; elles le payent, dit-il, souvent de leur vie. Oui, quelquefois il est arrivé que dans les hôpitaux d'enfants des religieuses sont mortes du croup ou d'angine couenneuse, ou ont contracté des ophthalmies graves, quelquefois suivies de la perte d'un œil ; mais pour une religieuse on pourrait compter dix infirmières qui ont perdu la vue et qui ont montré le même dévouement et le même courage. Oh ! les sœurs, ce sont des modèles de toutes les vertus ; quant aux infirmières, passons ; cela ne compte pas ! Ce sont des laïques ! Quand elles ont perdu un œil, l'administration leur donne un secours qui varie entre 100 et 200 fr. C'est peu payé, mais la modicité de l'allocation et la perspective du danger ne les empêchent pas de faire leur devoir aussi bien et mieux même que les sœurs (1).

En 1849, il y eut à la Salpêtrière une épidémie de choléra. La mortalité était effroyable. Est-ce que les surveillantes laïques ont abandonné leur poste ? Est-ce que leurs maris les ont quittées ? Personne n'a déserté ! (*Applaudissements.*) En 1866 le choléra a éclaté à Amiens. L'Administration a fait appel aux bonnes volontés de tous ; eh bien ! ce sont des infirmières laïques qui sont allées à Amiens et y sont restées pendant deux mois au milieu d'une mortalité effrayante.

A l'hôpital Laënnec, elles ont montré le même dévouement dans une grave épidémie de variole. Il est vrai qu'un certain journal, *Le Français*, n'a pas craint d'affirmer que les surveillantes laïques avaient fui. C'était une calomnie de ce journal contre ces vaillantes femmes ; mais passons, c'est son habitude !

Oui, le dévouement se trouve chez les laïques ; je ne veux pas dire qu'il n'existe pas chez les religieuses, mais c'est l'exception ; quand elles se montrent trop dévouées, elles sont mal vues de la communauté. Je me rappellerai toujours un fait qui s'est passé dans un service où je me trouvais. C'était à l'hôpital Saint-Antoine. La religieuse titulaire de la salle était d'un certain âge ;

(1) Ces dangers existent au même degré dans les sections d'enfants idiots de Bicêtre et de la Salpêtrière. Que les ennemis des laïques viennent voir comment elles se comportent dans ces services, les plus pénibles de tous et s'il leur reste encore quelque sentiment de la justice, ils se montreront tout au moins plus réservés.

le médecin de cette salle, M. Axenfeld, ne pouvait jamais obtenir de cette sœur des renseignements précis. Un jour il eut le tort, paraît-il, de demander devant elle des indications à la novice qui était une femme jeune et intelligente. A la fin de la visite, il nous dit : « J'ai commis une faute ; j'ai demandé des renseignements à la jeune devant la vieille. (*On rit.*) Vous allez voir que d'ici peu de jours on va nous l'enlever. »

Deux jours après, en effet, on l'envoyait à Beaujon ; pourquoi l'avait-on ainsi déplacée ? Parce qu'il n'est pas permis à une « petite sœur », quand « la mère » n'est pas capable, de donner des renseignements que l'autre ne saurait fournir. Il faut avant tout respecter la mère supérieure et sauver le principe de la hiérarchie.

J'ai fini. Je crois avoir démontré que l'idéal qu'on s'est fait des religieuses est absolument inexact, et j'espère avoir fait comprendre que ce qu'il y a de meilleur dans la religieuse, ce n'est pas ce que la religion lui a donné ; non, ce sont avant tout les qualités de la femme qui lui restent ; et, plus elle a conservé de ces qualités, plus elle est bonne, plus elle est dévouée. Et je conclus en disant que, au nom de la liberté de conscience et pour le plus grand bien des services hospitaliers, nous devons réclamer avec énergie la *laïcisation de l'Assistance publique.* (*Applaudissements répétés.*)

———

(Extrait du *Bulletin de l'Association philotechnique,* n° 2, 1881).

Paris. — Typ. A. PARENT, rue Monsieur-le-Prince, 29-31.

LAICISATION DE L'ASSISTANCE PUBLIQUE

DISCOURS

Prononcés les 8, 9 et 10 août aux distributions des prix des Écoles municipales d'infirmières laïques;

PAR BOURNEVILLE

Membre du Conseil municipal de Paris
Directeur de l'Enseignement des Écoles municipales d'Infirmières
Médecin de Bicêtre
Rédacteur en chef du *Progrès médical.*

La part que nous avons prise à l'organisation et au fonctionnement des *Ecoles municipales d'infirmières*; notre participation active et incessante à la campagne qui a pour but la laïcisation rapide et complète de tous les établissements hospitaliers de Paris et du département de la Seine, ont attiré sur nous des accusations aussi nombreuses et malveillantes qu'injustifiées. Toujours prêts à porter la responsabilité de nos actes et de nos paroles, mais désireux d'éviter des imputations erronées, nous avons cru devoir réunir ici les discours que nous avons prononcés à la distribution des prix des trois *Ecoles municipales d'infirmiers et d'infirmières laïques.*

Ces différents discours renferment un résumé du travail accompli dans chacune des écoles et l'exposé des mesures indispensables à la prompte réalisation de la laïcisation des établissements hospitaliers de Paris.

Dans le premier discours, nous avons insisté, entre autres, sur les améliorations apportées et à apporter à la situation des infirmières et sur un moyen qui permettrait de compléter l'instruction des infirmières.

Mesdames, Messieurs.

Aujourd'hui finit la 4ᵉ année scolaire de l'École municipale d'infirmières de la Salpêtrière.

Permettez-moi tout d'abord de vous rappeler à grands traits, le fonctionnement de l'école pendant cette année.

L'école primaire a poursuivi ses travaux sous la direction dévouée de Mˡˡᵉ Nicolle et de ses collaboratrices : Mᵐᵉˢ Trubert et Lhuillier, Mˡˡᵉˢ Florenza et Auriacombe. Je n'ai plus à faire leur éloge.

L'enseignement professionnel a été fait dans son intégralité. Nos amis ont exécuté le programme complètement et, grâce à la mesure que nous avons prise de commencer les cours dès le mois d'octobre, ils ont pu être terminés à la fin de juin. Aussi, avons-nous l'intention, d'accord avec M. le Directeur de l'Assistance publique, de procéder de même pour la 5ᵉ année scolaire.

Cette année, M. Yvon a pu faire son *cours de petite pharmacie* ce qui porte le nombre des cours à sept, et nous croyons, jusqu'à nouvelles indications, que le programme doit être maintenu tel qu'il est. L'expérience montrera, d'ailleurs, ce qu'il conviendra de faire dans l'avenir.

Toutefois, il va de soi, que dans les limites qui leur sont tracées, les professeurs pourront améliorer leur enseignement, ajouter çà et là quelques notions qui encourageront les élèves les plus instruites à se montrer aussi assidues que par le passé. C'est ainsi que notre ami M. Poirier l'a compris en vous faisant cette année une très intéressante leçon sur le pansement de Lister.

Afin de vous mettre en mesure de profiter du cours d'hygiène, nous vous avons fait distribuer un certain nombre d'exemplaires d'un manuel élémentaire, celui de M. Cornil. Lisez-le attentivement et, l'an prochain, vous ferez des compositions sur cette partie de l'enseignement.

Les *exercices pratiques* ont fonctionné plus régulièrement que jamais. Par séries, toutes les élèves de l'école ont été appelées à l'infirmerie, et là, sous l'habile direction de Mˡˡᵉ Thérouenne, de Mᵐᵉ Vavasseur et de Mˡˡᵉ Simon, elles ont pu apprendre les noms et l'usage des pièces qui composent l'*appareil de pansement*, le nom et l'usage des *instruments* de chirurgie; enfin, elles ont pu faire la plupart *des pansements* journaliers.

De plus, l'institution de 15 infirmières suppléantes a permis de prendre dans divers services des séries d'infirmières et de les laisser successivement plusieurs jours dans les services généraux, depuis le matin jusqu'au soir : infirmerie, pharmacie, cuisine, lingerie. Et là, sur les conseils des surveillantes chargées de ces grands services, elles ont pu acquérir les connaissances générales qui les rendent capables de remplir consciencieusement toutes les fonctions d'hospitalières.

Les exercices institués à la Pitié pour la vaccination et l'emmaillottement des enfants ont continué aussi régulièrement que les circonstances l'ont permis.

Cent quarante-six élèves ont suivi les cours de l'école primaire. Les mêmes élèves, auxquelles ont continué à se joindre un nombre respectable de surveillantes et de sous-surveillantes ont suivi les cours de l'école professionnelle et participé aux exercices pratiques. Nous ne saurions trop insister pour que toutes les suppléantes, — les futures sous-surveillantes — persistent à suivre les cours. Et cette remarque s'applique également aux sous-surveillantes, appelées, elles, à devenir un jour surveillantes.

Pour compléter l'enseignement pratique, et afin d'habituer les élèves à avoir de l'aplomb, à acquérir de l'autorité, il est vivement à désirer que l'administration n'immobilise pas les infirmières dans les mêmes services, mais les fasse passer de 3 mois en 3 mois, dans de nouveaux services.

Cette mesure appliquée avec prudence, en ne prenant par exemple qu'une infirmière d'un service sur deux, n'occasionnerait aucun trouble ni pour les chefs de service ni pour les malades et serait d'une efficacité incontestable pour le perfectionnement de l'instruction de nos élèves.

Les *compositions* ont été beaucoup plus nombreuses cette année que les années précédentes et nous avons pu nous assurer qu'elles contribuaient notablement à l'instruction de toutes celles qui y prennent part.

127 élèves internes et 4 externes ont pris part aux examens pratiques. Ces examens ont été plus difficiles que l'an dernier et nous avons pu constater, avec vos professeurs, que vous aviez fait des progrès incontestables. Nous pouvons donc affirmer aux personnes généreuses qui ont consenti à participer aux récompenses que vous méritez pleinement les sacrifices qu'elles font pour vous. Je dois donc remercier, au nom de l'Ecole, MM. Charcot, Laurent Richard, Lefranc, MM. les D⁰ Moreau (de Tours), Monod, Liouville, Clin, Malloy et MM. les internes en médecine de l'hospice, qui, cette année comme l'an dernier, nous ont mis en mesure d'augmenter le nombre des prix.

Il ne reste plus qu'à organiser les examens pour l'obtention du *diplôme* d'infirmière, examens qui, naturellement, rouleront sur les différentes branches de l'enseignement.

A toutes ces améliorations d'ordre intellectuel et auxquelles il convient d'ajouter la faculté d'emprunter des livres à la bibliothèque des malades de l'hospice, il faut joindre les améliorations d'ordre matériel.

La plus importante a consisté en l'introduction à la Salpêtrière, de 10 nouveaux hommes de peine, destinés à faire la grosse besogne qui était autrefois imposée aux infirmières. Le Conseil municipal en décidant cette amélioration a voulu manifester son vif désir de relever les fonctions d'infirmières.

D'autres améliorations dans votre situation ont été réclamées : elles concernent plus particulièrement votre situation matérielle. Le Conseil a appelé l'attention de l'Administration sur la nécessité de varier votre alimentation, d'étudier les projets pour vous fournir des logements plus salubres, pour délivrer aux surveillantes, surveillants, etc., les aliments en nature. Nous ne doutons pas que M. le Directeur de l'Assistance publique ne fasse examiner toutes ces demandes avec soin et ne donne bientôt satisfaction au Conseil municipal.

M. le Directeur s'occupe aussi, conformément à un vote du Conseil, de voir dans quelle mesure il sera possible d'accorder aux élèves les plus assidues, les plus méritantes, les plus dévouées, ce qu'on appelle les *hautes payes*. En augmentant votre salaire, en vous fournissant des moyens d'instruction et de moralisation, le Conseil veut vous encourager à demeurer fidèlement attachées au service des hôpitaux.

Nous aurions voulu, cette année, profiter de cette solennité pour résumer devant vous les devoirs de l'infirmière. Le temps nous a fait défaut et nous devons remettre cette tâche à un autre jour.

Rien ne presse, d'ailleurs, car ces devoirs vous les connaissez : tous vos professeurs ne laissent point passer une occasion sans vous les rappeler et, notre cher directeur de la Salpêtrière, dans son cours d'administration, vous a indiqué quels étaient vos devoirs envers les malades et les médecins, envers l'administration, envers vos supérieurs, vos collègues, et envers vous-mêmes.

Enfin, il y a quelques semaines je vous ai donné, comme sujet de dictées, la traduction d'une conférence d'un médecin écossais, le docteur William Anderson, sur les qualités et les devoirs d'une infirmière.

Je ne doute pas que, vous inspirant des idées qui ont conduit le Conseil municipal à créer cette Ecole et les Ecoles de Bicêtre et de la Pitié, vous ne continuiez à faire tous vos efforts : 1° pour compléter votre instruction primaire et votre instruction professionnelle ; — 2° pour remplir vos fonctions avec le plus grand dévouement ; — 3° pour respecter de la manière la plus absolue la liberté de conscience des malades.

La réforme réclamée par le Conseil municipal, acceptée par le Conseil de surveillance de l'Assistance publique, par M. Herold, préfet de la Seine, et par M. Ch. Quentin, directeur de l'assistance publique, c'est-à-dire la *laïcisation de l'Assistance publique,* doit être poursuivie avec vigueur. Vous savez, du reste, que l'origine de cette réforme remonte très loin dans le passé. Les hôpitaux, les hospices, étaient autrefois entièrement dans les mains du clergé. Sous l'ancienne monarchie même, l'administration a été enlevée au clergé et confiée à des laïques ; il y a plus d'un demi-siècle, les différents services de l'économat, qui étaient restés encore en partie entre les mains des religieuses, leur ont été enlevés pour être confiés à des administrateurs laïques ; en 1833, à l'institution de Ste-Périne, les sœurs de la Sagesse ont été remplacées par des laïques ; enfin, dans ces deux dernières années, poursuivant la réforme commencée depuis longtemps, le Conseil municipal a invité l'administration à laïciser tous les établissements hospitaliers. A l'heure actuelle, Laennec, Lenoir-Jousseran, la fondation Boulard, les Ménages et la fondation Devillas, la Pitié, La Rochefoucauld, l'hôpital Saint-Antoine, sans compter l'hospice de Belleville, ont été enlevés aux religieuses et confiés à des surveillantes laïques.

Avant la fin de l'année, un nouvel établissement vous sera donné, l'hôpital Montmartre.

Pour hâter l'achèvement de cette réforme, tout à fait en harmonie avec nos institutions républicaines, il faut que vous nous aidiez par votre travail, par votre dévouement. Et dès maintenant, m'appuyant de l'opinion de vos professeurs, qui vous ont vues à l'œuvre depuis quatre ans, et qui viennent de vous faire subir des examens pratiques, m'appuyant également sur ce que ces examens pratiques, auxquels j'ai participé dans les trois écoles, m'ont permis de constater, je puis affirmer à M. le directeur de l'Assistance publique qu'il peut être sûr de trouver dès maintenant, ici, à Bicêtre et à la Pitié, le personnel nécessaire non seulement pour l'hôpital Montmartre, mais encore pour la laïcisation de deux autres établissements hospitaliers.

Que l'Administration continue à vous encourager, qu'elle fasse appel à toutes les dames du dehors, désireuses de remplir les fonctions d'hospitalières ; qu'elle procède avec la plus grande équité aux nominations, en tenant compte des services rendus et de l'instruction, et, dans un temps très court, nous verrons réalisée, au grand avantage de tous et des malades en particulier, la laïcisation de tous les établissements hospitaliers de Paris.

Dans le discours de Bicêtre, nous avons plus particulièrement insisté sur la nécessité de délivrer des *diplômes* aux meilleures élèves, et sur un projet qui permettrait d'achever la laïcisation de tous les hôpitaux et hospices de Paris dans le courant de l'année 1883.

Mesdames, Messieurs,

Cette cérémonie clot la 4ᵉ année scolaire de l'École des infirmiers et infirmières de Bicêtre. Qu'avons-nous fait durant cette année ? C'est ce que je vais d'abord vous rappeler en commençant.

L'enseignement professionnel a été fait dans toutes ses parties ; les *exercices pratiques* ont été accomplis exactement.

Afin de vous mettre en mesure de mieux profiter du cours d'hygiène, nous vous avons fait remettre le manuel d'hygiène de M. Cornil ; lisez-le avec soin, et l'an prochain nous vous donnerons des compositions sur cette branche de l'enseignement.

70 élèves, hommes ont été inscrits au début de l'année scolaire ; mais, d'une façon générale, nous avons le regret de dire que les hommes n'ont pas été fidèles. En effet, 30 seulement ont pris part aux compositions.

33 élèves, femmes, dont 6 externes, ont suivi avec la plus grande assiduité les cours primaires et les cours professionnels et, à elles, se sont jointes un certain nombre de surveillantes et de sous-surveillantes.

A propos de l'école primaire des femmes, je dois vous rappeler que nous avons eu le regret de voir tomber malade votre instituteur si dévoué, M. Henry, à qui, l'an dernier, M. le ministre de l'intérieur, sur notre demande, avait accordé les palmes d'officier d'académie, en récompense de ses bons services. Mais, grâce au soin que M. Henry avait eu de choisir de bonnes adjointes, l'école n'a pas eu à souffrir de son absence : nous en remercions Mᵐᵉ Thierry et Mˡˡᵉ Blanche Agnus.

Aux examens pratiques, se sont présentés 30 hommes et 27 femmes. C'est avec la plus vive satisfaction que nous signalons à M. le Directeur, la participation, à ces exercices, des suppléantes et de trois sous-surveillantes. Aussi, dans la distribution des prix, avons-nous fait une nouvelle section, celle des sous-surveillantes. Nous espérons que, l'an prochain, leur nombre s'accroîtra.

Plus les sous-surveillantes seront instruites, capables, plus l'Administration marchera avec sécurité et avec promptitude dans l'œuvre de la laïcisation.

En outre, 6 élèves externes ont manifesté le désir de subir les examens pratiques ; vos professeurs n'ont eu qu'à s'en féliciter, car elles se sont tirées des épreuves à leur honneur.

Comme on le voit par ces renseignements, les élèves ont fait tous leurs efforts pour profiter de l'enseignement. Et, bien que les examens pratiques aient été beaucoup plus difficiles que par le passé, elles les ont très bien subis avec entrain, avec assurance, et c'est avec plaisir que je me fais auprès d'elles l'interprète de leurs maîtres.

Pour compléter les exercices pratiques, nous ferons avec le concours d'un de nos internes, M. Bonnaire, qui a bien voulu déjà vous faire quelques leçons, nous fero is, dis-je, plusieurs séances de bandages et, de la sorte, votre instruction pratique sera encore plus étendue.

Enfin, il est une amélioration à cet enseignement sur laquelle je crois devoir insister. Vous n'êtes pas appelées à rester toujours dans cet établissement, dans la même division. Afin de perfectionner votre instruction pratique, afin de vous donner l'assurance que l'on n'acquière que par l'expérience, il serait nécessaire que l'Administration ne vous immobilisât pas dans les mêmes services, mais qu'elle vous fît passer successivement de la lingerie à la buanderie, de celle-ci à la cuisine, de là à l'infirmerie générale, dans la division des aliénés, dans celles des vieillards. Je ne doute pas que ce fonctionnement ne fasse de vous — s'il était accepté — d'excellentes surveillantes hospitalières.

Voyez l'avantage de ce roulement régulier ! Quand vous restez dans une division ou un service quelconque, vous vous habituez peu à peu aux qualités et aux défauts de vos supérieurs, — vous manœuvrez en conséquence ; au bout de quelque temps, vous avez la routine de votre service.

Mais qu'arrive-t-il quand on vous déplace ? Pendant quelque temps vous perdez pied, vous êtes tourmentées et, dans le nouveau service, ne possédant pas tout votre sang-froid, vous ne montrez pas toutes les qualités que vous possédez en réalité.

Eh bien, au lieu de vous faire faire cette expérience *au moment* où l'on vous change d'hôpital, j'estime qu'il serait de beaucoup préférable de vous la faire faire ici, longtemps avant votre départ pour des hôpitaux à laïciser, où vous arriveriez avec plus de fermeté, plus de confiance en vous-mêmes.

L'année dernière nous vous avons parlé des *diplômes* qu'il conviendrait de donner. Le temps est venu de réaliser cette promesse. Par une fréquentation assidue des cours professionnels, des exercices pratiques, par les examens déjà subis, les nombreuses compositions que vous avez faites, vous avez acquis des connaissances théoriques et pratiques auxquelles il convient de donner une sanction.

Les examens pour l'obtention du diplôme rouleront, cela va de soi, sur toutes les branches de l'enseignement et, à la rentrée des cours, j'espère pouvoir proposer à M. le Directeur de l'Assistance publique l'ensemble des mesures que je crois utiles pour ces examens.

Je n'insisterai pas sur les améliorations que, sur l'invitation du Conseil municipal, l'Administration se propose d'apporter prochainement à votre situation. Je me bornerai à vous rappeler que M. le Directeur a pris, cette année, parmi les élèves 4 sous-surveillantes, 2 sous-surveillants et 9 suppléantes et qu'il a laïcisé l'hospice des Ménages et la fondation Devillas, la Maison de retraite de Larochefaucauld, l'hôpital de la Pitié et l'hôpital Saint-Antoine. Enfin, avant la fin de cette année, l'Administration, conformément au vote du Conseil municipal, confiera aux infirmières laïques l'hôpital Montmartre. . . . .

J'ai dit que les examens des infirmières ont été excellents presque pour toutes et cela dans une proportion supérieure même à celle que nous avons constatée à la Salpêtrière. Cela tient, il faut le reconnaître, à ce que nos élèves infirmières à Bicêtre ont une instruction primaire de beaucoup au-dessus de celle de la plupart des infirmières qui débutent à la Salpêtrière. Dès maintenant, M. le Directeur peut être assuré de trouver parmi elles, un nombre respectable de sous-surveillantes et nous pouvons lui dire qu'il peut se hâter parce que leurs places d'infirmières pourront être prises aussitôt par le groupe de nos élèves externes — sans compter ce que peut fournir le dehors.

En résumé, les Ecoles de Bicêtre et de la Salpêtrière sont dès à présent en mesure de fournir à M. le Directeur de l'Assistance publique le personnel suffisant pour la laïcisation non seulement de l'hôpital Montmartre mais encore de deux autres établissements hospitaliers.

La laïcisation pourrait être menée vite et sûrement. Bien des fois avec vos professeurs, avec nos amis, médecins ou chirurgiens des hôpitaux, tous naturellement sympathiques aux écoles d'infirmières, nous avons discuté les mesures les plus propres à réaliser cette réforme ; nous étions arrivés à une solution, et, avant la discussion si regrettable, qui a eu lieu au commencement de l'année, nous l'avions indiquée dans une lettre adressée à M. Herold, préfet de la Seine.

Cette solution consiste à laïciser l'hôpital des Enfants malades et l'hôpital Necker ; — à placer, pour l'enseignement des enfants, une institutrice laïque à l'hôpital des Enfants Malades, à faire faire par cette institutrice l'école primaire aux infirmières de Necker, des Enfants Malades et de Laënnec, établissements tout à fait voisins, formant un véritable groupe. Enfin à organiser l'enseignement professionnel tel qu'il existe à la Salpêtrière et à la Pitié.

En un mot, on aurait avec les 3 hôpitaux que je viens de nommer un deuxième groupe d'enseignement. Plus tard, la laïcisation étant accomplie, il y aurait lieu d'examiner s'il faut maintenir ou supprimer ce second groupe.

Le Conseil municipal a commencé cette œuvre, en demandant à l'Administration la nomination d'une institutrice laïque à l'hôpital des Enfants.

Nous appelons sur ces idées la bienveillante attention de M. le Directeur de l'Assistance publique et il est certain que si, après examen, il les trouve judicieuses, réalisables et fait prendre à bref délai c'est-à-dire avant la fin de l'année 1881, les mesures nécessaires, grâce aux deux groupes d'Ecoles, fonctionnant régulièrement pendant l'année 1882, il serait possible d'achever la laïcisation de tous les hôpitaux et hospices de Paris avant la fin de 1883.

Enfin, dans le discours prononcé à la Pitié, nous avons mis en relief le rôle que doit jouer cette école et montré l'utilité de l'admission la plus libérale et la moins formaliste possible des élèves externes aux cours théoriques et aux exercices pratiques. Si l'Administration veut réaliser la réforme réclamée, au nom de la population parisienne, par le Conseil municipal, elle doit encourager les dames du dehors à suivre l'enseignement des écoles et, quand elles ont fait preuve de savoir, elle doit les accepter parmi ses infirmières et leur assurer un avancement proportionné à leurs aptitudes.

Mesdames, Messieurs,

L'Ecole de la Pitié a été ouverte, le 24 mai dernier, par M. le Directeur de l'Assistance publique ; depuis lors, les cours ont eu lieu, régulièrement 3 fois par semaine, la dernière leçon a eu lieu hier soir.

Durant les onze semaines qui se sont écoulées, à partir de l'inauguration de l'Ecole jusqu'à ce jour, vos professeurs vous ont fait 30 leçons. J'ai considéré comme un devoir de vous présenter successivement les hommes dévoués qui veulent bien consacrer une partie de leur temps précieux à votre instruction : j'en ai profité pour vous donner peu à peu, à petite dose, des détails sur l'enseignement de cette école.

Conformément aux votes du Conseil municipal, l'Administration de l'Assistance publique a autorisé les *élèves externes* à suivre ces cours. A l'origine nous avons noté le plus grand empressement des infirmiers et des infirmières de l'hôpital à assister presque tous au cours ; nous avons noté également l'affluence des élèves externes. Peu à peu, le nombre des *élèves internes* aussi bien que des *élèves externes* s'est successivement réduit. Cela ne nous a nullement surpris; c'est toujours ce qui a eu lieu et ce qui aura toujours lieu à l'inauguration de toute institution nouvelle, dans un lieu quelconque ; mais, dans les deux catégories d'élèves, il y a eu un groupe dont l'assiduité ne s'est jamais démentie.

Mesdames les surveillantes ont fait acte de présence aux cours, et encore un peu irrégulièrement, durant le mois de juin; en juillet et en août aucune d'elles n'y a assisté. Mesdames les sous-surveillantes ont fourni 70 présences en juin et seulement 46 en juillet. Les sup-

pléantes 115 présences en juin, et 114 en juillet. Les infirmières de
1re classe 42 présences, en juin, 22 en juillet. Les infirmières de
2e classe, 121 présences en juin, 66 en juillet. Les infirmiers des
deux classes, 106 présences en juin, 67 en juillet.

Bien que les chaleurs exceptionnelles du mois de juillet puissent
expliquer cette inexactitude, j'ai tenu à placer de nouveau sous les
yeux de M. le Directeur de l'Assistance publique cette statistique, afin
que, au début de la seconde année de l'enseignement, il donne les
ordres nécessaires pour que l'assiduité devienne la règle.

Je sais que parmi les surveillantes, il en est qui ont suivi régulièrement les cours de la Salpêtrière, mais elles doivent donner
l'exemple, ici, et profiter, au moins pendant une année complète, de
l'enseignement professionnel qui est fait dans cet amphithéâtre. S'il est
évident que l'Administration veut remplacer les religieuses par des
laïques ; il est évident aussi qu'elle veut que les surveillantes laïques
soient plus instruites que les religieuses.

Quant aux sous-surveillantes, leur assiduité aux cours est encore
plus désirable, parce qu'elles sont moins expérimentées que les surveillantes. C'est, d'ailleurs, leur intérêt puisque M. le Directeur a
déclaré qu'il ferait ses promotions en s'appuyant d'une part sur les
services rendus et, d'autre part, sur l'assiduité aux cours des écoles. Or,
il est bien certain que celles qui sont le plus soucieuses de leurs devoirs auprès des malades, sont généralement celles qui, comprenant les
sacrifices qui sont faits pour leur instruction par le Conseil municipal
et par l'Administration, sont les plus exactes aux leçons professionnelles.

Ces remarques s'appliquent également à mesdames les suppléantes
et aux infirmières.

Après les paroles de M. le Directeur, vous êtes toutes bien convaincues des intentions de l'Administration; vous savez maintenant
que toutes celles qui auront travaillé seront récompensées, aussi ai-je
la persuasion que, dès la réouverture de l'Ecole, vous serez très
exactes et dans un an nous n'aurons que des éloges à vous adresser.

Les *exercices pratiques* ont été faits d'une façon aussi régulière
que possible ; cependant, là encore, nous avons relevé moins d'assiduité en juillet qu'en juin.

Les *exercices du service d'accouchements* n'ont pu être suivis régulièrement parce que des accidents ont nécessité à plusieurs reprises
la fermeture momentanée du service.

Soit timidité, soit parce qu'elles ne se rendaient pas un compte suffisant du but poursuivi, beaucoup d'élèves internes, hommes et femmes,
n'ont pas pris part aux *compositions*, il n'y en a eu que treize pour
la première composition et dix à la cinquième.

Les élèves externes ont été régulièrement de onze; une douzième
a pris part à la 5e composition.

Désireux d'encourager tout le monde, vos professeurs et moi, d'accord avec M. le Directeur de la Pitié, nous avons convoqué tous les
infirmiers, toutes les infirmières aux *examens pratiques* : 9 suppléantes,

12 infirmières, 7 infirmiers et 9 élèves externes ont répondu à notre appel. A ces examens aucun infirmier, aucune infirmière, aucune suppléante n'auraient dû manquer.

Toutes ces critiques, que je suis obligé de vous adresser à mon très vif regret, font que nous avons dû restreindre le nombre des récompenses et n'employer qu'une minime partie du crédit mis libéralement à la disposition de l'Administration par le Conseil municipal.

Non seulement le Conseil municipal et l'Administration sont extrêment désireux de vous encourager, mais nous disposons encore de dons qui ont été faits par MM. Brouardel, Yvon, Monod, M. le directeur de l'Assistance publique, M. le Secrétaire général, etc.

Nous venons de vous dire ce qu'a été l'Ecole municipale d'infirmières de la Pitié durant cette première année qui a été très abrégée ; permettez-moi de vous dire ce qu'elle doit être d'après les votes répétés du Conseil municipal.

Bicêtre et la Salpêtrière ont été choisis tout d'abord, parce que ces établissements contiennent un grand nombre d'infirmiers et d'infirmières, possèdent un personnel, un matériel, des locaux pour l'instruction primaire et ont une population considérable et très variée : on y trouve, en effet, des vieillards, des infirmes, des paralytiques, des malades atteints d'affections aiguës (infirmeries), des enfants, des épileptiques et des aliénés. En raison de la réunion de ces conditions, l'Administration était sûre d'avoir des résultats sérieux.

Toutefois, plusieurs éléments d'instruction professionnelle manquent dans ces établissements. Absence de service de femmes en couches ; absence de certaines maladies aiguës ; service peu actif de chirurgie, surtout à la Salpêtrière. C'est pour cela qu'il était absolument nécessaire de disposer d'un hôpital général pour compléter l'enseignement donné à Bicêtre et à la Salpêtrière.

Depuis longtemps l'Administration avait jeté les yeux sur l'hôpital de la Pitié, afin d'y créer une école de perfectionnement. Les sœurs Sainte-Marthe, dont l'esprit relativement libéral et le dévouement aux malades sont bien connus, ne pouvant plus se recruter par suite de la persécution cléricale ourdie contre elles de longue date, ont dû quitter l'hôpital de la Pitié. Aussi a-t-il été décidé par le Conseil municipal et le Conseil de surveillance que ce serait dans cet établissement que l'on créerait l'*Ecole de perfectionnement*.

Comment doit fonctionner cette école ? cela ressort des explications que nous venons de donner ; il est nécessaire que, dans la mesure la plus large possible, l'Administration fasse venir ici les meilleures élèves de Bicêtre et de la Salpêtrière, celles qu'elle a l'intention de nommer suppléantes. C'est également à la Pitié, dans le personnel ainsi composé, qui serait un personnel d'élite, qu'elle pourrait recruter tous les trois ou quatre mois, une partie du personnel destiné aux hôpitaux qu'elle va successivement laïciser.

Il va de soi que cette mesure ne peut être radicale ; l'Administration possède ici des infirmiers et des infirmières qui, s'ils fréquentent assiduement l'école, seront désignés pour de l'avancement ; il en est d'autres qui, en raison de leur ancienneté dans la maison et de leur âge sont difficilement déplaçables.

Quant à la dernière catégorie, celle des infirmières encore jeunes, mais illettrées, et qui désirent obtenir les grades supérieurs, il conviendrait de les envoyer soit à la Salpétrière, soit à Bicêtre, afin qu'elles puissent suivre les cours de l'Ecole primaire.

Tel est le rôle supérieur que doit remplir l'Ecole de la Pitié. Insister davantage serait superflu et je termine par un dernier conseil.

Une hospitalière a des devoirs, devoirs qui s'imposent à elle, comme s'imposent à la mère de famille les devoirs envers ses enfants. Récemment à propos d'une exergue à mettre sur les diplômes des élèves des Ecoles municipales d'infirmières, on proposait de les résumer en ces quatre mots qui ont paru excellents : Sois bonne, courageuse, dévouée. J'espère que vous ferez tous vos efforts pour vous conformer à cette règle de conduite.

PARIS — IMP. V. GOUPY ET JOURDAN, 71, RUE DE RENNES

LAÏCISATION DE L'ASSISTANCE PUBLIQUE

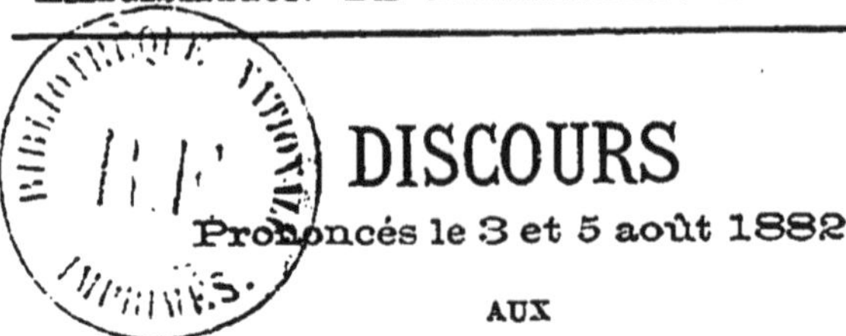

DISCOURS

Prononcés le 3 et 5 août 1882

AUX

DISTRIBUTIONS DES PRIX

DES ÉCOLES MUNICIPALES D'INFIRMIÈRES LAÏQUES

(CINQUIÈME ANNÉE SCOLAIRE)

Par BOURNEVILLE

Membre du Conseil municipal de Paris
Directeur de l'enseignement des écoles municipales d'infirmières
Médecin de Bicêtre
Rédacteur en chef du *Progrès Médical*

La laïcisation des hôpitaux et hospices de Paris a continué durant l'année 1882. L'administration de l'Assistance publique a poursuivi la tâche commencée à l'instigation du Conseil municipal, en confiant aux surveillantes laïques l'hôpital Tenon et l'hôpital de Lourcine; on verra par les renseignements que nous donnons dans les discours suivants, que l'Administration est dès maintenant en état de laïciser de nouveaux établissements hospitaliers.

Ecole de la Pitié.

MESDAMES, MESSIEURS,

L'École de la Pitié, pour des raisons sur lesquelles il est superflu de revenir, n'a pu être ouverte que le 24 mai 1881. Les cours ont été faits trois fois par semaine depuis ce jour jusqu'au 10 août, date de la distribution des prix. Il va de soi que le programme de l'enseignement n'avait pu être exécuté dans son intégrité.

La seconde année scolaire, que va clore cette cérémonie, a eu sa durée normale puisqu'elle a commencé le 15 octobre. Tous les *cours* ont été faits; huit *compositions* sur chacune des branches de l'enseignement vous ont été données, sans compter les compositions pour les prix. En un mot, vos professeurs ont fait tout ce qui était en leur pouvoir pour votre instruction.

Avez-vous bénéficié de cet enseignement autant que vous l'auriez dû? Non, malheureusement; après avoir été zélés au début, vous avez bientôt montré des défaillances; j'ai dû en parler à M. le Directeur de l'Administration générale de] l'Assistance publique,

qui, aussitôt, s'est empressé de se rendre ici, où vous avez été tous
réunis. Par ses bonnes paroles, il a relevé votre courage, excité de
nouveau votre zèle. Ses bons conseils ont été suivis et, tout à l'heure,
nous aurons le plaisir de lui signaler les heureux effets de sa visite.

Les *exercices pratiques*, qui doivent se faire tous les jours, à la
fois dans un service de médecine, dans un service de chirurgie et
dans le service des accouchements, après avoir fonctionné d'une manière convenable, durant quelques mois, ont été faits ensuite d'une
façon très irrégulière. Pour les accouchements, plusieurs-interrup-
tions ont été indépendantes de la volonté de l'Administration, je dois
le reconnaitre; je sais aussi que, pour la médecine, il y a eu une
interruption motivée par la maladie de M⁰ Verplan; mais, pour la
chirurgie, aucune interruption n'aurait dû se produire. Mon devoir
était de rappeler ces faits à M. le Directeur, parce qu'il en est résulté
de graves inconvénients pour le fonctionnement de cette école.

Des changements ont eu lieu dans le personnel enseignant : M⁰ Du-
randeau a été remplacée par Mᵐᵉ Colbe; Mᵐᵉ Legallois par M⁰ Pru-
dhomme, et M⁰ Verplan par Mˡˡᵉ Broin. Je n'ai que des éloges à
adresser à vos nouvelles maîtresses, qui devront continuer de suivre
très exactement les cours, afin d'être toujours sûres de se conformer,
dans les exercices pratiques, à l'enseignement des professeurs.

Je dois rendre publiquement hommage à la mémoire de Mᵐᵉ Verplan, morte le 21 mai dernier. Malgré son état de maladie, déjà très
avancé, elle a persisté, autant que ses forces le lui ont permis, à
s'acquitter de la mission dont elle était chargée. Bien des fois j'ai pu
constater combien elle y apportait d'activité, d'intelligence.

Ce triste devoir rempli, je reprends l'exposé de vos travaux.
Les *compositions* pour les prix ont profité de l'émulation qui a
succédé à la visite de M. Quentin à l'Ecole de la Pitié le 13 mai dernier. En effet, 15 élèves externes, 6 sous-surveillantes, 5 suppléantes
et premières filles, 8 infirmières y ont pris part.

Quant aux *examens pratiques* ils ont été subis par onze sous-surveillantes;— 7 suppléantes et premières filles; 12 infirmières; 12 infirmiers et par 5 élèves externes. Nous devons adresser des félicitations à mesdames les sous-surveillantes d'avoir profité des sages
conseils que M. le Directeur leur a donnés et il se fera certainement
un plaisir de récompenser leurs efforts.

Chaque fois que M. le Directeur est venu au milieu de vous, il vous
a encouragées à travailler; il vous a dit qu'il poursuivrait l'œuvre de
la laïcisation d'autant plus rapidement que vous travaillerez davantage. Il a rempli ses engagements en laïcisant l'hôpital Tenon et
l'hôpital de Lourcine. Et c'est ainsi qu'il a pu donner de l'avancement à plusieurs des élèves récompensées l'an dernier.

Les plus instruites d'entre vous auront bientôt, elles aussi, de l'avancement, nous l'espérons. Mais, en attendant elles vont recevoir aujour-
d'hui les prix qu'elles ont mérités par leurs compositions et leurs
examens. Cette année, comme l'an dernier, j'ai le plaisir de vous
annoncer que M. le professeur Brouardel, que MM. Monod et Yvon,
ainsi que M. le Directeur et M. le secrétaire général, ont voulu par
des dons particuliers, augmenter le nombre des récompenses que le
Conseil municipal a mises à la disposition de l'Administration.

L'expérience qui a été faite ici depuis 18 mois, indique les modifications qu'il est utile d'apporter dans l'organisation de l'Ecole de la

Pitié. Suivant les désirs et les votes du Conseil municipal, cette Ecole doit être une *Ecole de perfectionnement*.

Bicêtre et la Salpêtrière, ai-je dit déjà, ont été choisis tout d'abord, parce que ces établissements contiennent un grand nombre d'infirmiers et d'infirmières, possèdent un personnel, un matériel, des locaux pour l'instruction primaire, et ont une population considérable et très variée; on y trouve, en effet, des vieillards, des infirmes, des paralytiques, des malades atteints d'affections aiguës (infirmeries), des enfants, des épileptiques et des aliénés. En raison de la réunion de ces conditions, l'Administration était sûre d'avoir dans ces établissements des résultats sérieux.

Toutefois, plusieurs éléments d'instruction professionnelle manquent dans ces établissements: Absence de service de femmes en couches ; absence de certaines maladies aiguës ; service peu actif de chirurgie, surtout à la Salpêtrière. C'est pour cela qu'il était absolument nécessaire de disposer d'un hôpital général pour compléter l'enseignement donné à Bicêtre et à la Salpêtrière. Des circonstances favorables, ayant rendu libre cet établissement, il a été naturellement choisi pour y installer l'Ecole de perfectionnement.

Comment doit fonctionner cette école? Cela ressort des explications que nous venons de donner; il est nécessaire que, dans la mesure la plus large possible, l'Administration fasse venir ici les meilleures élèves de Bicêtre et de la Salpêtrière, celles qu'elle a l'intention de nommer suppléantes et sous-surveillantes. C'est également à la Pitié, dans le personnel ainsi composé, qui serait un personnel d'élite, qu'elle pourrait recruter tous les trois ou quatre mois une partie du personnel destiné aux hôpitaux qu'elle va successivement laïciser.

Tel est, je le répète, le rôle que doit remplir l'Ecole de perfectionnement. J'ai voulu laisser parler les faits, persuadé que, à bref délai, ils démontreraient que le plan tracé par les professeurs des écoles et par nous avait été sérieusement étudié. Eh bien, si l'on examine le fonctionnement de cette école — ce qui a eu lieu depuis 18 mois — on voit que les sacrifices faits par le Conseil municipal, par l'Administration, par les professeurs, n'ont pas donné tous les fruits qu'on était en droit d'en attendre.

En effet, au lieu de faire ici un enseignement un peu plus élevé qu'à Bicêtre et à la Salpêtrière, les professeurs ont dû répéter les leçons qu'ils font dans les deux autres écoles. Pourquoi ? Parce que le *personnel des infirmières* est moins instruit que celui de Bicêtre et de la Salpêtrière. Parce que, d'un autre côté, et surtout, il est plus changeant, plus instable. Et je vais le prouver en citant les *mutations* qui ont eu lieu mois par mois depuis le 1er octobre 1880 :

		H.	F.	TOTAL
Octobre	1881	19	5	24
Novembre	—	55	26	81
Décembre	—	27	19	46
Janvier	1882	22	8	30
Février	—	27	8	35
Mars	—	20	10	30
Avril	—	18	16	34
Mai	—	19	13	32
Juin	—	13	14	27
Juillet	—	35	14	49
		255	133	388

Le personnel des infirmiers étant de 56, celui des infirmières de 32, on voit combien une partie du personnel a été changée un grand nombre de fois.

Que conclure de là? C'est que si l'Administration veut faire de cette école une école de perfectionnement, si elle veut — et nous avons la conviction que c'est le désir de M. Quentin — si, dis-je, l'Administration veut que l'enseignement des professeurs ne soit pas perdu, elle doit avoir ici un personnel d'élite, y faire venir les élèves des écoles de Bicêtre et de la Salpêtrière, qu'elle veut nommer suppléantes et sous-surveillantes. C'est ici, encore, qu'elle doit faire venir successivement les meilleures infirmières des autres hôpitaux auxquelles elle veut accorder de l'avancement. En procédant ainsi, l'Administration aura la certitude de remplacer les religieuses par des laïques possédant une bonne instruction professionnelle.

Il va de soi que les infirmières de la Pitié — dont l'instruction n'est pas suffisante — ne doivent pas être délaissées, mais elles doivent passer par les écoles de Bicêtre et de la Salpêtrière, afin de compléter leur instruction primaire. Et plus tard, elles reviendront ici afin d'arriver à leur tour suppléantes et sous-surveillantes.

J'ai pensé qu'il était de mon devoir de bien préciser une fois de plus le rôle supérieur que le Conseil municipal a voulu attribuer à l'école de la Pitié et j'ai la conviction que M. le Directeur général de l'Assistance publique me pardonnera la franchise de mon langage, inspiré par le désir de lui fournir les moyens de poursuivre avec promptitude, avec sécurité, la laïcisation de tous les établissements hospitaliers de Paris.

Ecole de la Salpêtrière.

En terminant son discours, M. Charles Quentin s'est élevé en termes éloquents contre les calomnies dont les surveillantes laïques sont l'objet. Puis il a donné la parole à M. Bourneville qui s'est exprimé en ces termes.

MESDAMES, MESSIEURS,

Oui, M. le Directeur a raison et se montre fidèle interprète de la vérité, quand il rappelle qu'aux heures du danger, aux époques d'épidémie, les surveillantes et les infirmières laïques ont toujours intrépidement bravé le danger. Aux faits anciens, cités par M. le Directeur, qu'il me permette d'en ajouter un autre, tout récent, qu'il connaît d'ailleurs très bien.

A la fin de décembre 1881 et en janvier dernier, il se déclarait une épidémie de diphthérie dans mon service, à l'hospice de Bicêtre. Tout le personnel laïque, bien que la plupart des personnes qui le composent soient mariées et aient des enfants, a fait son devoir sans la moindre défaillance. L'un de nos internes, M. Wuillamier, — un laïque — qui, sur ma demande et en raison des circonstances, avait bien voulu continuer ses fonctions dans le service, faillit être victime de son dévouement. Il fut si gravement atteint, qu'on redoutait une terminaison fatale. Loin de fuir le danger, chacun redoubla de zèle. Une infirmière, M⁰ Bajoue, mariée, mère de trois enfants, est prise à son tour. Tout le monde n'en reste pas moins fidèle à son poste.

C'est ainsi que les faits détruisent toutes les accusations, aussi intéressées que malveillantes, formulées par les adversaires des laïques. Je n'insisterai pas davantage et je vais aborder de suite le sujet que je dois traiter ici aujourd'hui.

Tous les ans, depuis 1878, nous avons profité de la distribution des prix pour faire connaître les travaux accomplis par vous durant l'année et pour indiquer ce que la pratique nous conseillait de faire dans l'avenir. Nous suivrons encore, aujourd'hui, le même procédé d'exposition et, après avoir rappelé sommairement les principaux faits de l'année scolaire 1881–82, nous jetterons un coup d'œil d'ensemble sur les trois écoles municipales d'infirmières laïques.

L'*enseignement primaire* a fonctionné avec la plus grande régularité, sous la direction habile et dévouée de Mlle Nicole et de ses adjointes. Les élèves qui étaient au nombre de 145 en octobre se sont retrouvées, à la fin de juillet, au nombre de 116. .

Nous avons, dans cette partie de l'enseignement, employé les mêmes moyens que par le passé : lecture du manuel imprimé au fur et à mesure des leçons des professeurs; lecture du *Manuscrit*, traduction d'un manuel anglais; *dictées* sur des questions relatives à votre profession.

Quant à l'*enseignement professionnel*, de même que dans les quatre années précédentes, car nous allons clore tout à l'heure la cinquième année de cette école, vos professeurs ont apporté tous leurs soins à rendre leurs leçons aussi claires, aussi compréhensibles que possible et ont mis à contribution tous les procédés capables de faciliter votre tâche.

Les *sept cours théoriques* : *anatomie, physiologie, pansements, soins à donner aux femmes en couches et aux enfants nouveaunés, petite pharmacie, hygiène* ont été faits conformément au programme adopté par l'Administration. De plus, l'un de vos maîtres, mon ami M. Poirier, vous a fait une leçon sur un mode de pansement, devenu vulgaire dans nos hôpitaux, le *pansement de Lister*.

En parcourant les nombreuses compositions que vous avez faites, nous avons constaté avec un vif plaisir que vous avez profité des leçons de vos maîtres.

Les *exercices pratiques*, que dirige avec tant de zèle et de compétence la surveillante de l'Infirmerie générale, Mlle Therouennie, ont été également faits avec la plus grande régularité et, à diverses reprises mais moins souvent que nous l'aurions désiré, nous avons pu nous assurer des connaissances sérieuses que vous aviez acquises. Ces exercices ont été complétés pour toutes les élèves par des séances dans lesquelles vous avez appris plus que par le passé à faire des *bandages*; pour les élèves du premier cours, ces exercices ont été complétés par un *service de roulement* qui a permis de les faire passer durant un certain temps et successivement à l'infirmerie générale, à la pharmacie, à la cuisine, à la lingerie, de manière à les rendre capables de s'acquitter du rôle de sous-surveillantes dans ces divers services.

Afin de compléter l'instruction des élèves les plus avancées, il conviendrait maintenant que l'Administration les fit passer à tour de rôle pendant un mois ou deux dans les différents services de l'hospice, puis, durant quelques mois, à l'*Ecole de perfectionnement* de la Pitié, ce qui les rendrait tout à fait capables de bien remplir les fonctions de sous-surveillantes, quand elles seront envoyées dans d'autres établissements.

Les *examens* — qui ont pris trois longues séances et ont été faits par 5 de vos maîtres, y compris le directeur de la Salpêtrière, M. Lebas, si dévoué à l'Ecole, — nous ont démontré que vous avez largement bénéficié de l'enseignement théorique et pratique et, bien des fois, vos examinateurs ont été quelque peu embarrassés dans le classement des récompenses, parce que vos épreuves ne différaient que par de très légères nuances.

114 élèves ont pris part aux examens pratiques et ce nombre aurait été plus considérable si la laïcisation de Tenon et de Lourcine n'avait nécessité le départ de 15 élèves de l'Ecole. Nous aurions voulu voir figurer à côté des infirmières les sous-surveillantes. A cet égard, nous avons été déçu. En effet, aucune d'elles n'est venue y participer ici, tandis que, à Bicêtre et à la Pitié, les sous-surveillantes sont venues, elles aussi, réclamer leur part des récompenses, mises si libéralement à leur disposition par le Conseil municipal et de généreux donateurs. Faisant cela, elles se seraient conformées d'ailleurs aux désirs de M. le Directeur de l'Administration générale de l'Assistance publique : nous avons l'espoir que, l'an prochain, les sous-surveillantes de la Salpêtrière, rivaliseront d'ardeur avec leurs collègues de Bicêtre et de la Pitié.

Puisque j'ai parlé de récompenses, je dois remercier en votre nom, MM. Charcot, Moreau (de Tours), Laurent Richard, H. Liouville, Clin, G. Monod, Molloy, Lefranc, MM. les internes en médecine, de la Salpêtrière, M. le Directeur et M. le secrétaire général de l'Administration d'avoir bien voulu, comme ils l'ont fait les années précédentes, augmenter par des dons particuliers le nombre de vos récompenses. Enfin, je dois vous annoncer que de nouveaux donateurs se sont joints aux anciens : M. le Dr Legrand du Saulle, Mlle Clin, ont fondé de nouveaux prix. Enfin, vos professeurs ont voulu vous témoigner leur satisfaction en vous donnant également un prix. A eux tous, je dis merci.

Ces récompenses, ces prix — quelque multipliés qu'ils soient — ne vont qu'à un petit nombre d'entre vous ; mais, il est des *améliorations* apportées à la situation de toutes les infirmières dans le courant de cette année qui doivent être rappelées : C'est en premier lieu l'amélioration de votre nourriture pour laquelle le Conseil municipal a voté une somme de 163,215 francs qui lui était demandée par l'Administration ; c'est ensuite la suppression du maigre le vendredi qui motive une dépense de 55,913 fr.

C'est enfin et surtout l'élévation de vos salaires. Jusqu'en 1854, les infirmières n'avaient que 10 fr. par mois ; à partir de 1854, elles ont touché 15 francs par mois, et elles restaient durant de longues années à ce chiffre ; aujourd'hui, grâce aux augmentations votées par le Conseil municipal dans ces quatre dernières années, l'infirmière, dès le premier mois, reçoit 25 fr. ; si elle est laborieuse, active, dévouée, si elle profite de l'enseignement qui lui est donné si libéralement dans cet hospice, elle peut espérer être nommée sous-sur-

veillante non plus comme autrefois après-10, 12 et 15 ans de services,
mais au bout d'un an, de deux ou trois ans, suivant le degré de son
instruction.

Il y a dans cet établissement, une division consacrée aux anciennes
surveillantes, aux anciennes infirmières, admises au repos après de
pénibles et longues années de service. interrogez-les, demandez-leur
quelle était leur situation quand elles sont entrées comme infirmières dans les hôpitaux. Et toutes vous diront {qu'il n'y a aucune
comparaison à faire entre leur situation à leur entrée dans le service et même jusqu'en 1870, avec votre situation à vous.

Ce n'est pas à dire, toutefois, qu'il n'y ait plus rien à faire, que nous
soyons arrivé à vous placer dans des conditions tout à fait convenables. Certes non. Pour réaliser le but poursuivi par le Conseil municipal, il reste encore beaucoup à faire. Chaque fois que l'occasion
s'en est présentée je n'ai pas manqué de signaler à l'attention de
mes collègues et de l'Administration l'état véritablement déplorable
des logements dans lesquels les infirmières et les infirmiers des
hôpitaux sont condamnés à demeurer.

Et chaque fois qu'il s'est agi d'installer dans des hôpitaux de nouvelles habitations pour vous, j'ai demandé qu'on vous donnât des
habitations salubres; j'ai demandé qu'au lieu de vous installer dans
des dortoirs communs, on mit à votre disposition des chambres
particulières. Grâce à l'appui que j'ai trouvé dans mon excellent
ami, M. Thulié, président de la Commission de l'Assistance publique
du Conseil municipal, j'ai obtenu dans le Pavillon Moïana, à l'hôpital
Saint-Antoine, à l'hôpital des Enfants malades, que chaque infirmière
aurait une chambre particulière. Chaque fois enfin que j'ai eu à faire
des rapports au Conseil, j'ai insisté pour que les appropriations des
anciennes communautés religieuses à l'usage les habitations des sous-
surveillantes laïques, soient faites, autant que possible, dans les meilleures conditions.

Je ne fais donc que poursuivre la réalisation des vœux du Conseil municipal en demandant aujourd'hui à M. le Directeur de l'Administration générale de l'Assistance publique de vouloir bien étudier
avec l'activité que l'on est en droit d'attendre de l'administrateur
républicain, l'installation à la Salpêtrière de logements convenables
et distincts pour vous.

Toutes ces réformes contribueront, je l'espère, à procurer à l'Administration de l'Assistance publique c'est-à-dire aux malades, un personnel moins instable que celui qu'elle possède aujourd'hui. Rien
n'est plus triste, en effet, que les mutations incessantes qui existent
dans la plupart de nos établissements hospitaliers.

Prenons pour exemple la Pitié et Bicêtre. Dans ce dernier hospice, depuis le 1er octobre jusqu'au 31 juillet, il y a eu 214 mutations
pour les hommes et 31 pour les femmes. A la Pitié, pour 56 infirmiers, il y a eu durant la même période 255 mutations et 133 pour
32 infirmières. Les mutations des hommes n'ont rien qui nous sur-
prenne. Ce n'est que, exceptionnellement, nous ne cesserons de le
répéter, qu'ils ont quelques-unes des qualités que l'on doit exiger
des personnes chargées de donner des soins aux malades et c'est
pour cela que nous mettons tant d'insistance à demander la substitution des infirmières aux infirmiers et à demander que les malades
soient soignés par les femmes qui possèdent toutes les qualités né-

cessaires pour le meilleur accomplissement de cette tâche, en même temps que nous réclamons dans chaque hôpital, un nombre d'hommes de peine suffisant pour les gros travaux.

Il y a deux ans, dans cet immense établissement, non seulement vous aviez à assister des vieillards, à soigner les malades de l'infirmerie générale et des sections d'aliénés, mais encore vous deviez traîner de lourds chariots de linge ou de charbon ; maintenant douze hommes de peine sont chargés de cette besogne, si pénible, si fatigante et qu'on n'aurait jamais dû exiger des femmes. L'expérience qui a été faite ici indique la voie qu'il importe de suivre.

Tout à l'heure je vous disais que l'avancemet, qui se faisait si longtemps attendre autrefois, était devenu beaucoup plus rapide. Vous le devez aux laïcisations successives faites par l'Administration sur la demande du Conseil municipal. Cette année, M. Quentin a laïcisé l'hôpital Tenon et l'hôpital de Lourcine ; au mois d'octobre prochain, il confiera l'hôpital Bichat à des laïques..

C'est à Bicêtre, à la Pitié et surtout ici qu'a été recruté le personnel nécessaire à cette importante réforme.

L'Administration ne s'arrêtera pas là, vous savez que le Conseil municipal et M. Charles Quentin, Directeur général de l'Assistance publique, sont absolument décidés à laïciser tous les établissements hospitaliers de Paris.

M. Quentin, que nous avons tenu régulièrement au courant de votre travail ainsi que du travail des infirmières de Bicêtre et de la Pitié, qui a présidé la distribution des prix des écoles de Bicêtre et de la Pitié, sait parfaitement qu'il possède aujourd'hui, dans les trois écoles, un personnel largement suffisant pour la laïcisation d'au moins trois établissements hospitaliers pour la fin de l'année.

C'est à vous, par votre travail, par votre fréquentation régulière de l'école primaire, par votre assiduité aux cours professionnels, par la bonne harmonie qui ne doit jamais cesser de régner entre vous, enfin, par votre dévouement pour les malades, à mettre l'Administration en mesure de hâter l'œuvre qu'elle a entreprise.

C'est ainsi que vous vous montrerez reconnaissantes des sacrifices faits par le Conseil municipal républicain de Paris, pour votre instruction et pour l'amélioration de votre situation matérielle. Nous avons la conviction que les trois écoles municipales d'infirmières, lorsque leur fonctionnement aura subi les perfectionnements que nous avons indiqués, fourniront au service médico-chirurgical des hôpitaux, des auxiliaires plus capables et tout aussi dévouées que les religieuses, et, si nous nous efforçons de presser la laïcisation des hôpitaux, c'est que nous sommes persuadé qu'il y a là un intérêt social, parce que chaque fois que l'Administration remplacera une religieuse par une laïque, c'est une famille entière qu'elle intéresse à la défense de la République.

LAÏCISATION DE L'ASSISTANCE PUBLIQUE

DISCOURS

Prononcés les 7, 8 et 9 août 1883

AUX

DISTRIBUTIONS DES PRIX

DES ÉCOLES MUNICIPALES D'INFIRMIÈRES LAÏQUES

(SIXIÈME ANNÉE SCOLAIRE)

Par BOURNEVILLE

Député de la 1re circonscription du Ve arrondissement
Directeur de l'enseignement des Écoles municipales d'infirmières
Médecin de Bicêtre
Rédacteur en chef du *Progrès Médical* et des *Archives de neurologie*.

Cette année, de même que les années précédentes, nous croyons utile de réunir en brochure les discours que nous avons prononcés à la distribution des prix aux élèves des *Ecoles municipales d'infirmières et d'infirmiers de Bicêtre, de la Salpêtrière et de la Pitié*. En le faisant, notre but est de montrer que si les Ecoles d'infirmières ne produisent pas tous les résultats qu'on est en droit d'en attendre, la responsabilité n'en incombe ni aux professeurs chargés de l'enseignement, ni à nous-même. Le jour où l'Administration voudra sérieusement exécuter le programme que nous n'avons cessé de perfectionner avec le concours de nos amis, non seulement elle aura un personnel instruit, capable, dévoué, pour ses établissements, mais encore elle pourra fournir d'excellentes garde-malades à la Ville et d'excellentes surveillantes pour aider à la laïcisation des établissements de l'Etat (Infirmeries des lycées, des prisons, etc.) et des hôpitaux ou des asiles de la province. Pour mener à bien cette importante réforme nous comptons, comme par le passé, sur le dévouement de nos fidèles amis et infatigables collaborateurs.

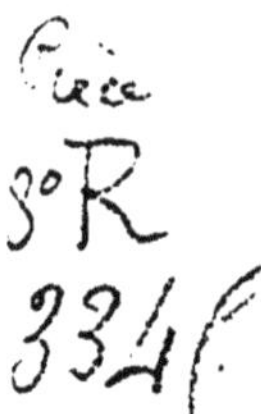

Discours prononcé le 7 août à l'Ecole de Bicêtre.

Mesdames et Messieurs,

La cérémonie de ce jour va clore la *sixième année scolaire* de cette école. C'est par conséquent le moment de résumer en quelques mots les travaux de cette année.

L'enseignement primaire des femmes a été fait comme d'habitude sous la direction de Mme Thierry. avec le concours de Mlles Bl. et J. Agnus et Sarazin. 41 femmes ont participé à cet enseignement d'une façon très régulière.

L'enseignement primaire des hommes. dirigé par M. Boutillier, instituteur de l'école des enfants, aidé de MM. Lenglet. Pinguenet, Thierry. a donné des résultats moins bons que celui des femmes; car sur les 71 infirmiers inscrits le 2 octobre, à l'ouverture de l'Ecole, il n'en restait que 36 en juillet. Cela tient à l'instabilité de plus en plus prononcée du personnel masculin. Voici quelques chiffres qui mettent ce fait hors de doute : le personnel des infirmières de l'hospice étant de 50. il n'y a eu depuis le 1er août 1882 jusqu'à ce jour que 3 mutations. tandis que les infirmiers, dont le nombre est de 184, ont fourni 223 mutations.

Quelles sont les causes de ces mutations des infirmiers? Je les ai indiquées ailleurs et j'aurai l'occasion d'y revenir.

L'enseignement professionnel a été fait très exactement, de même que les années précédentes. par MM. Blondeau, Bonnaire et Poirier. Jusqu'ici la *petite pharmacie* n'a pas été enseignée à Bicêtre; nous nous sommes borné à faire lire la partie du Manuel consacrée à cette partie du programme, et cette année, pour la première fois, nous avons donné un sujet de composition aux élèves des deux sexes, appartenant au premier cours. Il importe que cette lacune soit comblée et je prie M. le directeur de vouloir bien demander, pour l'année prochaine, le crédit nécessaire à la création d'un cours de petite pharmacie. Cinq ou six leçons seraient suffisantes.

La moyenne des présences aux cours *professionnels* montre que les élèves y ont été aussi assidus que l'an passé :

Anatomie et physiologie 63
Pansements 64
Hygiène 47
Administration et comptabilité hospitalières . . . 62

Les *exercices pratiques* ont eu lieu exactement à l'Infirmerie générale, sous la direction, pendant la plus grande partie do l'année, de Mme Duterdre, et dans ces derniers temps de Mme Ca- loir; il est désirable que cette branche de l'enseignement de l'Ecole soit perfectionnée; que les élèves des deux sexes soient mis au courant des noms et des usages de tous les instruments qui composent l'arsenal médico-chirurgical, de tous les médica- ments d'usage vulgaire qui doivent toujours se trouver dans les salles; qu'ils soient aptes à faire tous les pansements et tous les bandages.

Nous avons complété ces exercices pratiques en faisant venir à tour de rôle, dans notre service, toutes les infirmières *pour vacciner, faire la signature, épiler, donner des douches pratiquer des injections sous-cutanées* et faire quelques *ban- dages*. Nous nous efforcerons de faire participer à ces exercices les infirmiers qui vont être récompensés, ne pouvant y faire venir, comme nous le voudrions, tous les infirmiers de l'hospice.

Enfin l'Administration est entrée, ici, dans une voie que j'ai indiquée il y a deux ans, je crois, en établissant une sorte de roulement des infirmières de service en service. Cette mesure, appliquée successivement, mais non simultanément, aux infir- mières de chaque salle, nous paraît appelée à rendre de très grands services à vous et à l'Administration : à vous, en com- plétant votre instruction, en vous donnant la pratique et des salles de malades de toutes catégories et des services généraux, en vous mettant en contact avec plusieurs chefs de service, avec des surveillants et des surveillantes ayant des habitudes diverses, en vous permettant d'acquérir plus d'expérience et partant plus d'autorité.

Nous avons dit que cette mesure, généralisée, rendrait des services à l'Administration. En effet, elle lui assurerait des sous-surveillantes capables d'occuper convenablement tous les postes de leur ressort dans les établissements hospitaliers.

Les *compositions* de l'année, les compositions des prix, les examens pratiques subis par 72 infirmiers et 42 sous-surveil- lantes ou infirmières montrent que toutes les femmes et un certain nombre d'hommes ont profité sérieusement des leçons et mérité les récompenses qui vont leur être décernées.

Les années précédentes vous m'avez entendu parler des *di- plômes* ou mieux des *certificats* ou des *brevets* d'infirmiers et d'infirmières : cette année, pour la première fois, satisfaction va vous être donnée à cet égard. Huit d'entre vous vont rece- voir ce certificat. Ce n'est pas, d'ailleurs, la seule satisfaction que vous ayez à enregistrer à l'actif de l'année 1882-83 : de même qu'en 1881-82, plusieurs des élèves récompensés il y a un an ont obtenu un avancement mérité. Vous avez eu :

1 promotion de surveillante;
3 promotions de sous-surveillants ou sous-surveillantes;
6 promotions de suppléants ou suppléantes;
12 promotions d'infirmières ou d'infirmiers de 1re classe.

Les rapports mensuels que reçoit M. le directeur de l'Assistance publique, lui feront reconnaître avec nous, que l'Ecole aurait pu fournir bien davantage.

Ces promotions ont été surtout provoquées par l'ouverture, en décembre, d'un nouvel hôpital, l'hôpital Bichat, qui, conformément au vote du Conseil municipal, a été confié par l'Administration à des surveillantes laïques. Diverses circonstances, qui ne vous ont pas échappé, ont retardé la laïcisation de l'hospice des incurables d'Ivry et de l'hôpital Necker; mais il ne s'agit là que d'un ajournement de courte durée, car nous avons la ferme conviction que M. Ch. Quentin tiendra la promesse qu'il a faite au Conseil municipal, de remplacer une centaine de religieuses par des surveillantes laïques avant la fin de l'année 1883.

Discours prononcé le 8 août à l'École de la Salpêtrière.

Mesdames, Messieurs,

Vous regretterez comme nous l'absence de M. le Directeur de l'Administration générale de l'assistance publique vous regretterez surtout que ce soit une raison de santé qui, l'obligeant de quitter précipitamment Paris, l'empêche de présider cette cérémonie. Il n'a pas voulu, toutefois, qu'elle s'accomplisse sans vous adresser quelques paroles d'encouragement.

En raison de l'absence de M. le Directeur, je me bornerai à exposer rapidement les travaux de l'année et à rappeler quelques-unes des améliorations ou des réformes que j'ai eu l'honneur de lui signaler l'an dernier.

De même que les années précédentes, je n'ai que des éloges à adresser à Mlle Nicolle, chargée de l'*enseignement primaire*, ainsi qu'à ses zélées collaboratrices, Mlles Florenza et Charlemagne et Mme Chevallier. Vous avez profité de leurs leçons; vous avez été assidues puisque vous vous êtes retrouvées à peu près au même chiffre à la fin qu'au commencement de l'année. Les résultats obtenus au point de vue de l'instruction primaire, dans cette école, depuis son ouverture au mois d'avril 1878 jusqu'à ce jour, sont véritablement considérables et doivent vous attirer la bienveillance de toutes les personnes, amies de la diffusion de l'instruction. Combien d'entre vous sont arrivées ic ne sachant ni lire ni écrire ou ne possédant que des notions tout à fait élémentaires et qui ont aujourd'hui une bonne instruction primaire ! J'espère que cet enseignement lui-même sera perfectionné et que nous pourrons y introduire l'an prochain l'enseignement de notions d'*histoire*.

L'*enseignement professionnel* a été fait dans son intégrité par vos professeurs, MM. Blondeau, Budin, Duret, Le Bas, Regnard et Yvon. De plus, M. Ch. Féré vous a fait plusieurs conférences pratiques, afin de fixer dans votre esprit les parties les plus importantes de l'enseignement professionnel.

Le *service de roulement* qui consiste à faire passer, durant un certain temps et successivement, toutes les infirmières suppléantes, toutes les élèves du premier cours et les plus avancées du second cours, à l'*infirmerie générale*, à la *pharmacie*, à la *cuisine* et à la *lingerie*, a fonctionné régulièrement. Toutefois, il n'a pas été complet en ce sens que, la lingerie étant en réparation, toutes les élèves n'ont pu y passer. Nous comptons sur le dévouement à l'Ecole de votre excellent directeur, M. Le Bas, pour veiller à ce que, dans l'avenir, ce service se fasse de la façon la plus parfaite et pendant toute l'année. Il ne faut pas perdre de vue que c'est *exclusivement* en vue de l'enseignement professionnel que le Conseil municipal a voté la création, auprès de l'école, de douze *infirmières volantes* afin d'assurer le bon fonctionnement des salles durant la présence des infirmières ordinaires de ces salles dans le service de roulement, et que, si les besoins de l'hospice l'exigent, c'est à des infirmières supplémentaires que l'Administration doit recourir.

Les *exercices pratiques*, à l'infirmerie générale ont continué sous l'habile direction de Mlle Thérouenne, aidée de Mme Champeix. Ainsi que les années précédentes, ces exercices ont été faits avec une habileté et un zèle qui méritent les plus vives félicitations.

Les *examens pratiques*, qui ont duré près de 9 heures et auxquels ont pris part 125 élèves, nous ont montré que vous aviez sérieusement bénéficié de l'enseignement de vos maîtres.

Nous avons toutefois un regret à exprimer : c'est de ne pas avoir vu mesdames les sous-surveillantes venir participer à ces examens, contrairement à ce qui a eu lieu à Bicêtre et à la Pitié. Nous savons qu'un grand nombre d'entre elles ont assisté régulièrement aux cours professionnels, mais cela ne suffit pas.

S'il est vrai que mesdames les suppléantes sont venues subir, et avec succès, les examens pratiques, nous avons constaté avec peine que beaucoup d'entre-elles n'ont pas fait de composition sur les différentes branches de l'enseignement professionnel ou n'en ont fait que quelques-unes.

Il résulte de cette non-participation aux compositions et aux examens pratiques, des sous-surveillantes et d'une partie des suppléantes, que contrairement à notre ardent désir, nous ne pourrons délivrer cette année qu'un nombre très minime de diplômes à l'école de la Salpêtrière. En effet, pour que ces diplômes soient donnés, il a été convenu avec M. le Directeur de l'administration de l'Assistance publique, que les aspirantes au *diplôme* devraient participer à toutes les compositions relatives à l'enseignement professionnel et que, en outre, elles devraient avoir, pour chaque composition, un minimum ainsi fixé jusqu'à nouvel ordre :

	MAXIMUM.	MINIMUM.
1° Anatomie	20	15
2° Physiologie	20	15
3° Pansements	25	15
4° Soins à donner aux femmes enceintes, etc.	20	15
5° Hygiène	20	15
6° Petite pharmacie	20	15
7° Examen pratique	30	20

Treize élèves seulement ayant rempli ces conditions, seules elles auront un diplôme. M. Ch. Quentin se réserve de réunir les élèves diplômées des trois écoles et de leur décerner cette haute marque de son témoignage de satisfaction. Nous examinerons avec lui, s'il ne serait pas possible, dans le courant du mois d'octobre, de faire faire de nouvelles compositions pour celles d'entre vous qui ont le désir d'acquérir ce diplôme.

Nous espérons d'ailleurs que l'an prochain vous n'oublierez ni les unes, ni les autres de prendre part à toutes les compositions, et que nous aurons à donner un grand nombre de diplômes.

C'est en vous conformant à ces indications que vous vous montrerez dignes de l'intérêt que vous portent tous ceux qui ont fondé des prix pour vous.

Ainsi que les années précédentes, MM. Charcot, Moreau (de Tours), Legrand du Saule, Laurent-Richard, H. Liouville, Ch. Monod, Clin, Melle Clin, MM. Molloy, Lefranc, MM. les internes en médecine, M. le directeur et M. le secrétaire général de l'Assistance publique, vos professeurs et nous-même vous donnons des prix. De plus, M. Yvon et MM. les internes en pharmacie ont créé deux nouveaux prix cette année. A tous, en votre nom, je dis merci !

Profitant de cette cérémonie nous croyons devoir insister de nouveau auprès de l'Administration pour qu'elle améliore votre nourriture, et qu'elle accorde aux infirmières le même régime qu'aux sous-surveillantes ; en second lieu, pour qu'elle fasse procéder à l'installation de logements convenables et distincts pour chacune d'entre vous. Ces améliorations viendraient heureusement compléter toutes celles qui ont déjà été réalisées par l'Administration à l'instigation du Conseil municipal ; elles assureront, nous en avons la conviction, un recrutement de plus en plus parfait du personnel des infirmières et des sous-surveillantes ; elles les fixeront d'une façon sérieuse au service de l'Administration et cela pour le plus grand bien des malades.

Depuis un an, un seul hôpital nouveau a été confié aux laïques, l'hôpital Bichat. Des circonstances regrettables sont venues arrêter les mesures préparées par M. le directeur de l'Assistance publique, pour laïciser l'hospice des Incurables d'Ivry d'abord et tout récemment l'hôpital Necker.

Des raisons politiques qui n'auraient pas dû être mises en avant, ont arraché à M. le ministre de l'intérieur l'ordre de suspendre la laïcisation de l'hospice d'Ivry.

Inutile de dire qu'il s'agit de l'ordre religieux le plus puissant, le plus hostile aux idées modernes et le plus récalcitrant aux ordres de l'Administration.

En ce qui concerne l'hôpital Necker, confié au même ordre, nous avons la conviction que c'est encore à sa puissance qu'est dû l'ajournement de la laïcisation de cet établissement. La raison qui a été invoquée n'a qu'une apparence de fondement. Vous la connaissez. On a dit qu'en présence de l'épidémie cholérique qui nous menace, il ne fallait pas désorganiser momentanément les services.

Dans tous les cas, il ne s'agit que d'un simple ajournement et cet ajournement ne peut être que de courte durée. En effet, M. le directeur de l'Assistance publique s'est engagé devant le Conseil municipal à remplacer une centaine de religieuses par des laïques, avant le 31 décembre 1883. M. Quentin vient de répéter ses promesses, nous avons la ferme conviction qu'il les tiendra complètement et dans le temps voulu.

Puisque nous avons parlé du choléra, permettez-nous d'insister un instant et de vous dire que si, par malheur, il vient à envahir Paris, vous vous montrerez dignes de vos aînées, que comme elles, vous resterez fidèles à votre poste et que vous apporterez le plus grand dévouement, dans l'accomplissement de vos fonctions.

Mais ce n'est pas seulement dans les circonstances exceptionnelles que vous devez montrer du zèle et du dévouement : c'est tous les jours. Vous devez vous montrer bonnes, serviables, envers tous les malheureux que vous avez à soigner; vous devez exécuter fidèlement les prescriptions des médecins, sans les modifier en aucune façon; vous devez être obéissantes envers vos surveillantes, si vous voulez vous-mêmes être obéies plus tard; vous devez vous conformer strictement aux règlements de l'Administration; enfin vous devez toujours être bienveillantes les unes envers les autres.

C'est en suivant fidèlement ces conseils, que vous récompenserez les personnes dévouées qui se consacrent à votre enseignement, et que vous aiderez l'Administration à poursuivre rapidement et sans difficultés l'œuvre de la laïcisation. Ce sera aussi, ne l'oubliez pas, le meilleur moyen de désarmer tous vos ennemis.

Discours prononcé le 9 août à l'École de perfectionnement de la Pitié.

Mesdames, Messieurs,

Dans quelques instants, après la distribution des récompenses méritées par les plus instruites d'entre vous, la *troisième année scolaire* de l'École municipale des infirmiers et des infirmières de la Pitié va finir. Voyons rapidement ce qui a été fait durant ces dix mois.

L'enseignement professionnel a été fait dans son intégrité par vos maîtres : MM. Blondeau, Duret, Ch. Féré, Maygrier, Poirier, P. Regnard, Yvon. Parmi les améliorations introduites dans l'enseignement, je mentionnerai les conférences pratiques de M. Ch. Féré, les leçons pour apprendre à donner convenablement des douches et préparer les bains.

Pour ce qui est des *exercices pratiques*, dans les salles de chirurgie, de médecine et d'accouchements, nous devrions entrer dans de longs développements afin de bien préciser les *desiderata* que nous avons observés. Nous nous bornerons à une remarque générale : c'est que, en raison de l'importance de ces exercices pratiques, il est indispensable qu'ils soient faits très exactement, avec précision, et que les élèves soient mises au courant des noms et usages de tous les objets, de tous les appareils, de tous les instruments qui composent l'arsenal médico-chirurgical; qu'elles sachent reconnaître tous les médicaments employés journellement et leur mode d'administration ; qu'elles sachent faire toutes les petites opérations laissées à la vigilance des surveillantes ; qu'elles connaissent, dans tous leurs plus menus détails, les soins à donner aux enfants nouveau-nés et aux femmes en couches.

C'est là une question d'une importance capitale que nous

examinerons à loisir avec M. le directeur et avec M. le secrétaire général de l'administration de l'Assistance publique. Nous avons l'espoir que nos arguments apporteront la conviction dans leurs esprits et que nous parviendrons à organiser, pour la quatrième année scolaire qui commencera le 1er octobre prochain cette partie de l'enseignement sur de meilleures bases et que nous vous mettrons en mesure de devenir d'excellentes hospitalières.

Les *examens pratiques* ont été subis par 10 sous-surveillantes, 3 suppléantes, 15 infirmières, 15 infirmiers et 8 élèves externes

Ces examens pratiques nous ont permis de constater la bonne volonté d'une grande partie du personnel de la Pitié et comme vous êtes tous, mesdames et messieurs, bien persuadés que nous n'avons qu'un but, votre développement intellectuel, l'amélioration de votre situation matérielle, vous accueillerez amicalement les remarques que nous avons à vous soumettre.

Tout d'abord, nous conseillerons à toutes les sous-surveillantes d'aller de temps en temps, le plus souvent possible, dans les services de chirurgie, examiner la *vitrine*, afin de se rappeler les noms et les usages des instruments, des appareils, etc., etc.

Puis, pour toutes les infirmières et tous les infirmiers, nous demanderons l'application à la Pitié d'une mesure prise à Bicêtre et qui nous semble destinée à donner les meilleurs résultats. Voici comment le directeur, M. Ventujol, l'a signalée à M. le Directeur de l'Assistance publique dans un rapport en date du 4 août dernier : « Je tiens la main, dit-il, à ce que les exercices pratiques de pansement qui ont lieu tous les jours à l'infirmerie générale soient suivies à tour de rôle et *obligatoirement* — M. le Directeur de Bicêtre souligne ce mot — par tout notre personnel de sous-surveillantes et d'infirmiers des deux sexes, n'étant pas admissible, qu'aucun de ceux qui sont appelés à donner leurs soins aux malades et aux infirmes puisse être embarrassé, pour faire, quand le besoin s'en présente, un pansement ordinaire. »

Cette pratique excellente devrait être introduite et à la Salpêtrière et à la Pitié. Il n'est besoin d'aucun commentaire pour la justifier. Nous irons plus loin, et nous dirons qu'aucune infirmière ne devrait être admise à la Salpêtrière et à la Pitié sans être astreinte à suivre exactement les cours professionnels et les exercices pratiques. Si cette mesure était appliquée dans les trois établissements qui possèdent des écoles, non seulement l'Administration aurait, pour la fin de l'année 1884, tout le personnel nécessaire à l'achèvement de la laïcisation, mais encore les écoles pourraient fournir à la Ville de bons infirmiers et de bonnes garde-malades.

Nous vous avons promis, M. le Directeur de l'Assistance publique et nous, de décerner des diplômes aux meilleurs élèves qui auraient participé à toutes les compositions des cours professionnels et aux examens pratiques et qui auraient obtenu pour chacune de ces compositions un minimum fixé d'accord avec lui. Cinq élèves ayant rempli ces conditions, un diplôme leur sera décerné....... (Ici nous avons rappelé qu'elles étaient ces conditions, telles qu'elles figurent dans le précédent discours).

Maintenant que toutes vous connaissez d'une façon plus précise les conditions exigées, nous espérons que l'année prochaine il nous sera possible de délivrer un grand nombre de diplômes.

Ce n'est pas seulement au point de vue des diplômes que l'Administration a tenu ses promesses. Elle les a remplies aussi en donnant de l'avancement à une dizaine d'élèves, hommes et femmes de cette école.

L'école de la Pitié, malgré quelques progrès réalisés par rapport à l'année dernière, ne répond pas encore au but pour lequel elle a été créée par le Conseil municipal. Elle doit être, en effet, une *École de perfectionnement*. C'est à la Pitié que l'Administration devrait envoyer successivement les meilleures élèves de Bicêtre et de la Salpêtrière qu'elle a l'intention de nommer suppléantes et sous-surveillantes ; c'est là également qu'elle devrait envoyer les infirmières les plus capables des hôpitaux, possédant une instruction suffisante et auxquelles elle désire donner de l'avancement.

C'est dans le personnel ainsi composé, qui serait un personnel d'élite, qu'elle pourrait recruter, tous les 3 ou 4 mois, une partie du personnel destiné aux hôpitaux qu'elle va successivement laïciser.

Avec cette organisation, au lieu de faire ici un enseignement semblable à celui de Bicêtre et de la Salpêtrière, vos professeurs pourraient faire un enseignement un peu plus élevé. Cela serait d'autant plus aisé, qu'on aurait un personnel fixe, et n'offrant plus l'instabilité déplorable que nous avons encore à signaler cette année. En effet, les mutations opérées dans le personnel secondaire du 1er août 1882 au 31 juillet 1883 ont été considérables puisqu'elles se sont élevées pour les hommes à 251 sur 56 infirmiers; et à 128 pour les femmes sur 32 infirmières (1).

Ces changements considérables font que l'Administration ne retire pas du dévouement des professeurs et des sacrifices faits par la Ville tous les bénéfices qu'elle devrait en retirer.

Pourtant il est temps qu'elle s'en préoccupe vivement si elle ne veut pas que nos établissements hospitaliers soient inférieurs à ceux des autres pays. Il n'y a pas de semaine, en effet, que les journaux de médecine anglais ou américains ne nous apportent des renseignements très intéressants, soit sur le fonctionnement des écoles d'infirmières qui existent déjà dans ces pays, soit sur celles qui viennent d'être créées.........

(M. Bourneville a terminé en rappelant aux infirmières et aux infirmiers la nécessité de s'instruire, il leur a indiqué quels étaient leurs devoirs et enfin il a remercié de nouveau M. Ch. Quentin de ses déclarations formelles relatives à la laïcisation à bref délai de plusieurs hôpitaux.)

(1) Il ne s'agit pas des surveillantes ni des sous-surveillantes. Les mutations d'infirmières et surtout d'infirmiers existent malheureusement dans tous nos établissements hospitaliers.

PUBLICATIONS DU *PROGRÈS MÉDICAL*

BOURNEVILLE Études cliniques et thermométriques sur les maladies du système nerveux. Premier fascicule : Hémorrhagie et ramollissement du cerveau. Paris, 1872. In-8 de 168 pages avec 22 fig. — Prix : 3 fr. 50. Pour nos abonnés, 2 fr. 50. — Deuxième fascicule: Urémie et éclampsie puerpérale; épilepsie et hystérie. Paris, 1873. In-8 de 160 p, avec 14 fig. — Prix : 3 fr. 50. — Pour nos abonnés. . . . . 2 fr. 50.

BOURNEVILLE. Le choléra à l'hôpital Cochin. (Étude clinique). Paris, 1865. Brochure de 48 pages. — Prix : 1 fr. — Pour nos abonnés. . 70 c.

BOURNEVILLE. Mémoire sur la condition de la bouche chez les idiots, suivi d'une étude sur la médecine légale des aliénés. Paris, 1863. Gr. in-8 de 28 p. à deux colonnes — Prix : 1 fr. — Pour nos abonnés, 70 c.

BOURNEVILLE. Notes et observations cliniques et thermométriques sur la fièvre typhoïde. Vol. in-8 compacte de 80 pages, avec 10 tracés en chromo-lithographie. — Prix : 3 fr. - Pour nos abonnés. . . . . 2 fr.

BOURNEVILLE. Recherches cliniques et thérapeutiques sur l'épilepsie et l'hystérie. Vol. in-8 de 200 pages avec 5 fig. dans le texte et 3 planches. -- Prix : 4 fr. — Pour nos abonnés. . . . . 2 fr. 75.

BOURNEVILLE. Science et miracle : Louise Lateau ou la Stigmatisée belge. Vol. in-8 de 88 pages avec 2 fig. dans le texte et une eau forte dessinées par P. Richer. — 2e édition, revue, corrigée et augmentée. — Prix : 2 fr. 50. — Pour nos abonnés. . . . . 1 fr. 50

BOURNEVILLE. Écoles municipales des infirmières laïques; laïcisation de l'Assistance publique. (Discours prononcés en 1880, 1881, 1882). Trois brochures in-8°. — Prix de chacune de ces brochures : 50 c. — Pour nos abonnés . . . . 30 c.

BOURNEVILLE. **Laïcisation de l'assistance publique.** Conférence faite
à l'Association philotechnique le 26 décembre 1880. Brochure in-8° de 23
pages. — Prix 75 cent. — Pour nos abonnés. . . . . 50 c.

BOURNEVILLE. **Mémoire sur l'inégalité de poids entre les hémisphères cérébraux des épileptiques.** Brochure grand in-8° de 8 pages.—
Prix : 50 c. — Pour nos abonnés. . . . . 35 c.

BOURNEVILLE et BLONDEAU. **Des services d'accouchements dans
les hôpitaux de Paris** Brochure in-8° de 49 pages. Paris, 1881. — Prix :
1 fr. — Pour nos abonnés . . . . 75 c.

BOURNEVILLE, BONNAIRE et WUILLAMIÉ. **Recherches cliniques et
thérapeutiques sur l'épilepsie, l'hystérie et l'idiotie.** Compte rendu
du service des épileptiques et des enfants idiots et arriérés de Bicêtre,
pour 1881. Un volume in-8° de 180 pages, avec 18 figures et 7 planches
en chromo-lithographie. — Prix : 6 fr. — Pour nos abonnés. . . . 4 fr.

BOURNEVILLE et BRICON. **Manuel des injections sous-cutanées.** Un volume in-32 de 210 pages, avec 10 figures dans le texte. Prix : 2 fr. 50. —
Pour nos abonnés . . . . 2 fr.
Nous avons fait faire un élégant cartonnage Bradel.— Prix du cartonnage,
50 c.

BOURNEVILLE et L. GUÉRARD. **De la sclérose en plaques disséminées.** Vol. gr. in-8 de 240 pages avec 10 fig. et 1 planche. — Prix :
4 fr. 50. — Pour nos abonnés . . . . 3 fr.

BOURNEVILLE et d'OLIER. **Recherches cliniques et thérapeutiques
sur l'épilepsie, l'hystérie et l'idiotie.** Compte-rendu du service des
épileptiques et des enfants idiots et arriérés, de Bicêtre, pendant l'année
1880. Brochure in-8° de 74 pages.—Prix : 3 fr.— Pour nos abonnés 2 fr.

BOURNEVILLE et REGNARD. **Iconographie photographique de la Salpêtrière.** Cet ouvrage paraît par livraisons de 8 à 16 pages de texte et
4 photo-lithographies. Douze livraisons forment un volume. Les *trois
premiers volumes* sont en vente. — Prix de la livraison : 3 fr. — Prix
du volume : 30 fr. — Pour les abonnés du *Progrès médical*, prix du
volume, 20 fr. — 3° volume complet : 1re livraison, nouvelle observation
d'hystéro-épilepsie ; — 2° livraison, variétés des attaques hystériques ;
— 3° et 4° livraisons, des régions hystérogènes ;—5°, 6° et 7° livraisons, du
sommeil des hystériques ; — 7°-12° livraisons, des attaques de sommeil :
hypnotisme, somnambulisme, catalepsie, sabbat, etc. — Nous avons fait
relier quelques exemplaires dont le texte et les planches sont montés sur
onglets ; demi-reliure, tranche rouge, non rognés.— Prix de la reliure. 5 fr.

BOURNEVILLE et TEINTURIER. **G. V. Townley ou du diagnostic de
la folie au point de vue légal.** Paris, 1865. Brochure in-8 de 16 pages.—
Prix : 0 fr. 50. — Pour nos abonnés . . . . 35 cent.

BOURNEVILLE et TEINTURIER. **Le sabbat des sorciers.** — 1er volume
de la *Bibliothèque diabolique*. Brochure in-8 de 40 pages, avec 25
figures dans le texte et une grande planche hors texte. Il a été fait de cet
ouvrage un tirage de 500 exemplaires numérotés à la presse ; 300 exemplaires sur papier blanc, vélin. N°s 1 à 300. — Prix : 3 fr. — Pour nos
abonnés 2 fr. 50. (Tirage dont il ne nous reste que quelques exemplaires) ;
150 exemplaires sur parchemin, N°s 301 à 450. — Prix : 4 fr. — Pour nos
abonnés, 3 fr. — 50 exemplaires sur japon, N°s 451 à 500. — Prix : 6 fr.
— Pour nos abonnés, 5 fr. — Nous avons fait cartonner quelques exemplaires sur papier vélin ; dos toile, plats marbrés, tranches non rognées.
Prix du cartonnage . . . . 1 fr.

PARIS. — IMPRIMERIE V. GOUPY ET JOURDAN, 71, RUE DE RENNES.

PUBLICATIONS DU *PROGRÈS MÉDICAL*

LAÏCISATION

DE

L'ASSISTANCE PUBLIQUE

PAR

BOURNEVILLE

Député de la 1re circonscription du Ve arrondissement
Directeur de l'enseignement des Écoles municipales d'infirmières
Médecin de Bicêtre
Rédacteur en chef du *Progrès Médical* et des *Archives de neurologie*.

PARIS

Aux Bureaux du PROGRÈS MÉDICAL   A. DELAHAYE et E. LECROSNIER

LIBRAIRES-ÉDITEURS

14, rue des Carmes, 14   Place de l'École-de-Médecine

1885

LAÏCISATION DE L'ASSISTANCE PUBLIQUE

DISCOURS

Prononcés les 29 novembre, 6 et 28 décembre 1884

AUX

DISTRIBUTIONS DES PRIX

DES ÉCOLES MUNICIPALES D'INFIRMIÈRES LAÏQUES

(SEPTIÈME ANNÉE SCOLAIRE)

Par BOURNEVILLE

De même que les années précédentes, nous croyons utile de réunir les discours que nous avons prononcés aux distributions des prix des *Ecoles municipales d'infirmières* de Bicêtre, de la Salpêtrière et de la Pitié. Cette publication permettra aux personnes de bonne foi de se rendre compte de ce que nous avons fait pour hâter la *laïcisation de l'Assistance publique* (1) et aussi des difficultés créées à plaisir, pour entraver le plus possible cette réforme doublement républicaine, puisqu'elle a pour but de combattre l'influence cléricale et de répandre l'instruction primaire (2) et l'instruction professionnelle.

(1) La question de la *laïcisation des hôpitaux* que nous avons soulevée depuis plus de 15 ans, a figuré pour la première fois, croyons-nous, à notre demande sur le programme du parti radical en octobre 1874 (Elections municipales du quartier St-Victor).

(2) Depuis 1878 jusqu'à ce jour, les Ecoles municipales d'infirmières ont permis de donner l'instruction primaire à plus de 500 élèves (hommes et femmes), qui ne savaient rien ou presque rien.

Discours prononcé le 29 novembre à l'école de Bicêtre.

Mesdames. Messieurs.

La distribution des prix qui aurait dû être faite au commencement du mois d'août a été retardée par une série de circonstances qui se sont succédé et nous ont empêchés de vous décerner les récompenses que vous méritait votre travail de l'an dernier.

En effet, l'assiduité des hommes qui avait toujours laissé à désirer a été plus grande que jamais et elle a persisté plus longtemps aussi que durant les années précédentes. 83 infirmiers assistaient aux cours d'octobre et on en retrouvait encore 60 aux mois d'avril et de mai. Malheureusement le zèle s'est refroidi à mesure que les chaleurs augmentaient et en juillet nous ne comptions plus que 35 élèves. Il s'agit là, d'ailleurs, d'un fait que nous avons constaté chaque année et qui nous engage à prendre les mesures nécessaires afin de terminer les cours à la fin du mois de juin.

L'assiduité des élèves-femmes, comme toujours, n'a rien laissé à désirer. Elles étaient 38 à l'ouverture des cours le 2 octobre ; elles se retrouvaient 33 à la fin de l'année scolaire et encore la maladie a-t-elle été presque la cause unique de cette légère diminution. Mais, leur ardeur a diminué dans une certaine mesure. Ce n'est qu'un petit nombre d'entre elles, une douzaine, qui ont pris part à toutes les compositions. Pourquoi ? J'ai dû m'en enquérir, et, de mon enquête il est résulté que si, parfois, il y avait eu des questions d'amour-propre en jeu, il existait d'autres motifs plus graves et que je dois faire connaître.

L'Administration, par l'organe de son ancien directeur, M. Quentin, s'était formellement engagée à remplacer une centaine de religieuses par une centaine de laïques avant le 31 décembre 1883, je dis bien : 1883. Rien n'a été fait. Les élèves ont marqué le pas, n'ont pas obtenu l'avancement qui leur avait été promis et auquel elles avaient légitimement droit. Je ne veux pas examiner ici à qui incombe la responsabilité de ces atermoiements si regrettables ; mais, je dois dire que, depuis le commencement de l'année, M. Quentin a fait des efforts méritoires pour obtenir la laïcisation de l'hospice d'Ivry.

Eh bien, permettez-moi, Mesdames et Mesdemoiselles, d'insister auprès de vous afin que cette année vous repreniez courage, afin que vous suiviez exactement, courageusement, les cours primaires, les cours professionnels, les exercices pratiques, et que vous fassiez toutes les compositions. N'oubliez pas que nous sommes dans une période de réorganisation, exigeant des luttes continues, et que ce n'est qu'à force de persistance, d'esprit de suite, d'énergie, de votre part, de la part de ceux qui, comme M. le directeur, comme vos maîtres et moi, voulons la laïcisation, que nous arriverons au but.........

Nous avons seulement sept diplômes à décerner : 4 aux infirmières, 3 aux infirmiers. Ce chiffre est bien minime ; aussi dois-je donner à cet égard quelques explications.

Depuis plusieurs années, vos maîtres et moi nous n'avions pas cessé de demander à l'Administration de décerner des diplômes aux meilleures élèves des écoles d'infirmières. Ce n'est que l'an dernier, après des instances réitérées, que l'Administration y a consenti. Pour la rassurer, dissiper des craintes que nous n'avons jamais comprises, nous avons posé les conditions très difficiles auxquelles les diplômes seraient accordés. Je vais les rappeler de nouveau, ce qui les portera en même temps à la connaissance de M. le Directeur : 1° Prendre part à toutes les compositions des prix ; 2° obtenir pour l'ensemble des compositions un minimum de 125 points ainsi répartis :

	Maximum	Minimum
Administration.	20	15
Anatomie.	20	15
Physiologie	28	15
Pansements.	25	15
Hygiène	20	15
Soins aux femmes en couches.	20	15
Petite pharmacie.	20	15
Examen pratique.	30	20
	175	125

Vous n'avez pas tous compris l'obligation trop dure qui s'imposait à vous de ne manquer aucune composition des prix afin d'arriver au minimum fixé. Quelques-uns des meilleurs élèves, quelques-unes des meilleures élèves ont manqué l'une des compositions; d'autres, également des meilleures, ayant eu de l'avancement ont quitté l'hospice et, elles aussi, n'ont pu prendre part aux compositions. Telles sont les raisons qui expliquent pourquoi le nombre des diplômes décernés est si restreint.

Mesdames, Messieurs, vous êtes prévenus et j'espère que, au mois de juillet prochain, nous aurons le plaisir de vous délivrer un grand nombre de diplômes. Nous ferons compter toutes les compositions, les compositions ordinaires et celles des prix, qui seront rigoureusement pointées, et lorsque pour chaque branche de l'enseignement le minimum, au moins, sera atteint, le diplôme sera accordé.

On m'a fait remarquer aussi que le minimum fixé pour l'anatomie et la physiologie était trop élevé. Je proposerai à M. le Directeur de l'abaisser à 10 au lieu de 15. Il s'ensuivra que le minimum de points à obtenir sera de 115.

J'ai dit tout à l'heure que d'anciennes élèves de cette école — et il en est de même à la Salpêtrière — avaient été déplacées avant la fin de l'année scolaire. Quelques-unes d'entre elles m'ont demandé à venir composer. J'ai transmis leur requête, en l'appuyant, à l'Administration; j'indiquais combien il était facile de leur donner satisfaction. Une première lettre, puis une seconde sont restées sans réponse. Je ferai de nouvelles propositions à M. le Directeur et j'espère qu'après les avoir examinées il leur donnera son approbation. Il fournira ainsi l'occasion à toutes les anciennes élèves des Ecoles qui remplissent dans divers établissements les fonctions de surveillantes, sous-surveillantes et suppléantes de prendre part à des compositions qui les mettront en mesure d'obtenir le diplôme d'infirmière des Ecoles municipales ....

Outre les *élèves internes*, les écoles d'infirmières ont des *élèves externes*. J'aurai l'occasion, lors de la distribution des prix à la Pitié, de rappeler les mesures qui ont été prises envers elles, les avantages sérieux qu'elles pourraient procurer à l'Administration et à la ville de Paris. Pour le moment, je me contenterai de faire connaitre à M. le Directeur que les élèves externes, ici, sont recrutées parmi les filles des sous-employés de l'hospice et que la plupart d'entre elles aspirent aux places d'infirmières et nous fourniront successivement de bonnes recrues....

Deux malheurs irréparables sont venus frapper ceux qui se consacrent à votre instruction.

Le 29 mai, c'était le Dr BLONDEAU, qui nous était enlevé après trois mois d'une longue et douloureuse maladie. Depuis l'ouverture de l'Ecole de Bicêtre en 1878, il est venu chaque année, vous faire le cours d'hygiène. Bien des fois vous l'avez trouvé à son poste malgré le mauvais temps et quoique souffrant de ses accès de goutte ; c'est qu'il ne voulait pas qu'il y eût, par sa faute, de lacunes dans votre instruction ; parce qu'il ne voulait pas que des absences, même justifiées, vinssent donner prise à des critiques contre la régularité de l'enseignement des Ecoles. Vous vous rappelez le charme de ses leçons, dans lesquelles il s'efforçait — et il y réussissait — de bien vous faire comprendre par des exemples judicieusement choisis, par des comparaisons frappantes, les notions d'hygiène en rapport avec votre profession. Vous garderez tous le souvenir de votre maitre, dont le dévouement à l'œuvre de la laicisation était si profond.

La tombe de Blondeau était à peine fermée, qu'une autre s'ouvrait. Melle Joséphine AGNUS, qui remplissait les fonctions de sous-maitresse à l'Ecole primaire des infirmières, succombait après quelques jours de maladie. Avec quelle bonté, quelle assiduité, quel dévouement elle remplissait ses modestes fonctions, vous ne l'avez certes pas oublié ! Son nom, aussi, restera gravé dans votre mémoire.

Ce dernier et triste hommage rendu à ceux que nous avons perdus, je dois remercier au nom de l'Administration et en votre nom aussi, je pense, tous ceux qui consacrent avec tant d'ardeur leurs rares moments de loisir à votre instruction. Ce sont pour les hommes : M. Boutillier, et ses aides, MM. Chevallier, Thierry et Carjat : — pour les femmes : Mme Thierry-Defransure et ses adjointes Melle Bl. Agnus, Mme Thierry-Sarrazin, Mlle Labbé (E.) ; — pour les deux sexes : Mme Caloir....

Bien des fois déjà, soit dans la presse, soit au Conseil municipal, soit dans les distributions de prix, j'ai appelé l'attention de l'Administration sur les logements des sous-employés de tous grades et sur leur nourriture. Je crois nécessaire d'y revenir encore une fois.

J'ai visité il y a quelques années, d'une façon très complète, cet hospice et il m'était resté une triste impression de cette visite, à bien des points de vue, mais aussi en ce qui concerne vos dortoirs, vos logements. Quelques améliorations ayant été réalisées depuis cette époque par l'Administration, j'ai voulu faire une nouvelle visite, et j'ai constaté qu'il existait encore beaucoup de logements insalubres et qu'il est du devoir de l'Administration de les remplacer à bref délai.

Quant à la nourriture des sous-employés, depuis les surveillants jusqu'aux infirmiers et infirmières qui débutent, elle exige des améliorations sérieuses. Je ne veux pas insister; je me bornerai à dire que les infirmiers et les infirmières, sur seize repas consécutifs, ont eu douze fois du bœuf. Cette petite statistique juge la question.

Ce n'est pas seulement sur le logement et la nourriture des infirmiers et des infirmières que j'ai le devoir d'appeler la bienveillante sollicitude de M. le Directeur, je dois encore lui signaler les défauts du mode actuel d'avancement, en ce qui concerne les hommes surtout (je parlerai à la Salpêtrière du mode d'avancement des infirmières). Ici, il ne se produit que rarement des vacances parmi les suppléants et les surveillants. Aussi, conformément à sa promesse, l'Administration devrait autant que possible donner ces emplois aux meilleurs élèves de l'école de Bicêtre. Malheureusement il n'en est pas toujours ainsi; — il en résulte un certain découragement parmi les infirmiers — et les meilleurs — quand ils voient ces places accordées à des personnes du dehors alors qu'eux ne sont promus ni ici, ni dans les autres établissements.

Je suis convaincu que M. le Directeur examinera toutes ces réformes et que, à l'avenir, vous n'aurez plus à m'entretenir de vos plaintes, hélas trop bien justifiées....

Les élèves infirmiers doivent redoubler de zèle afin d'encourager l'Administration de l'Assistance publique et l'Administration départementale à prendre parmi eux les futurs sous-surveillants. Vous savez que je vous ai toujours montré que l'ouverture de l'asile de Villejuif permettrait de récompenser les plus méritants d'entre vous, et, le jour de sa visite à la section des enfants, M. Poubelle, préfet de la Seine, s'est engagé à choisir ici quelques-uns des sous-employés dont il aura besoin. Dans un récent rapport sur le budget de l'asile de Villejuif, je lui ai rappelé cette promesse et je ne doute pas qu'elle ne soit tenue.

Cet emprunt de l'Administration départementale à cette école est pleinement justifié. Il irait de soi et il n'y aurait pas besoin d'en parler si l'on n'avait pas commis la faute très regrettable de détacher le service des aliénés de l'Assistance publique. Je dis que cet emprunt est justifié. En effet, l'école de Bicêtre reçoit tous les ans une subvention du Conseil général motivée par ce fait qu'elle doit, comme celle de la Salpêtrière, faciliter le recrutement des infirmiers et des infirmières, des sous-surveillants et sous-surveillantes des asiles. Bicêtre a été choisi surtout pour l'enseignement des infirmiers parce qu'ils s'y trouvent en grand nombre ; que l'établissement renferme des vieillards, des aliénés, des enfants, des malheureux atteints de maladies chroniques et enfin un service actif de chirurgie, en un mot de grandes ressources pour l'instruction professionnelle. Enfin, comme l'instruction ordinaire de la plupart des infirmiers était insuffisante, nous trouvions encore à Bicêtre tous les éléments nécessaires à cet enseignement primaire : des maitres, des locaux, un matériel scolaire, autant de conditions qui permettaient d'organiser l'Ecole d'infirmiers et d'infirmières d'une façon complète et économiquement, ce que ne doit pas perdre de vue le gouvernement républicain, c'est-à-dire celui qui a le devoir de réduire au minimum possible les dépenses d'administration.

Je termine ces trop longues réflexions en vous renouvelant les recommandations que je vous ai déjà faites : vous devez faire tous vos efforts pour profiter des moyens d'instruction mis à votre disposition par le Conseil municipal, par le Conseil général et par l'Administration. Vous devez en témoigner votre gratitude en faisant votre service avec zèle, activité et dévouement; vous devez toujours vous montrer bienveillants envers les malades, les enfants, les vieillards, vous devez être les fidèles exécuteurs des prescriplons des médecins et des ordres de l'Administration ; vous devez être respectueux envers vos chefs immédiats, les surveillants et les sous-surveillants, si, un jour donné, vous voulez vous-mêmes être obéis et respectés par vos subordonnés.

Si vous suivez mes conseils. je ne doute pas qu'un jour ne vienne où vous aurez votre récompense. Ce jour, je le voudrais immédiat. C'est à vous de le rapprocher. Le Conseil municipal qui s'intéresse si vivement à votre sort, lutte sans cesse en votre faveur. Et ces efforts ne seront pas stériles, mais recevront leur juste récompense, car hier M. le Ministre de l'intérieur, interrogé par moi, m'a répondu que dans un mois, un mois et demi au plus tard, un nouvel établissement hospitalier serait confié aux laïques.

A l'œuvre donc et courage !

Discours prononcé le 6 décembre à l'École de la Pitié.

Mesdames, Messieurs,

.....Considérée dans son ensemble, l'année scolaire 1883-1884 a donné de meilleurs résultats que les précédentes. 58 élèves externes et 55 élèves internes, soit au total 113, se sont fait inscrire pour suivre les cours. Mais il s'est produit peu à peu des défaillances et nous avons constaté à la fin de l'année, une diminution considérable des élèves externes, l'absence de la plupart des sous-surveillantes et de presque tous les infirmiers.

Ces reproches, mérités, faits aux déserteurs, nous devons adresser des félicitations à toutes les élèves demeurées fidèles. Leurs compositions indiquent de réels progrès et les examens pratiques nous ont montré qu'elles avaient bien profité des leçons de leurs maîtres.

Dès maintenant, l'Administration est en mesure de trouver ici un certain nombre de sous-surveillantes et de suppléantes. Quelques-unes des élèves, très capables au point de vue professionnel, ont une instruction primaire insuffisante ; elles s'en rendent parfaitement compte elles-mêmes, et, afin d'y remédier, elles ont fréquenté assidûment, le soir, l'école primaire de la rue des Boulangers. Nous ne saurions trop les encourager à persister, car à la fin de cette nouvelle année scolaire, elles seront en mesure de recevoir l'avancement que leur auront mérité les efforts qu'elles auront accomplis afin de bien remplir les fonctions qu'elles recherchent. Quelques-unes désirent rester à la Pitié ; d'autres consentiraient peut-être à changer d'hôpital et à aller soit à Bicêtre, soit à la Salpêtrière dans le but de suivre plus facilement les cours primaires. C'est à M. le Directeur qu'il appartient de prendre les mesures nécessaires.

Nous avons à délivrer 6 diplômes : 3 aux élèves internes et 3 aux élèves externes. Quelques-unes des raisons que j'ai données à Bicêtre pour expliquer le nombre restreint des diplômes, s'appliquent à l'Ecole de la Pitié. La maladie de Blondeau, a retardé la fin des cours et les compositions des prix, plusieurs de nos meilleures élèves externes se sont absentées de Paris et n'ont pu concourir à toutes ces compositions.

Je vais vous rappeler les conditions qui avaient été fixées pour l'obtention des diplômes et vous indiquer les modifications que j'ai proposées à M. le Directeur (1).....

L'enseignement a été fait régulièrement et s'est complété par le *cours d'administration et de comptabilité hospitalières*, confié à M. Perroud, votre directeur. Les *exercices pratiques* — qui devraient être suivis avec une ponctualité rigoureuse — ont été rendus obligatoires pour toutes les infirmières : cette obligation existait déjà à Bicêtre. Elle devrait exister pour toutes les branches de l'Enseignement, dans les trois écoles. Je reviendrai sur ce point, à l'occasion de la distribution des prix de l'Ecole de la Salpêtrière.

L'histoire de l'Ecole de la Pitié, durant cette année, serait incomplète, si je ne parlais pas de la perte bien douloureuse, bien cruelle, qu'elle a faite en la personne de notre ami le Dr Blondeau.........

Cet hommage rendu à notre malheureux ami, nous devons nous tourner vers l'avenir et vous donner quelques renseignements sur le fonctionnement de l'Ecole durant l'année scolaire qui va s'ouvrir. Tout d'abord les cours recommenceront le 11 décembre ; deux leçons vous seront faites, l'une d'anatomie par M. le D^r Ch. H. Petit qui va remplacer M. le Dr Duret, démissionnaire ; — l'autre par M. Perroud, sur l'administration. Et, après quelques jours de repos au commencement de janvier, les leçons auront lieu trois fois par semaine, car il est nécessaire que nous regagnions le mois perdu et que nous puissions terminer tous les cours pour la fin du mois de juin.

---

(1) Voir le discours prononcé à la distribution des prix de l'Ecole des infirmières de Bicêtre (p. 3).

Cette année encore nous ne réaliserons pas le programme fixé par le Conseil municipal pour cette Ecole, programme que les circonstances m'obligent encore à rappeler.

A Bicêtre, il y a quelques jours, j'ai indiqué à M. le Directeur de l'Assistance publique les raisons qui avaient fait choisir Bicêtre pour y installer une école, — raisons d'ailleurs qui sont les mêmes pour justifier le choix de la Salpêtrière.

Mais, malgré les nombreuses ressources dont nous disposions, à Bicêtre et à la Salpêtrière, pour le recrutement des élèves, des maîtres et des maîtresses, pour l'enseignement professionnel, il nous manquait encore un certain nombre de moyens d'instruction : si, à Bicêtre, le service de chirurgie est très actif, en revanche il l'est bien peu à la Salpêtrière ; si Bicêtre et la Salpêtrière renferment des enfants, et bien difficiles à soigner, — ni l'un ni l'autre de ces établissements ne possèdent de service d'accouchements ; enfin, il est des maladies aiguës que l'on n'observe que rarement à Bicêtre et à la Salpêtrière. Où trouver ces éléments d'enseignement, destinés à compléter l'instruction donnée à Bicêtre et à la Salpêtrière ? Dans un hôpital.

C'est pour cela que, dès l'arrivée de M. Ch. Quentin à l'Administration, j'insistai auprès de lui afin qu'il laïcisât le plus tôt possible un hôpital. Les raisons que je viens d'exposer étaient, je le pense encore, tout à fait péremptoires. Je me heurtai à une résistance invincible, qui me surprit étrangement. M. Quentin me déclara qu'il laïciserait d'abord les hospices et que les hôpitaux, surtout les hôpitaux généraux, ne viendraient qu'en dernier lieu. Je fis valoir encore l'intérêt politique qu'il y avait à installer les laïques dans un hôpital ; qu'en faisant de bons choix, en veillant à l'extrême régularité du service, on aurait un exemple à opposer aux adversaires de la laïcisation (1).

Tout fut vain ; j'échouai. M. Quentin préparait la laïcisation de l'hospice des Ménages et de la Maison de retraite de la Rochefoucauld lorsque se présentèrent des circonstances, plus favorables à la laïcisation et à l'organisation des Ecoles, que ne l'avaient été les conseillers de l'Administration. Les sœurs Sainte-Marthe, les plus tolérantes et les meilleures hospitalières, en butte, à cause de leurs opinions jansénistes, aux attaques de l'archevêché qui s'efforçait d'écarter d'elles de nouvelles recrues et en détournait les rares recrues qu'elles faisaient, se trouvèrent dans la nécessité de dénoncer leur traité avec l'Administration et d'abandonner l'un des hôpitaux généraux les plus importants, la Pitié.

C'était le 15 juin 1880. Le 3 août suivant, dans un rapport relatif à la transformation de la Communauté en logements pour les laïques, nous signalions non plus à l'Administration, mais au Conseil, la nécessité d'une *Ecole de perfectionnement* à la Pitié, A la fin de décembre, dans le rapport sur le budget de l'Assistance publique,

---

(1) Voir Bourneville. — *Rapport sur un projet de travaux à exécuter à l'hôpital de la Pitié, pour la transformation de la Communauté*, etc., *en logements de surveillantes laïques ;* 1880, n° 129, p. 2.

nous proposions au Conseil le vote des crédits nécessaires pour l'organisation de cette école.

Ce ne fut pas sans difficultés que l'Ecole fut organisée ; à peine un obstacle était-il surmonté qu'un autre se dressait devant nous ; c'est que certains fonctionnaires, hostiles à la laïcisation, voyaient bien que si les trois Ecoles d'infirmières fonctionnaient comme le programme le voulait, en peu de temps il faudrait quand même procéder à la laïcisation, cette « besogne dont ils ne veulent pas se mêler. » Enfin l'Ecole fut ouverte le 24 mai 1881. Les élèves se composaient des infirmières de l'établissement et d'élèves externes. Depuis lors, jusqu'à ce jour, il en a été de même. Mais, et j'ai le devoir de le répéter sans cesse — ce n'est pas là le fonctionnement voulu. Ce que le Conseil a voulu c'est que l'Ecole de la Pitié fût une véritable *Ecole de perfectionnement* où l'Administration enverrait les meilleures élèves de Bicêtre et de la Salpêtrière afin d'y compléter leur éducation ; où les professeurs feraient non pas les mêmes leçons qu'à Bicêtre et à la Salpêtrière, mais des cours d'un ordre plus élevé. Suivant lui, c'est de la Pitié, après avoir suivi ces cours supérieurs, subi de nouveaux examens, que devraient partir les sous-surveillantes, à chaque laïcisation (1).

Cette année donc nous suivrons les anciens errements, remettant la réalisation de ce programme idéal à l'époque, prochaine je l'espère, où les religieuses auront disparu complètement ou à peu près complètement de nos établissements hospitaliers.

L'enseignement des Ecoles municipales — encore une répétition, mais nous ne faisons que cela depuis trois ans — a été créé : 1° pour fournir de meilleures infirmières aux hôpitaux, et, partant, de bonnes surveillantes, afin de remplacer les religieuses par des laïques ; 2° pour fournir aux dames de la ville qui veulent exercer la profession de gardes-malade des moyens sérieux d'instruction professionnelle, afin de substituer dans les familles les laïques aux religieuses ; 3° pour mettre les mères de famille en mesure d'apprendre à soigner les malades afin de mieux seconder le médecin lorsqu'un de leurs parents est frappé par la maladie. — Et ce programme nous n'avons jamais cessé un seul instant d'en poursuivre la réalisation, depuis 1878 jusqu'à ce jour. Tout d'abord, nous avons obtenu facilement l'admission à la Salpêtrière et à Bicêtre des élèves externes aux cours et aux exercices pratiques. Mais, en 1881, lorsque l'Ecole de la Pitié a été créée, que le nombre des élèves externes a augmenté, nous nous sommes trouvés en présence de difficultés véritablement inattendues, d'autant plus inattendues qu'elles venaient non pas d'un directeur républicain du lendemain, mais d'un directeur républicain de la veille. On lui conseilla de consulter les médecins et les chirurgiens sur l'admission des élèves externes aux exercices pratiques. Le conseiller

---

(1) Nous avons toujours pensé que lorsque la laïcisation serait terminée, c'est à l'Hôtel-Dieu, c'est-à-dire sur un point plus central, facilement accessible, que l'on devra transporter l'*Ecole de perfectionnement.*

comptait sur un refus. Il n'en fut pas ainsi et il fut décidé que les élèves externes seraient admises par séries aux exercices pratiques.

La cause n'était pas gagnée. Au lieu d'autoriser le Directeur de la Pitié et le Directeur de la Salpêtrière à délivrer les cartes d'admission aux cours, on conseilla à M. Quentin d'exiger que les élèves externes vinssent réclamer leurs cartes d'admission au chef-lieu de l'Administration après s'être fait inscrire à l'hôpital. Au chef-lieu, la carte n'était délivrée qu'après des visites multipliées, après des heures d'attente. Pourquoi? C'est parce qu'on pensait décourager les élèves externes. Et cela est arrivé, dans une certaine proportion, mais non pas totalement comme on l'espérait.

Les adversaires des élèves externes revinrent à la charge quelques mois après. Quand l'époque des compositions des prix de l'École de la Pitié fut arrivée, je prévins l'Administration que, à moins d'ordres contraires, toutes les élèves, internes et externes, seraient convoquées et prendraient part en deux groupes distincts, aux compositions des prix. Nulle objection ne fut présentée. mais lorsqu'il s'agit d'établir le palmarès, l'Administration refusa d'accorder des récompenses aux élèves externes. Et cependant le Conseil municipal avait voté des fonds destinés à récompenser les élèves externes aussi bien que les élèves internes. Je dus donc interpeller l'Administration au Conseil municipal qui adopta l'ordre du jour suivant.

« Le Conseil municipal, confirmant ses votes antérieurs sur l'organisation et le fonctionnement des Écoles municipales d'infirmières, invite M. le Directeur de l'Administration générale de l'Assistance publique: 1° à admettre les élèves externes aux exercices pratiques dans les trois écoles ; 2° à décerner des récompenses aux élèves externes qui ont suivi cette année les cours de l'École de la Pitié. »

Grâce aux instances de plusieurs de mes amis, professeurs des écoles, auprès de M. le Directeur de l'Assistance publique, il finit par céder... au dernier moment: les élèves externes participèrent aux récompenses. Là ne finissent pas les difficultés relatives aux élèves externes. Mais pour les bien faire comprendre je dois dire un mot des moyens que je n'avais cessé de signaler à l'Administration afin de hâter la laïcisation.

J'ai dit, dès l'origine des Écoles, que les *places* de suppléantes, de sous-surveillantes et de surveillantes devaient être données aux élèves les plus laborieuses, les plus instruites. Et aux dames qui se sont présentées à moi depuis bientôt sept ans, sollicitant une place de sous-surveillante, je n'ai cessé de donner ces conseils: 1° suivez les cours professionnels, prenez part aux compositions, montrez à vos compagnes quel est le degré de votre instruction ; 2° puis, entrez comme infirmières et montrez à vos compagnes, — plus anciennes dans le métier que vous, mais malheureusement moins instruites, — montrez-leur que vous n'avez pas peur de soigner les malades. Et lorsque vous aurez fait vos preuves, subi les examens pratiques, j'insisterai auprès de l'Administration pour qu'elle vous donne de l'avancement.

Qu'arriva-t-il ? C'est que les élèves externes, voyant qu'on ne les écartait pas de la distribution des récompenses, augmentèrent en nombre au début de la seconde année scolaire ; — c'est que plusieurs élèves externes, qui avaient été récompensées, demandèrent à entrer comme infirmières dans les hôpitaux où existent des Ecoles afin de perfectionner leur instruction et de conquérir, de haute lutte, les fonctions de sous-surveillantes.

J'espérais que ces demandes seraient accueillies avec empressement par l'Administration. Il n'en fut pas ainsi, et, à part quelques trop rares exceptions, il fallut de la part [des candidates beaucoup de persistance, et de la mienne des instances réitérées pour obtenir l'admission des élèves externes, comme infirmières. Et ce fut encore bien autre chose quand il s'est agi de leur faire avoir de l'avancement. L'Administration leur a fait marquer le pas durant des mois, durant des années, immobilisant les meilleures élèves, nommées suppléantes ou sous-surveillantes dans le service de nuit.

Quelques-unes, découragées, et on le conçoit, ont quitté les hôpitaux ; d'autres sont demeurées et ont enfin obtenu après une attente aussi longue qu'imméritée, une satisfaction partielle.

Voilà l'exposé des luttes qu'il a fallu soutenir pour l'admission des élèves externes aux exercices pratiques d'abord et ensuite pour leur admission dans les hôpitaux. On dirait que tous les efforts de l'Administration — j'écarte tout à fait, et à dessein, la personne de l'ancien directeur de l'Assistance publique — ont tendu à écarter les élèves externes. C'était bien mal répondre aux désirs du Conseil municipal qui, sur notre proposition, avait invité l'Administration à faire appel à toutes les bonnes volontés, à encourager les dames du dehors à venir nous aider à opérer promptement la laïcisation (1).

Eh bien, M. le Directeur, permettez-moi de vous le dire, c'est là ce qu'il faut faire, et je persiste dans la thèse que j'ai toujours soutenue : il faut choisir les sous-surveillantes parmi les élèves internes et parmi les élèves externes de nos Ecoles d'infirmières. Il faut leur faire comprendre à toutes que les places seront données aux plus capables. Si ces idées sont les vôtres, je ne doute pas, M. le Directeur, qu'en faisant un chaleureux appel aux dames du dehors, vous ne trouviez promptement de nombreuses recrues qui, après avoir suivi l'enseignement des écoles, vous fourniront d'excellentes sous-surveillantes. Que de dames très instruites, éprouvées par le malheur, tombées de l'aisance dans un état précaire, que d'institutrices impuissantes à trouver des places, consentiraient à entrer dans les hôpitaux si elles étaient sûres d'un

---

(1) Il y a deux ans, l'un de nos maîtres les plus éminents est venu nous trouver au sujet d'une demande qu'il avait adressée à l'Administration, à l'effet d'obtenir la permission, pour les élèves de l'Union des dames de France, d'assister à sa visite et de faire des pansements. On lui avait déclaré à l'Administration que cela n'était pas possible parce que je m'y opposerais. Je n'eus pas de peine à lui démontrer qu'il s'agissait là d'un véritable mensonge.

bon accueil, si elles étaient convaincues que, après un stage aussi court que possible, l'Administration leur donnera des places de suppléantes et plus tard de sous-surveillantes !

J'aurai à revenir encore sur cette question, à la Salpêtrière, lorsque je parlerai du *recrutement des infirmières* et je compléterai, M. le Directeur, la série des renseignements qu'il est de mon devoir de vous donner. A vous de les vérifier et de voir à qui incombe la responsabilité des obstacles sans cesse dressés contre la marche de la laïcisation.

Il est certain que, si au lieu de s'inspirer des conseils d'une sorte de mauvais génie, M. Quentin avait utilisé le zèle et des élèves internes et des élèves externes ; s'il avait su profiter du passage à la préfecture de la Seine de notre éminent ami, M. Ch. Floquet, de M. Oustry, lui aussi partisan de la laïcisation, il est certain, dis-je, que cette année 1884 aurait vu disparaître les religieuses de nos hôpitaux, de nos hospices, de nos asiles.

Ce n'est qu'après de mûres réflexions, monsieur le Directeur, que je me suis décidé à vous exposer, et encore incomplètement, l'histoire de cette École; l'exposé des difficultés, sans cesse renaissantes, soulevées contre la laïcisation par des agents « qui ne font pas de politique » mais qui sont les ennemis de la République et par conséquent de la laïcisation. C'est à vous qu'il appartient de poursuivre l'œuvre entreprise par le Conseil municipal. C'est à vous de vous renseigner sur les mesures à prendre pour qu'elle soit terminée à bref délai, afin qu'elle ne fournisse plus d'élément à des polémiques intéressées, indignes d'hommes sérieux qui examinent les réformes, non pas au point de vue de leur intérêt personnel, mais au point de vue des principes républicains. Je suis convaincu que vous-même désirez poursuivre promptement la laïcisation. En terminant mon discours à Bicêtre j'annonçais que M. le ministre de l'intérieur m'avait déclaré que la laïcisation allait recommencer, que dans le délai d'un mois, un nouvel établissement serait confié aux laïques, qu'il vous laissait le choix, et j'ai été heureux d'apprendre que, comprenant bien avec votre bon sens de vieux républicain, les nécessités de la situation, vous alliez laïciser prochainement un de nos principaux établissements hospitaliers. Je vous en remercie en mon nom, je vous en remercie au nom des bonnes élèves de nos Ecoles d'infirmières.

A elles de travailler, de montrer qu'elles sont dignes de votre confiance.

Discours prononcé le 28 décembre à l'École de la Salpêtrière.

Mesdames, Mesdemoiselles,

Je n'ai pas à revenir sur les causes qui ont retardé cette cérémonie ; je vous en ai parlé lorsque mes amis du Conseil général sont venus visiter votre école et s'assurer par eux-mêmes de la manière dont l'enseignement y était fait. Je ne vous entretiendrai pas non plus des obligations qui s'imposent à vous pour l'obtention des diplômes, les explications que je vous ai données le 10 décembre, jour de la visite de M. le Directeur, visite que vous n'avez certes pas oubliée, non plus que ses excellents conseils, ces explications, dis-je, sont suffisantes et j'ai le ferme espoir que vous prendrez part, sans aucune exception, à toutes les compositions. J'espère aussi que mesdames les sous-surveillantes comprendront la nécessité de participer à ces compositions afin d'obtenir, elles aussi, le diplôme et de ne pas se trouver à cet égard moins bien pourvues que leurs infirmières.

Dans le cours de l'année scolaire 1883-1884, malgré quelques défaillances, l'ensemble des cours ont été bien suivis. Les exercices pratiques ont été faits avec soin par Mme Eydt, et, aux examens pratiques, nous avons pu nous assurer des progrès que vous avez réalisés. Tout à l'heure la lecture du palmarès montrera que, souvent, vos juges ont été embarrassés pour décerner les premiers prix et ont dû plusieurs fois, en raison de l'égalité des épreuves, donner des prix *ex æquo*.

Nous n'avons rien changé au programme de l'enseignement. Comme autrefois, les dictées données à l'école primaire, ont porté sur des sujets relatifs à votre profession et, M. Le Bas, votre directeur et l'un de vos maitres, a mis à votre disposition un certain nombre de dictées relatives à son *cours d'administration et de comptabilité hospitalières*. De plus, profitant des offres généreuses qui lui étaient faites par M. Siegfried, maire du Havre, dévoué à la laïcisation, il a commencé la fondation d'une *bibliothèque* destinée à occuper utilement vos rares loisirs.

La mort de notre pauvre ami Blondeau, la démission de M. le Dr Duret, ont laissé vacantes les places de professeur d'hygiène et de professeur d'anatomie. M. le Directeur, sur ma proposition, a bien voulu y pourvoir par les nominations de M. le D^r Ch. Féré, médecin adjoint de la Salpêtrière et de M. le Dr Gauthiez, ancien interne des hôpitaux. L'enseignement continuera donc à se faire sans interruption et afin de pouvoir faire la prochaine distribution des prix en temps convenable, aussitôt après les vacances du jour de l'an, il vous sera fait, régulièrement, trois leçons par semaine.

Déjà, j'ai justifié, de nouveau, le choix qui a été fait de Bicêtre pour l'installation de l'une des Écoles d'infirmières ; déjà j'ai dit les motifs qui avaient fait créer l'École de perfectionnement de la Pitié. Il me reste à dire pourquoi aussi j'ai proposé la Salpêtrière.

C'est que cet établissement est laïque depuis sa fondation, et par conséquent qu'il y avait quelque espoir que les surveillantes ne s'opposeraient pas, comme l'auraient certainement fait les religieuses, à la fréquentation de l'École par les infirmières ; c'est surtout parce qu'il existe plus de 350 infirmières dans cet établissement ; qu'il y a une école primaire pour les enfants avec tout le matériel scolaire, avec un personnel enseignant sachant exactement ce qu'étaient, ce que sont les infirmières. Nulle part ailleurs on ne rencontrait un ensemble d'aussi bonnes conditions. Nulle part, mieux qu'à la Salpêtrière et à Bicêtre, on ne pouvait organiser les Ecoles d'infirmières plus facilement et plus économiquement.

Je vais montrer une fois de plus combien il était facile, avec les trois Ecoles, d'arriver promptement et convenablement à la laïcisation de tous les établissements hospitaliers. Si l'on ajoute aux 353 infirmières de la Salpêtrière (1), les 55 infirmières de Bicêtre (2) et les 37 infirmières de la Pitié (3), on arrive à un total de 446 infirmières.

Parmi elles, je le sais très bien, on en compte un certain nombre, âgées, ayant rendu des services depuis 10, 15, 20 ans, même davantage. Beaucoup, hélas ! n'ont reçu aucune instruction. Quelques-unes, malgré cela, quoique âgées de 45, 50 ans, ou même 60, se sont rendues à l'école et ont appris suffisamment à lire et à écrire pour que l'Administration ait pu les nommer suppléantes ; toutefois la plupart des infirmières de cette catégorie ne demandent qu'à rester simples infirmières et à finir leur temps dans l'établissement où elles se trouvent. On peut évaluer leur proportion à un quart.

Mais pour les autres, comprenant les infirmières jeunes ou d'âge moyen, pour les nouvelles qui entrent chaque jour, il y avait mieux à faire. Nous avons demandé à l'Administration de les obliger toutes à suivre les cours. Cette obligation nous semblait d'autant plus nécessaire que le chef de l'Administration paraissait disposé à ne recruter le personnel des sous-surveillantes que parmi les anciennes infirmières — ce qui n'a pas empêché la nomination d'emblée de personnes étrangères aux écoles et aux hôpitaux. Mes tentatives furent vaines. J'en fus étrangement surpris, car refuser de faire appel aux dames du dehors d'une part, et d'autre part ne pas exiger la fréquentation des Ecoles par les infirmières, c'était ajourner à des temps éloignés la laïcisation des hôpitaux.

Je ne me tins pas pour battu. Je demandai que, laissant toute liberté aux infirmières actuelles, on exigeât de toutes celles qui se présenteraient l'engagement de suivre exactement et les cours de l'école primaire et les cours professionnels. Je demandai aussi que les directeurs de Bicêtre, de la Salpêtrière et de la Pitié fussent invités à ne prendre que des femmes ayant déjà reçu une certaine instruction. Mes efforts échouèrent. Aucune obligation n'a été imposée aux nouvelles infirmières ; les directeurs ont continué à recruter leur personnel comme par le passé, c'est-à-dire trop souvent parmi les plus ignorantes.

Enfin, puisque M. Quentin déclarait ne vouloir recruter les sous-surveillantes que dans son personnel, je lui demandai de prendre dans tous les hôpitaux, chaque année, quelques-unes des meilleures infirmières et de les envoyer dans l'une des trois Ecoles afin d'y perfectionner leur instruction et d'avoir de la sorte et plus vite

---

(1) 284 infirmières de 2ᵉ classe ; — 40 de 1ʳᵉ classe ; — 29 suppléantes.

(2) 40 infirmières de 2ᵉ classe ; — 7 de 1ʳᵉ classe ; — 8 suppléantes.

(3) 28 infirmières de jour et 9 de nuit.

le personnel nécessaire à la réalisation des votes du Conseil municipal, à la réalisation de ses propres engagements. J'essuyai encore un refus.

En repoussant toutes ces mesures capables de hâter la laïcisation, le Directeur obéissait, assurément sans s'en douter, aux suggestions de personnages hostiles à la réforme qui, eux, savaient parfaitement bien que le personnel des infirmières, avec son instruction nulle ou insuffisante, ne pourrait de longtemps fournir le nombre voulu de sous-surveillantes pour se débarrasser complétement des sœurs. Ils savaient qu'il s'écoulerait encore quelques années avant que la loi sur l'obligation de l'instruction primaire ait porté ses fruits et qu'il y avait encore de beaux jours pour un recrutement parmi les ignorantes, parmi les illettrées (1).

Persuadé des intentions bien arrêtées de M. Peyron, d'en finir le plus promptement possible avec la laïcisation, je viens lui adresser les mêmes réclamations.

1° Obligation pour toutes les infirmières d'âge moyen ou jeunes, de suivre exactement les cours de l'école primaire et de l'enseignement professionnel.

2° Même obligation pour toutes les nouvelles recrues.

3° Faire passer *successivement*, dans l'une des écoles, les bonnes infirmières des hôpitaux, dont l'instruction est insuffisante, de manière à pouvoir les nommer à bref délai sous-surveillantes.

L'obligation se justifie pleinement par la nécessité d'en finir avec la laïcisation et de donner enfin satisfaction au Conseil municipal. On ne comprend pas non plus que les infirmières des établissements où il y a des Écoles refusent de suivre les cours et tiennent la place d'infirmières qui ne demanderaient pas mieux que de les suivre assidûment et de permettre d'employer plus fructueusement les moyens d'instruction professionnelle mis à la disposition de l'Assistance publique par le Conseil municipal de Paris.

Certaines personnes, partisans tièdes de la laïcisation, et partant d'un républicanisme douteux, car il est du devoir strict de tout républicain d'enlever aux prêtres et aux religieuses tous les moyens d'action que leur donne la société civile dont ils sont les implacables adversaires, prétendent que le Conseil municipal est trop impatient, qu'il est allé trop vite, qu'il est préférable d'aller lentement, qu'il est difficile d'avoir vite un personnel convenable. Ces timides ou sont ignorants ou sont de mauvaise foi. La preuve en est facile à faire.

---

(1) Et ils comptaient — peut-être comptent-ils encore — sur la possibilité d'un changement de Gouvernement qui aurait pour conséquence le remplacement des laïques par les religieuses..... si l'on en trouvait un nombre suffisant, car tous ceux qui s'occupent de ces questions savent que le recrutement des religieuses, de même que celui des curés, devient heureusement de plus en plus difficile.

Premier reproche : Le Conseil municipal est allé trop vite ! C'est en 1877 qu'il a adopté le vœu, invitant l'Administration à créer deux Ecoles d'infirmières afin d'avoir un personnel instruit à mettre à la place des religieuses.

L'école de la Salpêtrière a été ouverte le 1er avril 1878 ; celle de Bicêtre en mai.

L'hôpital Laennec a été laïcisé à la fin de 1878 ;
L'hôpital de la Pitié le 1er octobre 1880 ;
L'hospice de Larochefoucauld en janvier 1881 ;
L'hospice des Ménages en janvier 1881 ;
L'hôpital Saint-Antoine le 1er août 1881 ;
L'hôpital de Lourcine en juillet 1882 ;
L'hôpital Tenon en juillet 1882.

Soit en SEPT ANS, SEPT établissements laïcisés ! Voilà la vérité. Il n'est aucun républicain, qui, en face de telles lenteurs, ne donne entièrement raison au Conseil municipal. Et ce jugement sera encore bien mieux justifié quand nous aurons prouvé qu'il est possible, en peu de temps, d'avoir un personnel suffisant et instruit.

Voyons d'abord ce qu'il reste à faire. Quels sont les établissements encore aux mains des religieuses ? Quel est le nombre des religieuses de ces établissements ?

Hôtel-Dieu.	21	religieuses (1).
Charité.	18	—
Necker.	19	—
Cochin.	26	—
Beaujon.	20	—
Lariboisière.	27	—
Saint-Louis.	25	—
Enfants-Malades.	26	—
Forges.	10	—
Trousseau.	20	—
La Roche-Guyon.	7	—
Enfants-Assistés.	27	—
Incurables.	62	—
	308	religieuses.

Je laisse de côté l'hôpital de Berck qui présente une organisation particulière et peut, sans inconvénient, être laïcisé en dernier lieu ; je laisse aussi de côté les Fondations comme l'hospice Brézin. Je vous en parlerai un autre jour.

Si nous retranchons de ce chiffre, 308, les 62 religieuses qui vont disparaître le 1er février de l'hospice des Incurables, on voit que l'Administration n'a plus à trouver que 246 laïques pour terminer la laïcisation des hôpitaux de Paris.

Pouvons-nous les avoir, à bref délai, c'est-à-dire pour la fin de

(1) Toutes les novices de l'Ordre des Religieuses Augustines comptent à l'Hôtel-Dieu. Elles sont au nombre de 17.

l'année 1885 ou, au plus tard pour la fin de juillet 1886 ? Oui, à la condition que l'Administration montre nettement à tous, aux directeurs... timides des hôpitaux, aussi bien qu'aux élèves infirmières et aux élèves externes qu'elle *veut* la laïcisation ; à condition que l'Administration prenne les mesures dont j'ai parlé tout à l'heure et qui lui fourniraient facilement une centaine de bonnes sous-surveillantes pour la fin de l'année scolaire courante, c'est-à-dire fin juillet ; à condition enfin qu'elle prenne en considération, après les avoir examinées soigneusement, les mesures qu'il me reste à lui proposer.

Il faut, par une large publicité, faire appel aux femmes du dehors, à ces femmes qui, comme je l'ai répété encore récemment, ont reçu une instruction sérieuse, ont occupé dans le monde une situation plus ou moins élevée et sont tombées de la fortune ou de l'aisance dans une situation précaire, quelquefois voisine de la misère. Il faut leur éviter les formalités superflues, des pertes de temps inutiles. Admettez-les aux cours professionnels. aux exercices pratiques ; accordez-leur, à elles qui seront les élèves de vos Ecoles, les avantages que vous accordez, et je vous en félicite, aux élèves de l'Union des Dames de France (1). Et, au fur et à mesure que se produiront des vacances, dans les places d'infirmières, à Bicêtre, à la Salpétrière, à la Pitié, prenez-les comme infirmières : comme élèves externes, elles se seront en quelque sorte essayées elles-mêmes ; elles se seront rendu compte si réellement leur tempérament, leur caractère, leurs goûts leur permettent de remplir sans défaillance les devoirs de la profession qu'elles désirent embrasser. Comme infirmières, elles auront complété l'expérience et elles auront mis l'Administration en mesure de les mieux apprécier. Enfin, comme élèves externes et comme infirmières. c'est-à-dire élèves internes, elles auront lutté avec leurs compagnes, elles auront montré à tous quel est le degré de leur instruction primaire et professionnelle.

Le Conseil municipal, en voulant que la laïcisation s'opère promptement, M. le Directeur de l'Assistance publique désireux de son côté de mener à bien cette réforme, exigent de vous, mesdames et mesdemoiselles, dévouement aux malades, aux vieillards, aux infirmes ; instruction professionnelle sérieuse ; mais eux aussi, doivent chercher à vous récompenser des services que vous rendez, des sacrifices qu'ils vous imposent.

Déjà vos modiques salaires ont été un peu augmentés et portés pour les infirmières du minimum de 18 fr. au minimum de 25 fr. Et cette augmentation a été amèrement reprochée au Conseil municipal et au conseiller qui en avait pris l'initiative en qualité de rapporteur du budget de l'Assistance publique. Ni l'un ni l'autre

---

(1) On les admet à assister aux visites d'un certain nombre de chefs de service. Il est probable que ces mêmes chefs de service ne feraient pas de difficulté pour l'admission des *Elèves munici-pales*, confiées aux soins de l'Administration.

ne s'en repentent, j'en suis convaincu; bien plus, ils pensent même qu'il y aura encore de ce côté quelque chose à faire et le feront.

Mais, quant à présent, ce qui presse le plus, c'est d'améliorer la *nourriture* et le *logement* des infirmières. Malgré quelques améliorations, la nourriture laisse encore beaucoup à désirer : il faudrait que la nourriture des infirmières fût plus variée (1), qu'elle fût la même que celle des suppléantes et des sous-surveillantes, il faudrait que la différence des grades ne portât que sur la différence des traitements. Cette amélioration peut se faire promptement et, à titre d'essai, elle pourrait se faire précisément dans les établissements où existent des Ecoles; ce serait une amélioration qui compenserait l'obligation imposée aux infirmières de suivre les cours au lieu de se reposer ou d'aller se promener. Plus tard elle devrait s'étendre à tous les hôpitaux, à tous les hospices.

J'ai fait connaître au Conseil l'insalubrité des logements des infirmiers et des infirmières d'un grand nombre d'hôpitaux. j'ai insisté pour qu'on leur donnât des chambres ou des cases distinctes et que, chaque fois que l'occasion s'en présenterait, on fît mieux que ce qu'il y avait de moins mauvais.

Quant au *logement* la question est plus grave, plus difficile à résoudre. Déjà j'ai obtenu à l'hôpital Saint-Antoine, pour les infirmières du pavillon Moïana, et à l'hôpital des Enfants-Malades dans le nouveau bâtiment, j'ai obtenu que l'on donnât aux infirmières des chambres séparées : je ne doute pas que progressivement cette amélioration ne soit réalisée dans tous les hôpitaux. Mais, pour cela, il faut un long temps. En attendant, que convient-il de faire ?

La solution est simple et je crois que M. le Directeur est tout disposé à l'accepter : il faut essayer, dans une proportion à déterminer, de laisser les infirmières, élèves des Ecoles, loger au dehors. L'Administration fera ce que font les industriels, les commerçants; elle fixera l'heure de l'arrivée à l'atelier ou au magasin ou au bureau, je veux dire l'heure d'arrivée à l'hôpital et l'heure de sortie. Elle fera ce que font les industriels, les commerçants pour leurs employés inexacts. Rien n'est plus facile que de tenter cet essai avec les Elèves externes que l'Administration acceptera comme infirmières. Il ne s'agit pas là, d'ailleurs, d'une chose nouvelle; mais il s'agit de l'appliquer pour faciliter le recrutement des sous-surveillantes laïques, pour attirer dans nos Ecoles nombre de femmes qui nous aideront, non seulement à laïciser les hôpitaux et les hospices, mais encore les maisons de secours, mais encore les Etablissements de bienfaisance qui dépendent de l'Etat; qui nous permettront de remplacer les religieuses des lycées par des laïques, les religieuses des hôpitaux militaires et des infirmeries des prisons par des laïques, des laïques plus instruites que les religieuses, aussi dévouées qu'elles, plus utiles aux médecins et plus dociles aux ordres de l'Administration.

---

(1) A la Salpêtrière, du 20 au 27 décembre, les infirmières ont eu, sur 16 repas, DOUZE FOIS du bœuf ! !

Encore un mot au sujet des Elèves externes qui veulent exercer en ville la profession de garde-malades. J'ai insisté auprès de l'ancienne administration, pour qu'à l'hôpital de la Pitié un registre soit tenu comprenant les noms et les adresses des élèves externes, afin que les médecins de la ville qui ont besoin de garde-malades puissent s'adresser à cet hôpital. Cette proposition, qui n'engageait en rien l'Administration, qui organisait pour des femmes qui offrent des garanties ce qui existe à la Maison municipale de santé pour des femmes qui n'ont suivi aucun cours, n'a pas été agréée. Et cependant rien ne s'y oppose : et en l'acceptant l'Administration rendrait des services aux malades de la ville, à ses propres élèves ; elle répondrait, je le redis encore, aux désirs du Conseil municipal, qui veut avec non moins d'énergie, aider à la substitution des laïques aux religieuses dans les familles.

M. le Directeur, en vous signalant les mesures que j'ai proposées successivement à vos prédécesseurs et qui n'ont pas reçu de solution, je n'ai pas voulu récriminer ; ce n'est pas *en arrière* qu'il faut regarder, mais en avant, et si j'ai parlé des mesures proposées dans le passé, c'est parce qu'elles n'ont pas été réalisées ; c'est qu'elles me paraissent destinées à vous aider, vous qui voulez la laïcisation aussi prompte que possible, à vous aider à réaliser dans de bonnes conditions le programme que vous vous êtes tracé. J'espère que c'est la dernière fois que j'ai à parler de l'organisation des Ecoles et des mesures qui doivent permettre de terminer la laïcisation et que, à la prochaine distribution des prix, c'est-à-dire à la fin de juillet, je n'aurai qu'à enregistrer des résultats et des résultats sérieux.

Mesdames, Mesdemoiselles, excusez-moi d'avoir retardé par un si long discours, le moment, impatiemment attendu, où vous devez recevoir les récompenses que vous méritez. De votre côté aussi vous réfléchirez aux conseils que je vous ai donnés et j'espère que vous redoublerez de zèle, de dévouement pour aider tous ceux qui s'intéressent à vous, le Conseil municipal, l'Administration, vos maîtres, à mener à bien et vite, l'œuvre de la laïcisation.

Renseignements relatifs à la Laïcisation.

Ecole d'infirmiers à Gênes.

« Comme nous l'avons annoncé en temps voulu, dans ce journal (1),
l'honorable administration de nos hôpitaux, pour mieux pourvoir
au bon fonctionnement des services hospitaliers, et pour combler
une lacune fréquemment et universellement déplorée, a institué
dans ce sage dessein une école théorico-pratique pour les infirmiers, et elle a.chargé le D G. Michelini, chirurgien en premier
de l'hôpital des Chroniques, du soin de l'enseignement correspondant. Le D Michelini a commencé le 3 courant ses cours d'exercices
théorico-pratiques, et, avant d'entrer en matière, il a lu à ses auditeurs, parmi lesquels, outre les nombreux infirmiers de nos hôpitaux, on remarquait beaucoup de médecins, l'allocution préliminaire
suivante, que nous nous faisons un plaisir de publier :

> Consacrer sa propre vie à secourir les
> maux des hommes, c'est le premier des
> bienfaits ; le second, c'est de les ins-
> truire.   CHATEAUBRIAND.

« L'homme qui souffre de maladie éveille notre compassion, et si,
par spéculation, par égoïsme ou par négligence, nous omettons de
le secourir de notre mieux, nous manquons ainsi à l'un des devoirs les plus sacrés envers l'humanité. Celui qui se voue à l'assistance des malades, remplit une mission éminemment humanitaire.
C'est une noble profession que celle de l'infirmier, qui fait sa maison de l'asile de la douleur et qui s'associe aux misères du pauvre
malade.

L'infirmier est dans l'hôpital l'aide le plus fort et le plus puissant
du médecin ; déjà Hippocrate, que l'on a nommé le père de la médecine, appelait avec raison en son temps (460 ans avant J.-C.) les
infirmiers les *coopérateurs de l'art médical*, et il est bien vrai
que l'assistance soigneuse et intelligente donnée aux malades
aide souvent à assurer et à accélérer leur guérison.

Les fonctions d'infirmier mettent certainement celui qui les remplit beaucoup au-dessus d'un artisan ou d'un homme de métier
quelconque, pourvu qu'il ait les qualités nécessaires pour y réussir,
et ce sont : une constitution forte et robuste, la bonne volonté pour
l'accomplissement de ses devoirs, la patience et l'affabilité envers
le malade, et une continuelle abnégation.

---

(1) *La Rivista*, Giornale medico-chirurgico degli Ospedali civili
di Genova. 1ʳᵉ année, n° 7 (juillet), p. 326.

Celui qui a une constitution organique délicate, celui qui ne se sent pas disposé à faire constamment le sacrifice de soi-même pour le bien des malades, celui-là ne doit jamais être admis comme serviteur dans l'hôpital. Le malade qui entre a le droit de trouver chez les personnes qui l'entourent et qui le doivent assister, le respect et la compassion pour ses propres souffrances.

Outre son aptitude physique propre et son caractère spécial, l'infirmier doit encore connaître exactement les devoirs inhérents à sa position, et les connaître dans toute leur extension, pour s'y conformer, et pour cela il est nécessaire qu'il possède une instruction spéciale, sans laquelle il ne pourra jamais faire quelque chose de profitable pour les malades.

L'infirmier doit avoir toujours vivant dans son esprit le désir de satisfaire le malade, le médecin et ses supérieurs; avec ce désir, il arrivera à bien remplir toutes ses fonctions, et à s'attacher sincèrement à son propre service. Un devoir important qui incombe tout particulièrement à l'infirmier est la subordination ; s'il ne se fait pas scrupule d'être négligent dans une partie quelconque de son service, il en verra certainement souffrir le pauvre malade. Une transgression à l'ordonnance médicale peut être fatale au malade, principalement en ce qui concerne la diététique : il suffit de se rappeler que parfois un convalescent de fièvre typhoïde a succombé par le fait de l'ingestion d'aliments grossiers, administrés à l'insu du médecin traitant, à la suite d'une rupture des parois intestinales où les ulcères typhiques n'étaient pas encore complètement cicatrisés.

L'art d'assister les malades exige, en outre de la capacité et de la moralité de ceux qui s'y consacrent, un ensemble de connaissances et un apprentissage spécial ; pour cela un enseignement approprié est nécessaire, qui, en même temps qu'il satisfait aux exigences d'un service hospitalier bien tenu, ennoblit les cœurs de ceux qui se vouent à ces difficiles fonctions. L'infirmier ne s'improvise pas ; celui qui abandonne son métier d'agriculteur, d'ouvrier, et se présente dans un hôpital pour y être admis comme infirmier, ne peut être accepté, parce qu'il lui manque les qualités indispensables, parmi lesquelles la charité envers le prochain tient le premier rang.

L'Administration actuelle des hôpitaux civils, si sagement présidée par l'illustrissime Signor Giacomo Falcone, qui a pris l'initiative de cette institution, a voulu qu'une école fût fondée à Panmatone dans le but de former de bons infirmiers pour nos hôpitaux et pour les familles des particuliers, et nous tous, qui apprécions hautement l'importance de cette innovation, nous devons lui en être reconnaissants.

Chargé par l'honorable Administration de vous faire un cours théorico-pratique sur la manière d'assister les malades, je nourris la confiance que nous pourrons, avec ma bonne volonté de vous instruire et avec la ferme résolution que vous devez avoir, d'apprendre tout ce qui peut être utile au malade, obtenir ces féconds résultats qui ont déjà été acquis dans d'autres hôpitaux où existe un enseignement de ce genre.

Le cours pratique sera précédé de notions élémentaires et populaires d'anatomie, de physiologie et d'hygiène. Accueillir le malade, le réconforter au moment de son entrée à l'hôpital, lui donner les premiers secours en l'absence du médecin, l'assister avec charité et affection pendant la maladie, l'aider en tout ce qui peut lui faire recouvrer le plus vite possible la santé, tel est le programme qu'a établi l'honorable Administration, et que je devrai vous développer.

Je vous recommande l'attention à mes enseignements, d'autant plus qu'une fois le programme épuisé, une commission composée du président de l'Administration, de M. le Directeur sanitaire et de votre professeur, vous soumettra à des interrogations et à des exercices pratiques, pour établir votre aptitude au service d'infirmier. »

Trad. CH. H. P-V.

L'Institut de Sainte-Marylebone pour former des infirmières laïques.

La loi adoptée en 1867 sur la proposition de M. Gathorne Hardy a créé, dit-on, une révolution dans la manière de traiter les malades pauvres dans la métropole, pourvoyant ainsi à leur traitement en établissant une direction distincte pour chacun d'eux et tout à fait différente de celle adoptée pour les workhouses. Les différents comités de gardiens ont loyalement mis en pratique la teneur de la loi en question ; et dans tous les districts de Londres on trouve des infirmeries paroissiales spécialement désignées et construites pour le traitement des malades pauvres. Un médecin en chef est chargé de la direction de chaque infirmerie.

Une des plus magnifiques institutions de ce genre est celle de Sainte-Marylebone à Notting-Hill, qui a été inaugurée par le prince et la princesse de Galles, en 1881. C'est la première fois que l'on a vu les représentants de la Couronne assister à une cérémonie au sujet d'un établissement consacré aux pauvres.

Les administrateurs de Sainte-Marylebone ne tardèrent pas à rencontrer la même difficulté qui s'était manifestée ailleurs ; celle d'avoir des infirmières ayant reçu une instruction suffisante. Ils avaient besoin de 56 infirmières. Trouvant que le résultat de leurs efforts pour la création d'une infirmerie importante très probablement aurait à souffrir de la rareté des infirmières, ils décidèrent (véritable innovation dans l'assistance des pauvres) d'élever un bâtiment qui pût servir de lieu d'éducation des infirmières. Cet établissement, qui comprend un aménagement pour 40 aspirantes et infirmières, avec tout ce qui peut convenir à leur confort, possède un cabinet de lecture qui a coûté 12,000 livres sterling, et situé à côté de l'infirmerie, sera inauguré par la princesse Christian, le 22 courant. Pour mener à bonne fin un travail si urgent, les administrateurs agissent d'accord avec le conseil de surveillance du comité Nightingale qui exerce une action commune dans cette œuvre si louable dont la création est l'objet de toute la sollicitude de ceux qui connaissent les difficultés que rencontrent ceux qui se consacrent au traitement des malades et des infirmes quand il s'agit d'*Assistance publique*.

Laïcisation des asiles d'aliénés.

Limoges, le 9 avril 1884.

Monsieur le Rédacteur en Chef,

En lisant dans le *Progrès médical* du 5 avril l'article relatif aux réformes à faire dans les Asiles d'aliénés, j'ai constaté un oubli que je crois utile de signaler. En effet, l'Asile de Sainte-Catherine, près de Moulins, et celui d'Auxerre ne sont point les seuls où l'on trouve un personnel entièrement laïque. Il en est un autre qui mérite une mention spéciale, non seulement à cause des difficultés sans nombre qu'a présentées sa laïcisation, mais encore en raison des résultats extraordinaires obtenus depuis que le service des femmes a été confié à des surveillantes laïques. Il s'agit de l'asile de Rodez, laïcisé le 4 mars 1881, grâce à la fermeté et au zèle de son Directeur-médecin (1).

Les Sœurs de Nevers avaient commis les plus grands abus dans cet établissement à tel point que leur situation était devenue impossible. Quoi qu'il en soit, il serait difficile de décrire toutes les luttes rencontrées à cette occasion au milieu d'un pays clérical au dernier degré. L'évêque actuel de Rodez, aujourd'hui rendu fameux par l'affaire du curé Bourdes, avait à cette époque dans l'Aveyron une influence décisive. Malgré les plus grandes difficultés, bien que le clergé aveyronnais ait employé tous les moyens possibles, pour entraver le recrutement d'un nouveau personnel, neuf religieuses ont été remplacées par une surveillante en chef et deux sous-surveillantes, ce qui a réalisé du même coup une économie de 2000 fr.

Depuis cette époque, cet établissement n'a jamais cessé d'être un asile modèle et l'on peut dire sans présomption qu'il ne laisse rien à désirer sous aucun rapport.

Tels sont les renseignements exacts, Monsieur le Rédacteur en Chef, que j'ai cru devoir vous communiquer et je vous prie d'agréer l'assurance de mon profond respect.　　　Raoul POULLAIN.

Interne à l'asile des Aliénés de Naugeat, près de Limoges.

Remplacement des sœurs de Saint-Jean par des laïques à Charing-Cross Hospital.

Nous sommes heureux d'informer nos lecteurs que les difficultés depuis si longtemps pendantes à l'hôpital de Charing-Cross au sujet des infirmières sont enfin résolues. On sait que, jusqu'au mois de juin dernier, cet hôpital était desservi par une association de Dames connues sous le nom de « Dames de Saint-Jean ». La convention qu'elles avaient passée avec l'Administration se trouvant expirée, elles quittèrent l'hôpital à cette époque; mais diverses intrigues

---

(1) Le Dr Faucher, actuellement Directeur-médecin de l'asile Neaugeat, près Limoges.

auxquelles la direction de l'hôpital n'était pas restée complètement étrangère avaient laissé jusqu'en ces derniers temps la question de leur remplacement non résolue. Les administrateurs viennent enfin de décider, conformément à l'avis unanime des médecins, que l'hôpital serait laissé entre les mains des infirmières laïques qui le desservent depuis le départ des Dames de Saint-Jean. La Presse médicale anglaise est unanime à louer cette décision que nous enregistrons nous-mêmes avec plaisir.

Laïcisation de l'Assistance publique : hôpital d'Auxerre.

Il nous a paru utile de recueillir des renseignements sur les établissements hospitaliers qui ont été laïcisés en province. Pour l'hôpital d'Auxerre nous nous sommes adressés à M. P. Bert qui nous a transmis l'extrait suivant d'une lettre qu'il venait de recevoir :

Mon cher ami,

.... Aujourd'hui c'est le tour des renseignements relatifs à l'hospice. La laïcisation de l'établissement date du 15 mars 1880. Sous l'administration congréganiste, il devait y avoir 16 religieuses, il y en avait ordinairement 20 qui se répartissaient dans les divers services, ci 20

2 infirmiers 2

Des aides infirmiers ; ces aides étaient des vieillards qui, après être restés comme malades, continuaient à demeurer à titre gratuit pour faire le menu de la besogne de propreté. Ils ne recevaient que quelques gratifications pour leur tabac. On ne saurait en dire le nombre exact, car ce ne pouvait être régulier, mettons une moyenne de 3 personnes 3

2 aides à la crèche 2

1 fille à la maternité 1

Enfin un nombre indéterminé de jeunes filles (enfants assistés) lingerie, ouvroir, dont 2 ou 3 seulement étaient gagées, ci 3
———
32

Ces jeunes filles, que l'on gardait là au lieu de les mettre en service, étaient un double profit pour la maison, elles travaillaient pour la plupart gratuitement, et l'hospice recevait encore par tête ou par individu, une certaine somme mensuelle au nom de ces jeunes filles comme enfants assistés. Ce n'étaient donc pas moins de 32 personnes employées sans compter ces jeunes filles. si on en comprend au moins en moyenne une demi-douzaine, c'était au total 38 à 40 personnes. Aujourd'hui le personnel laïque est de 32 à 35. S'il coûte plus cher, en apparence, que le personnel congréganiste cela est dû aux nombreux aides gratuits qui étaient employés autrefois, et surtout aux jeunes filles pour lesquelles on recevait une subvention qui profitait à la caisse générale.   X...

Laïcisation. — Le *Conseil général du Rhône*, dans sa session du mois d'août, a décidé la laïcisation du personnel de l'asile des aliénés de Bron.

Laïcisation de l'Asile d'aliénés de Ville-Evrard.

Conformément aux vœux réitérés du Conseil général de la Seine et à l'avis favorable de la Commission de surveillance des asiles, à la suite d'un rapport remarquable de M. le Dʳ Du Ménil, M. le préfet de la Seine vient de dénoncer le traité du département avec la Congrégation des sœurs de Saint-Joseph. En conséquence, le 1ᵉʳ janvier 1885, elles seront remplacées par des surveillantes laïques. — Nous saisissons cette occasion pour rappeler à nos lecteurs que l'*Ecole départementale d'infirmières* de l'Asile Ste-Anne va reprendre prochainement ses cours.

Laïcisation de l'hospice d'Ivry.

M. Peyron, directeur de l'Assistance publique, vient de dénoncer le traité de l'Administration avec les religieuses de l'hospice d'Ivry : elles seront remplacées le 1ᵉʳ février, par des *surveillantes laïques*. Ainsi, se trouve enfin réalisé ce que nous disions le 4 octobre : « La supérieure de l'hospice d'Ivry a déclaré que M. Quentin s'en irait avant elle. M. Quentin est parti. C'est à son tour de quitter la place ». Ce jour est arrivé : Mme la Supérieure s'en va. Nous espérons que ses dames protectrices l'aideront à faire ses malles. (*Progrès médical*, déc. 1884.)

Laïcisation des hôpitaux.

Le ministre de l'instruction publique vient de publier une statistique très intéressante sur la *laïcisation des écoles*. Il en ressort que, en 1882-1883, 3.877 écoles ont été laïcisées par les Conseils municipaux, ou d'office par les préfets ; 301 écoles maternelles ont été également laïcisées, soit un total de 4,178.

Il est vivement à souhaiter que M. le Ministre de l'intérieur fasse pour les établissements hospitaliers ce que M. Fallières a fait pour les écoles. La laïcisation des hôpitaux et celle des écoles sont connexes : il est évident qu'en laissant entre les mains des religieuses les établissements hospitaliers, les maisons de secours, les bureaux de bienfaisance, on leur fournit des moyens d'action puissants pour l'entretien et le recrutement de leurs écoles, sans compter qu'elles en profitent pour distribuer en leur nom des secours de toute nature et qui sont fournis par la municipalité, c'est-à-dire par les contribuables.

CHAMBRE DES DÉPUTÉS.

Séance du 17 décembre. — PRÉSIDENCE DE M. BRISSON.

Subvention aux asiles nationaux de Vincennes et du Vésinet. Chap. XXXIV. 120.000 fr. LAÏCISATION DE CES ÉTABLISSEMENTS.

M. LE PRÉSIDENT. La parole est à M. Bourneville.

M. BOURNEVILLE. Messieurs, comme vous le savez, le ministère de l'intérieur a sous sa direction un certain nombre d'établissements hospitaliers. Il en est qui sont d'Assistance publique pure, d'autres qui sont des établissements mi-partie d'assistancepublique et d'enseignement.

Je pense qu'à l'occasion de ce chapitre, la question de *laïcisation* se pose naturellement. Je ne veux pas m'engager dans une longue discussion, je me bornerai à de simples observations.

Vous avez, Messieurs, laïcisé les écoles et les programmes de l'enseignement ; vous avez supprimé l'aumônerie militaire et celle des hôpitaux. Ce que je vous demande, c'est de poursuivre, dès l'année prochaine, dans une mesure aussi large que possible, l'œuvre que vous avez commencée. La laïcisation des hôpitaux et de tous les établissements hospitaliers est le complément indispensable de la laïcisation des écoles.

M. le PROVOST DE LAUNAY. Il fallait le dire quand le choléra était à Marseille et à Toulon ! Vous vous êtes bien gardé de le faire à ce moment-là.

M. BOURNEVILLE. Si je ne voulais ménager les moments de la Chambre, qui sont précieux, je vous répondrais immédiatement ; mais je suis prêt à le faire le jour où vous voudrez poser la question.

M. LE PRÉSIDENT. Il ne s'agit pas de cela dans le chapitre du budget qui est en discussion. Il ne faut pas entamer de discussion à côté de la question.

M. BOURNEVILLE. Un certain nombre de municipalités ont laïcisé, — sécularisé, si vous préférez, — leurs hôpitaux, leurs hospices, leurs bureaux de bienfaisance. Le Conseil municipal de Paris poursuit, depuis huit ans, malgré bien des obstacles, l'œuvre qu'il a commencée ; les résultats acquis sont excellents, et toutes les mesures ont été prises par le Conseil municipal pour fournir à l'Assistance publique un personnel convenable en créant les écoles d'infirmières. Je demande aujourd'hui à M. le ministre de l'intérieur de montrer que le Gouvernement n'est pas plus hostile que les municipalités à la laïcisation et je lui demande de vouloir bien, dans le courant de 1885, laïciser deux établissements qui dépendent de lui : l'asile de Vincennes et celui du Vésinet. Si je désigne ces deux établissements plutôt que d'autres, c'est parce qu'ils reçoivent les malades de Paris et qu'ils ont une subvention de l'Assistance publique de cette ville. La tâche est d'ailleurs facile, car le nombre des sœurs est extrêmement restreint : il va de soi que la réforme que je réclame ne s'applique pas seulement aux religieuses mais aussi aux deux aumôniers de ces établissements. En maintes circonstances, M. le ministre de l'intérieur a déclaré qu'il était partisan de la laïcisation; j'attends donc sa réponse avec confiance. (Très bien! très bien! à gauche.)

M. LE PRÉSIDENT. La parole est à M. le ministre de l'intérieur.

M. LE MINISTRE DE L'INTÉRIEUR. Le gouvernement a souvent eu l'occasion de faire connaître ses vues en ce qui concerne la transformation des services des hôpitaux en services laïques. J'ai été interpellé sur ces matières à plusieurs reprises et j'ai fait connaître, en me référant aux déclarations qui avaient été faites par mes prédécesseurs, que cette question était une question technique, une question de services à rendre. J'ai dit aussi qu'il était impossible de procéder brusquement, par à coups, si je puis employer ce terme, et qu'il fallait procéder avec prudence, avec méthode ; chaque fois qu'on a reconnu nécessaire de faire cette substitution, on l'a faite et elle a donné de très bons résultats. Je dois rendre justice à tout le monde : j'ai pu constater que les services rendus pendant la dernière épidémie par les infirmières congréganistes et par les infirmières laïques ne laissaient rien à désirer ; on ne peut faire une comparaison entre le dévouement des unes et des autres : ce dévouement a été égal. Ce que le Gouvernement doit faire, c'est de procéder à ces transformations de façon à ne pas compromettre les intérêts des services. Il y a eu des transformations de cette nature dans les départements et elles n'ont donné lieu à aucune espèce de réclamations, parce qu'elles ont été faites à propos. Elles ont été faites en respectant les traités qui avaient pu être passés, en raison du personnel qu'on avait sous la main et c'est ainsi que dans les établissements hospitaliers de province ce mouvement, cette transformation, a pu s'opérer sans que des réclamations bien vives aient surgi.

C'est à cette règle que nous avons l'intention de rester fidèles ; et au fur et à mesure des moyens qui seront mis à notre disposition nous continuerons d'apporter dans cette voie le même esprit d'exactitude et le même esprit de bonne volonté. (Très bien! très bien !)

M. BOURNEVILLE. Je remercie M. le ministre de l'intérieur de sa déclaration et je viens le prier de nous donner chaque année la statistique des établissements hospitaliers laïcisés, de même que M. le ministre de l'instruction publique donne chaque année une statistique des écoles et asiles laïcisés. Ce sera un précieux document que la Chambre aura sous les yeux et qui pourra nous servir de base pour hâter la laïcisation. (Très bien ! très bien! à gauche.)

M. LOROIS. J'espère que M. le ministre de l'intérieur voudra bien joindre à cette statistique l'indication de l'augmentation des dépenses qui résultera de la laïcisation. Ce sera un document utile à consulter. (Très bien ! à droite.)

M. LE PRÉSIDENT. Je mets aux voix le chapitre 34. (Le chapitre 34 est adopté.)

— Divers journaux nous ont fait dire que nous avions demandé pour 1885 la laicisation de *tous* les établissements hospitaliers qui dépendent du ministère de l'intérieur. Comme on le voit, nous nous sommes borné à réclamer la laicisation des deux établissements qui contiennent l'un, l'asile de Vincennes, *huit* religieuses, l'autre, l'asile du Vésinet, *quinze* religieuses. Nous espérons que, précisément en raison de la modération de notre demande, M. le Ministre de l'intérieur pourra sans difficulté nous donner satisfaction. — Si les paroles de M. Lorois n'ont pas été relevées comme celles de M. Leprovost de Launay, c'est que ni nos amis ni moi nous ne les avions entendues.

Séance du 15 décembre. — PRÉSIDENCE DE M. FLOQUET.

Limite d'âge des professeurs de l'Enseignement Supérieur.

M. le PRÉSIDENT. — La parole est à M. Bourneville pour une autre question. (Aux voix ! aux voix !). Je ne peux pas demander un vote en ce moment, puisque c'est sur l'ensemble du chapitre que nous devons voter et que M. Bourneville a une question à poser sur un autre point de ce chapitre. Il ne s'agit plus de la question des facultés de théologie ; la discussion est close sur ce point.

M. BOURNEVILLE. — Messieurs, je désire présenter quelques brèves observations au sujet de l'enseignement supérieur, et, surtout au sujet du personnel enseignant.

Tous les ans, depuis une dizaine d'années, à l'occasion d'un travail spécial, il m'a été donné de remarquer que, au commencement de l'année scolaire, le personnel de nos écoles préparatoires de médecine était souvent incomplet, qu'il existait des vacances, que ces vacances, souvent nombreuses, remontaient, non pas à quelques semaines, mais à un temps éloigné, quelquefois même à des années.

En examinant le programme des facultés de province, des facultés des sciences, des lettres ou de médecine, il m'a été donné également de remarquer qu'un certain nombre, un nombre trop considérable de chaires demeuraient vacantes pendant des semaines et même pendant des années. A Montpellier et aussi à Nancy plusieurs chaires sont vacantes depuis plus d'un an. A Lille, et il en est de même à Nancy, plusieurs chaires sont confiées à des chargés de cours. Il me semble que le temps est venu de titulariser ces professeurs, s'ils se sont bien acquittés de la mission que le gouvernement leur a confiée, s'ils ont donné un enseignement convenable, s'il a été apprécié ; si, au contraire, ces chargés de cours se sont montrés insuffisants, s'ils ont fait un cours médiocre, il est du devoir de M. le ministre de l'instruction publique de les remplacer et de confier cette mission à d'autres plus capables. Je pense, messieurs, que vous serez d'accord, avec nous pour demander à M. le ministre de l'instruction publique de vouloir bien prendre les mesures nécessaires afin que, au commencement de chaque année scolaire, le personnel de nos écoles préparatoires, de nos facultés des sciences, des lettres et de médecine, soit au complet. (Très bien ! très bien ! à gauche).

J'ai une seconde observation à présenter : elle touche à un point beaucoup plus délicat : Il s'agit de la limite d'âge du personnel des établissements d'enseignement supérieur. Alors que dans la plupart des branches de l'administration, les fonctionnaires sont astreints à une limite d'âge ; alors que, à Paris, par exemple, le corps médical et chirurgical des hôpitaux est astreint à une limite d'âge fixée à 65 ans pour les médecins et à 63 ans pour les chirurgiens, les professeurs de cliniques appartenant à la Faculté, qui ont non seulement un service hospitalier à faire, mais qui, de plus, doivent donner un enseignement pénible, laborieux, qui dure de huit à neuf mois, peuvent rester éternellement dans leurs chaires : cette anomalie est d'autant plus incompréhensible que les premiers, qui ont moins de besogne, sont soumis à la retraite.

Si l'on jette un coup d'œil sur l'ensemble du personnel enseignant, des établissements d'enseignement supérieur, soit à Paris, soit en province dans les facultés des sciences, des lettres ou de médecine, on s'aperçoit qu'un grand nombre de professeurs ont de 70 à 98 ans. (Interruptions).

Quelques membres. — M. Chevreul par exemple.

M. BOURNEVILLE. — Comment ces professeurs âgés s'acquittent-ils de leurs cours? Les uns se font suppléer ; ce sont les plus sages, les plus prudents ; d'autres, plus habiles tout en se faisant suppléer et afin d'atténuer dans une certaine mesure le mauvais effet de suppléances trop fréquentes, annoncent des cours portant sur une petite partie de leur enseignement. Le doyen et le public sont ainsi avertis. Les cours commencent ; deux, trois leçons sont faites, puis le professeur disparait ; ceux qui agissent ainsi sont les habiles.

D'autres professeurs âgés continuent à faire leurs cours, ils les font même d'une façon régulière ; mais si l'on examine comment ils s'en acquittent, si l'on suit leur enseignement avec un peu de soin, on constate qu'il est généralement caduc, nullement à la hauteur de ce qui se fait partout ailleurs, que leur laboratoire ne fonctionne pas ou qu'il fonctionne mal. Ensuite, si l'on compare leur enseignement avec l'enseignement similaire qui se donne dans les facultés de province, on reconnait souvent que les professeurs de province se tiennent parfaitement au courant de la science et que leurs cours sont même supérieurs à ceux de la Sorbonne ou des autres facultés de Paris.

Maintenant si vous comparez cette partie de l'enseignement, non plus avec la province, mais avec les universités étrangères, vous arrivez à des constatations encore plus pénibles, encore plus déplorables pour notre amour-propre de Français et tout à fait au détriment de notre pays.

Il ne s'agit pas de cas exceptionnels : je me suis livré à quelques recherches, et la statistique que j'ai dressée, quelque imparfaite qu'elle soit, mérite d'appeler votre attention. Je vous demande la permission de citer quelques chiffres. (Bruit.)

Au Collège de France, il y a un professeur âgé de 80 ans, un de 75 ans, un de 73, deux de 67 et un de 65. A Montpellier, il y a un professeur de 78 ans, un de 76, un de 73, un de 71, un de 69 et un de 68. — A la Faculté de médecine de Paris il y a un professeur âgé de 78 ans. (Interruptions.)

M. LENIENT. — C'était M. Patin, qui était encore fort jeune d'esprit.

M. BOURNEVILLE... un de 75 ans, un de 74, un de 73, deux de 68. — A la Sorbonne, il y a un professeur de 84 ans, un de 73 ans, deux de 72 ans, un de 71 ans. Je ne parle pas du Muséum, vous y trouverez également des professeurs d'un âge non moins respectable.

Cette statistique, je le répète, est absolument incomplète : Je n'ai pu me procurer tous les renseignements dont j'aurais eu besoin ; mais, telle qu'elle est, elle montre qu'il est absolument nécessaire que M. le ministre de l'instruction publique prenne des mesures énergiques. Il a, par conséquent, le devoir de se renseigner et de rechercher comment les professeurs âgés font leurs cours ; il doit voir si ces cours sont à la hauteur de l'enseignement qu'on est en droit d'exiger d'eux. Il fera bien pour se renseigner, de ne pas confier cette mission à des inspecteurs généraux qui, très âgés eux-mêmes, devraient être les premiers mis à la retraite et depuis bien longtemps.

Ce n'est pas la première fois, du reste, Messieurs, que cette question est posée devant vous. En 1882, notre honorable collègue, M. Durand, aujourd'hui sous-secrétaire d'Etat au ministère de l'instruction publique, signalait la nécessité d'une réforme en termes très pressants. L'année dernière, M. Jules Roche revenait également sur la question et rapportait les paroles mêmes de M. Durand. Enfin, cette année, M. le rapporteur, lui aussi, revient sur la question, et je vous demande la permission d'indiquer en quels termes. Voici un extrait de son rapport :

« Nous terminerons ce que nous avons à dire, sur ce chapitre, en renouvelant une observation sur laquelle, depuis plusieurs années, vos commissions du budget insistent vainement. Un décret a été rendu attribuant à la commission permanente du conseil supérieur le droit de statuer sur les mises à la retraite des professeurs de facultés. Mais ce décret est resté lettre morte. Il en résulte que des professeurs qui ont droit, sans doute à tous les respects pour les services rendus, mais affaiblis par l'âge et ne pouvant plus suffire à leur tâche, sont maintenus dans nos facultés au grand détriment de ceux qui voudraient suivre les cours dont ils sont chargés. » M. Dubost conclut en disant : « La commission exprime le vœu que ce décret soit enfin appliqué. » (Très bien ! à gauche).

Si l'on compare le discours de M. le rapporteur de cette année avec le passage du rapport que M. Durand écrivait en 1882, on voit qu'il y a en quelque sorte une atténuation ; M. Durand était beaucoup plus pressant. Ce décret, messieurs, est illusoire ; pour vous en convaincre, je vous demande la permission de lire seulement le premier article. (Bruits et réclamations au centre. — Parlez ! parlez ! à gauche).

« Art. 1er. — Les professeurs titulaires des facultés, des écoles supérieures, de plein exercice et préparatoires, de lycées et collèges, qui réunissent les conditions légales pour être admis à la retraite, ne peuvent être admis que sur leur demande ou après que le ministre à pris l'avis de la section permanente du conseil supérieur de l'instruction publique. Les délibérations de la section, dans les affaires de cet ordre, ne sont valables que si la moitié plus un des membres sont présents. »

Ce décret est absolument illusoire : cette appréciation n'est pas seulement la mienne, c'est aussi celle de M. Jules Roche. Je ne vous citerai pas ce que notre honorable collègue disait l'année dernière, puisque les citations ne vous plaisent pas; il se montrait non moins pressant que moi cette année; il demandaitt une réforme urgente.

Ce décret est illusoire parce que les mises à la retraite ne peuvent être faites que sur la demande des professeurs. Combien parmi eux ont demandé leur mise à la rétraite ? Pour mon compte, je n'en connais qu'un seul, à la faculté de médecine de Paris. Son exemple, que je sache, n'a pas été contagieux. D'autres professeurs, très vieux, sont restés dans leur chaire et l'occupent comme je viens de le dire.

Ce décret dit bien que la mise à la retraite peut aussi être provoquée par M. le Ministre de l'instruction publique, mais après avis de la section permanente du Conseil supérieur. Or, si l'on examine comment est composée cette section, on y voit plusieurs membres très âgés; si vous leur demandez de se prononcer sur la mise à la retraite de collègues quelquefois moins âgés, c'est trop exiger d'eux, c'est se faire une véritable illusion. (Mouvements divers).

Messieurs, je termine en vous demandant de bien vouloir inviter M. le Ministre à prendre les mesures nécessaires pour que : 1°tous les professeurs actuels de l'enseignement soient mis à la retraite à l'âge de 70 ans ; 2° que tous les professeurs qui auront atteint l'âge de 70 ans à la date du 31 décembre 1884 soient mis à la retraite dans le courant de l'année 1885.

Enfin, en troisième lieu, je demande à M. le Ministre de bien vouloir examiner s'il n'y aurait pas de grands avantages à fixer à soixante-cinq ans la mise à la retraite des professeurs qui seront nommés à partir du 1er janvier 1885.

En prenant ces mesures, j'ai la conviction intime que M. le Ministre rendra un grand service à l'enseignement supérieur. (Très bien! très bien! sur plusieurs bancs à gauche.)

M. LE PRÉSIDENT. — La parole est à M. le Ministre.

M. LE MINISTRE DE L'INSTRUTION PUBLIQUE. — Notre honorable collègue, M. Bourneville, a attiré l'attention de la Chambre sur un point qui, en effet, mérite tout son intérêt. Il m'a demandé pourquoi, au commencement de l'année classique, le personnel était incomplet dans certaines Facultés, dans certaines Ecoles ; pourquoi plusieurs chaires restaient vacantes pendant un délai trop long à son gré.

Je réponds tout de suite à l'honorable M. Bourneville qu'il n'y a pas de parti pris de notre part et que les circonstances seules rendent le personnel incomplet. Nous faisons toujours la plus grande diligence pour que les cours et conférences soient régulièrement ouverts au début de l'année scolaire, dans les Facultés et dans les Ecoles ; mais il arrive souvent, trop souvent même, que notre bonne volonté est tenue en échec. Il ne suffit pas, en effet, qu'un professeur soit chargé de faire un cours ou des conférences pendant quelque temps pour qu'il soit plus tard titularisé. Je ne veux pas dire qu'on les place à l'essai dans ces situations, mais il arrive tous les jours qu'on se trompe sur les aptitudes du professeur, du chargé de cours et qu'il est quelquefois obligé de renoncer de lui-même à continuer ses cours ou ses conférences

Quant à nous, je le répète, nous nous appliquons autant que possible à ne pas laisser les chaires vacantes. N'avons-nous pas, d'ailleurs, le plus grand intérêt à n'y envoyer que des professeurs véritablement capables de donner à la jeunesse française les leçons qu'elle attend d'eux ?

En ce qui concerne la limite d'âge, la question est plus délicate, et il est peut-être plus difficile de se mettre d'accord sur une règle générale.

Il suffit d'être entré quelquefois dans une de nos salles de facultés pour y avoir vu un homme à cheveux blancs entouré d'une jeunesse nombreuse et recueillie. Quel est au juste l'âge de ce professeur ? Je n'en sais rien. C'est un professeur qui a la confiance de tout le monde, et surtout qui a la confiance des élèves qui suivent son cours. Il joint à la vigueur du corps la virilité de l'esprit ; il est quelquefois de ceux qui ont été et qui sont restés l'honneur de notre corps enseignant. Dans ces conditions, le devoir du ministre est de le conserver. D'un autre côté, s'il se rencontre des professeurs que l'âge a affaiblis, il est certain que nous devons intervenir lorsque le professeur lui-même n'a pas pris les devants. C'est heureusement une rare exception.

En 1882, on a rendu un décret dont M. Bourneville a lu quelques passages, et ce décret qui donne au ministre la faculté de provoquer la mise à la retraite d'un professeur, après avoir pris l'avis de la section permanente du conseil supérieur. Si M. Bourneville connaissait les hommes qui la composent, il n'aurait aucun doute sur l'indépendance de leur esprit et de leur jugement, et il serait le premier à rendre hommage aux soins qu'ils apportent à défendre les intérêts de l'enseignement public. Elle nous rend tous les jours trop de services pour que j'aie à la défendre devant vous.

M. Bourneville a dit aussi que le décret rendu en 1882 était inefficace. L'honorable membre se trompe encore sur ce point. Il suffit, en effet, de comparer deux époques, les années qui ont précédé le décret de 1882, et celles qui l'ont suivi. De 1880 à 1882, le ministre de l'instruction publique n'a mis à la retraite que 11 professeurs : depuis le 4 novembre 1882 jusqu'au 4 novembre 1884, il en a mis 23, un peu plus du double.

Soyez convaincus, messieurs, que l'enseignement public ne périclitera pas, et, s'il faut dans une certaine mesure tenir compte des droits acquis, il y a quelque chose qui prime tout, c'est l'intérêt de la science et l'intérêt du pays. (Très bien ! très bien ! — Aux voix ! aux voix !)

—La question de la limite d'âge est posée. C'est aux journaux qui ont quelque souci des intérêts de l'enseignement supérieur, qui doivent primer les intérêts personnels, quelque respectables qu'ils soient, à nous aider. Nous n'avons pu, en raison de la hâte apportée à la discussion du budget, répondre à M. le Ministre. Il nous aurait été facile de lui dire que de tous les professeurs que nous indiquions appartenant à la Sorbonne, au Collège de France, à la Faculté de médecine, au Muséum, un seul, M. Gosselin, avait demandé sa mise à la retraite. Nous ne laisserons pas dormir cette question et nous y reviendrons dès que nous aurons recueilli de nouveaux renseignements.

PUBLICATIONS DU *PROGRÈS MÉDICAL*

BOURNEVILLE. **Le choléra à l'hôpital Cochin.** (Étude clinique). Paris, 1865. Brochure de 48 pages. — Prix : 1 fr.— Pour nos abonnés. . 70 c.

BOURNEVILLE. **Mémoire sur la condition de la bouche chez les idiots,** suivi d'une étude sur la médecine légale des aliénés. Paris, 1863. Gr. in-8 de 28 p. à deux colonnes.— Prix : 1 fr.— Pour nos abonnés, 70 c.

BOURNEVILLE. **Notes et observations cliniques et thermométriques sur la fièvre typhoïde.** Vol. in-8 compacte de 80 pages, avec 10 tracés en chromo-lithographie.— Prix : 3 fr. — Pour nos abonnés. . . . 2 fr.

BOURNEVILLE. **Recherches cliniques et thérapeutiques sur l'épilepsie et l'hystérie.** Vol. in-8 de 200 pages avec 5 fig. dans le texte et 3 planches.-- Prix : 4 fr. — Pour nos abonnés. . . . . 2 fr. 75.

BOURNEVILLE. **Science et miracle : Louise Lateau ou la Stigmatisée belge.** Vol. in-8 de 88 pages avec 2 fig. dans le texte et une eau forte dessinées par P. Richer. — 2ᵉ édition, revue, corrigée et augmentée. — Prix . 2 fr. 50. — Pour nos abonnés. . . . . 1 fr. 50

BOURNEVILLE. **Écoles municipales des infirmières laïques; laïcisation de l'Assistance publique.** (Discours prononcés en 1880,1881, 1882,1883). Quatre brochures in-8°. —Prix de chacune de ces brochures : 50 c.— Pour nos abonnés . . . . 30 c.

BOURNEVILLE. **Laïcisation de l'assistance publique.** Conférence faite à l'Association philotechnique le 26 décembre 1880. Brochure in-8° de 23 pages. — Prix 75 cent. — Pour nos abonnés. . . . . 50 c.

BOURNEVILLE. **Mémoire sur l'inégalité de poids entre les hémisphères cérébraux des épileptiques.** Brochure grand in-8° de 8 pages.— Prix : 50 c. — Pour nos abonnés. . . . . 35 c.

BOURNEVILLE et BLONDEAU. **Des services d'accouchements dans les hôpitaux de Paris.** Brochure in-8° de 49 pages. Paris, 1881.— Prix : 1 fr. — Pour nos abonnés . . . . 75 c.

BOURNEVILLE et BRICON. **Manuel des injections sous-cutanées.** Un volume in-32 de xxxvi et 210 pages, avec 10 fig. dans le texte. — Prix : 2 fr. 50. — Pour nos abonnés. . . . . 2 fr. Nous avons fait faire un élégant cartonnage Bradel. — Prix du cartonnage 50 c.

BOURNEVILLE et L. GUÉRARD. **De la sclérose en plaques disséminées.** Vol. gr. in-8 de 240 pages avec 10 fig. et 1 planche. — Prix : 4 fr. 50. —Pour nos abonnés . . . . 3 fr.

BOURNEVILLE et REGNARD. Iconographie photographique de la Salpêtrière. Cet ouvrage paraît par livraisons de 8 à 16 pages de texte et 4 photo-lithographies. Douze livraisons forment un volume. Les *trois premiers volumes* sont en vente. — Prix de la livraison : 3 fr. — Prix du volume : 30 fr. — Pour les abonnés du *Progrès médical*, prix du volume, 20 fr. — 3ᵉ volume complet : 1ʳᵉ livraison, nouvelle observation d'hystéro-épilepsie ; — 2ᵉ livraison, variétés des attaques hystériques ; — 3ᵉ et 4ᵉ livraisons, des régions hystérogènes ; — 5ᵉ, 6ᵉ et 7ᵉ livraisons, du sommeil des hystériques ; — 7ᵉ-12ᵉ livraisons, des attaques de sommeil : hypnotisme, somnambulisme, catalepsie, sabbat, etc. — Nous avons fait relier quelques exemplaires dont le texte et les planches sont montés sur onglets ; demi-reliure, tranche rouge, non rognés. — Prix de la reliure. 5 fr.

BOURNEVILLE et TEINTURIER. G. V. Townley ou du diagnostic de la folie au point de vue légal. Paris, 1865. Brochure in-8 de 16 pages. — Prix : 0 fr. 50. — Pour nos abonnés . . . . 35 cent.

BOURNEVILLE et TEINTURIER. Le sabbat des sorciers. — 1ᵉʳ volume de la *Bibliothèque diabolique*. Brochure in-8, de 40 pages, avec 25 figures dans le texte et une grande planche hors texte. Il a été fait de cet ouvrage un tirage de 500 exemplaires numérotés à la presse ; 300 exemplaires sur papier blanc, vélin. Nᵒˢ 1 à 300. — Prix : 3 fr. — Pour nos abonnés 2 fr. 50. (Tirage dont il ne nous reste que quelques exemplaires) ; 150 exemplaires sur parchemin Nᵒˢ 301 à 450. — Prix : 4 fr. — Pour nos abonnés, 3 fr. — 50 exemplaires sur japon, Nᵒˢ 451 à 500. — Prix : 6 fr. — Pour nos abonnés, 5 fr. — Nous avons fait cartonner quelques exemplaires sur papier vélin ; dos toile, plats marbrés, tranches non rognées. Prix du cartonnage. . . . . 1 fr.

BOURNEVILLE et D'OLIER. Recherches cliniques et thérapeutiques sur l'épilepsie, l'hystérie et l'idiotie. Compte rendu du service des épileptiques et des enfants idiots et arriérés de Bicêtre, pendant l'année 1880. Brochure in-8° de 74 pages. — Prix 3 fr. — Pour nos abonnés 2 fr.

BOURNEVILLE, BONNAIRE et WUILLAMIÉ. Recherches cliniques et thérapeutiques sur l'épilepsie, l'hystérie et l'idiotie. Compte rendu du service des épileptiques et des enfants idiots et arriérés de Bicêtre, pendant l'année 1881. Un vol. in-8° de XVI-172 pages, avec 7 planches hors texte. — Prix : 6 fr. — Pour nos abonnés . . . . 4 fr.

BOURNEVILLE, DAUGE et BRICON. Recherches cliniques et thérapeutiques sur l'Epilepsie, l'Hystérie et l'Idiotie. Compte rendu du service des épileptiques et des enfants idiots de Bicêtre en 1882. In-8° de XXIV-162 pages avec 15 fig. — Prix : 4 fr. — Pour nos abonnés . . 2 f. 75

BOURNEVILLE, BOUTIER, BONNAIRE, LEFLAIVE, P. BRICON et SEGLAS. Recherches cliniques et thérapeutiques sur l'épilepsie, l'hystérie et l'idiotie. Compte rendu du service des épileptiques et des enfants idiots et arriérés de Bicêtre, pendant l'année 1883. 1 vol. in-8° de XXXII-151 pages, avec 2 planches hors texte et 5 figures. — Prix : 5 francs. — Pour nos abonnés. . . . . 3 fr. 50

BOURNEVILLE (Rapport présenté par), au nom de la 8ᵉ commission (*Assistance publique. Mont-de-Piété*), sur les dépenses de l'Assistance publique pour 1882 (Projet de Budget, chap. XX, chap. XXI, art. 10, et Projet de Budget spécial de l'Assistance publique. Broch. in-4 de 111 pages. Prix . . . . 2 fr. 50 c.

PARIS. — IMP. V. GOUPY ET JOURDAN, RUE DE RENNES, 71.

LAÏCISATION DE L'ASSISTANCE PUBLIQUE

N° 6.

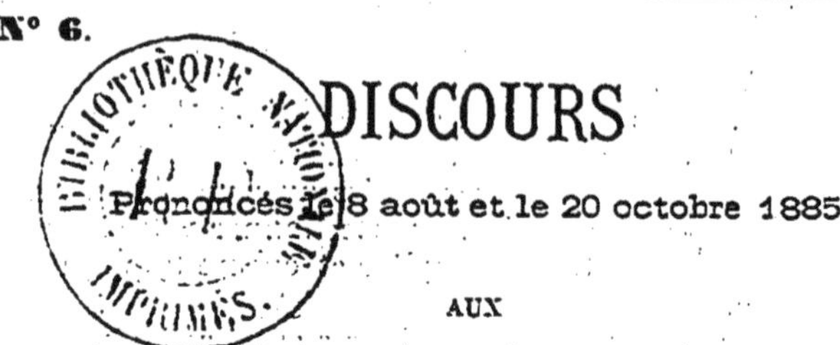

DISCOURS

Prononcés le 8 août et le 20 octobre 1885

AUX

DISTRIBUTIONS DES PRIX

DES ÉCOLES MUNICIPALES D'INFIRMIÈRES LAÏQUES

(HUITIÈME ANNÉE SCOLAIRE)

Par BOURNEVILLE

Député de la Seine, médecin de Bicêtre.
Directeur de l'enseignement des Ecoles municipales d'infirmières, etc.

Afin de permettre à tout le monde de bien juger la réforme que nous poursuivons au milieu de difficultés sans nombre, nous avons cru utile de publier les discours que nous avons prononcés aux distributions de prix des trois Ecoles municipales d'infirmières de Paris, en 1885, de même que les années précédentes.

Discours prononcé le 8 août à l'école de Bicêtre.

MESDAMES, MESSIEURS,

L'année scolaire qui finit aujourd'hui est la 8e année de l'*Ecole municipale d'infirmiers et d'infirmières* de Bicêtre ; elle peut être considérée comme la meilleure et la plus fructueuse. Déjà dans l'allocution de l'an dernier, j'ai eu le plaisir, Messieurs, de mettre en relief votre plus grande assiduité à suivre les cours primaires et professionnels, assiduité qui, contrairement à ce qu'auparavant vos maîtres remarquaient avec tristesse, s'est maintenue jusqu'à la fin des cours. Aujourd'hui, nous sommes heureux de vous adresser des félicitations.

3

Je ne parlerai pas de votre assiduité, Mesdames et Mesdemoiselles ; il y a longtemps, dès le début, que vous avez donné le bon exemple, et j'arrive à l'appréciation générale des travaux de l'année.

Comme les années précédentes votre maître, M. Boutillier, et ses aides (1) : vos maîtresses, Mme Thierry, Mlles Bl. Agnus, B. Langlet et E. Labbé, se sont consacrées, avec un dévouement, que je ne saurais trop signaler, à perfectionner votre instruction primaire souvent très incomplète et encore trop souvent presque nulle.

M. Boutillier, et nous l'en remercions, a suivi assidûment les leçons des cours professionnels ; la maladie a malheureusement empêché l'institutrice des infirmières d'imiter son exemple. Il en est résulté que les hommes ont reçu le lendemain de chaque leçon professionnelle des explications de leur maître, explications qui ont laissé des traces sérieuses, car à l'inverse de ce qui arrivait les années précédentes, les compositions des infirmiers ont été plus fortes que celles des infirmières. Le remède est tout indiqué : nous n'insisterons pas.

Les *exercices pratiques*, dirigés par Mme Calloir, surveil-veillante de l'Infirmerie, ont été rendus plus fréquents, toutes les infirmières ont été appelées successivement dans mon service pour « *faire la signature* » ou « tirer les bons, » comme on dit, et pour apprendre à *vacciner*. J'ai profité, autant que possible, de leurs visites dans mes salles pour leur faire faire quelques *bandages* sous la direction de Mme Jolliot qui, depuis longtemps, nous aide officieusement dans cette partie si importante de l'enseignement. Il y a donc eu, cette année, progrès de ce côté et, là, Mesdames et Mesdemoiselles, vous avez pris votre revanche ; sans conteste, vous connaissez beaucoup mieux que les hommes les appareils, les instruments, les médicaments, les pansements et vous faites mieux vos bandages. Toutefois, il y a encore beaucoup à faire pour vous donner toute l'instruction pratique que je voudrais vous voir posséder ; nous nous bornerons à insister sur trois points :

1° Les médecins, les chefs de service, réclament de l'Administration de bonnes infirmières, c'est leur droit et il s'arrête là ; quand ils indiquent la couleur du costume ou la forme de la coiffure, ils outrepassent leur droit, n'étant pas responsables des infirmiers, des infirmières, ni des surveillants et surveillantes. Eh bien, puisque les médecins et chirurgiens veulent avoir de bonnes infirmières, ils devraient tous, sans exception, aider l'Administration dans cette tâche, contribuer eux-

____

(1) MM. Pinguenet, Legel et Mullot.

mêmes. chaque jour, à leur instruction ; encourager leurs
surveillantes et leurs surveillants à perfectionner à leur tour
l'instruction de leurs infirmiers et de leurs infirmières. Jusqu'ici. ce concours bienveillant des personnes qui sont le plus
directement intéressées à avoir de bons auxilliaires, nous a
fait défaut.

Ce concours aurait rendu plus de services aux malades, auxquels on prétend s'intéresser si ardemment, que les manifesta-
tions bruyantes et fructueuses auxquelles trop de médecins et
de chirurgiens se sont laissé aller. Espérons que, dans un
avenir prochain, les chefs de service comprendront mieux les
avantages de l'enseignement des Ecoles d'infirmières et qu'ils
l'encourageront au lieu de l'entraver. Voilà pour le premier
point, passons au second.

2° Dès maintenant, il est un concours que nous pouvons obtenir. c'est celui des surveillants et des surveillantes de tous les
services. de toutes les divisions de l'hospice. même de celles
de l'Infirmerie générale, bien entendu, dans les limites des
restrictions imposées par les chefs de service actuels. Ils peuvent nous aider de deux façons : en excitant leurs infirmiers et
leurs infirmières à suivre très exactement les cours ; en prenant les mesures nécessaires pour que rien, dans le service,
ne les en empêche ; ensuite, en leur fournissant chaque jour. à
propos de tous les détails du service, les renseignements. les
explications qui contribueront à leur instruction professionnelle. Cet *enseignement mutuel* que nous réclamons, il nous
semble qu'il nous est facile de l'obtenir de n..s surveillants,
la plupart — je dirais volontiers tous, si la prudence scientifique ne m'imposait une réserve — la plupart, dis-je, républicains et par conséquent disposés à aider les autres ; nous devons l'obtenir de toutes nos surveillantes qui, elles, ont bénéficié
de l'enseignement de cette Ecole.

3° Enfin—c'est là le troisième point,—pour rendre aussi forte,
aussi complète que possible l'instruction professionnelle de
nos élèves, il est indispensable — et je ne cesserai d'y revenir
tant qu'aux paroles n'aura pas succédé la pratique, — il est
indispensable que l'on fasse *passer les infirmières, les infir-*
miers les plus avancés dans tous les services de l'hospice.
Rien de plus facile, le jour où on le voudra. Les infirmières, à
partir de leur arrivée, devraient aller dans les services les plus
faciles : dortoirs de vieillards, lingerie, buanderie. cuisine,
ateliers, etc. ; puis aux grands infirmes, ensuite dans la division des aliénés, dont les chefs de services ont! toujours été et
sont encore disposés à faciliter le développement de l'Ecole :
enfin, à l'Infirmerie générale — où, dans ces derniers temps,
l'on a soulevé des difficultés et de là, après un temps plus **ou**

moins long, elles iraient dans d'autres établissements ou resteraient ici, avec un grade supérieur. Il y a ici des infirmières intelligentes, instruites, qui feraient d'excellentes sous-surveillantes mais qui sont restées dans le même service malheureusement depuis leur arrivée à Bicêtre et n'ont qu'une expérience incomplète. Ce *roulement*, nous le réclamons non seulement pour les infirmières, mais aussi pour les infirmiers, pour tous ceux qui ont eu des récompenses, car, à notre avis, l'*Ecole d'infirmiers de Bicêtre* devrait fournir de bons infirmiers à tous les hôpitaux. Ici devraient venir successivement tous les bons infirmiers des autres hôpitaux dont l'instruction primaire est imparfaite ; ici tous les infirmiers devraient être obligés de suivre les cours primaires et professionnels. C'est parmi les élèves de cette Ecole, perfectionnés ensuite par leur passage à l'Ecole de la Pitié, que devraient être pris tous les suppléants et tous les sous-surveillants. Il ne faut pas que des infirmiers qui font bien leur service, qui suivent régulièrement l'Ecole, qui s'instruisent, voient avancer des infirmiers qui n'ont jamais fréquenté l'Ecole. Il ne devrait pas y avoir d'exception. Ce serait justice. M. le Directeur le sait si bien qu'il vous a dit, il n'y a que quelques instants, combien il se préoccupait de rendre justice à tous.

Certes, il y a eu des améliorations, conquises péniblement ; mais la situation laise encore à désirer. Il faut arriver à avoir ici la véritable pépinière des sous-surveillants, afin de mieux utiliser les sacrifices faits par le Conseil municipal, par l'Administration, par les professeurs. Pour cela, il est nécessaire que le personnel devienne fixe. Pour montrer qu'il est loin d'en être ainsi, je dois dire un mot des mutations de l'année :

Il y a à Bicêtre 192 infirmiers; voici quelles ont été, en 1884, les mutations des serviteurs, pour employer l'expression administrative, expression dont nous continuons à demander le remplacement par le mot « infirmiers » : 176 serviteurs ont quitté l'hospice :

    64 sont partis sur leur demande.
     6 sont partis sur leur demande dans d'autres hôpitaux.
     8 ont été nommés sous-employés.
    38 ont été renvoyés pour ivresse.
     7 ont été renvoyés pour insubordination.
    27 ont été renvoyés pour abandon de service, négligence, etc.
     1 a été renvoyé pour détournement.
     6 sont décédés.
    10 ont été refusés par l'Administration centrale.
     9 sont sortis pour divers motifs (service militaire, maladie, etc.)
    ───
    176

Si l'on retranche de ce chiffre les 8 infirmiers qui ont eu de l'avancement, il reste 168 mutations en 1884 pour un personnel de 192 : c'est beaucoup trop.

Les infirmières sont au nombre de 63, voici les mutations en 1884 :

5 sont passées sous-employées.
2 sont sorties sur leur demande.
1 est sortie pour maladie incurable.
2 renvoyées pour mauvais service ou pour légèreté de conduite.
1 est décédée.
____
11

Si l'on retranche les 5 qui ont obtenu de l'avancement on voit que sur 63 infirmières, il y a eu, en 1884, 6 mutations ; nous approchons du but à savoir qu'il n'y ait plus de mutations.

Encore quelques mots et j'ai fini. L'enseignement qui vous est donné devait avoir à mon sentiment deux consécrations : 1° Des récompenses et, en tête, les diplômes ; 2° l'avancement de grade. Voyons ce qui a été obtenu.

En ce qui concerne les diplômes, nous en avons moins que je ne l'aurais souhaité ; ici, toutes les infirmières, toutes les suppléantes et toutes les sous-surveillantes devraient avoir leur diplôme. Voici la statistique :

	F.	H.
1882-1883.	8	0
1883-1884.	3	3
1884-1885.	4	4

J'insiste donc pour que, à partir du 1er octobre 1885, toutes les infirmières de l'hospice de Bicêtre soient *obligées* de suivre les cours primaires et professionnels et à prendre part aux compositions jusqu'à ce qu'elles aient obtenu leur diplôme; j'insiste aussi pour que toutes les mesures soient prises afin de n'accepter dans les hôpitaux-écoles que des infirmières ayant déjà une certaine instruction. En échange de toutes ces obligations qui me semblent indispensables, il importe que l'administration — j'y reviens encore — améliore votre logement si défectueux, votre nourriture si peu variée....

J'arrive au second point, à celui qui vous touche le plus, à l'avancement, à la laïcisation. (Voir le Discours fait à la Salpêtrière, p. 45.).....

J'espère que l'asile de Villejuif sera enfin achevé dans quelques mois et alors, ainsi que je m'y suis engagé, je rappellerai à M. le Préfet de la Seine la promesse qu'il a faite de prendre, dans cette Ecole quelques-uns des sous-surveillants dont il aura besoin. Je pense aussi que M. le Directeur n'oubliera pas, dans le recrutement de l'hospice de Brévannes, qu'il y a ici, à cette Ecole, des infirmiers laborieux, instruits et dévoués.

Continuez donc, Mesdames et Messieurs, à bien travailler, à bien faire votre service et vous serez récompensés.

Discours prononcé le 8 août à l'école de la Pitié.

Mesdames, Messieurs,

L'*Ecole de la Pitié* a été fondée il y a quatre ans. L'année scolaire que clôt cette cérémonie, marque un progrès réel. Sous-surveillantes, suppléantes et infirmières, ont suivi les cours avec une assiduité à laquelle nous n'étions pas encore habitués. C'est le résultat des intentions fermement manifestées par M. le Directeur de l'Assistance publique de rendre cet enseignement obligatoire. C'est le résultat aussi de la vigilance de M. le Directeur de la Pitié.

L'enseignement professionnel a été fait conformément au programme. Les leçons ont été au nombre de 60. Il a été fait 17 compositions sur les diverses branches de l'enseignement. Les exercices pratiques ont été faits avec plus de suite que de coutume, sous l'habile direction de Mme Graby et de Mme Buffet. Nous avons pu, il y a quelques semaines, rétablir les exercices qui s'étaient faits autrefois pendant plusieurs années, pour les élèves de la Salpêtrière d'abord, et pour celles de la Pitié en 1881, dans le service des femmes en couches, et faire apprendre aux infirmières l'emmaillotement et les soins à donner aux enfants nouveau-nés. Nous essaierons de compléter cette partie de l'enseignement en leur apprenant la vaccination et la récolte du vaccin. Les examens pratiques, qui n'ont pas duré moins de huit heures, nous ont montré que les élèves avaient sérieusement profité des leçons qui leur ont été données.

Nous avons vu, avec un vif plaisir, qu'un certain nombre de sous-surveillantes avaient consenti à suivre nos conseils et à prendre part aux compositions, afin d'obtenir le diplôme. Nous sommes heureux de pouvoir aujourd'hui leur adresser ici nos félicitations.

Quelques infirmiers, mais en très petit nombre, ont suivi les cours : tous les anciens ont participé aux exercices pratiques.

Grâce à l'enseignement, la situation du personnel secondaire, en ce qui concerne les femmes, s'est améliorée. Les mutations ont été un peu moins nombreuses qu'autrefois, mais elles atteignent encore un chiffre beaucoup trop considérable ; en effet, le nombre des infirmières étant de 33, il n'y a pas eu moins de 51 mutations dans l'année. Il est très désirable que le personnel féminin devienne plus stable et que, au fur et à mesure des vacances qui se produiront en août, septembre, octobre, les infirmières sortantes soient remplacées par les meilleures infirmières des autres établissements, désireuses de perfectionner leur instruction pour avoir de l'avancement.

Le personnel masculin continue à être presque aussi changeant : le chiffre budgétaire des infirmiers est de 48 ; il y a eu pendant l'année scolaire 1884-85, 105 mutations, chiffre à peine inférieur à celui de l'année précédente.

Parmi les résultats obtenus cette année, je dois signaler encore l'augmentation remarquable du nombre des diplômes. A la fin de l'année scolaire 1882-83, nous avons délivré 5 diplômes, dont 1 à un infirmier, et 6 en 1883-84. Cette année nous arrivons au chiffre de 31, dont 18 pour les élèves internes, et 13 pour les élèves externes, parmi lesquelles figurent 6 infirmières des autres hôpitaux.

Parmi les élèves internes diplômées, nous comptons 4 sous-surveillantes, 2 suppléantes, 11 infirmières et 1 infirmier. Nous signalons à toute la bienveillante attention de M. le Directeur de l'Assistance publique toutes les élèves qui ont obtenu leur diplôme.

Nous avons tenu à nous rendre compte du degré d'instruction primaire des infirmières, et nous avons pu constater que malheureusement plusieurs d'entre elles ne possédaient que des notions tout à fait insuffisantes. Nous avons appris aussi que quelques-unes avaient essayé d'aller aux écoles du soir du quartier. Mais il y a mieux à faire : il conviendrait d'envoyer ces infirmières, qui sont pleines de bonne volonté, durant un an, soit à Bicêtre, soit à la Salpêtrière, afin de les mettre en mesure de pouvoir être, à un moment donné, le plus tôt possible, nommées sous-surveillantes.

Dans les trois écoles il y a des élèves externes ; c'est à la Pitié qu'elles sont les plus nombreuses. 95 se sont inscrites dans le courant de l'année ; une trentaine sont restées fidèles jusqu'au dernier jour. Les unes suivent les cours pour leur satisfaction personnelle, dans le but de pouvoir soigner plus efficacement, à l'occasion, les membres de leur famille qui pourraient tomber malades ; d'autres sont garde-malades en ville et cherchent à perfectionner leurs connaissances professionnelles ; d'autres désirent entrer dans les hôpitaux ; d'autres enfin sont déjà infirmières dans les hôpitaux. Ces dernières justifient l'insistance que nous mettons à demander à M. le Directeur de l'Assistance publique d'envoyer dans les hôpitaux-écoles les meilleures infirmières.

Au sujet des élèves externes garde-malades, nous rappellerons une fois de plus l'utilité qu'il y aurait à avoir à la Pitié un registre sur lequel seraient inscrits le nom et l'adresse de cette catégorie d'élèves. Ceci permettrait aux médecins ou aux familles de s'adresser à cet hôpital pour avoir des garde-malades. Cela se fait déjà si je ne me trompe, et depuis longtemps, à la Maison municipale-de Santé ; ceci se fait en Angleterre. Ceci permettrait aussi de fournir des surveillantes aux villes de Province qui laïcisent leurs hôpitaux. L'Administration de l'Assistance publique, en procédant ainsi, rendrait service aux familles et répondrait au désir souvent exprimé du Conseil municipal.

Nous croyons aussi que l'Administration doit faire bon accueil aux élèves externes et choisir les meilleures d'entre elles au fur et à mesure des besoins, pour en finir au plus vite avec la laïcisation des établissements hospitaliers. Cela est d'autant plus nécessaire que l'Administration sait que le recrutement des religieuses hospitalières devient de plus en plus difficile ; que, pour maintenir leur chiffre, les congrégations doivent se montrer très coulantes dans leur choix ; qu'enfin les médecins et surtout les chirurgiens français commencent à reconnaître qu'il est indispensable pour eux d'avoir des auxiliaires instruites habituées à la plus grande propreté, prêtes à donner aux malades tous les soins qu'ils exigent, quelle que soit la maladie et qu'aucun enseignement professionnel sérieux n'est donné aux novices, dans les communautés. C'est par une sorte de routine qu'elles se mettent plus ou moins au courant de leur service.

Toutes ces raisons prouvent la nécessité qui s'impose à l'Administration de prendre toutes les mesures qui peuvent concourir à donner aux infirmières une bonne instruction professionnelle.

Parmi ces mesures, nous signalerons encore une fois la nécessité du changement de service. Ici, les infirmières devraient passer successivement, dans une année, trois mois en médecine, trois en chirurgie, trois aux accouchements et trois dans les services généraux. Nous marcherions ainsi à la réalisation du but pour lequel l'école de la Pitié a été créée, c'est-à-dire une école de perfectionnement.

J'ai demandé sans cesse, Mesdames et Messieurs, que vous soyez obligés de suivre les cours, de prendre part aux compositions et aux exercices pratiques. C'est là un surcroît de fatigue pour vous ; c'est là un empiètement sur vos heures de liberté. Mais en échange, je n'ai pas moins insisté pour réclamer, à votre bénéfice, diverses réformes, l'avancement et l'amélioration des conditions matérielles de votre situation. . . . .
. . . . Quant aux améliorations matérielles, j'ai réclamé notamment que l'on vous donnât une nourriture mieux préparée et plus variée. Ce que l'on a fait dans ce sens est loin d'être suffisant. J'ai signalé la nécessité de remplacer les dortoirs communs par des chambres. Ces améliorations sont incontestablement dues à des hommes et à des femmes qui consacrent les uns leurs jours, les autres leurs nuits, à donner des soins à des malades ; qui passent douze à quinze heures dans des salles dont l'atmosphère est si profondément viciée. J'ai visité les trois dortoirs des infirmiers et les trois dortoirs des infirmières de l'hôpital de la Pitié ; ils sont disséminés dans les divers bâtiments de l'hôpital ; tous sont installés dans les greniers, encombrés au delà de toute mesure, dépourvus de cabinets d'aisance, de lavabos, et la plupart même de tables de nuit. Rien de plus triste et de plus insalubre que ces dortoirs, rien de plus contraire à l'humanité. Je ne doute pas, M. le Directeur, qu'après avoir visité ces dortoirs, vous ne partagiez mon opinion et que vous ne preniez d'urgence les mesures nécessaires pour remédier à une situation aussi regrettable.

Inspiré par un sentiment des plus louables, vous partez demain pour Londres, afin de visiter ses établissements hospitaliers et de vous rendre compte de leur organisation, du fonctionnement des consultations externes; vous verrez avec quel soin, avec quelle propreté, ces établissements sont tenus; vous verrez les écoles d'infirmières; vous étudierez le mode de recrutement des infirmières; vous constaterez la considération dont elles jouissent. Voyez aussi comment elles sont nourries, logées, habillées, rétribuées, et je ne doute pas qu'à votre retour vous ne trouviez toutes mes réflexions entièrement justifiées : je ne doute pas, connaissant votre esprit éclairé, les sentiments qui vous animent, que vous ne vous mettiez avec empressement à l'étude et à la réalisation des réformes que vous aurez reconnues vous-même d'une urgence incontestable.

Discours prononcé le 20 octobre à l'école de la Salpêtrière.

MESDAMES, MESSIEURS,

De même que les années précédentes l'enseignement primaire, l'enseignement professionnel et les exercices pratiques, ont été faits avec la plus grande régularité. C'est pour nous un devoir, très agréable à remplir, d'adresser nos remerciements à Mlle Nicolle et à ses collaboratrices, MM^{mes} Florenza, Trouble, Chevallier, qui vous donnent, avec tant de zèle et de dévouement, l'instruction primaire. C'est par elles que depuis huit ans, nous avons pu apprendre à lire et à écrire à un grand nombre d'infirmières et perfectionner l'instruction incomplète de beaucoup d'autres. Les trois Écoles d'infirmières ont rendu, sous ce rapport, des services signalés à la cause de l'instruction publique. Nous devons adresser les mêmes félicitations à Mme Eydt, surveillante de l'Infirmerie générale et à son aide Mlle Muller, chargées de l'enseignement pratique. Nous remercions enfin vos maîtres, nos amis, du concours si dévoué qu'ils n'ont cessé de nous apporter, la plupart depuis la création de l'École. C'est grâce à eux, et surtout à l'activité et à la bienveillance de M. Le Bas, votre directeur, que nous arriverons dans un temps prochain à terminer l'œuvre de la laïcisation.

Nous continuerons à perfectionner le programme de l'enseignement, en vous donnant des dictées sur le cours d'administration, en vous faisant faire des exercices de petite pharmacie, en complétant l'enseignement des bandages, enfin en vous donnant la traduction d'un manuel anglais sur les soins spéciaux à donner aux aliénés.

Dans quelques instants vous allez recevoir les récompenses que vous a méritées votre travail. Parmi ces récompenses, comme d'habitude, vous en devez un certain nombre à la générosité de personnes qui s'intéressent vivement à l'œuvre que nous avons entreprise (1). Malheureusement, nous avons à signaler la perte de l'un de nos plus généreux donateurs, M. Moreau (de Tours). Toutes vous garderez son souvenir.

J'arrive maintenant aux réformes qui ont été réalisées dans le courant de l'année scolaire 1884-85, ou qui vont être réalisées dans l'année scolaire qui vient de commencer.

Depuis plusieurs années, nous appellions en vain l'attention de l'Administration sur un certain nombre de moyens qui, à notre avis, devaient permettre d'utiliser pleinement les Ecoles d'infirmières ; d'avoir des recrues excellentes, nombreuses ; d'exciter l'émulation parmi les anciennes élèves des Ecoles, promues aux grades de surveillantes ou de sous-surveillantes. L'an dernier, n'ayant pas eu gain de cause, nous revenions encore sur ces mesures qui peuvent se résumer ainsi :

1° Obligation pour toutes les infirmières des établissements qui possèdent des écoles de suivre les cours primaires, si leur instruction est insuffisante ; de suivre, sans exception, les cours professionnels ; de prendre part aux exercices pratiques et de faire toutes les compositions.

2° Remplacement des infirmières des trois établissements-écoles, au fur et à mesure des vacances, par les meilleures infirmières des autres hôpitaux, afin de compléter leur instruction et de les rendre aptes à devenir, en peu de temps, de bonnes surveillantes.

3° Invitation à toutes les anciennes élèves des écoles, à prendre part aux compositions afin d'avoir leur diplôme.

M. Peyron nous a entendu, l'an dernier, insister de nouveau sur ces mesures ; il les a examinées et, après réflexion, mû par le vif désir de mener vite et bien, en ce qui le concerne, la laïcisation des hôpitaux, il a reconnu que ces mesures devaient être mises à exécution.

En premier lieu, il a imposé l'*obligation*, aux infirmières de Bicêtre, de la Salpêtrière et de la Pitié, de suivre les cours. Nous avons le ferme espoir que les directeurs de ces trois établissements prendront les mesures nécessaires pour que toutes les infirmières se conforment à cette prescription. Nous avons

---

(1) Les donateurs sont : M. Charcot, Mme Vve Moreau (de Tours), MM. J. Falret, Legrand du Saulle, Laurent Richard, MM. les Drs Clin, Liouville, Molloy, Ch. Monod, Mme Letulle, M. Yvon, MM. les internes en médecine de l'hospice, MM. les internes en pharmacie, MM. les professeurs de l'Ecole, M. Peyron, M. Brelet, secrétaire général, etc.

la conviction qu'elles comprendront que cette mesure est prise dans leur intérêt et dans celui des malades. Le nombre des infirmières de tout grade (y compris les suppléantes) est de 354 à la Salpêtrière, de 40 à Bicêtre, de 33 à la Pitié; soit au total 427. Avec la fréquentation obligatoire des écoles, l'Administration est assurée de trouver dans le courant ou à la fin de 1886, tout le personnel nécessaire pour achever la laïcisation et, plus tard, pour fournir aux hôpitaux des villes de la province les sous-surveillantes et surveillantes qu'elles réclament.

Elle le pourra d'autant plus que la seconde mesure prise par M. le Directeur — et qui consiste à remplacer les infirmières partant des écoles, soit pour aller dans d'autres hôpitaux laïcisés, soit pour toute autre cause,—par les meilleures infirmières des hôpitaux, fournira un personnel ayant déjà une pratique sérieuse, n'hésitant pas à donner aux malades tous les soins, même les plus répugnants... ce que ne font pas les religieuses.

En ce qui concerne la troisième mesure, destinée à donner satisfaction aux anciennes élèves des Ecoles qui n'avaient pu avoir leur diplôme par ce qu'elles avaient été envoyées dans des hôpitaux laïcisés avant l'institution des diplômes ou sans avoir pu prendre part à toutes les compositions, voici ce qu'a fait M. le Directeur:

Il a adressé dans le mois de juin une *circulaire* aux directeurs des hôpitaux laïcisés, les chargeant d'inviter toutes les anciennes élèves des Ecoles, surveillantes, sous-surveillantes et suppléantes, dans leur établissement, à se faire inscrire afin de prendre part aux compositions pour l'obtention de ce diplôme.

39 d'entre elles ont répondu à cet appel. 8 ont obtenu le nombre de points fixé par les professeurs, d'accord avec l'Administration, et vont recevoir aujourd'hui le diplôme. La plupart avaient obtenu, d'ailleurs, de nombreuses récompenses aux distributions de prix des années passées. D'autres surveillantes ou sous-surveillantes, au nombre de 31, n'ont pu prendre part à toutes les compositions, par suite d'un défaut d'organisation ou de manque de temps. Nous pensons qu'il est convenable de leur tenir compte de ce qu'elles ont fait déjà et nous demandons à M. le Directeur de bien vouloir leur faire faire les compositions complémentaires, afin que, elles aussi, voient leurs efforts récompensés. Si, comme nous en avons la conviction, M. le Directeur accepte notre proposition, elles seront prévenues à temps et pourront s'exercer et relire avec soin les différents volumes qui composent leur Manuel.

L'exemple qu'elles ont donné cette année portera ses fruits. A la fin de l'année scolaire, c'est-à-dire au mois de juin, nous espérons que toutes les anciennes élèves des Ecoles, sachant bien exactement les conditions qu'elles ont à remplir pour obtenir le diplôme, s'empresseront de se faire inscrire et de prendre part à toutes les compositions.

Nous sommes d'autant plus heureux d'adresser ici nos remerciements à M. Peyron pour ce qu'il a fait, que nous y puisons la confiance qu'il étudiera avec le même soin les autres réformes, propres à assurer le succès de la laïcisation, réformes qu'on nous pardonnera de rappeler encore une fois.

L'alimentation des infirmiers et des infirmières a déjà été améliorée, mais d'une façon insuffisante (1). Il est nécessaire qu'on accorde à des hommes et à des femmes qui passent toute leur journée ou toute leur nuit dans des salles de malades, une nourriture meilleure et plus variée.

Les *logements* actuels, surtout les *dortoirs des infirmiers et des infirmières* exigent une transformation immédiate dans la plupart des établissements. Nous en avons cité un exemple tout à fait démonstratif à l'hôpital de la Pitié. Ici, s'ils ne réalisent pas l'idéal, on peut dire qu'ils ont le cube d'air voulu, qu'ils sont propres et très bien tenus. Il y manque des armoires suffisamment grandes et de l'eau. Nous désirerions voir aussi les lits séparés par des cloisons formant des boxes, de sorte que chaque infirmière soit le plus possible chez elle (2).

Il y aurait certes mieux à faire et nous signalons ce projet à nos amis du Conseil municipal : ce serait de bâtir, à la Salpêtrière, un pavillon pour le personnel secondaire, analogue à ceux qui viennent d'être construits à l'asile de Villejuif. Nous croyons que ces pavillons peuvent, dans l'espèce, servir de modèle, de même que le pavillon des logements des internes de l'hôpital Saint-Antoine, doit servir de modèle dans l'avenir chaque fois que l'on aura à construire des logements pour les internes.

Si la situation des infirmières dans cet hospice, a été améliorée, il reste encore beaucoup à faire. Autrefois, on ne craignait pas d'obliger les infirmières de cet hospice à traîner de lourdes voitures de bois, de charbon, de linge. Il en résultait

---

(1) La ration de vin a été portée de 48 centil. à 80 cent. pour les hommes ; de 32 cent. à 50 cent. pour les femmes.

(2) Les dortoirs actuels (ceux de l'Infirmerie générale, chacun 12 lits, du bâtiment Hémey, 5 lits, de la buanderie, 2 de 9 et 7 lits, sont destinés aux infirmières des services généraux. Les infirmières des dortoirs des divisions des administrées couchent dans les dortoirs mêmes. Là, il serait possible de les isoler, sans grande dépense, comme nous l'avons fait à Bicêtre dans la nouvelle section des enfants.

que beaucoup tombaient vite malades, que d'autres s'empressaient de chercher en ville un travail moins pénible. Le Conseil municipal, en créant *dix places d'hommes de peine*, a permis de vous décharger de cette besogne, qui n'est pas de celle qu'on peut humainement imposer à des femmes dans une société civilisée. Le transport des aliments qui s'effectuait autrefois à l'aide de marmites suspendues à des bâtons et portées par les infirmières sur leurs épaules, s'opère aujourd'hui à l'aide de charriots : c'est là une heureuse innovation que vous devez à M. l'économe. Ce n'est pas toutefois la perfection : Nous pensons qu'il conviendrait, dans un établissement aussi vaste que celui-ci, de relier les services généraux aux divisions par un petit *chemin de fer* du système Decauville.

Aujourd'hui, vous êtes déjà, mesdemoiselles, dans une situation bien meilleure que vos ainées ; cependant, il y aura encore à l'améliorer, en vous débarrassant d'un autre travail, le transport des malades des divisions à l'Infirmerie générale et surtout l'ascension des malades aux étages de l'Infirmerie. En attendant l'installation d'un ascenseur, dont on finira bien par reconnaître l'utilité, nous croyons que l'Administration pourrait créer deux places de brancardiers, comme il en existe dans presque tous les hôpitaux. On leur confierait en outre le transport, à l'amphithéâtre, des mortes de l'Infirmerie générale et des infirmeries des sections d'aliénées. S'il leur restait du temps de reste, nous pouvons compter sur l'initiative de M. le Directeur pour l'employer au mieux des intérêts de la Maison.

A l'heure actuelle, un certain nombre d'entre vous sont encore chargées de monter à bras l'eau dans les dortoirs. Bientôt, les étages des différents bâtiments seront pourvus de colonnes montantes ; l'eau arrivera toute seule dans les dortoirs et, de ce côté, vous aurez une fatigue de moins, en même temps que es administrées, ayant des lavabos à leur disposition, pourront faire aisément leur toilette, sans être forcées de descendre dans les cours, en toute saison, pour se laver aux fontaines... si elles sont quelque peu soucieuses de leur propreté.

La réalisation de ces réformes rendra de grands services et vous sera certes très agréable, Mesdames et Mesdemoiselles ; nous ajouterons qu'elle rendra de réels services à l'Administration en l'aidant à vous conserver dans ses services, et à recruter plus facilement des infirmières pour combler les vacances.

Tout ce qui a été fait pour vous depuis 7 ou 8 ans montre l'intérêt que vous porte, et partant aux malades, le Conseil municipal. Le soin apporté par M. Peyron à examiner sans parti pris les réformes qui ont été réclamées par le Conseil municipal et par nous ; la promptitude, chose à laquelle nous n'étions pas habitués, **qu'il a mise à réaliser** plusieurs de ses réformes, vous sont un sûr garant qu'il étudiera toutes celles que nous venons d'énumérer avec le même esprit, avec la même bienveillance.

Nous savons que vous demandez encore plus et, sur ce point, nous vous devons des explications. Il s'agit de la suite donnée à la *laïcisation*. Qu'a-t-on fait depuis un an ? Que reste-t-il à faire ?

C'est en 1877, que le Conseil municipal a réclamé la laïcisation de tous les établissements hospitaliers de Paris, hôpitaux, hospices, asiles, maisons de secours et conseillé la création d'Ecoles d'infirmières dans le but de fournir à l'Administration des surveillantes plus instruites, plus capables que les religieuses. Les Ecoles d'infirmières ont été créées successivement : celle de la Salpêtrière a été ouverte le 1er avril 1878 ; celle de Bicêtre le 20 mai de la même année ; celle de la Pitié, le 24 mai 1880.

L'hôpital Laënnec a été laïcisé à la fin de 1878 ;
L'hôpital de la Pitié le 1er octobre 1880 :
L'hôpital de Larochefoucauld en janvier 1881 ;
L'hospice des Ménages en juillet 1881 ;
L'hôpital St-Antoine le 1er août 1881 ;
L'hôpital de Lourcine en juillet 1882 ;
L'hôpital Tenon en juillet 1882 ;
L'hospice d'Ivry en février 1885.

Soit huit établissements en huit ans. On voit que loin de procéder avec précipitation, l'Administration a procédé avec une lenteur que nous regrettons et dont la responsabilité n'incombe d'ailleurs, à aucun degré, à M. le Directeur actuel de l'Assistance publique. Il est bien certain que si les adversaires de la République étaient les maîtres demain—c'est une hypothèse que nous faisons, hypothèse que Paris ne laisserait pas réaliser, et qui ne se réalisera pas, soyez rassurées, — il est certain que ce n'est pas en huit ans qu'ils détruiraient ce qui a été fait si péniblement et qu'ils remplaceraient les laïques par des religieuses, mais en *huit jours*.

Nous rappellerons que grâce à l'insistance du Conseil général, qui avait créé une *Ecole départementale d'infirmières à Sainte-Anne*, les asiles d'aliénés de Sainte-Anne, de Ville-Evrard et de Vaucluse ont été laïcisés et que le nouvel asile de Villejuif a été confié à des laïques.

Voilà ce qui a été fait ; voyons la tâche qu'il reste à accomplir, c'est-à-dire combien il y a encore d'hôpitaux à laïciser et quel est le nombre de religieuses qu'il s'agit de remplacer par des laïques :

Hôtel-Dieu	21	religieuses.
Charité	18	—
Necker	19	—
Cochin	26	—
Beaujon	20	—
Lariboisière.	27	—
Saint-Louis	25	—
Enfants-Malades	28	—
Forges.	10	—
Trousseau	20	—
La Roche-Guyon	7	—
Enfants-Assistés	27	—
	246	religieuses.

De ces hôpitaux, il en est deux pour lesquels M. le Directeur de l'Assistance publique a pris les mesures nécessaires en vue de la laïcisation, l'hôpital Necker et l'hôpital Cochin. Si l'opération n'est pas réalisée, la faute n'en retombe pas sur lui, et nous espérons que bientôt, n'étant plus retenu par des craintes chimériques, le Ministre de l'intérieur, qui s'est déclaré récemment partisan de la suppression du budget des cultes, n'hésitera pas à donner à bref délai l'autorisation de laïciser ces deux établisements, conformément à l'avis favorable émis par le Conseil municipal et le Conseil de surveillance de l'Assistance publique.

Au sujet de l'hôpital Cochin l'Administration a été menacée d'un procès par les héritiers du *fondateur*, l'abbé Cochin. C'est là une singulière prétention. Pour montrer combien elle est peu justifiée, il suffit de citer les faits. Qu'était l'hôpital St-Jacques-du-Haut-Pas — aujourd'hui l'hôpital Cochin — tel que l'avait fait son fondateur ? Tenon va nous le dire :

« *L'hospice de la paroisse Saint-Jacques-du-Haut-Pas*, dit-il, est situé à l'extrémité de la rue du fauxbourg St-Jacques vis-à-vis l'Observatoire ; on y trouve *seize petits lits* pour les hommes, *dix-huit* pour les femmes, dans deux salles au premier étage, soit 34 lits. »
Ceci était écrit en 1788, après la mort de l'abbé Cochin. La Révolution renvoya les sœurs qui furent remplacées par des laïques. Celles-ci y restèrent, paraît-il, jusqu'en 1809. Or, à cette époque, la famille Cochin ne semble avoir ni protesté, ni intenté de procès.
En 1861, l'hôpital Cochin ne ressemblait guère à l'établisse-

ment créé par son fondateur. Ce n'est plus 34 lits qu'il contenait, mais 119. Et aujourd'hui la différence est encore bien plus considérable : ce n'est plus 34 lits, ni 119 qui figurent au budget de l'Assistance publique pour 1886, mais 378 ! Qu'estce que cela veut dire ? C'est que l'hôpital a été complètement transformé. Que l'Administration — grâce aux subventions municipales — a fait de la fondation minuscule du curé Cochin un grand hôpital. Et parce que l'un des ancêtres de la famille Cochin a fondé 34 lits il y a 105 ans, cette famille aurait le droit d'imposer sa volonté à l'Administration dans la gestion d'un établissement de 378 lits qui appartient, dans une proportion bien plus considérable, à la Ville de Paris ! Des deux fondateurs, l'abbé Cochin et la Ville de Paris, l'un a donné 34 lits, l'autre 344. Auquel des deux l'Administration doit-elle obéir ? Si l'abbé Cochin ressuscitait, il n'hésiterait pas : plaçant l'intérêt des « pauvres » au-dessus de toute autre considération, il s'inclinerait devant les volontés de la Ville et la remercierait d'avoir décuplé sa modeste fondation. L'hôpital Cochin sera donc prochainement laïcisé ; c'est notre conviction.

L'Administration ne sera pas plus arrêtée, nous l'espérons, dans la laïcisation de toutes les autres fondations ainsi transformées, qu'elle ne l'aura été dans la laïcisation de l'hôpital Cochin. Et l'exemple qu'elle donnera portera ses fruits en dissipant toutes les appréhensions des municipalités, désireuses de laïciser leurs hôpitaux, mais arrêtées aujourd'hui par la crainte des procès.

L'Administration a pris ses mesures, disions-nous, pour la laïcisation de l'hôpital Cochin ; elle a décidé qu'elle logerait son personnel de surveillantes et de sous-surveillantes en dehors de l'hôpital. L'expérience qu'elle va faire — et sur laquelle nous avions l'an dernier provoqué l'examen de M. le Directeur — ne manquera pas d'intérêt. Il s'agit, en effet, de savoir si le service hospitalier peut se faire sans le plus léger inconvénient pour les malades, avec un personnel logé hors de l'hôpital. Nous ne doutons pas que l'expérience ne réussisse. Il n'y a pas de raison pour que l'on n'obtienne pas du personnel hospitalier l'exactitude rigoureuse que l'on obtient dans les magasins, les ateliers, les administrations de la ville.

Cette faculté d'habiter au dehors, nous croyons que l'Administration pourrait l'accorder aux personnes de la ville qui désirent embrasser la profession d'hospitalières et qui sont retenues aujourd'hui par les ennuis de la vie en commun, surtout du coucher en dortoir. Le matin, à l'heure dite, elles prendraient leur service d'infirmières ; le soir, à l'heure fixée pour la prise du *service de nuit*, elles s'en retourneraient chez elles.

Nul inconvénient à cela, le personnel sédentaire étant suffisamment nombreux pour parer à toutes les éventualités.

Je viens de prononcer les mots *service de nuit*. Je demande la permission, à M. le Directeur, de m'arrêter un instant sur son mode de fonctionnement.

Durant la nuit, les grands malades exigent des soins tout aussi minutieux, sinon plus, que pendant le jour ; ils ont besoin de prendre les médicaments prescrits ; ils ont besoin d'avoir les mêmes soins de propreté. Les convalescents, par exemple les typhiques, doivent être alimentés, soutenus, à des intervalles réguliers ; cette alimentation doit être surveillée avec la plus grande rigueur. Cet ensemble de soins exige des personnes instruites, expérimentées, d'autant plus que la nuit, malgré toute la bonne volonté du monde, les facultés intellectuelles sont moins éveillées, on se trouve embarrassé en face d'incidents qui, le jour, ne nous causeraient aucun ennui. Eh bien, à quelles personnes confie-t-on ce service si difficile, si délicat ? Aux personnes les plus inexpérimentées. Jusqu'ici on ne s'est pas rendu un compte suffisant de la nécessité de réformer complètement ce service de nuit qui, tel qu'il est, a de déplorables conséquences. Un fonctionnaire hospitalier nous disait, il y a quelque temps, parlant d'une personne qui demandait une place d'infirmière : « Je ne puis pas la prendre comme infirmière de jour, parce qu'elle ne sait rien, n'ayant jamais soigné de malades ; je la prendrai comme veilleuse. » — Un autre fonctionnaire, résumant, à cet égard, ce qui se fait dans tous les établissements, nous disait : « Ce sont les derniers venus, ce sont les dernières venues qui prennent la veille. »

Telle est la situation. Vous en signaler les inconvénients, M. le Directeur, c'est, j'en ai la conviction, assurer leur disparition par une *réorganisation complète du service de nuit*. Le Conseil municipal n'hésitera pas à vous donner les ressources que vous lui demanderez.

J'avais l'intention d'exposer une fois de plus, en détail, par une comparaison minutieuse, les raisons qui montrent les avantages des surveillantes laïques sur les religieuses. Mais cela m'entraînerait loin et j'ai déjà retenu trop longtemps votre attention. Je me bornerai donc aux considérations suivantes et c'est par là que je terminerai.

Les exigences de la médecine et de la chirurgie modernes, qui appliquent des moyens nouveaux de traitement très minutieux, veulent de plus en plus que les auxiliaires des médecins, des chirurgiens et des accoucheurs soient non seulement dévouées, mais instruites, présentes à chaque instant, détournées par aucune préoccupation. C'est pour répondre à ces exigences, que dans la plupart des pays on a créé de véritables écoles professionnelles pour les infirmières. En France, on ne s'en préoccupe pas ; on ignore ce qui se fait à l'étranger ; on est surpris ensuite des critiques que l'on formule contre nos hôpitaux, contre notre organisation, contre les résultats de la chirurgie. On ne s'est pas encore bien pénétré de la nécessité d'avoir des infirmières instruites. On commence à peine à ouvrir les yeux et tel chirurgien éminent qui a manifesté contre la laïcisation, en est arrivé à déclarer publiquement, il y a quelques mois, que les résultats obtenus par les chirurgiens étrangers ne pouvaient pas l'être avec les religieuses, avec leurs habitudes, leurs pratiques, leur routine et leur ignorance. C'est là un aveu précieux.

On se figure aussi, dans le monde, que le remplacement des religieuses par des surveillantes laïques est une innovation révolutionnaire. C'est une erreur : tous les hôpitaux russes sont confiés à des laïques ; il en est de même aux Etats-Unis, au Portugal, et dans la plupart des établissements hospitaliers de la Suisse, de l'Allemagne, de l'Angleterre, sans compter le grand hôpital de Vienne, la capitale de la catholique Autriche.

Une autre considération plaide en faveur de la laïcisation , elle n'est plus d'ordre médico-chirurgical, mais d'ordre administratif. Aujourd'hui que l'on exige, des religieuses et des religieux, des diplômes pour être institutrices ou instituteurs, il en résulte que beaucoup de jeunes filles qui, autrefois, se faisaient religieuses pour échapper à certaines conditions sociales, ne le font plus, dès lors qu'il faut travailler, avoir un brevet : les plus intelligentes cherchent bien à l'obtenir, mais l'ayant, restent dans la société civile. Même chose pour les hommes. Il s'en suit que le recrutement des congrégations est rendu heureusement de plus en plus difficile. Et lorsque le service militaire aura enfin été rendu obligatoire pour tous, on verra le nombre des frères instituteurs et des frères hospitaliers se réduire de plus en plus.

Ces difficultés du recrutement des congrégations font une obligation à une administration prévoyante, de chercher parmi les laïques les personnes qui lui sont nécessaires. Et une fois entrée dans cette voie, elle a le devoir impérieux d'assurer de l'avancement à ces laïques, si elle veut exiger d'elles toutes les qualités indispensables pour bien soigner les malades.

Enfin, il est une considération d'ordre social et politique qui vient s'ajouter à toutes les autres pour terminer la laïcisation. Je dis *terminer*, c'est que, en effet, nous ne faisons, à l'heure actuelle, que compléter l'œuvre de nos devanciers.

La laïcisation a commencé lorsque, sous l'ancienne monarchie. le Roy a enlevé aux chanoines de Notre-Dame l'administration de l'Hôtel-Dieu — l'assistance publique de l'époque — pour la confier à des laïques ; elle a continué quand, organisant l'Hôpital général, c'est-à-dire la Salpêtrière, Bicêtre, la Pitié, etc., le Roy en a confié non seulement l'administration à des laïques, mais aussi la mission de soigner les malades à des laïques.

La laïcisation a continué lorsqu'on a enlevé l'Economat aux religieuses ; lorsqu'on leur a enlevé la direction de la pharmacie. Et cela se passait sous Louis XVIII. En voici la preuve :

D'après un arrêté du Conseil général des hospices du 23 juin 1810, il y avait, à cette époque, une sœur faisant fonctions d'économe dans les établissements suivants : Charité, St-Antoine, Enfants malades, Orphelins, Enfants trouvés. Il y avait une sœur économe et une sœur agent de surveillance à Necker et à Cochin : les descendants des familles Necker et Cochin ne semblent pas avoir protesté contre cette substitution des laïques aux religieuses.

La laïcisation a continué lorsqu'on a confié à des laïques la Maison de Ste-Périne, l'hôpital des Cliniques, la Maison municipale de santé ; lorsqu'on a laissé des laïques à la Maternité, à l'hôpital du Midi ; lorsqu'on a confié les services des hommes aliénés à des laïques.

Et ces faits se sont produits sous la monarchie absolue ; sous la monarchie de juillet, même sous l'Empire.

Nous ne faisons donc que poursuivre l'œuvre de nos devanciers, répondant en cela aux besoins de la science, aux intérêts impératifs de la Société civile.

La Société civile, si elle ne veut être sans cesse en lutte contre les envahissements perpétuels de la Société religieuse, doit enlever aux congrégations tous leurs moyens d'action : toutes leurs ressources officielles. Tout congréganiste, quelle que soit sa robe, ou sa coiffe, est d'ores et déjà un ennemi irréconciliable de la Société civile. En l'éliminant, en lui enlevant traitement et moyen de propagande, on rend service à la Société civile sans lui créer un ennemi de plus. Et chaque fois, au contraire, que l'on remplace une *sœur* par une *laïque*, un *frère* par un *laïque*, on rend service à la Société civile, sans lui causer de tort. Loin de là : c'est qu'en effet on attache à la Société civile, non seulement la personne qui remplace la religieuse, mais sa famille tout entière, solidaire dans ses intérêts. La religieuse, elle, a renié sa famille.

L'intérêt des malades, l'intérêt de l'Administration, celui de la science, l'intérêt de la République qui nous est chère à tous.

concordent à démontrer la nécessité de mener, promptement et bien, à sa fin, la laïcisation de l'Assistance publique.

Ces sentiments, qui animent et inspirent le Conseil municipal, représentant la ville de Paris, sont ceux de M. le Directeur de l'Assistance publique, et je ne doute pas qu'il ne fasse tous les efforts nécessaires pour terminer à bref délai la laïcisation de tous les hôpitaux de Paris.

A vous de l'aider, en travaillant avec courage, en accomplissant scrupuleusement tous vos devoirs, en vous instruisant, en vous montrant dévoués envers les malades.

Les religieuses ont le savoir au-dessus de la tête, dans leur *coiffe* ; enlevez là, rien ne reste. Quant à leur cœur, je parle du cœur humain, elles l'ont laissé à la porte du couvent. Il faut que, vous, vous ayez le savoir dans la tête, le dévouement dans le cœur.

Statuts de l'hôpital Elisabeth à Buda-Pesth (1).

1. *Direction.* Le but principal de l'association de la Croix Rouge, dans le royaume de Hongrie, est de former de bonnes infirmières pour le cas de guerre : l'hôpital a été fondé pour obtenir ce résultat. En temps de paix il y a place pour 120 malades seulement : le bâtiment dans son entier n'est utilisé qu'en cas de guerre. La direction de l'association de la Croix Rouge constitue la direction suprême : sous ses ordres sont placés des médecins instruits.

En temps de paix il y a 2 sections de chirurgie, une de maladies internes, une de gynécologie et une d'oculistique ; chacune d'elles est dirigée par un médecin. Il y a aussi un prosecteur. Le directeur, l'économe, le secrétaire et le personnel complètent l'ensemble. La *directrice* des infirmières dirige les infirmières et le ménage.

II. *Directeur de l'hôpital.* Il représente l'hôpital auprès de la direction de l'association de la Croix Rouge et des autorités de la ville. Il doit tous les jours se trouver à certaines heures à l'hôpital pour recevoir les rapports médicaux, de l'économe ou de la directrice des infirmières. Il élabore les rapports mensuels et annuels. Il doit au moins une fois par mois avoir une conférence avec les médecins (chefs de service, *primar-aertzte*), il surveille le service médical, peut donner jusqu'à 3 jours de congé et s'occupe

---

(1) Extrait de la *Pester medicinisch-chirurgische Presse,* n°s 5, 6, 7.

du remplacement des chefs de service: il assiste aussi aux examens des infirmières.

III. *Chefs de service.* Il dirige, seul et indépendant, le service médical et n'est responsable que vis-à-vis des ordonnances sanitaires émanant des autorités (de la ville ?). Il prend aussi part à l'éducation des infirmières. Il doit venir chaque jour dans son service, en cas d'urgence plusieurs fois par jour. Il surveille la distribution des aliments et médicaments. Il peut après la visite, si possible sans frais, donner des consultations aux malades du dehors. Le chef est le maitre dans son service, il édicte des peines disciplinaires pour les malades et le personnel. Il doit indiquer au directeur les malades qui sont, d'après les lois, inscrits par ordre de la police ou de la justice, ainsi que les cas de mort violente ou subite. Le chef n'a pas de traitement en temps de paix, sauf une indemnité de voiture.

IV. *Médecins en second.* Ils sont au nombre de 3, qui se partagent avec les médecins externes le service clinique et administratif. Un prosecteur donne un cachet scientifique à l'hôpital: chaque mort dans l'hôpital est soumis à l'autopsie : il n'y a qu'en cas d'objections sérieuses de la famille ou autres que le directeur peut permettre de ne pas la faire.

V. *Médecins consultants.* Les malades de 1re et 2e classe peuvent, en dehors des médecins de l'hôpital, choisir des médecins dans les conseillers sanitaires de l'association : ces derniers doivent s'en tenir aux statuts applicables aux chefs de service. Si un chef de service veut une consultation pour un malade de 3e classe, il peut demander un conseiller sanitaire ou un chef de service. Dans ce cas le médecin n'a pas droit à des honoraires pour la consultation. Si cependant le malade de 3e classe demande la consultation, il doit payer 10 florins d'honoraires, qui sont placés dans le fonds de pension pour les infirmières.

VI. La directrice dirige la maison, et surveille tout le personnel féminin avec l'économe ; elle dirige la cuisine, la lingerie, la buanderie, etc. L'économe et le secrétaire s'occupent des questions administratives, de l'admission des malades et de la dépense.

VII. On reçoit des élèves dans le but d'en faire des infirmières patentées. Les cours sont semestriels ; il peut s'y présenter aussi des volontaires autant que les circonstances le permettent. Le directeur et la directrice permettent que les besoins religieux des infirmières, soient respectés, dans le cas où le service n'en souffre pas. Les visites aux infirmières ne peuvent se faire qu'à des heures déterminées et dans un local destiné à cet usage : il faut une permission de la directrice pour sortir de l'établissement : et il est défendu de découcher. Chaque infirmière a 2 fois par semaine une après-midi de sortie, et une autre demi-journée de repos, pendant laquelle elle ne peut pas quitter l'établissement.

VIII. *Infirmières congréganistes.* La congrégation de Saint-Vincent-de-Paul de Szathmar s'est déclarée prête à aider, en

-temps de guerre, à soigner des soldats malades ou blessés. L'association de la Croix Rouge a autorisé l'éducation des sœurs dans l'hôpital, pour qu'elles puissent remplir le rôle d'infirmières. Dans ce but, 5 locaux séparés ont été donnés aux sœurs dans le bâtiment d'admission; elles y peuvent vivre selon les règles de l'ordre. Les sœurs sont au nombre de 12; en outre, 8 sœurs sont occupées dans 2 pavillons au service des malades. Pour tout le reste, les statuts s'appliquent aussi aux sœurs, elles doivent obéir aux autorités de l'hôpital en ce qui concerne les soins aux malades et l'exécution de leur tâche. Pour arriver à éduquer le plus grand nombre de sœurs possible, il est désirable qu'une sœur ne reste jamais plus de 2 ans à l'hôpital. En cas de guerre, les sœurs établies dans l'hôpital auront à soigner, outre les malades des deux pavillons, ceux de 3 baraques; pour 250 malades, il leur sera adjoint une dame charitable. Chaque infirmière doit faire tout ce qui concerne les soins à donner aux malades, et tenir les locaux propres. Les travaux pénibles sont faits par les domestiques mâles.

IX. *Admission des malades*. Tout malade est reçu sans distinction de religion ou de nationalité, s'il est atteint d'une affection curable aiguë ou chronique, à l'exception des maladies infectieuses et mentales. On doit recevoir plus de cas de chirurgie que de médecine, et plus d'hommes que de femmes. Dans le pavillon de chirurgie il y a 28 lits d'hommes, 12 de femmes : dans le pavillon de pathologie interne il y a 8 lits de gynécologie, 6 d'oculistique et le tiers des lits restants pour des femmes.

L'hôpital n'est pas forcé de recevoir un malade. Le directeur peut renvoyer le malade, lorsqu'à l'entrée la maladie n'a pas été diagnosticable, ou que plus tard on voit que le malade rentre dans la catégorie de ceux qui ne doivent pas être reçus, si la chose n'est pas possible sans nuire au malade, on le place dans le pavillon des maladies infectieuses.

Il y a trois classes ; 1re classe : on paye 6 florins par jour (chambre séparée, chauffage et éclairage, soins et nourriture): 2e classe. 3 florins, à 2 ou 3 par chambrée. Les malades de ces deux classes peuvent librement choisir leur médecin dans ceux de l'hôpital ou dans le conseil sanitaire de l'association. Les honoraires sont fixés par un accord entre le malade et le médecin.

Dans certains cas, la direction de l'association a le droit de faire recevoir gratis des malades en 2e classe : il y a pour cela 2 lits par pavillon. Les malades de 3e classe payent en tout 1 fl. 50. Les malades de 1re et 2e classe reçoivent gratis tous les médicaments de la pharmacopée hongroise; les autres médicaments sont payés à part. Il en est de même pour les appareils de chirurgie que les malades doivent éventuellement porter après leur sortie de l'hôpital.

Il faut payer un mois d'avance à l'entrée : on rend à la sortie l'argent payé en trop. Les fondateurs de lits ont le droit de recommander à l'admission à la 3e classe des malades, qui ne payent que la moitié. Il y a 8 places de ce genre. Il y a en outre 4 places d'indigents, que le Conseil municipal de Budapest a à sa disposition.

Chaque malade reçoit un lit remis à neuf; la 3e classe porte exclusivement des habits d'hôpital. Ceux de 1re et 2e classe peuvent apporter leur literie, mais alors doivent se charger de la propreté et du blanchissage. Il est défendu : de fumer dans les salles et annexes, ou de jouer de l'argent, d'apporter des aliments du dehors sans permission du médecin, et de se faire entre malades des visites d'une salle à l'autre. Chaque malade prend un bain à l'entrée, sauf contre-ordre du médecin; dans ce cas, il est savonné à l'eau tiède. Les infirmières dirigent ce service, les malades graves sont mis dans la baignoire par les garçons de salle sous la surveillance des infirmières. Le directeur décide si les cadavres sont exposés en cercueil ouvert ou fermé, on ne peut voir les cadavres qu'en présence de l'économe ou du secrétaire. L'adjoint du service interne constate les décès.

Les médicaments sont pris dans une pharmacie de la ville, qui a passé un contrat avec l'hôpital: pour les cas urgents il y a une pharmacie de l'hôpital gérée par un médecin en second.

Cas de guerre. Ordre est donné de préparer l'hôpital en vue de recevoir 800 soldats malades ou blessés. Le directeur ne peut plus alors recevoir de malades civils, et renvoie plus tôt les convalescents. On accumule peu à peu les autres malades dans un seul bâtiment: au bout de 20 jours la moitié, et au bout de 30 jours l'hôpital entier est mis à la disposition du service médical militaire. L'économe évacue les 5 baraques en 3 jours et fait construire les 5 baraques qui manquent. A partir du jour où l'ordre a été donné, il faut qu'en 12 jours les baraques déjà existantes puissent être prêtes à recevoir 340 malades. Pendant ce temps on construit les 5 baraques intérimaires, au bout de 30 jours elles doivent être prêtes ainsi que la cuisine de campagne. Le 20e jour l'hôpital offre 4 pavillon d'officier et 4 pavillon de 40 lits, en tout 60 lits, le 40e jour, les baraques intérimaires avec 340 lits: cela fait en tout 800 places. En cas de guerre il y a un directeur, 4 chefs de service (à 8 florins par jour), 4 médecins en second (à 5 fl.), 14 assistants (à 3 fl.); ils portent l'uniforme. Le président et le vice-président du conseil sanitaire sont proposés au grade de médecin principal d'état-major, et donnent leurs conseils en vue du fonctionnement de l'hôpital.

Les infirmières et les sœurs donnent leurs soins: elles sont aidées à la cuisine et à la buanderie par un personnel *ad hoc. Item* pour les garçons de salle. Les dons d'aliments ou cigares doivent être faits à la direction: les dons à destination spéciale seront distribués par la directrice ou l'économe.

Pour instruire la section féminine de l'association de la C. R. il y a chaque hiver des cours publics sur les premiers soins à donner aux blessés et malades; à ceux-ci s'ajoutera plus tard un cours de *cuisine hospitalière*, de blanchissage et de préparation de pièces à pansement. Chaque été aux grandes manœuvres, les femmes de sous-officiers de réserve qui le désirent seront instruites de la même façon.

Infirmières laïques. — Elle doivent choisir leur profession librement, avoir de la moralité et être âgées de 20 à 40 ans. Elles adjoignent à leur demande: a) leurs papiers; *b)* pour les mineures ou mariées la permission des parents, du tuteur ou du mari ; *c)* un certificat de bonnes mœurs ; *d)* une attestation qu'elles savent lire et écrire; *e)* un certificat des autorités donnant des détails sur la famille et les occupations de la postulante; *f)* un certificat de bonne santé et de vaccine. On examine à l'entrée leur degré d'intelligence et leur état de santé, puis elles entrent comme élèves pendant un mois à titre d'épreuve. Au bout de ce mois elles sont infirmières auxiliaires : elles s'astreignent : a) sur la demande de la direction de l'association, à rester en outre du cours de 6 mois, pendant 2 ans comme infirmières à l'épreuve, au service de l'association ; *b)* à se soumettre aux statuts; *c)* à rembourser à l'association les frais éventuels en cas de sortie ou démission. 2 fois par an on reçoit les élèves, le 1er janvier et le 1er juillet : par exception, en dehors de ces 2 dates sur présentation du directeur de l'hôpital. Il y a 3 classes d'infirmières; a) auxiliaires ; *b)* à l'épreuve; *c)* définitives. Toutes reçoivent leur éducation théorique et pratique à l'hôpital Elisabeth. Toute infirmière à l'épreuve, qui a fait ses 2 ans et passe avec très bien l'examen de sortie, reçoit un *diplôme* d'infirmière de la C. R., et s'engage à rester encore 3 ans au service de l'association.

On peut louer les infirmières à des autorités ou à des hôpitaux ; elles forment aussi des groupes de 5, sous la direction d'une infirmière chef. Ces groupes sont sévèrement contrôlés par l'association, soignent les malades à domicile et sont organisés militairement. Si un malade désire une infirmière, il doit lui-même, ou mieux encore son médecin traitant, s'adresser à la direction de l'association ou à la directrice du groupe: l'infirmière est alors envoyée par elle et accompagnée jusqu'au domicile du malade.

a) Chaque infirmière doit soigner son malade avec tout le dévouement possible et se tenir aux prescriptions médicales ; *b)* le malade doit nourrir convenablement l'infirmière; pour le service de nuit, il doit donner des toniques et fortifiants; *c)* il ne faut pas utiliser les infirmières pour autre chose ou les considérer comme des domestiques: il faut donc, si elles ne mangent pas avec la famille, les servir à part; *d)* l'infirmière doit avoir une certaine autorité sur le malade ; *e)* si l'infirmière a veillé une nuit elle a droit à 4 ou 5 heures de repos, dans un local séparé si possible ; *f)* une infirmière ne doit pas veiller plus de 2 nuits de suite; *g)* si une veille de plus de 2 nuits semble nécessaire, il faut prendre 2 infirmières se relayant l'une l'autre; *h)* l'infirmière doit chaque jour pendant une heure respirer l'air pur et marcher, sauf urgence absolue; *i)* les dimanches et fêtes, l'infirmière a le droit de faire ses devoirs religieux, sauf le cas de danger de mort ou d'abandon du malade laissé seul ; *j)* au bout d'un mois l'infirmière peut demander son remplacement. S'il y a aggravation de la maladie, elle doit faire de suite appeler le médecin : si c'est impossible, ou si la maladie s'aggrave et fait craindre une mort prochaine, l'infirmière doit prevenir la famille pour que le malade puisse recevoir, s'il y a lieu, les secours de sa religion.

Renseignements relatifs à la Laïcisation.

Laïcisation de l'asile d'aliénés de Vaucluse.

Le Conseil général de la Seine, à la suite d'un rapport remarquable de M. G. Robinet, sur le service des aliénés, a voté la laïcisation de l'asile de Vaucluse pour le 1er juillet et, afin de ne pas voir se renouveler les atermoiements qui se sont produits pour l'hospice d'Ivry, il n'a voté le crédit affecté au *traitement des sœurs* que pour six mois.

L'administration préfectorale, reconnaissant que les dépenses des aliénés *ne sont pas obligatoires* et qu'il lui serait impossible, d'obtenir une inscription d'office du crédit, a introduit l'affaire à la Commission de surveillance des asiles dans la séance du 5 février. La Commission de surveillance, à la majorité de 5 voix contre 3, sur le rapport de M. le docteur Du Mesnil, a émis un avis favorable. En conséquence, l'asile de Vaucluse sera laïcisé le 1er juillet 1885, et alors tous les établissements consacrés aux aliénés : Bicêtre, la Salpêtrière, Sainte-Anne, Vaucluse, Ville-Evrard et Villejuif, seront confiés à des *surveillantes laïques*.

Comme on le voit, en dépit de tous les obstacles, de toutes les mauvaises volontés, de toutes les faiblesses, la laïcisation des établissements hospitaliers de la Seine se poursuit. Nous espérons qu'elle sera terminée en 1886 et que cette réforme ne sera plus l'objet de discussions aussi violentes qu'injustes.

L'importance de bonnes infirmières.

Un événement survenu récemment à l'hôpital de New-York, dit le *New York med. Journal* (17 janv.), montre combien il est important d'avoir de bonnes infirmières. Un malade dont l'artère innominée avait été liée par le Dr Bull, eut une hémorrhagie le 13e jour. Le premier écoulement fut effroyable. L'infirmière, Mme Schefer, enleva promptement le pansement, et enfonçant son doigt dans la plaie qui était très étroite, arrêta instantanément l'hémorrhagie. A partir de ce moment, le malade ne perdit plus une goutte de sang, et cela pendant deux heures. Alors le doigt de l'infirmière fut remplacé par un solide tampon de gaz iodoformé, et il se produisit une nouvelle hémorrhagie sans importance. Le malade mourut le 32e jour.

LAICISATION DES HOPITAUX. — Par arrêté du 10 février le préfet de la Seine a décidé que l'hôpital des Tournelles prendrait le nom d'hôpital *Andral*, et que l'hôpital temporaire des mariniers prendrait celui d'hôpital *Broussais*.

LES ÉCOLES D'INFIRMIÈRES AUX ETATS-UNIS. — Dans sa session générale de 1883, l'Association médicale américaine, le Dr S. Gross a fait la proposition suivante : Attendu qu'une bonne infirmière est d'une importance supérieure pour le bien-être des malades et la recouvrance de la santé ; — Attendu que le sujet est l'un de ceux qui se recommandent le plus fortement au bon sens et à la sympathie de tous les membres intelligents de la Société. il est résolu que cette Association, reconnaissant pleinement l'importance du sujet, recommande respectueusement l'établissement, dans chaque ville de comté de nos Etats, d'écoles ou de sociétés pour l'instruction efficace des infirmières et des infirmiers ; décide que cette instruction doit être donnée par des médecins compétents, et si cela est possible, membres des sociétés de comté, soit gratuitement, soit avec une modeste rétribution. — Cette proposition est adoptée. (*The Journal of American med. Assoc.*, 1883, p. 9).

ECOLE D'INFIRMIÈRES A PATERSON (*New Jersey*). Miss Clara S. Weeks, élève diplomée de l'école d'infirmières de l'hôpital de New-York a été chargée de diriger l'école d'infirmières de Paterson (*The N. Y. med. Journ.*, 7 mars). Si nous citons ce fait, c'est pour montrer que, aux Etats-Unis, il se crée partout des Ecoles pour l'instruction des infirmières. La ville de Paterson renferme 33,579 habitants.

LAÏCISATION DE L'HÔPITAL COCHIN. — Le Conseil de surveillance a émis un avis favorable sur la laïcisation de cet établissement dans sa séance du 24 avril. Nos félicitations et au Conseil et à M. Peyron |

Laïcisation de l'hôpital de St-Denis et de l'hôpital Cochin.

L'administration préfectorale vient d'autoriser la laïcisation de l'hôpital de Saint-Denis, réclamée depuis plusieurs mois par le Conseil municipal de cette ville. Nous espérons que cet exemple sera suivi par d'autres villes. L'administration de l'Assistance publique pourrait les aider en facilitant de plus en plus l'instruction des élèves externes. — Nous apprenons à l'instant que l'Administration a dénoncé son traité avec les *sœurs de l'hôpital Cochin*.

CONSEIL MUNICIPAL.

Laïcisation des hôpitaux.

Dans la séance du 6 novembre M. E. Monteil a posé de nouveau la question de la laïcisation des hôpitaux, tranchée tant de fois déjà par le Conseil, dans le sens de l'affirmative. Cette répétition de la même question plusieurs fois chaque année, depuis 1877, montre combien est minime l'action du Conseil sur l'Assistance publique à laquelle il donne annuellement une subvention moyenne de 20 millions; elle montre malheureusement aussi que cette administration n'a pas subi de transformation sérieuse, quel que fût le républicanisme de ses chefs, et qu'elle est restée, au fond, réactionnaire et cléricale: c'est là une vérité que M. Monteil a mise en relief en commençant son discours.

Quand même nous aurions devant nous un fonctionnaire républicain comme M. Peyron, que nous croyons encore bien intentionné, dit M. Monteil, nous n'en sommes pas moins réduits à constater que ce chef de l'Administration n'en est pas le chef véritable, qu'il ne dirige pas ses bureaux, que ce sont eux au contraire qui le dirigent. Oui, M. Peyron se ferait une étrange illusion s'il se croyait à la tête d'une administration républicaine parce qu'il est un républicain convaincu. On peut le déclarer hautement, l'administration de l'Assistance publique n'a qu'un seul et véritable directeur, c'est le secrétaire général. (M. le Directeur de l'Assistance publique fait des signes de dénégation.)

M. MONTEIL, continuant. — Je regrette profondément ce que mes paroles peuvent avoir de froissant pour le chef de l'Administration. Je sais qu'un directeur d'administration ne peut aimer qu'on lui dise qu'il ne dirige rien, mais je ne puis m'empêcher de lui dire la vérité et de lui déclarer qu'il est le premier trompé de son Administration.

M. DESPRÉS. — C'est tout naturel.

M. MONTEIL. — Et cela n'est pas extraordinaire. Un homme, en effet, qui arrive dans une Administration avec des idées de réforme a immédiatement contre lui non seulement ceux que ces réformes doivent frapper : mais aussi ceux qui pourraient bénéficier de ces réformes; on a contre soi, au moins un instant, tous les employés, depuis les chefs de service jusqu'aux derniers auxiliaires. Et vous comprenez qu'un directeur qui ne connait absolument rien, frémit de perdre un des rouages de sa mécanique, qu'il devient la proie de ses bureaux et restera l'homme le moins au courant de son administration. A quelques exceptions près ce n'est pas à nous républicains qu'appartiennent ces employés et, si des conseillers municipaux ont de l'influence dans l'administration de l'Assistance publique, c'est dans les rangs de la droite que vous les trouverez. Et, je me hâte de le dire, il ne saurait guère en être autrement puisque ces employés ont été engagés sous un régime auquel ils étaient dévoués et auquel, du jour au lendemain, ils ne peuvent cesser d'appartenir. Ne trouvent-ils pas d'ailleurs un appui et des exemples partant du haut, du plus haut de l'administration?

Dans ces conditions, comment pourrions-nous exécuter la laïcisation au moment que nous jugerions propice ? Cependant aujourd'hui il faut nettement poser la question. Pour ma part, je répète ce que j'ai si souvent déclaré ; toute ma vie, je peux dire dès mon enfance, j'ai toujours lutté contre le cléricalisme. Car pour moi, le seul ennemi à craindre pour la République, c'est le cléricalisme. (Très bien !) Tant que nous n'en aurons pas fini avec cet adversaire nous aurons tout à redouter (très bien! très bien !), et les dernières élections sont là pour confirmer mes paroles. M. Monteil rappelle ensuite que depuis longtemps le Conseil municipal a réclamé la laïcisation de l'hospice des Enfants-Assistés et donne sur cet établissement des renseignements très complets et malheureusement trop exacts.

L'hospice est mal tenu ; la propreté partielle est plus apparente que réelle ; les locaux sont remplis d'images religieuses ; les sœurs accaparent les jardins les plus ombragés au détriment des enfants, les sœurs se déchargent de tout sur les filles de service et les garçons de salle, ceux-ci et celles-là sur les enfants ; « le directeur protège les religieuses, il ne fait même que cela » : l'hospice doit nourrir 22 religieuses, c'est 34 qu'il nourrit. « Le seul et unique directeur, celui qui fait ce qu'il veut, celui qui commande au directeur de l'hospice, au secrétaire général de l'Assistance publique et à M. Peyron lui-même, c'est la sœur Marcelle, c'est la congrégation de Saint-Vincent-de-Paul. »

Quant aux filles de service elles « sont recrutées par les sœurs de Saint-Vincent-de-Paul, et cela toujours de la même façon, dans le même pays de Bretagne. Ces filles ne connaissent absolument rien, rien du tout, ce sont des sauvages et des malpropres, et elles ne savent même pas parler français. » Leur argent et celui des nourrices est remis à la supérieure de la congrégation, laquelle retient cet argent par devers elle et ne donne aux filles que deux francs par mois ; les sœurs et les filles de service passent la plus grande partie de leur temps soit à la chapelle de l'hospice, soit à la chapelle du couvent voisin ; les filles, au lieu de s'occuper des enfants, quand elles sont dans les salles, brodent des ornements d'église, se livrent à des travaux de couture qui sortent de l'hospice et sont envoyés à la Maison-Mère de la rue du Bac ; l'instruction des filles est confiée à des religieuses qui ne leur apprennent que le catéchisme et des cantiques. « Il résulte en outre des faits que je vous ai signalés, ajoute M. Monteil, que, depuis la suppression de l'aumônier, à l'hospice des Enfants-Assistés, comme dans les autres maisons hospitalières, du reste, ce n'est plus un prêtre, c'est plusieurs prêtres qui s'y trouvent presque à demeure. Voilà comment on respecte vos intentions. » Et M. Monteil conclut en déposant le projet de délibération suivant : « Le Conseil municipal de Paris. Délibère : — L'Administration est formellement invitée à laïciser les Enfants-Assistés, Necker et Cochin, avant le 1er décembre de cette année. Signé : Monteil, Paul Viguier. »

M. PEYRON, directeur de l'Assistance publique, a répondu à M. Monteil. De son discours nous ne retiendrons que quelques faits : « *L'hospice des Enfants-Assistés est une façon de* COUVENT ; *le personnel en est recruté par les religieuses et ce personnel est lui-même à* DEMI RELIGIEUX ; — assister à la messe chaque jour constitue une des obligations religieuses des congréganistes ; — on dit les vêpres à l'hospice des Enfants-Assistés contrairement à ce qui se passe dans les autres établissements ; — la laïcisation de l'hospice des Enfants-Assistés est beaucoup plus difficile que celle des autres établissements ; s'il ne s'agissait que de remplacer par des infirmières laïques les 27 sœurs qui s'y trouvent, la difficulté serait minime ; mais ici lorsque les sœurs disparaîtront, tout le personnel les suivra. Puis M. le Directeur a fait connaître au Conseil qu'il a imposé à toutes les infirmières des hôpitaux-écoles l'assistance aux cours et enfin il termine en proposant au Conseil de créer pour les jeunes filles ou les jeunes veuves ayant eu une situation dans la société, de créer des bourses à l'école organisée à l'hôpital de la Pitié.

M. DESPRÉS a pris ensuite la parole et, comme toujours, a lancé une série d'affirmations sans preuves et s'est attiré de nombreuses et vives protestations.

M. PATENNE a profité de la discussion pour rappeler que les sœurs du bureau de bienfaisance profitent de la situation qui leur est laissée pour agir contre la République. Il aurait pu ajouter aussi et pour recruter des élèves pour leurs écoles. Enfin, M. Monteil, dans une réplique vive et habile a mis en relief les aveux échappés à M. le Directeur de l'assistance publique, et le Conseil, à la majorité de 51 voix sur 61 votants a adopté la proposition de M. Monteil : « *L'Administration est formellement invitée à laïciser les Enfants Assistés, Necker et Cochin avant le 1er décembre de cette année.* »

On peut généraliser les considérations présentées par M. Monteil au sujet de l'hospice des Enfants Assistés : elles sont également vraies pour tous les établissements confiés à des religieuses et plus spécialement à ceux qui sont sous la direction des sœurs de St-Vincent de Paul et des sœurs de Saint-Thomas de Villeneuve. Elles sont en réalité maîtresses des établissements ; le personnel secondaire est obligé de faire tout ce qu'elles veulent, de singer des sentiments religieux et de suivre les pratiques de la chapelle ; elles défendent aux infirmières de fournir des renseignements en leur absence. et aux médecins et aux directeurs ; c'est là l'un des premiers faits qui ont appelé notre attention sur les agissements des religieuses lorsque nous étions interne à l'hôpital des Enfants Malades ; elles ne donnent que tout à fait *exceptionnellement* des soins directs aux malades et à peu près jamais aux hommes et même aux petits garçons. Nous n'oublierons jamais que, à l'hôpital des Enfants Malades, la *Mère* — c'est ainsi qu'on appelle les religieuses de cet hôpital — la mère âgée d'une cinquantaine d'années, se détournait et passait derrière elle les objets qu'on lui demandait, quand le chirurgien pratiquait des opérations, même sur des enfants nouveau-nés du sexe mâle. Et l'on appelle ces religieuses des hospitalières !

Quant aux assertions de M. Monteil sur l'administration, elles sont d'une vérité hélas incontestable. Il faut être aveugle pour ne pas voir ce qui se passe ; sourd pour ne pas y entendre les critiques violentes formulées contre la République, contre le Conseil municipal. Nous terminons là nos observations. Nous reviendrons bientôt sur certains passages du discours de M. Peyron. Toutefois, nous nous permettrons de rappeler que, à l'heure qu'il est, M. Peyron a tout le personnel nécessaire pour donner complète satisfaction au Conseil municipal. (*Progrès médical* du 14 novembre 1885.)

Dans sa réponse à M. Monteil, M. le Directeur de l'Assistance publique a insisté sur la difficulté de remplacer à la fois les religieuses et les filles de service ou demi-religieuses de l'hospice des Enfants-Assistés par des laïques ; il a fait le souhait que toutes les filles de service pussent passer par les Ecoles d'infirmières et il a ajouté : « Mais en pratique cela est impossible : les chefs de service — c'est sans doute *directeurs* que M. Peyron a voulu dire—sont obligés d'accueillir les femmes qui viennent chaque jour solliciter un emploi... » Puis M. Peyron a fait connaître au Conseil qu'il avait imposé à toutes les infirmières des hôpitaux-Ecoles, l'assistance aux cours et qu'il avait organisé un roulement permettant à toutes les infirmières de venir y puiser les connaissances nécessaires. Enfin il a déclaré que ce serait faire œuvre utile que de favoriser « l'entrée dans les services hospitaliers de jeunes filles ou de jeunes veuves ayant eu une situation dans la société et, par suite d'adversités, obligées de gagner leur vie. Mais vous ne pouvez, dit-il, en s'adressant au Conseil, leur offrir la situation infime de filles de service, qui implique la communauté du réfectoire et du dortoir... Vous ne pouvez davantage, en raison de leur inexpérience, les mettre d'emblée au service immédiat des malades. »

Nous ne doutons pas des bonnes intentions de M. Peyron, mais nous sommes persuadé qu'il n'est pas aussi bien secondé qu'il le suppose. D'une part, certains de ses directeurs recrutent, pour infirmières, toutes les femmes qui se présentent, et quelquefois, de préférence, les plus illettrées ; d'autre part on lui fait craindre que des infirmières qui ont suivi les cours des Ecoles durant un, deux, trois ans, ne sont pas encore suffisamment instruites. Aussi craint-il de ne pas pouvoir donner satisfaction au Conseil municipal. Nous nous permettrons de lui rappeler qu'il y a dans les trois Ecoles de nombreuses infirmières capables de remplir les fonctions de sous-surveillantes ; que, de plus, il y a dans les hôpitaux un grand nombre de suppléantes, anciennes élèves des Ecoles et, elles aussi, parfaitement en mesure de faire de bonnes sous-surveillantes. Avec elles, il peut, *dès maintenant*, procéder sans crainte à la laïcisation de l'hôpital Cochin, de l'hôpital Necker et de l'hospice des Enfants-Assistés. Quant aux demi-religieuses de ce dernier établissement, dont il paraît redouter le départ, il pourra sans peine les remplacer par les femmes qui sollicitent chaque jour, dans tous les hôpitaux, une place d'infirmière.

M. Peyron a rappelé qu'il avait rendu obligatoire la fréquentation des cours pour *toutes* les infirmières des hôpitaux-Ecoles. Cette mesure — dont nous le remercions d'autant plus sincèrement que l'Administration s'y était toujours opposée,— le secrétaire général pourra le renseigner sur ce point, aura pour conséquence, *s'il exige que l'on s'y conforme*, que, au mois de juin 1886, il aura un personnel excellent et suffisant pour terminer la laïcisation. Il l'aura d'autant plus sûrement qu'il a déclaré vouloir combler les vacances qui se produiront dans les hôpitaux-Ecoles par les meilleures infirmières de tous les hôpitaux, méritant de l'avancement, et qu'enfin il a promis d'accueillir avec empressement toutes les dames du dehors qui désirent remplir les fonctions d'hospitalières. En ce qui les concerne, il est indispensable, suivant nous, qu'il ne les nomme pas d'emblée sous-surveillantes, ou suppléantes, comme on l'a fait, *malgré lui*, jusque dans ces derniers temps ; il faut qu'il résiste à toutes les recommandations, d'où qu'elles viennent, et qu'il établisse une règle fixe : 1° suivre les cours ; 2° entrer comme infirmières, en leur laissant la faculté de rentrer le soir chez elles, à la condition d'être exactes le matin, à l'heure fixée pour le service. Si ces mesures sont prises, les élèves externes se rendront un compte précis des qualités qu'exige la profession d'hospitalières ; elles verront si elles ont les dispositions nécessaires et, après un essai de trois mois, après une participation régulière à toutes les compositions, à tous les exercices pratiques, l'Administration pourra les accepter définitivement, les nommer, non pas sous-surveillantes, mais suppléantes, puis, à la fin de l'année scolaire, s'en servir pour de nouvelles laïcisations. M. Peyron peut encore mieux faire en autorisant les élèves externes, infirmières, à loger dans les maisons contiguës à l'hôpital de la Pitié et qui appartiennent à l'Assistance publique.

Ces mesures, ces moyens de recrutement, le Conseil municipal n'a cessé de les signaler à l'Administration ; il a toujours formulé nettement ses désirs, invitant l'Administration à laïciser *successivement*, par étapes régulières, tous les hôpitaux. C'est ainsi que, en janvier 1883, après une discussion contradictoire au sein de la Commission de l'Assistance publique, M. Quentin s'était engagé à remplacer, dans l'année, cent religieuses par des laïques, et il avait indiqué l'hospice d'Ivry, l'hôpital Cochin et l'hôpital Necker. Dès cette époque, il reconnaissait avoir le personnel nécessaire. Il y a de cela bientôt trois ans. Pourquoi cela ne s'est-il pas fait ? M. Monteil l'a dit. Et M. Peyron s'illusionne profondément s'il s'imagine que ceux qui ont fourni des arguments aux bureaux du ministère de l'intérieur contre le vote du Conseil municipal relatif à la suppression des aumôniers, que ceux qui, invités à préparer certains documents pour la laïcisation et en particulier la laïcisation de l'hospice d'Ivry, ont répondu ne pas vouloir se mêler de cette « sale besogne »—sous l'ancien directeur,—sont aujourd'hui disposés à le seconder sincèrement. En apparence, peut-être ; en réalité, non. Il s'agit là de gens habiles, imbus de cette maxime d'un ex-ministre : « On fait la guerre, mais on ne la déclare pas. »

Que M. Peyron veille ; qu'il exige que l'on se conforme scrupuleusement aux mesures qu'il a ordonnées, et il marchera sûrement et promptement au but ; il donnera entière satisfaction au Conseil municipal et aura bien mérité de la République. Il importe aussi que d'ores et déjà l'Administration, se conformant à un vœu du Conseil municipal étudie, aujourd'hui même, pour chaque hôpital, les moyens de transformation des communautés en logements pour les surveillantes laïques. Si l'Administration avait suivi les indications du Conseil municipal, la laïcisation serait terminée à l'heure actuelle et on aurait évité la plupart des discussions qui ont eu lieu au Conseil et dans la presse. (*Progrès médical*, 21 novembre 1885.)

PARIS. — IMP. V. GOUPY ET JOURDAN, RUE DE RENNES, 71

LAÏCISATION DE L'ASSISTANCE PUBLIQUE

N° 7.

DISCOURS

Prononcés les 12, 14 et 17 août 1886

AUX

DISTRIBUTIONS DES PRIX

DES ÉCOLES MUNICIPALES D'INFIRMIÈRES LAÏQUES

(NEUVIÈME ANNÉE SCOLAIRE)

Par BOURNEVILLE

Député de la Seine, médecin de Bicêtre,
Directeur de l'enseignement des Ecoles municipales d'infirmières, etc.

En réunissant les discours prononcés aux distributions des prix des Ecoles municipales d'infirmières et d'infirmiers des hôpitaux de Paris, notre but est de mettre le public en mesure d'apprécier d'une façon précise l'importance de ce qu'a fait le Conseil municipal et l'Assistance publique de Paris.

Discours prononcé le 12 août à la Salpêtrière.

Mesdames, Messieurs,

De même que l'an dernier, M. Peyron, directeur de l'Assistance publique, a voulu joindre à la distribution des prix de l'Ecole de la Salpêtrière, la délivrance des diplômes aux élèves des trois Ecoles municipales d'infirmières. Cette circonstance m'amène naturellement à jeter un coup d'œil d'ensemble sur le fonctionnement de ces Ecoles, sur les résultats qu'elles ont donnés et ceux sur lesquels, sans être optimiste, on en doit légitimement attendre dans l'avenir.

Nous aurons l'occasion, lors de la distribution des prix à Bicêtre et à la Pitié, de relever ce qui est spécial à chacune de

5

ces écoles et, pour ce qui concerne les remarques que nous aurions à présenter sur certaines parties du fonctionnement de l'école de la Salpêtrière, nous nous réservons de le faire à la reprise des cours. Ceci dit, revenons aux questions générales.

C'est en 1876 que l'idée de la création de ces Écoles professionnelles a été soulevée ; mais ce n'est qu'en 1878 que ces écoles ont été ouvertes : celle-ci le 1er avril, celle de Bicêtre le 20 mai et, enfin, l'École de perfectionnement de la Pitié le 24 mai 1881.

Nous ne reviendrons pas sur les causes qui ont fait choisir, pour l'installation de ces Écoles, Bicêtre, la Salpêtrière et la Pitié ; nous nous contenterons de rappeler sommairement les motifs qui nous ont amené à réclamer du Conseil municipal leur organisation.

Il en est des questions administratives comme des questions scientifiques : Pour les connaître, il faut étudier, observer. Eh bien, c'est de l'étude attentive et quotidienne des faits dont nous avions été témoin durant nos études qu'est née l'idée de la réforme à laquelle nous nous sommes attaché depuis dix ans. Notre observation a porté non seulement sur le personnel d'établissements laïques tels que Bicêtre et la Salpêtrière, mais aussi sur le personnel d'établissements confiés à des religieuses de divers ordres : Lourcine, Enfants-Malades, Saint-Antoine, Cochin, Saint-Louis et la Pitié. Si nous insistons sur ces détails, c'est pour répondre, en passant, à un auteur fantaisiste, votre adversaire le plus acharné et le plus injuste, qui ose encore écrire — malgré nos rectifications — que nous n'avons nulle compétence pour apprécier les qualités et les défauts des religieuses.

De cette observation minutieuse et prolongée de 1860 à 1871, il est résulté, pour nous, que le recrutement des infirmières et surtout des infirmiers était des plus défectueux ; qu'on acceptait les premières personnes venues, sans se préoccuper le moins du monde de leurs antécédents, et dans de nombreux articles nous avons montré les graves inconvénients qu'une semblable pratique avait pour les malades.

D'autre part, nous avons remarqué l'ignorance des sœurs, agissant par une sorte de routine, incapables de s'améliorer en raison de la haine du livre que leur inspire les prêtres et les moines qui les dirigent. Nous avons été témoin de leur désobéissance permanente aux prescriptions des médecins, aux ordres de l'Administration ; nous avons été témoin des luttes que devaient soutenir les chefs de service pour obtenir le déplacement d'une sœur ignorante et insubordonnée. Nous avons noté leurs fréquentes absences des salles, leur incapacité de fournir des renseignements précis sur les malades, leurs actes incessants de prosélytisme religieux..... sans compter d'autres défaillances communes à toutes les femmes.

Tous ces faits nous démontraient la nécessité d'une réforme radicale. C'est alors que nous avons recherché ce qui se faisait à l'étranger. Et nous avons appris qu'en Angleterre, en Suisse. en Allemagne, en Autriche, aux Etats-Unis, des médecins. et des plus illustres, avaient créé des écoles d'infirmières, afin d'avoir des auxiliaires très au courant de leur profession. capables de seconder utilement le médecin et le chirurgien et d'obéir ponctuellement à toutes leurs prescriptions.

De là est venue naturellement l'idée de créer des *Ecoles d'infirmières*, d'y appeler les infirmières en exercice, de faire appel aux personnes de bonne volonté, de relever en un mot le niveau intellectuel et moral des personnes attachées directement aux malades. Il était bien évident que, s'il était possible de perfectionner la partie laïque de ce personnel, la partie religieuse, les sœurs, ne reconnaîtrait jamais la nécessité de s'instruire. Des infirmières instruites, subordonnées en face de religieuses ignorantes, c'était une situation impossible. C'est pour cela, et aussi parce qu'il était juste de récompenser les femmes qui n'hésitaient pas, après une journée de pénible labeur consacrée à donner aux malades des soins immédiats,—les plus répugnants — ce que ne font pas les sœurs, qui n'hésitaient pas, disons-nous, à venir s'instruire à l'Ecole primaire, aux cours professionnels, que nous avons soutenu et fait prévaloir au Conseil municipal la nécessité de la laïcisation. En le faisant d'ailleurs, nous l'avons toujours déclaré hautement, nous voulions enlever à des adversaires irréconciliables, les moyens d'agir contre la liberté de conscience et contre la République.

Comment parvenir au but que nous poursuivions, c'est-à-dire fournir aux malades des soins dévoués et éclairés, aux médecins des auxiliaires instruites. intelligentes, prêtes à ne jamais marchander leur concours ? Nous avons pensé qu'il fallait pour cela améliorer la situation matérielle, morale et intellectuelle des infirmières et des infirmiers, et les entourer de la considération dont doivent jouir à bon droit des personnes qui se dévouent à une tâche si pénible, si délicate et souvent si répugnante.

En même temps que nous organisions les Ecoles, nous avons réclamé du Conseil municipal une allocation supplémentaire pour les reposants et les reposantes, c'est-à-dire les anciens infirmiers et les anciennes infirmières, admises au repos ; — nous avons fait porter le traitement d'entrée des infirmières et des infirmiers de 17 francs à 25 francs, déclarant même que ce chiffre était insuffisant et qu'il faudrait, dans un avenir prochain, porter ce minimum à 30 francs; — nous avons réclamé une nourriture moins mauvaise, plus variée, des logements moins insalubres et nous avons fait prévaloir l'idée de donner aux infirmières des chambres séparées au lieu des dortoirs communs (1). Toutes ces améliorations ont naturellement entraîné des dépenses, on les met sur le compte de la laïcisation, mais lors même que cette réforme n'aurait pas été entreprise, ces améliorations et bien d'autres hélas! ne s'en imposaient pas et ne s'en imposent pas moins d'une manière pressante. Aucune personnes sensée, qui examinera la situation avec équité, ne trouvera rien à reprendre dans toutes ces réformes.

Quant aux **Ecoles**, nous rappellerons qu'elles comprennent : 1° l'*enseignement primaire*; 2° l'*enseignement professionnel*. Contrairement à ce qui existe dans la plupart des Ecoles de l'étranger, nous avons dû, en raison de l'insuffisance de l'instruction primaire du personnel, organiser des écoles primaires à Bicêtre et à la Salpêtrière : Mlle Nicolle et ses collaboratrices Mmes Florenza, Auvray, Coutel, ici ; — M. Boutillier à Bicêtre, nous ont secondé avec un zèle, une activité et un dévouement que nous ne saurions trop signaler à l'attention de l'Administration et de tout le monde. Grâce à eux, un nombre respectable d'infirmières et d'infirmiers, absolument illettrés à leur arrivée, possèdent aujourd'hui une instruction convenable ; d'autres, en très grand nombre, ont notablement perfectionné leur instruction primaire.

Cette partie de notre tâche et de la tâche de nos collaborateurs ira, nous l'espérons, en diminuant grâce à la loi républicaine qui impose à tous les citoyens l'obligation d'envoyer leurs enfants à l'école. Bientôt, il ne sera plus possible, le voulût-on, de trouver des recrues tout à fait illettrées. Nous en avons la démonstration dans ces faits que, déjà, un certain nombre de nos élèves, ont leur certificat d'études primaires ; que quelques-unes même ont leur brevet d'institutrice. Donc, dans quelques années, notre institutrice et notre instituteur auront, non plus à apprendre les premiers éléments de l'instruction primaire, mais seulement à perfectionner l'instruction de nos élèves.

Quant à l'*enseignement professionnel*, on se souvient qu'il est divisé en deux parties : l'*enseignement théorique* et

---

(1) Pavillon Moïana, hôpital des Enfants malades, nouvelle section de Bicêtre.

l'enseignement pratique. Le premier comprend : 1° et 2° des notions élémentaires d'*anatomie* et de *physiologie* ; — 3° Un cours d'*administration* et de *comptabilité hospitalières* ; — 4° Un cours de *pansements* et de *petite chirurgie* : — 5° Un cours d'*hygiène* ; — 6° Un cours sur les *soins à donner aux femmes en couches et aux enfants nouveau-nés* ; — enfin 7° un cours de *petite pharmacie.*

L'*Enseignement pratique* comporte des exercices qui ont lieu à l'Infirmerie générale pour Bicêtre et la Salpêtrière, dans l'une des salles de médecine, et dans l'une des salles de chirurgie pour la Pitié.

Nous passerons sous silence les perfectionnements successifs qui ont été apportés dans l'organisation de l'enseignement professionnel depuis la fondation de ces Ecoles et nous ne parlerons que de l'innovation introduite cette année.

Sur nos indications et sur celles de M. Peyron, notre ami le Dr G. Robinet, qui s'intéresse si activement à toutes les questions relatives à l'Assistance publique, a proposé au Conseil municipal de créer 20 bourses d'infirmières afin de permettre à des femmes de la ville d'apprendre le métier d'infirmières, et quand elles auront leur diplôme, de pouvoir devenir suppléantes puis sous-surveillantes. Le Conseil comprenant qu'il avait là un nouveau moyen d'avoir plus promptement tout le personnel nécessaire pour terminer la laïcisation à courte échéance et doter les hôpitaux d'un bon personnel, s'est empressé d'adopter cette proposition.

Pour que cette innovation porte tous les fruits qu'on est en droit d'en espérer, il est indispensable que toutes les boursières passent à tour de rôle dans tous les services de la Salpêtrière, de Bicêtre, de la Pitié : il faut qu'on leur fasse exécuter toutes les besognes que l'on fait faire aux infirmières internes ; et pour rendre complète leur instruction professionnelle nous comptons sur la bonne volonté et sur le dévouement à la cause commune de toutes les surveillantes et sous-surveillantes des hôpitaux-écoles. Elles ont là une excellente occasion de témoigner leur reconnaissance au Conseil municipal, à l'Administration et à tous ceux qui ont contribué à l'amélioration de leur sort.

Enfin nous indiquerons en passant la nécessité de faire passer les boursières de la Salpêtrière à la Pitié. Ce sera là un pas dans la voie de l'organisation de l'Ecole de la Pitié comme Ecole de perfectionnement.

Cet enseignement devait avoir une consécration. Dès 1879, nous avons signalé à l'Administration l'utilité qu'il y aurait de

constater par la délivrance de certificats ou de diplômes. les
efforts faits par les élèves, et d'accorder de l'avancement au
fur et à mesure des vacances ou des laïcisations, aux élèves
diplomées. Ce n'est qu'après des instances réitérées, en 1882,
que nous avons eu gain de cause. Nous avons fixé avec vos
maîtres et avec l'Administration les conditions auxquelles ces
diplômes seraient accordés. Ces conditions peuvent se résumer ainsi : Assiduité aux cours, participation à toutes les compositions, obtention d'un nombre de points minimum pour chacune des branches de l'enseignement ; ce chiffre a été établi,
par vos maîtres et l'Administration, de la façon suivante :

	Maximum	*Minimum*
Anatomie.	20	10
Physiologie.	20	10
Administration.	20	15
Pansements.	25	15
Soins à donner aux femmes en couches.	20	15
Hygiène	20	15
Petite Pharmacie.	20	15
Examens pratiques	30	20
Totaux.	175	115

C'est parce que quelques-unes de nos bonnes élèves — et il
y en a aussi quelques-uns parmi les infirmiers de Bicêtre —
ont omis de composer pour l'une des branches de l'enseignement que vos maîtres et nous, nous sommes trouvés dans l'impossibilité de leur délivrer le diplôme, bien que pour toutes les
autres branches de l'enseignement elles aient eu un nombre
de points égal ou supérieur au minimum : Telles sont Mlle
Colbe et Mlle Charbonnier à la Pitié ; Mlle Maillard et Mlle Vildé
à la Salpêtrière ; c'est parce que d'autres, en assez grand nombre, tout en ayant fait toutes les compositions n'ont pas eu
pour l'une d'elles, le minimum fixé qu'il ne nous a pas été possible non plus, de donner le diplôme.

Pour les prix, ce sont les seules compositions dites des prix
qui comptent ; pour les diplômes, non seulement il est tenu
compte de toutes les compositions de l'année, mais encore de
celles de l'année précédente.

N'oubliez pas ces renseignements, car ils ont pour vous
une réelle importance que je vais faire ressortir par quelques
exemples : Mlle Colbe, sous-surveillante de la Pitié, dont je
vous parlais, a plus que le minimum pour toutes les composi-

tions, mais elle n'a pas fait la composition de pansements. L'an prochain, elle peut concentrer tous ses efforts sur cette partie de l'enseignement, faire les compositions y ayant trait, et si elle a, comme nous n'en doutons pas, le nombre de points voulu, elle obtiendra la récompense qu'elle aura d'autant plus méritée que c'est la maladie seule qui l'a empêchée, deux ans de suite, de faire cette composition. — La situation est la même pour les deux élèves de la Salpêtrière, Mlle Maillard et Mlle Vildé : à toutes les deux il ne manque que les points de la composition sur les soins à donner aux femmes en couches et aux nouveau-nés. Encore un effort, elles le feront, nous n'en doutons pas, et elles aussi auront bientôt leur diplôme.

Comme on l'a vu par les chiffres que nous avons cités tout à l'heure, les conditions imposées pour l'obtention du diplôme, sont rigoureuses: nous avons pensé qu'il devait en être ainsi afin de ne pas être accusés, nos collaborateurs et nous, de trop d'indulgence. Malgré cela, nous avons eu :

Année scolaire 82-83. . . . . . . 27 diplômes.
—   83-84. 19   —
—   84-85. 68   —

Ce nombre aurait été certainement plus considérable si les besoins de la laïcisation n'avaient contraint l'Administration, au milieu des années scolaires précédentes et quelquefois même pendant la période des compositions des prix, d'enlever des écoles un nombre important des meilleures élèves. Cette année, les élèves empruntées aux écoles, pour la laïcisation des Enfants assistés, ont pu continuer à suivre les cours. Cinq des élèves de Bicêtre, par exemple, envoyées aux Enfants-Assistés, ont été conduites à Bicêtre, afin d'assister régulièrement aux cours et aux compositions; huit infirmières d'Ivry ont été amenées régulièrement aux cours de Bicêtre par la voiture de l'établissement. Quelques autres des infirmières des Enfants-Assistés, appartenant aux écoles de la Salpêtrière et de la Pitié, ont continué à suivre les cours de ces écoles. Grâce à ces mesures, dont nous remercions très vivement M. Peyron, le nombre des diplômes décernés cette année atteint le chiffre respectable de 70, ainsi répartis : Salpêtrière, 13; Bicêtre, 22; La Pitié, 35.

L'année prochaine, il sera très facile d'arriver à doubler ces résultats en prenant les mesures suivantes : 1° Exiger *partout* que toutes les surveillantes, sous-surveillantes, suppléantes et infirmières des hôpitaux-écoles, ayant moins de 40 ans, suivent les cours et participent à toutes les compositions ;

2° Envoyer au fur et à mesure des vacances, dans les hôpitaux-écoles, les meilleures infirmières de tous les autres hôpitaux ;

3° Prescrire aux directeurs des hôpitaux voisins des Ecoles de la Pitié et de la Salpêtrière, d'encourager leurs infirmières à suivre les cours, comme l'ont fait avec tant de bonne volonté M. Valdruch, directeur des Enfants-Assistés, et M. Labouyrie, directeur de l'hospice d'Ivry ;

4° Faciliter aux anciennes élèves des écoles, actuellement dans les autres hôpitaux, et qui n'ont pu faire toutes les compositions, les moyens de faire celles qui leur manquent pour obtenir leur diplôme.

Bien que ce discours soit déjà trop long et que vous soyez impatientes de recevoir les récompenses et les diplômes que vous a mérités votre travail, nous devons encore retenir votre attention durant quelques instants et vous entretenir de ce qui a été accompli depuis notre dernière réunion au point de vue de la laïcisation.

Durant l'année scolaire qui vient de finir, la laïcisation a été poursuivie régulièrement. L'hôpital Cochin, en dépit de toutes les protestations et des menaces de procès, a été laïcisé le 21 décembre 1885. L'hospice des Enfants-Assistés, où, disait-on, il était impossible de remplacer les sœurs et les bretonnes 1/2 sœurs, a été laïcisé le 1er avril 1886. Enfin, il y a huit jours, M. Peyron a obtenu du Conseil de surveillance de l'Assistance publique, la laïcisation de l'hôpital Necker, de l'hôpital des Enfants-Malades et de l'hôpital de Forges-les-Bains. D'où il suit que 53 religieuses ont été remplacées par des laïques, et que 55 religieuses vont être dans quelques semaines remplacées par des laïques.

En exceptant l'hôpital de Berck-sur-Mer et les fondations de La Roche-Guyon, Chardon-Lagache, Brézin (1), sur 30 hôpitaux et hospices de Paris, il ne restera plus bientôt que 6 établissements à laïciser (2) ; ce sont :

---

(1) Les autres *Fondations* : Orphelinat Ribouté-Vitalis, Devillar, Boulard et Lenoir-Jousseran sont laïcisées.

(2) Voici les dates des laïcisations : Laennec, fin 1878 ; — La Pitié, 1er octobre 1880 ; — La Rochefoucauld, janvier 1881 ; — Les Ménages, juillet 1880, — Saint-Antoine, 1er août 1881 : — Lourcine, juillet 1882 ; — Tenon, juillet 1882 ; — Ivry, février 1885 ; — Cochin, 21 décembre 1885 ; — Enfants-Assistés, 1er avril 1886. L'hôpital Bichat, l'hôpital Andral et l'hôpital Broussais, créés dans ces dernières années, ont été, dès l'origine, confiés à des laïques.

Beaujon,	avec.	20 religieuses.
La Charité,	—	18 —
L'Hôtel-Dieu (1).	—	21 —
Lariboisière,	—	27 —
Saint-Louis,	—	25 —
Trousseau,	—	20 —

Total. . . . 131 religieuses.

Nombreuses sont les ressources dont dispose dès maintenant l'Administration pour en finir avec cette opération de la laïcisation qui dure depuis plus de huit ans et qui, si l'on avait eu un peu d'esprit politique, aurait pu et dû être terminée en deux ou trois ans. Ces ressources, quelles sont-elles? Elles nous sont fournies : 1° Par les anciennes élèves des Ecoles, dispersées dans les différents hôpitaux où elles sont suppléantes ou infirmières de première classe; 2° par les boursières diplômées qui vont pouvoir être prochainement nommées suppléantes et devront être remplacées de suite — les postulantes ne manquent pas, il en est qui ont fait leurs preuves, auront des récompenses ici, aujourd'hui, ou à la Pitié samedi, et que nous recommandons à l'attention de M. le Directeur ; 3° par les bonnes infirmières de tous les hôpitaux laïcisés ou non que M. Peyron fera venir au mois d'octobre dans les hôpitaux-écoles; 4° par les élèves externes qui sollicitent en vain leur admission comme infirmières et auxquelles trop souvent, sans une raison plausible, nous voyons préférer des femmes aussi ignorantes qu'inconnues. On ne peut pas nous objecter que les vacances ont fait défaut. Il y a eu à la Salpêtrière, du 1er octobre 1885 au 1er août, 131 mutations; 5° enfin il y a toutes les personnes de bonne volonté qui s'offrent journellement et auxquelles il serait si facile de donner la place de celles qui, suivant des conseils néfastes, refusent de se conformer aux ordres de l'Administration en ne fréquentant ni l'école primaire ni les cours professionnels.

Personne ne peut donc contester que, durant l'année scolaire 1886-87, les Ecoles puissent procurer à l'Administration tout le personnel nécessaire au remplacement des 131 dernières religieuses (2) et ce remplacement peut s'opérer par série de

---

(1) Nous croyons qu'il est nécessaire dès maintenant d'avertir Mme la prieure de l'Hôtel-Dieu, qui se donne beaucoup de peine, sans résultat, pour recruter des novices et supprimer, au budget de 1887, le crédit inscrit pour l'entretien desdites novices.

(2) Il n'y aura plus à procéder qu'au remplacement des sœurs de Berck et des Fondations.

deux hôpitaux fin décembre, deux en avril et les deux derniers après la distribution des prix de la prochaine année.

Confiant dans l'énergie de nos amis du Conseil municipal, dans les déclarations formelles de M. Peyron et dans son dévouement à la République, nous avons le ferme espoir que, ici, dans un an, M. le Directeur nous annoncera la fin de la laïcisation en ce qui concerne les hôpitaux de Paris.

Eh bien, Mesdames, tout ne sera pas fini. Il restera encore beaucoup à faire. En effet, il est de notre devoir, du devoir de tous les républicains, de poursuivre l'œuvre, réalisée complètement dans le département de la Seine pour les quatre asiles d'aliénés, presque réalisée pour les hôpitaux et hospices, de poursuivre la laïcisation de tous les établissements hospitaliers de l'Etat, par exemple des Asiles de convalescence du Vésinet et de Vincennes, dont nous avons réclamé la laïcisation il y a deux ans, la laïcisation de la Maison nationale de Charenton, de l'Institution des sourds-muets, des infirmeries des lycées et des prisons. Enfin, et cela honorerait grandement l'Administration de l'Assistance publique, c'est dans les Ecoles municipales d'infirmières que l'Etat, que les départements, que les Villes mêmes devraient trouver des surveillantes pour laïciser les asiles d'aliénés, les hôpitaux et les hospices de la province, en attendant que les municipalités se décident, à l'exemple de Rouen et de Tours, à créer des Ecoles d'infirmières.

Vous voyez, en face de cette tâche qu'on pourrait conduire si bien et en peu de temps si l'on voulait accueillir toutes les bonnes volontés, récompenser tous les efforts méritants, vous voyez que c'est avec raison que, aujourd'hui autant qu'autrefois, nous supplions de nouveau M. le directeur de l'Assistance publique d'exiger qu'on obéisse aux ordres qu'il a donnés, relativement à l'obligation de l'école primaire pour les infirmières dont l'instruction est incomplète, des cours professionnels et des compositions pour tout le personnel.

En présence de ces besoins dont vous ne vous doutiez peut-être pas, vous reconnaitrez, Mesdemoiselles, — et je ne m'adresse qu'aux infirmières de la Salpêtrière, car celles de Bicêtre et de la Pitié n'ont pas eu de défaillances — que l'institution des boursières était parfaitement justifiée.

L'expérience faite avec les *boursières municipales* a donné d'excellents résultats et nous indique la voie à suivre : C'est de réclamer, et nous n'y manquerons pas, la création de *boursières de l'Etat;* — c'est d'autoriser les départements et les villes à créer des *bourses départementales,* à l'instar des bourses qui existent pour les sages-femmes à la Maternité de Paris.

Ces boursières de différents ordres ne doivent pas porter ombrage aux élèves infirmières; vous devez toutes rivaliser avec elles d'assiduité à l'école primaire, aux cours professionnels, aux exercices pratiques; de dévouement et d'habileté auprès des malades. Et, à égalité de connaissance, l'Administration a le devoir de vous donner le pas sur les boursières, en raison des services que vous avez rendus.

En finissant, laissez-moi vous donner encore une fois quelques conseils. Respectez de la façon la plus absolue la liberté de conscience des malades et bornez-vous à transmettre au directeur de votre hôpital ou à son représentant les désirs religieux de vos malades quand ils en expriment: — encouragez vos malades à supporter patiemment leurs souffrances; — soutenez-les par des paroles bienveillantes — et les femmes savent toujours en trouver dans leur cœur; — conformez-vous strictement aux prescriptions des médecins: étudiez soigneusement vos malades afin de bien renseigner vos chefs de service: un renseignement précis. donné en temps opportun par l'infirmière ou par la surveillante, est souvent. pour le médecin, la source d'une indication précieuse qui peut sauver la vie du malade. et c'est là notre devoir commun.

Obéissez scrupuleusement aux règlements de l'Administration. aux ordres de vos directeurs.

Aidez-vous les unes les autres dans vos salles, que les plus instruites fassent profiter de leur savoir leurs compagnes moins favorisées: ce sont les malades qui en bénéficieront.

Si vous suivez ces conseils vous fermerez la bouche à vos adversaires; — vous aurez la reconnaissance des malades et c'est ce qui doit vous toucher le plus; — vous mériterez la considération de tous, vous récompenserez le Conseil municipal. l'Administration et vos maîtres de tout ce qu'ils ont fait pour vous; — vous nous aiderez dans la propagande pour généraliser la laïcisation. Enfin vous aurez bien mérité de la République qui vous a fait ce que vous êtes.

Discours prononcé le 14 août à la Pitié.

Mesdames, Messieurs,

L'année scolaire qui vient de se terminer. a été bonne pour l'école de la Pitié. Les conseils, donnés par M. le Directeur de l'Administration générale de l'Assistance publique et par nous. ont été écoutés; les cours professionnels ont été fréquentés

avec assiduité par plusieurs surveillantes et par la majorité des infirmières de l'établissement; de plus, 144 élèves
externes se sont fait inscrire et 44 ont subi les examens pratiques.

Presque toutes les élèves ont pris part aux compositions.
Ces compositions et les examens pratiques nous ont démontré
que vous aviez profité sérieusement des leçons que vos maîtres
vous font avec tant de zèle et de dévouement. Nous devons
aussi des remerciements à M. le Directeur de la Pitié et à
M. Baron pour les soins qu'ils ont apportés à assurer l'exécution
des ordres de M. Peyron, relativement à l'obligation et pour
les encouragements qu'ils ont prodigués aux sous-surveillantes
et aux suppléantes dans le but de suivre les cours et d'obtenir
leurs diplômes.

Vos efforts ont été récompensés : cette école, en effet, a obtenu 35 diplômes sur 70. Nous aurions même eu une dizaine
de diplômes en plus à décerner si quelques-unes d'entre vous
n'avaient pas manqué une ou deux des compositions. Afin
qu'il n'y ait aucune obscurité dans vos esprits sur les conditions requises pour l'obtention de ces diplômes, nous allons
vous les rappeler encore une fois.....

[M. Bourneville donne les renseignements qui figurent dans le
discours prononcé à la Salpêtrière. Il cite plusieurs élèves auxquelles il n'a manqué qu'une ou deux compositions, il les engage
à faire ces compositions ; puis, il continue en ces termes :]

Ce n'est pas à dire, toutefois, qu'elles ne doivent pas faire les
autres compositions, et se borner à suivre les seuls cours pour
lesquels il leur reste à avoir le diplôme ; bien au contraire,
nous les engageons vivement à suivre tous les cours, et à faire
toutes les compositions, car on n'est jamais trop instruit et parce que, d'un autre côté, elles ont ainsi l'occasion d'arriver à
un point supérieur à celui qu'elles possèdent dès maintenant.
Afin de vous témoigner notre désir de vous voir le plus tôt
possible en possession de votre titre, ici et dans les deux
autres écoles, nous demandons à M. le Directeur de bien
vouloir nous autoriser à recommencer les cours dès le 1er octobre et à faire faire dans le courant de ce mois, des compositions spéciales aux élèves qui se sont approchées le plus
près du but.

Souvenez-vous de ce que vous a dit M. le Directeur; et il ne trouvera pas mauvais que nous le répétions, c'est que, sauf quand
il s'agit de personnes ayant rendu de longs services, il est parfaitement décidé à ne donner d'avancement qu'aux infirmières
suivant exactement les cours, faisant toutes les compositions,

et, en première ligne, à celles qui ont ou auront leur diplôme. Nous pensons même, qu'il est dans ses intentions, la laïcisation complètement achevée, et l'Ecole de la Pitié étant enfin devenue une véritable *Ecole de perfectionnement*, qu'il est dans ses intentions, de ne nommer suppléantes et sous-surveillantes que les infirmières diplômées, qui, après avoir suivi les cours de Bicêtre ou de la Salpêtrière, viendront ici perfectionner leur instruction professionnelle ; c'est alors, que nous lui proposerons, s'il y a lieu, de créer un certificat ou un diplôme supérieur.

L'an dernier, nous avons signalé à M. le Directeur de l'Assistance publique la nécessité d'une amélioration importante à réaliser dans cet hôpital, au point de vue de vos dortoirs. M. Peyron les a visités à son tour, il a reconnu l'exactitude de nos critiques, les circonstances seules l'ont empêché d'opérer les améliorations indispensables. Nous avons la conviction qu'il ne les perdra pas de vue et qu'il fera ici ce qu'on devrait faire partout pour les infirmiers et les infirmières, c'est-à-dire des chambres distinctes, aménagées simplement, mais d'une manière confortable.

Nous manquerions à nos devoirs et à votre attente si nous ne vous donnions des renseignements sur la situation actuelle de la laïcisation, sur ce qui a été fait et sur ce qui reste à faire.....

M. Bourneville rappelle tout ce qui a été fait et continue ainsi :

Nous espérons que M. Peyron se hâtera de dénoncer, s'il ne l'a fait déjà, les traités qui lient l'Administration avec les congrégations de l'hôpital Necker, de l'hôpital des Enfants-Malades et de l'hôpital de Forges : C'est le meilleur moyen de paralyser toutes les tentatives qui ne manqueront pas d'être faites, si on retardait cette mesure de précaution, afin que cette décision ne soit pas exécutée.

L'autre jour, à la Salpêtrière, nous énumérions devant M. Peyron les ressources que les écoles mettent à sa disposition pour mener à bien et vite la laïcisation. Nous lui citions notamment la possibilité de recruter immédiatement ici une nouvelle série de boursières, ce qui répond à ses intentions, parmi les élèves externes, dont le nombre va croissant chaque année. Nous lui indiquerons aujourd'hui la possibilité de prendre immédiatement parmi les élèves externes récompensées toutes celles qui désirent embrasser la profession d'hospitalière et de combler avec elles les vides que feront les prochaines laïcisations ou les vacances qui surviendront ici, à Bicêtre et à la Salpêtrière.

Voilà l'une des ressources, et non la moindre, sur lesquelles l'Administration peut tabler pour achever l'œuvre si républicaine de la laïcisation.

Mais, nous attendons encore davantage des élèves externes. Si nous avons tant insisté, dès l'origine, — et nos trop nombreux discours en font foi, — sur la nécessité d'ouvrir largement les écoles aux dames de la ville ; si nous avons sans cesse répété dans les écoles, au Conseil municipal, dans la presse, dans les réunions publiques, que l'Administration — alors trop récalcitrante et nous n'en avons pas oublié les causes — que l'Administration, disons-nous, avait le devoir de faire appel à toutes les bonnes volontés, d'accueillir avec bienveillance toutes les dames qui se présenteraient, c'est que, suivant nous, les Écoles municipales d'infirmières devaient non seulement fournir à l'Assistance publique des infirmières capables de remplacer très avantageusement les sœurs — puisque, quelque minime qu'elle soit, l'instruction est supérieure à l'ignorance, quelque sainte qu'elle soit ; — mais encore que ces écoles devaient mettre les mères de famille en mesure d'apprendre à mieux soigner leurs malades, d'où économie de souffrances pour des êtres chéris, économie de dépenses pour le budget de la famillle ; augmentation des chances de guérison, et partant avantage pour la société ; — suivant nous encore, la libre admission des élèves externes devait procurer à la ville un bon nombre de garde-malades supérieures à celles qui existaient auparavant, plus instruites, mieux au courant de leur profession, afin de remplacer dans les familles les religieuses, souvent instrument de captation, par des laïques, sans attaches religieuses, n'ayant d'autre intérêt que celui de bien soigner les malades et de se les attacher par leur dévouement.

C'est pour réaliser ce désir si souvent exprimé — et qui répond aux vues du Conseil municipal, qui est en harmonie avec les intérêts de la République, c'est-à-dire de tous les citoyens, qu'une fois de plus nous demandons à M. Peyron de faire établir ici un registre contenant les noms et les adresses de toutes les élèves externes diplômées qui veulent exercer la profession de garde-malades, et de mettre ce registre à la disposition et des médecins de la ville et des familles. En venant à la Pitié, les uns et les autres sauront qu'ils peuvent se procurer des garde-malades offrant des garanties de savoir. Ce n'est pas là, nous le répétons, une innovation : une telle pratique existe, par exemple, en Angleterre et en Autriche. Dans ce dernier pays, si catholique, il n'y a que des infirmières laïques. A Vienne, le prince royal est le président d'une grande école d'infirmières, dont le directeur est l'un des plus éminents chirurgiens de l'Autriche, le professeur Billroth (1).

Au lieu de protester avec bruit contre la laïcisation et de nous combattre par des petits moyens indignes de leur situation, les médecins et les chirurgiens des hôpitaux feraient bien mieux d'imiter l'exemple de M. Billroth. Le jour où ils comprendront que nous cherchons à leur fournir des auxiliaires vraiment capables, ils encourageront, à l'exemple de MM. Charcot, Brouardel, Debove, Moreau de Tours, Legrand du Saulle, Falret, J. Voisin, Deny, etc., etc., leurs infirmiers et leurs infirmières à suivre assidûment les cours des Ecoles, et ils contribueront ainsi à procurer aux malades les soins intelligents et dévoués qu'ils devraient avoir depuis longtemps : ils réaliseront les réformes que réclamaient il y a 30 ans les membres du Comité médical dont M. Peyron parlait tout à l'heure.

Nous terminerons en vous invitant, Mesdames et Messieurs, à redoubler d'exactitude aux cours, d'ardeur à profiter des leçons de vos maîtres et des surveillantes dévouées chargées des exercices pratiques, M**e Graby, M**e Boissière et M**e Mallet ; en vous recommandant de nouveau de vous montrer très bienveillantes et très dévouées pour les malades ; de ne manquer aucune occasion de remonter leur courage ; — en vous priant d'être complaisantes les unes pour les autres, de vous aider franchement et sérieusement.

En suivant ces conseils vous gagnerez toutes en considération et vous récompenserez le Conseil municipal, l'Administration et vos maîtres de tous les sacrifices qu'ils font pour vous mettre, vous les laïques, en mesure de lutter victorieusement contre les religieuses.

Discours prononcé le 17 août à Bicêtre.

Mesdames, Messieurs,

Jeudi dernier, à la distribution des prix et à la remise des diplômes à la Salpêtrière, nous disions que nous réservions les remarques que nous avions à présenter sur les écoles de la Pitié et de Bicêtre aux distributions des prix de ces Ecoles. C'est ce que nous avons fait samedi à la Pitié, c'est ce que nous

(1) Voir dans les nos 33, 35, 38 du *Progrès médical* les lettres de M. le Dr Kéraval.

allons faire aujourd'hui pour l'Ecole de Bicêtre. Disons-le de suite : ici, comme à la Pitié, nous n'avons que des éloges à adresser à M. le Directeur pour s'être conformé aux prescriptions formelles de M. Peyron en ce qui concerne l'assiduité aux cours, la participation aux compositions, l'assistance régulière aux exercices pratiques. Vous avez répondu, non pas encore d'une façon parfaite, à ses recommandations pressantes, à ses ordres, mais certes avec un zèle beaucoup plus grand que par le passé. Tout d'abord nous allons jeter un coup d'œil sur les travaux de l'année. Vous avez tous fait des progrès notables à l'Ecole primaire. Nous en remercions vos instituteurs M. Boutillier et M. Boyer et leurs collaborateurs, Mlles Bl. Agnus, B. Lenglet, Breuillard et MM. Siegel, Miélot, Dubois.

M. le Directeur a continué à vous donner des dictées sur le cours d'administration et l'an prochain vous aurez, pensons-nous, votre manuel complété; vous avez fait aussi en dictées la 1re partie de la traduction du manuel de l'Association médico-psychologique anglaise, sur les soins à donner aux aliénés. Vous aurez la suite à la reprise des cours.

Les trois compositions données pour chaque cours ont été, faites exactement par les infirmiers et surtout par les infirmières. Nous avons continué à vous apprendre la vaccination et l'épilation, car malheureusement, par suite d'un défaut d'organisation, qui heureusement va bientôt disparaître, nous avons ici un nombre beaucoup trop considérable d'enfants atteints de la teigne; plus que par le passé, nous avons cherché à enseigner à quelques-unes d'entre vous, à compter le pouls et la respiration et à prendre la température des malades. Tous les infirmiers et les infirmières de la 3e section, appartenant au premier cours, ont été exercés à prendre des notes sur les malades. C'est là un exercice excellent, que nous essaierons d'étendre à tous les services de cet hôpital et aux écoles de la Salpêtrière et de la Pitié. Ajoutons que plusieurs leçons sur la vaccination, sur les soins à donner d'urgence dans certains accidents, et sur les soins à donner aux femmes en couches vous ont été faites par nos internes, MM. Conzette, Isch-Wall, Baumgarten et Pilliet, qui, dans le service, ne manquent aucune occasion de donner des conseils pratiques aux infirmiers et aux infirmières. Nous les remercions vivement de leur bienveillant concours. Vos efforts ont été récompensés. Cette école, en effet, a obtenu 22 diplômes sur 70 dont cinq pour les hommes et 17 pour les femmes.....

Les élèves infirmières de cette école ont bénéficié des laïcisations qui ont été faites durant l'année. En effet, huit d'entre elles ont passé, avec avancement, à l'hôpital Cochin et aux Enfants-

Assistés. En ce qui concerne les infirmiers, nous prions encore et très instamment, M. le Directeur de l'Assistance publique de prendre, parmi les infirmiers diplômés, les suppléants et les sous-surveillants, dont il aura besoin, ici ou dans les autres hôpitaux. Nous demandons aussi que, lorsqu'on ouvrira enfin la Division des hommes de l'Asile de Villejuif, que l'architecte se décidera peut-être à terminer, une partie des sous-employés soit prise dans cette école, conformément à la promesse formelle faite par M. le préfet, l'autre partie devant être prise à l'Ecole départementale d'infirmiers et d'infirmières de l'Asile clinique. Notre demande, vous le savez, trouve sa justification dans ce fait que l'Ecole de Bicêtre a été créée pour fournir des sous-employés et à l'Assistance publique et aux Asiles d'aliénés. C'est pourquoi, d'ailleurs, elle reçoit chaque année une subvention du Conseil général.

Travaillez donc, messieurs, redoublez tous d'ardeur, et que ceux qui ont approché du but, au point de vue du diplôme, se préparent activement à faire les compositions qui leur manquent.

Nous vous disions, en commençant, que nous n'avions que des éloges à vous adresser. Cependant nous avons une réserve à faire, c'est que, cette année, comme les années précédentes, il y a eu, dans cet hospice, encore trop de mutations. C'est un mal qui n'est pas spécial à cet établissement. Il est malheureusement commun à tous les établissements hospitaliers. C'est ainsi qu'à la Pitié, sur 53 infirmiers, il y a eu, du 31 juillet 1885 au 31 juillet 1886, 86 mutations; — que sur 40 infirmières, il y en a eu 52; — à Bicêtre, sur 193 infirmiers, il y a eu 177 mutations, et 14 sur 72 infirmières.

C'est pour diminuer autant que possible ces mutations, si préjudiciables aux malades, que nous avons réclamé la création des Ecoles et proposé un certain nombre de mesures à l'Administration. Depuis l'arrivée de M. Peyron à la tête de l'Assistance publique, plusieurs de ces mesures, destinées soit à perfectionner l'enseignement des Ecoles, soit à améliorer le sort des infirmiers et des infirmières, ont été réalisées. Les déclarations formelles de M. Peyron, dans ses discours de 1885, et dans ceux qu'il vient de prononcer à la Salpêtrière et à la Pitié, montrent qu'il se préoccupe vivement d'accomplir quelques autres de ces réformes.

Laissant de côté ce qui a trait à votre nourriture, à un meilleur aménagement de vos logements, aux avantages, à mon avis très sérieux de l'habitation au dehors d'une partie des surveillantes et sous-surveillantes, des surveillants et sous-surveillants, au remplacement des infirmières et des infirmiers sortants par les élèves externes récompensées ou par les meilleures infirmières des autres hôpitaux, à l'invitation qu'ils conviennent d'adresser aux anciennes élèves des écoles afin qu'elles fassent les compositions qui leur manquent pour avoir leur diplôme, nous ne parlerons, ou plutôt nous ne reparlerons que du changement de service des infirmières et des infirmiers, de l'élévation du traitement du service de nuit et de l'obligation de la revaccination.

Nous persistons à réclamer instamment des directeurs des Hôpitaux-Ecoles qu'ils fassent passer tous les élèves, hommes et femmes, qui appartiennent au premier cours, sinon dans tous les services de leur établissement, au moins dans un des services de chaque catégorie et aussi dans tous les services généraux. Déjà des essais ont été faits, mais nous avons pu constater en interrogeant les 363 infirmières ou infirmiers auxquels nous avons fait passer des examens il y a quelques jours, que ces changements de service sont excessivement peu nombreux. Nous avons la conviction qu'ici, à la Salpêtrière, et même à la Pitié, MM. les Directeurs peuvent opérer ce roulement sans nuire en aucune façon au service et qu'en expliquant aux médecins et aux chirurgiens de ces maisons le but que l'on poursuit; — en leur donnant une bonne infirmière à la place de celle qu'on leur enlève; — en ne prenant qu'une infirmière à la fois dans chaque salle, nous avons la conviction que les directeurs n'éprouveront aucune résistance. Quant à vous, vous en retireriez un bénéfice considérable, sous le rapport de votre instruction, de votre expérience et de votre autorité. Nous sommes entré naguère dans assez de détails sur ce sujet pour qu'il soit superflu d'insister davantage.

En ce qui concerne votre traitement mensuel, vous vous souvenez des augmentations votées par le Conseil municipal : vous vous souvenez aussi que nous avons montré qu'il serait nécessaire de porter ce traitement de 25 à 30 fr. Les conditions budgétaires actuelles ne permettent pas ce surcroît de dépenses; toutefois, nous croyons qu'il serait possible d'indiquer qu'on ne le perd pas de vue, en accordant, dès l'an prochain, une augmentation mensuelle de cinq francs à toutes les infirmières et infirmiers, à toutes les suppléantes et suppléants, sous-surveillants et sous-surveillantes *diplômés*.

En prenant des renseignements sur chacun de vous, sur vos camarades de la Salpêtrière et de la Pitié, nous avons constaté une fois de plus la nécessité d'une réorganisation complète du *service de nuit*. L'année dernière, dans une autre enceinte, nous en avons déjà entretenu M. le Directeur. Voici ce que nous lui disions :

« Durant la nuit, les grands malades exigent des soins tout aussi minutieux, sinon plus, que pendant le jour ; ils ont besoin de prendre les médicaments prescrits ; ils ont besoin d'avoir les mêmes soins de propreté. Les convalescents, par exemple les typhiques, doivent être alimentés, soutenus, à des intervalles réguliers ; cette alimentation doit être surveillée avec la plus grande rigueur. Cet ensemble de soins exige des personnes instruites, expérimentées, d'autant plus que la nuit, malgré toute la bonne volonté du monde, les facultés intellectuelles sont moins éveillées ; on se trouve embarassé en face d'incidents qui, le jour, ne nous causeraient aucun ennui. Eh bien, à quelles personnes confie-t-on ce service si difficile, si délicat ? Aux personnes les plus inexpérimentées. Jusqu'ici on ne s'est pas rendu un compte suffisant de la nécessité de réformer complètement ce service de nuit qui, tel qu'il est, a de déplorables conséquences. Un fonctionnaire hospitalier nous disait, il y a quelque temps, parlant d'une personne qui demandait une place d'infirmière : « Je ne puis la prendre comme infirmière de jour, parce qu'elle ne sait rien, n'ayant jamais soigné de malades : je la prendrai comme veilleuse. » Un autre fonctionnaire, résumant, à cet égard, ce qui se fait dans tous les établissements, nous disait : « Ce sont les derniers venus, ce sont les dernières venues qui prennent la veille. »

Les renseignements nouveaux que nous avons recueillis ici, à la Salpêtrière et à la Pitié, nous ont prouvé que beaucoup d'infirmiers et d'infirmières avaient débuté, soit dans ces établissements, soit dans tous les autres hôpitaux, Hôtel-Dieu, Lariboisière, etc., comme veilleurs ou veilleuses, alors que ni les unes ni les autres n'avaient jamais auparavant donné de soins aux malades. C'est là une situation qui ne peut se prolonger. Il est du devoir de M. le Directeur de l'Assistance publique de prendre les mesures nécessaires pour y mettre un terme. Il y va de l'intérêt des malades, de l'économie de la vie humaine et, dussent les adversaires de la laïcisation protester encore une fois contre les dépenses qu'occasionnera peut-être cette réforme, il doit demander au Conseil municipal, s'il y a lieu, les crédits nécessaires.

Un accident fâcheux survenu dans cet hospice, la mort d'un infirmier par suite de variole noire, contractée dans notre service, où deux cas de varioloïde s'étaient déclarés, nous engage à réclamer encore de l'Administration qu'elle exige à l'avenir des nouveaux infirmiers et des nouvelles infirmières, qu'ils se fassent revacciner ou présentent un certificat récent de revaccination. Quant à vous, nous ne saurions trop vous conseiller de vous soumettre à cette petite opération si simple et si peu douloureuse, afin d'éviter le sort de votre camarade. Nous avons, à ce moment, chargé l'un de vos maîtres, notre ami M. le Dr Bricon, de vous transmettre notre avis et de vous dire que nous étions à votre disposition. Nous avons eu le regret de constater que bien peu d'entre vous avaient profité de nos offres. Nous les maintenons et nous serions heureux de vous voir en profiter.

Disons d'ailleurs que cet accident, n'en déplaise aux détracteurs des laïques, n'a déterminé le départ d'aucun d'entre vous. Nous avons eu ici, autrefois, une épidémie de diphtérie; nous avons eu cette année deux cas de mort occasionnés par la même maladie si contagieuse et, ni autrefois, ni cette année, aucune de nos infirmières n'a quitté son poste. Tous ceux qui sont un peu au courant de l'organisation hospitalière savent fort bien que dans les hôpitaux encore confiés aux religieuses il y a tout un personnel laïque, deux ou trois fois plus nombreux que les sœurs, qui nettoie les typhiques, les varioleux, les diphthéritiques, les cholériques, qui leur donne les soins les plus immédiats et les plus dangereux, qui les ensevelit et les porte même à la salle des morts. Rappelons en passant que, si l'on en croyait certain document administratif, lors de l'épidémie cholérique de 1832, plusieurs des services de cholériques auraient été confiés exclusivement à des infirmières laïques.

Ces faits s'ajoutent à tous ceux que nous avons déjà cités. La conduite de vos compagnes dans les autres hôpitaux où existent des services consacrés aux maladies contagieuses, le dévouement et la fidélité à leur poste dont elles ont fait preuve durant les dernières épidémies de choléra, ont mis à néant cet argument invoqué par nos adversaires : que les surveillantes et les infirmières laïques abandonneraient leur service dès qu'il y aurait des dangers à courir.

C'est parce qu'il n'y a eu ni découragement ni désertion, que, en dépit des oppositions les plus violentes et les plus injustes, l'Administration a pu poursuivre la réforme tant de fois réclamée, et dans des termes si pressants, par le Conseil municipal. Laissez-moi maintenant vous rappeler ce qui a été fait depuis 1878 :

L'hôpital Laennec a été laïcisé à la fin de 1878, M. Ferdinand Duval étant préfet, quoi qu'il en dise, et bien qu'il s'en repente; — La Pitié, le 1er octobre 1880 ; — L'hospice de La Rochefoucault, en janvier 1881 ; — L'hospice des Ménages, en juillet 1881 ; — L'hôpital Saint-Antoine, le 1er août 1881 ; — L'hôpital de Lourcine, en juillet 1882 ; — L'hôpital Tenon, en juillet 1882 ; — L'hospice d'Ivry, en février 1885.

Rappelons que Bicêtre, la Salpêtrière, le Midi, la Maternité, l'hôpital des Cliniques (aujourd'hui Clinique d'accouchements), la Maison de Santé, Sainte-Périne, ont toujours été ou sont depuis longtemps confiés à des laïques.

Rappelons aussi que l'hôpital Bichat, l'hôpital Andral et l'hôpital Broussais, créés dans ces derniers temps par le Conseil municipal et l'Administration, ont été donnés immédiatement à des laïques.

Durant l'année scolaire qui vient de finir, la laïcisation a été continuée régulièrement par l'honorable M. Peyron : L'hôpital Cochin a été laïcisé le 21 décembre 1885, et l'hospice des Enfants-Assistés le 1er avril 1886.

Enfin, il y a huit jours, M. Peyron a obtenu du Conseil de surveillance de l'Assistance publique la laïcisation de l'hôpital Necker, de l'hôpital des Enfants-Malades et de l'hôpital de Forges-les-Bains.

En exceptant l'hôpital de Berk-sur-Mer et les fondations de la Roche-Guyon, Chardon-Lagache, Brézin, sur 30 hôpitaux et hospices de Paris, il ne reste plus que 6 établissements à laïciser.....

Nous venons de parler des *fondations* et nous les avons mises en dehors, quant à présent, de la liste des hôpitaux à laïciser. Suivant nous, elles devront être, dans un avenir plus ou moins prochain, laïcisées à leur tour. Nous partageons, au sujet de ces fondations, l'opinion de Diderot, que rappelait récemment notre ami M. le Dr A. Regnard, inspecteur général des établissements de bienfaisance :

«L'utilité est la loi suprême, écrivait Diderot, il y a plus d'un siècle, et ne doit être balancée ni par un respect superstitieux pour ce qu'on appelle l'*intention des fondateurs*. — comme si des particuliers ignorants et bornés avaient eu le droit d'enchainer à leurs volontés capricieuses les générations qui n'étaient point encore, — ni par la crainte de blesser les droits prétendus de certains corps, comme si les corps particuliers avaient quelques droits vis-à-vis de l'Etat. Les citoyens ont des droits et des droits sacrés pour le corps même de la société... Mais les corps particuliers n'existent point par eux-mêmes, ni pour eux; ils ont été formés pour la Société, et ils doivent cesser d'être au moment qu'ils cessent d'être utiles. »

Autrefois, et encore de nos jours, des fondateurs s'imaginent que les sœurs sont seules capables de bien soigner les malades, et que les consolations religieuses sont celles qui leur conviennent le mieux. En cela, ils se sont trompés et se trompent étrangement. A l'époque où la plupart de ces fondations ont été faites, on ne connaissait d'ailleurs, au moins en France, que les religieuses ; mais, depuis, de nouveaux besoins sont survenus.

L'indifférence religieuse et l'athéisme même sont allés sans cesse progressant.

Voilà donc un des motifs, les besoins religieux, qui ont fait choisir les sœurs et dont la raison d'être n'existe plus. D'autre part, les progrès de la science exigent auprès des malades des agents instruits. Et, comme il est de la nature même des religieuses de conserver immuables leurs traditions, de considérer l'instruction comme pernicieuse, il s'ensuit que forcément nous devons faire disparaître de toutes les fondations, des religieuses qui n'y seraient pas placées aujourd'hui par leurs fondateurs, car elles ne peuvent pas donner les secours reconnus indispensables aux malades pour lesquels, en somme, les fondations ont été créées.

Nous devons ajouter, et c'est là une remarque qui a été faite aussi par Diderot, que, avec le temps, les ressources de quelques-unes de ces fondations sont devenues insuffisantes et que si l'on exécutait à la lettre les prescriptions des fondateurs, il n'y aurait bientôt plus de revenus que pour entretenir les religieuses et les aumôniers. Telle est, par exemple, la situation de la fondation Brézin.

C'est dans ces fondations, ainsi que dans un grand nombre d'hôpitaux de province, qu'on trouve un nombre véritablement exagéré de religieuses et d'aumôniers par rapport à la population des malades, ainsi que nous avons eu maintes fois l'occasion de nous en assurer. Sur ce point, au lieu de vous citer les faits que nous avons recueillis, nous croyons préférable de vous donner l'opinion de M. l'inspecteur Regnard :

« Au point de vue *économique*, dit-il, les religieuses sont une ruine pour un grand nombre d'établissements. J'insiste sur ce point, parce que c'est ici le grand cheval de bataille des bureaucrates et des cléricaux honteux, qui se retranchent derrière la question budgétaire pour défendre les congrégations dites hospitalières. Je pourrais citer encore tel Bureau de Bienfaisance qui, comme celui de Blois, réalise depuis la suppression des Sœurs, une économie de 10,000 fr. par an. Mais me plaçant sur le terrain des généralités, je ferai observer simplement que, dans un nombre considérable d'hôpitaux, le personnel religieux grève le budget d'une façon choquante. En vain me dira-t-on que ces dames ne reçoivent que 150 ou 200 fr. de vestiaire, parfois même rien du tout, comme c'est le cas dans certaine ville. Mais, en vérité, à quoi servent les 46 religieuses *nourries* — je ne parle que de celles-là — qui remplissent les hospices de cette ville ? Rien qu'à l'Hôtel-Dieu, pour une moyenne de 80 à 100 malades par jour, il y a 49 servants, dont 28 religieuses, sans compter les novices non nourries (?), c'est-à-dire une personne pour deux malades à peine ! Cela double tout simplement le prix des journées, au point de vue de la nourriture. Ailleurs, on trouve 5 sœurs et 5 servants pour une moyenne de 9 malades ! Et ces faits, qu'on l'entende bien, sont loin d'être exceptionnels. Même sous l'Empire, les inspecteurs généraux les signalaient: « Le prix fort élevé de la journée, dit l'un d'eux, est dû surtout à la proportion excessive des sœurs et des servants comparativement au nombre des malades à soigner. » La vérité est que, dans la plupart des hôpitaux, on pourrait aisément supprimer les trois quarts du personnel dirigeant, de telle sorte qu'en rétribuant convenablement les surveillantes laïques mises à la place des religieuses — qui sont censées ne rien coûter — on réaliserait encore de notables bénéfices. Et cela sans parler même des potagers, jardins, vacheries et autres biens exploités directement et que ces dames religieuses traitent trop souvent comme leur domaine propre: sans parler encore de la déplorable institution des ouvroirs, où l'on retient de malheureuses filles auxquelles on n'apprend rien, et qui travaillent pour la Communauté, au détriment de l'industrie privée et aux frais de l'hospice (1). »

Voilà des faits dont il est impossible de contester l'exactitude. Nous ne reviendrons pas sur les autres motifs, et ils sont nombreux, qui justifient la laïcisation. Nous comptons sur vous. Mesdames, pour nous aider à accomplir cette grande réforme. Nous vous avons conviées à travailler pour améliorer votre sort, pour vous donner un bien que vous ne possédiez pas ou que vous possédiez incomplètement, l'instruction. Grâce à votre travail persistant vous permettez la réalisation d'une véritable réforme sociale dont les esprits éclairés et les honnêtes gens commencent à comprendre et l'utilité et l'importance (2).

---

(1) C'est ce qui existe, par exemple, à Avranches.

(2) A l'Hôtel-Dieu de Granville, on a réalisé, chaque année, un bénéfice de près de 40,000 francs depuis que l'Économat a été enlevé aux sœurs et donné à un employé laïque.

Renseignements sur la laïcisation
des hôpitaux.

Laïcisation de l'hôpital Cochin et de l'hospice des Enfants-Assistés.

Les journaux politiques réactionnaires ont annoncé à maintes reprises la *question* que M. le professeur Dupré devait poser devant le Sénat à M. le ministre de l'intérieur au sujet de la *laïcisation de l'hôpital Cochin*, que l'on voulait retarder. Cette question, qui devait venir le 11 décembre, puis le 17, n'est pas venue. M. Cochin intente un procès à l'Administration de l'Assistance publique. Celle-ci, forte de l'avis conforme de son comité consultatif présidé par M. le sénateur Allou, qui a trouvé mal fondée la réclamation de M. Cochin, a décidé qu'elle procéderait à la laïcisation de l'hôpital Cochin et maintenu sa décision. Donc, lundi prochain les sœurs de l'hôpital Cochin seront remplacées par des laïques.

Jeudi dernier, 17 décembre, le Conseil de surveillance de l'Assistance publique a émis un avis favorable à la *laïcisation de l'hospice des Enfants-Assistés*.

En provoquant ces décisions, M. le Directeur de l'Assistance publique s'est conformé aux votes réitérés du Conseil municipal, qui fournit chaque année des subventions de 15 à 20 millions à l'Assistance publique et a fait la réponse la plus convenable à la nouvelle protestation des médecins et des chirurgiens des hôpitaux. Il est indispensable que l'Administration en finisse le plus promptement possible avec la laïcisation des hôpitaux, qu'elle prépare immédiatement les voies et moyens et achève cette réforme pour la fin de 1886.

La laïcisation de l'hôpital Cochin au Sénat.

(*Séance du 19 décembre 1885*).

Nous publions, à titre de document, les discours prononcés au Sénat au sujet de la laïcisation de l'hôpital Cochin.

M. LE PRÉSIDENT. — La parole est à M. Dupré pour poser une question à M. le ministre de l'intérieur qui l'accepte.

M. DUPRÉ. — Messieurs, M. le ministre de l'intérieur a bien

voulu m'autoriser à lui adresser une question sur un sujet dont personne ici, je l'espère, ne contestera l'importance (Très bien ! très bien ! à droite).

Cette liberté qu'il a bien voulu me donner, j'en userai avec la plus extrême réserve; avec la modération habituelle de mon caractère, avec le respect que je dois à un des représentants les plus élevés de l'autorité gouvernementale, mais aussi, messieurs, avec l'inébranlable fermeté que je puise dans une conviction profonde, réfléchie, dans le désir, plus que dans l'espoir du succès de ma cause...

M. le baron de LAREINTY. — Pourquoi?

M. DUPRÉ... et, dans tous les cas, dans la conscience de remplir un grand devoir. (Très bien ! Très bien ! au centre et à droite). Le Sénat n'ignore pas que, depuis quelques années, le conseil municipal de Paris poursuit avec une ardeur, avec une persévérance dignes d'une meilleure cause, la laïcisation des hôpitaux de cette grande ville. Déjà cette mesure a été appliquée à un grand nombre d'entre eux ; on veut la continuer, la généraliser, et, dans une de ses dernières séances, le conseil municipal de Paris a enjoint à M. le directeur de l'Assistance publique de laïciser, à bref délai, l'hôpital Cochin, celui de tous qui, par des raisons dont je n'ai pas à me préoccuper ici, semblait le moins exposé à ces atteintes. (Très bien ! Très bien ! sur les mêmes bancs). Ce n'est pas une invitation, ce n'est pas un conseil, ce n'est pas une prière que le conseil municipal a adressée à M. le directeur de l'Assistance publique, c'est un ordre qu'on a donné sans motifs autres que la volonté du maitre, un ordre sans considérants qu'on puisse discuter, un ordre avec le caractère le plus impératif *sic volo, sic jubeo*; cet ordre sera exécuté dans quelques heures peut-être, à moins que M. le ministre de l'intérieur ne veuille s'y opposer, et c'est là ce que je lui demande. (Très bien! Très bien ! au centre et à droite). Il s'exécutera absolument, comme si la loi du 10 janvier 1849 et le décret du 7 mars 1883 qui la confirment n'existaient pas; absolument, comme si cette autonomie, objet des rêves du conseil municipal de Paris, était devenue une réalité. (Nouvelles marques d'approbation sur les mêmes bancs).

C'est à vous, M. le ministre, qu'il appartient de lui rappeler qu'elle est encore dans les limbes de l'avenir et qu'elle y demeurera longtemps, je l'espère....

M. BUFFET. — Très bien !

M. DUPRÉ.... pour la paix publique, pour l'affermissement de nos institutions , pour le progrès régulier et calme de la République. (Très bien ! Très bien! au centre). C'est pour la troisième fois que la question de la laïcisation des hôpitaux de Paris se produit devant le Sénat, mais jamais elle n'y est venue seule, jamais surtout avec le caractère de simplicité médicale que je tiens à lui donner. Dans les deux séances mémorables du 31 mai 1881 et 29 mai 1883, la laïcisation des hôpitaux venait au second rang, elle était primée, dominée par la question des aumôniers, qui faisaient alors le service religieux dans les hôpitaux. Fallait-il les y conserver, fallait-il les exclure, fallait-il les remplacer et comment ?

La religion, la politique, la liberté de conscience étaient sérieusement engagées dans le débat.

Ce premier projet déteignait sur le second, et le compliquant lui donnait un caractère politique et religieux qu'il n'a plus aujourd'hui, ni dans ma pensée, ni dans les faits. La question des religieuses remplacées par des laïques, quelque grave qu'elle soit, n'intéresse pas au même degré la liberté de conscience.

Quand un malade entre dans nos hôpitaux, les religieuses ne s'inquiètent pas de savoir s'il est bon catholique ou libre penseur, protestant ou israélite, chrétien ou mahométan : elles voient un malade, un être humain qui souffre, il faut le soulager. Leur rôle ne va pas au delà. Je puis donc écarter résolûment et de parti-pris toutes les affinités du problème avec la religion et la politique. Certes, personne ne pourra croire que je méconnaisse l'importance de ces grands intérêts; mais il ne me convient pas de les évoquer en ce moment et de les introduire dans la discussion. Médecin, j'entends demeurer sur le terrain médical. Placé depuis quarante ans à la tête d'un des plus grands hôpitaux de France, les questions d'intérêt professionnel et d'assistance publique sont les seules dont je puisse m'occuper en ce moment.

Voilà, Messieurs, l'aspect nouveau sous lequel se présente la question. Il peut, il doit être accepté par tous les hommes de cœur — et ils sont aussssi nombreux à gauche qu'à droite de l'Assemblée (Très bien, très bien, au centre) — qui dans l'organisation des services secondaires des hôpitaux veulent se préoccuper avant tout des malheureux à secourir, des souffrances à soulager, des malades à guérir.

Pourquoi, Messieurs, veut-on laïciser? On veut laïciser — le Conseil municipal de Paris le dit — dans l'intérêt des malades, et M. le directeur de l'Assistance publique le proclame très hautement. Il dit que c'est là son but unique, son but exclusif. Eh bien, Messieurs, c'est aussi le nôtre. Mais les députés de la Seine, dans la lettre qu'ils vous ont adressée, Monsieur le Ministre, sont d'un autre sentiment, et il est bon que le Sénat sache en quels termes ils se sont exprimés en vous écrivant. Le Sénat et M. le Ministre me permettront de leur lire les paroles propres dont ils se sont servis.

Voici ce qu'ils disent : « La laïcisation des hôpitaux a pour objet de remplacer les congréganistes, ennemis irréconciliables de de la République, par des laïques intéressées à la défense de la société civile et par conséquent de la République. » (Rires à droite et au centre.) Vous le voyez, Messieurs, des malades il n'en est pas question. (Nouveaux rires à droite.)

M. le général comte Espivent de Villesboisnet. — C'est leur moindre souci !

M. Dupré. — La politique, la religion sont seules visées, et c'est précisément cela que j'entends écarter. L'intérêt des malades, c'est le seul point de vue auquel je me place. Le Sénat voudra bien me permettre de négliger dans la discussion qui va suivre, la question financière et la question morale. Je les écarte pour ne pas fatiguer l'attention du Sénat, et aussi parce que sur ces deux points la lumière est faite. Tout le monde sait, et nos adversaires eux-mêmes en conviennent, que la laïcisation engage gravement les finances de la Ville. (Très bien! très bien! à droite.)

M. Georges MARTIN. — C'est une erreur absolue.

M. DUPRÉ. — Une infirmière laïque coûte au moins quatre fois plus qu'une religieuse. En ce qui touche la moralité, est-il possible de comparer les saintes filles qui ont fait vœu de pauvreté, vœu de chasteté, qui ont quitté le monde pour n'y jamais rentrer et pour s'en souvenir à peine, avec ces femmes dont je ne veux dire certes aucun mal, dont je ne veux pas contester ni l'honnêteté ni l'intelligence? Mais elles n'ont quitté le monde qu'en conservant la liberté d'y rentrer, elles y retournent quelquefois, s'en souviennent toujours et sont exposées à en subir les tentations; souvent aussi, chose plus grave, elles y sont enchaînées par les liens les plus étroits de la famille, un mari, des enfants, etc.; sur ces points, nulle contestation, nulle contradiction. L'important est de savoir si lorsque les infirmières laïques auront remplacé les religieuses, le calme, la régularité, la moralité de nos services seront mieux assurés, si les règles de l'hygiène seront mieux observées, si nos malades seront pansés avec plus de douceur, soignés avec plus d'intelligence, de dévouement, de sollicitude, si les ministres des divers cultes auront un plus libre accès dans nos salles, si les familles absentes seront mieux remplacées au chevet des mourants; enfin si, au moment de s'endormir de leur dernier sommeil, les infortunés entendront murmurer à leurs oreilles des paroles plus douces et plus consolantes. (Très bien! et applaudissements.)

A tout cela je réponds hardiment : Non, non, il n'y a aucun intérêt à laïciser nos hôpitaux; nos malades n'auraient rien à y gagner, ils auraient tous à y perdre. Je réponds : Non, avec ma vieille expérience, et mes relations de plus de 40 années avec les sœurs de Saint-Vincent-de-Paul dans un hôpital où toutes les difficultés administratives sont accumulées, puisque cet hôpital est civil, militaire et le siège des cliniques de la Faculté de médecine. Pendant près d'un demi-siècle je n'ai, je l'atteste, jamais entendu adresser aux sœurs, à leurs habitudes, aucun reproche sérieux. Mais par contre j'ai souvent entendu l'autorité militaire les combler d'éloges et de témoignages de respect d'admiration, de reconnaissance, comme l'autorité civile et l'autorité universitaire. Il en est même deux qui ont été décorées devant moi sous des régimes fort divers.

M. ALLAIN-TARGÉ. j'en ai décoré une.

M. BLAVIER. Tant mieux! Vous avez donc reconnu leur mérite?

M. BUFFET. La décoration précède l'expulsion.

M. DUPRÉ. Je me trompe pourtant quand je dis qu'on ne leur a jamais fait aucun reproche. Il en est un sur lequel on a beaucoup insisté, et qu'il importe de signaler. La pharmacie centrale des hôpitaux de Montpellier était depuis plus d'un siècle dirigée par les sœurs de Saint-Vincent-de-Paul. Ces dames avaient la grande habitude des manipulations pharmaceutiques, mais on leur reprochait de n'être pas des savantes, de n'en avoir ni les mérites, ni les titres qui les consacrent, d'être étrangères ou indifférentes aux progrès des sciences physiques et chimiques et d'histoire naturelle, absolument inhabiles aux nouvelles méthodes d'exploration, de recherches, d'analyse. Elles se concentraient dans leur vieille pratique. Cette situation paraissait surtout grave dans un hôpital d'enseignement clinique, et on y insistait pour y porter remède. L'administration des hôpitaux, frappée de la justesse de ces raisons, laïcisa le service de la pharmacie. Et savez-vous, messieurs, qui lui proposa et obtint cette grande modification, qui la réalisa avec le concours de ses collègues ? Ce fut moi-même. Ceci dit pour vous prouver que ce n'est pas en fanatique que je combats la laïcisation et que l'opportunisme peut avoir quelquefois du bon.

Je m'arrête sur le compte des religieuses ; si j'avais la témérité de recommencer leur histoire, je serais à tout instant prévenu par vos pensées, et les échos de cette Chambre vous rediraient, avant moi, les paroles éloquentes qu'elles ont si souvent inspirées. Mais, Monsieur le Ministre, que peut être mon unique et personnelle protestation à côté de ce grand mouvement, de cet immense élan qui a dicté la lettre que 114 médecins de Paris vous ont adressée, en vous suppliant au nom de l'intérêt des malades de ne pas laïciser les hôpitaux ! Vous appréciez certainement comme moi-même la suprême légèreté, la souveraine injustice du Conseil municipal de Paris envers ces hommes si considérables.

M. Georges MARTIN. Je proteste absolument.

M. DUPRÉ. On a essayé de les flétrir en disant qu'ils étaient des sectaires, des cléricaux, des ennemis de la République, alors que dans cette liste toutes les opinions politiques, toutes les opinions religieuses sont représentées par les noms les plus connus et les plus respectés. Ils n'ont pas besoin d'être défendus, et de l'être par moi, mais puis-je m'empêcher de reconnaitre que ces hommes placés à la tête de nos hôpitaux sont les plus compétents dans la question qui nous occupe ? Qui, mieux qu'eux, en connait les besoins ? Qui a étudié mieux qu'eux les moyens de les satisfaire ? Faut-il rappeler que ces hommes ont conquis, publiquement et de haute lutte, les positions élevées qu'ils occupent, la considération dont ils jouissent, l'influence qu'ils exercent ? Que ces hommes sont des membres de l'Institut de France, de l'Académie nationale et de la Faculté de médecine : des hommes auxquels la science et son enseignement doivent les progrès les plus remarquables ? Leurs noms retentissent avec éclat dans les deux mondes, et je suis heureux et honoré d'y joindre le mien, quelque modeste qu'il puisse être. Ce sont ces hommes qui consacrent leur talent, leur temps et qui, chaque jour, exposent leur vie et la santé de leurs familles, dans l'intérêt de l'humanité. Signaler les dangers qu'ils courent, ce n'est pas une vaine formule de langage, destinée à vous émouvoir et à vous convaincre, c'est l'expression d'une cruelle réalité. Tenez, dans le moment même où je vous parle, j'ai l'esprit troublé et l'âme oppressée par deux événements qui viennent de se produire : l'un à Montpellier, dans mon propre service, l'autre à Paris, dans celui de M. Desnos, à la Charité. Deux jeunes hommes, pleins de vie, de force, de santé, deux internes également distingués de nos hôpitaux, devant lesquels s'ouvrait le plus brillant avenir, ont contracté, dans leurs services respectifs, à 800 kilomètres l'un de l'autre, une fièvre grave qui les a emportés en quelques jours. Ils ont été enterrés dans la même semaine. J'ai eu le regret de ne pouvoir les accompagner à leur dernière demeure. Que le Sénat me permette du moins d'adresser à la mémoire de ces deux victimes du devoir, M. Colombié, mon interne de Montpellier, M. Ayrolles, interne de Paris, qui était de ma famille. avec un suprême adieu, l'expression profonde de mes regrets et de la reconnaissance publique. (Très bien! très bien!)

J'espère, Monsieur le Ministre, que vous apporterez la plus sérieuse attention à la déclaration de tels hommes, éminents, compétents et désintéressés. Ils vous disent, et je vous dis avec eux : arrêtez-vous dans cette voie ; la laïcisation des hôpitaux est un danger, ne vous la laissez pas imposer. Le texte positif de nos lois vous donne le droit de *veto*. Je vous conjure d'en user, comme l'ont fait plusieurs de vos prédécesseurs, républicains comme vous.

A ceux qui vous la demandent, répondez : Nous refusons dans l'intérêt de nos malades. Si vous rencontrez quelques embarras momentanés, sachez les surmonter, ils s'évanouiront et vous n'aurez pas du moins laissé s'affaiblir en vos mains le pouvoir gouvernemental. (Très bien! très bien! et applaudissements au centre et à droite). L'orateur, en retournant à son banc, est vivement félicité par un grand nombre de ses collègues).

M. ALLAIN-TARGÉ, ministre de l'intérieur. — Messieurs, je ne viens point soutenir une thèse. Je ne viens point surtout adresser aucune espèce de critique ou de reproches aux religieuses dont l'éloge vient d'être fait si éloquemment par l'honorable M. Dupré. Je viens présenter au Sénat des observations très brèves, et, j'espère, très claires pour expliquer quelle politique sage et nécessaire a été suivie par mes prédécesseurs et adoptée par moi-même dans cette question de laïcisation des hôpitaux de Paris.

Comment la question est-elle née ? Je vous demande la permission de vous le dire très brièvement. Il y a eu de tout temps, à Paris, des hôpitaux laïques et des hôpitaux congréganistes; ou, pour parler plus exactement, des hôpitaux dirigés par des laïques et exclusivement composés de laïques, et des hôpitaux dirigés par des congréganistes. Je dis dirigés et non desservis.

M. le baron de LAREINTY. — Pas dirigés!

M. le MINISTRE. — Je crois en effet que, dans l'opinion de beaucoup de personnes du monde, il y a une confusion qu'il importe de faire disparaître. Beaucoup de personnes pensent que, dans nos hôpitaux parisiens, les choses se passent comme elles se passent, peut-être, à l'hôpital de Montpellier, c'est-à-dire que le personnel des hôpitaux qu'on appelle « congréganistes » est, tout entier, congréganiste; que les soins, les véritables soins immédiats donnés aux malades sont donnés par des religieuses. Il n'en est pas ainsi. Les religieuses, dans nos hôpitaux, sont de véritables surveillantes : voilà pourquoi je me servais du mot « dirigés. » Elles sont chargées à la fois des fonctions d'administration et de surveillance.

M. LE PROVOST DE LAUNAY. — Par qui sont-elles chargées de

cela ? Pas la loi ? (A gauche : N'interrompez pas ! Laissez parler !)

M. le MINISTRE. — Ce n'est pas, Messieurs, croyez-le bien, pour diminuer le mérite des sœurs que je donne ces explications ; c'est pour que l'on soit exactement renseigné, c'est pour qu'on voie la question telle qu'elle doit être vue. (Marque d'approbation à gauche.) Les sœurs ont sous leurs ordres pour les soins immédiats, pour l'œuvre d'infirmières, un personnel très nombreux. Ainsi, dans l'hôpital Cochin, à propos duquel l'honorable M. Dupré m'adresse la question, il y a 14 sœurs seulement qui s'occupent de surveiller les salles des malades ; elles ont sous leurs ordres 47 laïques qui sont véritablement les infirmiers et les infirmières, qui font la besogne. Les religieuses surveillent la salle, assurent l'ordre, donnent aussi des soins aux malades avec dévouement quand l'occasion s'en présente, surveillent les prescriptions médicales ; mais enfin, elles ont sous leurs ordres un personnel laïque très nombreux qu'elles recrutent elles-mêmes. C'est le conseil de surveillance de l'Assistance publique qui les nomme sur leur présentation : elles ont droit de présentation.

Ces explications étaient nécessaires, Messieurs, parce que la question religieuse n'a peut-être pas le même caractère dans les hôpitaux de Paris que dans certains autres hôpitaux des départements.

Messieurs, la question de la laïcisation des hôpitaux ne s'est pas posée à Paris, on peut le dire, avant 1877, avant le 16 mai. J'aperçois ici un ancien Préfet de la Seine, il doit se souvenir que nous ne nous occupions pas, au début du Conseil municipal de Paris, de cette question de la laïcisation. C'est après le 16 mai que cette question est née, surtout qu'elle s'est irritée et envenimée, qu'elle a pris le caractère qu'elle a peut-être aujourd'hui. Est-ce la faute même du Conseil municipal ? Je ne veux point le rechercher. Mais je crois nécessaire de constater que, si l'on a parlé de liberté de conscience en péril, si la question médicale, administrative hospitalière s'est compliquée d'une question religieuse irritante, il faut bien se rappeler à quelle date le mouvement d'opinion auquel on faisait allusion a commencé.

A cette époque, en 1877, il y avait environ un tiers des hôpitaux qui étaient exclusivement laïques. Le personnel des surveillantes, qu'il faut comparer au personnel des religieuses, était dans la proportion de 250 surveillantes laïques, contre environ 500 religieuses.

Je dis que c'est aux surveillantes qu'il faut comparer les religieuses. En effet, leur supériorité sur le personnel inférieur, sur le personnel placé sous leurs ordres, sur le personnel des infirmiers et infirmières, est incontestable. Mais je demande la permission de dire que le personnel qui doit être comparé à celui des religieuses, c'est-à-dire celui des surveillantes, est un personnel très compétent, très dévoué, qui a de très grandes vertus et auquel il serait absolument injuste de ne pas rendre hommage. (Très bien ! très bien ! à gauche.) Depuis 1877, la proportion s'est retournée. Il y a aujourd'hui 500 surveillantes laïques contre 315 religieuses qui restent dans nos hôpitaux parisiens.

La première laïcisation faite sur la demande du Conseil municipal eut lieu sous l'administration de M. Ferdinand Duval. Il s'était produit un mouvement très vif, né de la politique, je le reconnais, et qui s'était manifesté d'une manière entraînante au Conseil municipal. Ceci se passait en 1877. C'est sous le ministère de l'honorable M. de Marcère qu'on opéra la première laïcisation, celle de l'hôpital Laënnec.

M. Georges MARTIN. — On ne l'accusera pourtant pas d'être trop républicain !

M. le MINISTRE. — Depuis, en 1880, on a laïcisé l'hôpital de la Pitié ; en 1881, les Ménages, Larochefoucauld, Saint-Antoine; en 1882, Lourcine et Tenon ; enfin, en 1884, l'hôpital des Incurables.

Quelle politique avait été suivie par le Préfet et le ministre de l'intérieur, qui est responsable du Préfet, vis-à-vis de ce mouvement de laïcisation dont les réprésentants, élus de la population, la municipalité parisienne s'était faite l'interprète? Cette politique, je le dis, a été très sage, très temporisatrice, très prudente. On se trouvait en présence, non pas des injonctions du Conseil municipal, le Conseil municipal n'a pas le droit de faire des injonctions.....

M. PARIS. — Il en fait sans droit !

M. GEORGES MARTIN. — Je proteste de nouveau de la façon la plus formelle ; j'étais au Conseil municipal et je sais ce qui s'y est passé.

M. le marquis de l'ANGLE BEAUMANOIR. — Nous sommes au Sénat, ici ! nous disons ce que nous voulons.

M. LE MINISTRE... mais en présence d'une pression d'opinion exercée par les représentants élus de la population parisienne, non pas des gens du monde seulement, mais de la population parisienne qui va dans les hôpitaux, qui a ses préjugés, elle aussi, qui a ses idées, ses passions, qui tient à la liberté de conscience. Eh bien ! quels sont les droits du Conseil municipal? on me le demandait tout à l'heure. Non, le Conseil municipal n'a pas le droit, en effet, d'adresser des injonctions au gouvernement : mais il a bien le droit d'adresser des vœux, de faire connaître son avis. Jusqu'à quel point cet avis peut-il être obligatoire? C'est une question qui est aujourd'hui soumise au Conseil d'Etat, et sur laquelle il ne s'est pas encore prononcé. Ces droits ne sont pas, à l'heure qu'il est, exactement fixés ni limités.

M. le marquis de l'ANGLE BEAUMANOIR. — Quant on est pressé, on passe outre aux décisions du Conseil d'Etat.

M. LE PRÉSIDENT. — N'interrompez pas, Messieurs; on pose une question à M. le Ministre, il y répond en son âme et conscience ; veuillez l'écouter en silence.

M. le MINISTRE. — Croyez-vous que mes prédécesseurs eussent bien fait de se mettre en conflit avec le conseil municipal, avec la population parisienne?

M. de GAVARDIE. — Mais non; il n'y a pas une seule pétition de la population parisienne.

M. le PRÉSIDENT. — Monsieur de Gavardie, si vous continuez à interrompre, je serai forcé de vous rappeler à l'ordre.

M. de GAVARDIE. — Il n'y a pas une seule pétition! (Bruit).

M. le Président. — Monsieur de Gavardie. je vous rappelle à l'ordre.

M. le Ministre. —On a lu tout à l'heure une lettre signée. non pas à l'unanimité, mais par un grand nombre des députés de Paris. Oui. il est certain qu'il y a un mouvement de laïcisation; que l'opinion parisienne y est favorable : le premier devoir du gouvernement était de s'informer, de se donner le temps de bien constater qu'il avait affaire à un véritable mouvement d'opinion de la population parisienne, et non pas seulement à une pression, d'un caractère plus ou moins accidentel et violent de la majorité du conseil municipal. Car, enfin, le conseil municipal a ses droits. Si l'on peut discuter sur leur étendue, on ne peut pas les nier absolument. L'Assistance publique a besoin d'argent; elle a sa dotation; elle dépense environ 36 millions par an; sur ces 36 millions, la moitié, c'est-à-dire 18 millions sont fournis par le conseil municipal sous forme de subvention votée par lui.

Cette subvention est-elle obligatoire? C'est là la question soumise au Conseil d'Etat. Mais je dis que quand un conseil municipal sort de l'élection, qui a posé la question au suffrage universel, aux électeurs parisiens — non pas une fois, car nous avons eu depuis trois ou quatre élections successives — quand, dis-je, un conseil municipal persiste, quand il dit : je donne mes 18 millions, mais je demande que la liberté de conscience de la population parisienne libre penseuse soit, dans mes hôpitaux comme dans mes écoles, respectée d'une certaine manière, il faut des raisons bien graves pour que le pouvoir ministériel. je ne dis pas, ne cède pas à la pression, mais ne réfléchisse pas. Eh bien, il a réfléchi, mes prédécesseurs ont réfléchi : et lorsque le gouvernement a bien constaté qu'il avait affaire à un mouvement d'opinion parisien, à un mouvement de la population parisienne, je le répète, qui a besoin des hôpitaux qui va dans les hôpitaux?...

M. Buffet. — Demandez l'avis des malades.

M. le Ministre. — Mais certainement demandez l'avis des malades ;il ne s'agit pas de l'opinion des gens du monde.

M. de Gavardie.—C'est le Conseil municipal des malades. (Bruit).

M. le Ministre... le gouvernement, dis-je, a pris ses précautions et ses garanties. Il a adopté comme règle de ne pas céder, de ne pas faire une grande réforme, de ne pas consentir à une transformation faite. immédiatement faite sur une table rase ; mais il a voulu prendre ses précautions et ses garanties pour que ni la liberté de conscience des catholiques d'abord, ni l'administration, ni l'intérêt hospitalier ni l'intérêt administratif, ni l'intérêt financier n'eussent à souffrir. Il n'a voulu laïciser que peu à peu ; on a laïcisé chaque année un ou deux hôpitaux seulement.

Un sénateur a droite. — Pour faire durer le plaisir plus longtemps.

M. le Ministre. — On a voulu que la liberté de conscience des catholiques et des malades appartenant à tous les cultes fût absolument respectée. On parlait tout à l'heure des aumôniers. Si les aumôniers ont été déjà supprimés, il y a longtemps, en 1881, l'administration a voulu et le préfet y a tenu la main que le service fût assuré dans tous les hôpitaux de Paris. Il y a un prêtre qui vient tous les dimanches célébrer le service religieux ; tous les samedis il se met à la disposition de ses malades. Chaque fois qu'il est fait appel aux prêtres, soit par un malade, soit par un parent ou les amis d'un malade, le prêtre est immédiatement mandé : et une fois qu'il a été appelé au lit d'un malade, il peut revenir sans autorisation particulière, sans rencontrer aucune espèce d'obstacle : par conséquent la liberté religieuse est assurée. (Très bien ! à gauche). C'était, du reste, le devoir des ministres de s'assurer qu'il en serait ainsi.

Maintenant, au point de vue médical, au point de vue hospitalier et administratif, il ne fallait pas que les religieuses fussent instantanément remplacées par un personnel inférieur, par de simples infirmiers ou infirmières, et il a été adopté comme règle par l'administration, par le conseil de surveillance de l'Assistance publique, que l'on ne ferait de laïcisation qu'au fur et à mesure qu'on se serait assuré d'un personnel supérieur, d'un personnel comparable sous tous les rapports aux religieuses qu'il s'agissait de remplacer. Trois écoles d'infirmières ont été successivement créées : une à Bicêtre, une autre à la Salpêtrière, une autre à la Pitié. Depuis 1879 des cours ont lieu et un enseignement pratique est donné dans ces trois hôpitaux. Il y a aujourd'hui 2.214 infirmiers ou infirmières qui ont passé par ces hôpitaux. Mais à côté de l'enseignement théorique et pratique qui est donné à tous, il y a un enseignement supérieur, celui des surveillantes. Ces écoles d'infirmières distribuent en effet des diplômes.

En 1883 — j'ai les dates et les chiffres sous les yeux — en 1883 Bicêtre a déjà délivré 22 diplômes, l'école de la Salpêtrière 49, celle de la Pitié 43 ; total 114. C'est avec ce personnel et à mesure qu'on le crée que les sœurs sont remplacées. L'honorable M. Dupré me permettra de lui faire remarquer que toutes les précautions sont prises pour que, au point de vue hospitalier médical, les malades n'aient pas à souffrir du remplacement des sœurs. Mon Dieu ! je ne veux pas entrer dans des considérations générales, répondre aux réflexions éloquentes que vous avez entendues : ces questions sont irritantes, les gouvernements ont le devoir de ne pas les rechercher.

Je ne me ferai pas ici de la popularité en entreprenant l'éloge de la laïcisation au détriment des soins donnés aux malades par les sœurs ; je dirai seulement ceci. Le gouvernement a prudemment agi en prenant toutes les précautions et toutes les garanties pour que, à aucun point de vue, les hôpitaux de Paris, ni les malades n'eussent à souffrir du remplacement des religieuses. Il a pris toutes ses précautions pour que la liberté de conscience fût sauvegardée, et je crois que sa politique doit être approuvée par la majorité du Sénat tout entier. (Très bien, très bien à gauche).

M. BLAVIER. Et la réclamation des médecins, vous n'en parlez pas?

M. LE MINISTRE. Les médecins sont partagés ! (Réclamations à droite).

M. BUFFET. Il y en a trois fois plus contre la laïcisation!

M. BLAVIER. C'est le ministre de l'intérieur qui les départage !

M. LE MINISTRE. Je n'ai pas cette prétention !

M. DUPRÉ. Je demande la parole.

M. LE PRÉSIDENT. La parole est à M. Dupré.

M. DUPRÉ. Messieurs, je ne dirai qu'un seul mot pour répondre à M. le ministre. Il a dit qu'il ne se passait pas à Paris ce qui se passe à Montpellier, c'est-à-dire que les religieuses ne donnent pas les soins immédiats, aux malades, mais que ce sont des auxiliaires d'un ordre secondaire et inférieur. Je demande pourquoi, les choses étant ainsi, la grande majorité des médecins de Paris réclament? (Très bien! à droite).

Un sénateur à gauche. — Ce n'est pas la question.

M. DUPRÉ. Y a-t-il un seul médecin des hôpitaux de Paris qui, ayant des religieuses dans son service, ait demandé des laïques? — Je n'en connais pas.

M. LE MINISTRE DE L'INTÉRIEUR. Il y en a un très grand nombre (Bruits et réclamations à droite).

PLUSIEURS SÉNATEURS à droite. Citez donc les noms !

M. LE MINISTRE DE L'INTÉRIEUR. Nous ne sommes pas ici pour donner des noms de médecins !

M. DUPRÉ. Voilà ce que j'avais à répondre à M. le Ministre sur ce point. J'ai entendu dire, messieurs, — et je crois que c'est M. le Ministre qui l'a dit lui-même, dans tous les cas cela a été répété par un de nos collègues de la gauche, — que le Conseil municipal ne donnait pas des ordres à M. le directeur général de l'Assistance publique. Eh bien, messieurs, l'ordre de laïciser l'hôpital Cochin a été donné ; il n'y a qu'à relire les procès-verbaux du mois de novembre et du commencement de décembre pour être convaincu que je n'ai rien exagéré en disant que c'était un ordre absolu, un ordre des plus impératifs qui a été donné à M. le directeur de l'Assistance publique (Très bien, très bien au centre et à droite).

M. BUFFET. Et sans aucun droit.

M. LE PRÉSIDENT. L'incident est clos.

Laïcisation des hôpitaux.

Les lenteurs et les faiblesses de l'Administration viennent d'avoir leur récompense. Encouragés par le succès relatif des adversaires de la République aux élections dernières, les médecins et les chirurgiens des hôpitaux qui avaient protesté en 1881 contre la laïcisation, renforcés par quelques-uns des médecins et chirurgiens du Bureau Central, dont le Conseil municipal, sur notre proposition, a augmenté l'indemnité, viennent d'adresser à Monsieur le Ministre de l'intérieur la lettre suivante :

A Monsieur le ministre de l'intérieur.

Monsieur le ministre,

Les médecins et chirurgiens de Paris, soussignés, ont l'honneur de vous demander le maintien des religieuses dans les services hospitaliers auxquels elles sont attachées.

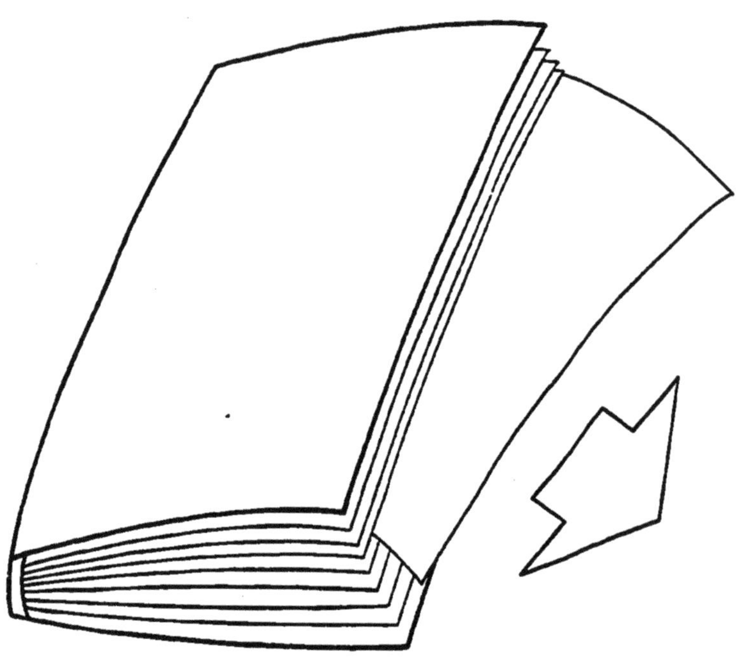

PAGE MANQUANTE DU TEXTE ORIGINAL
MISSING PAGE OF THE ORIGINAL TEXT

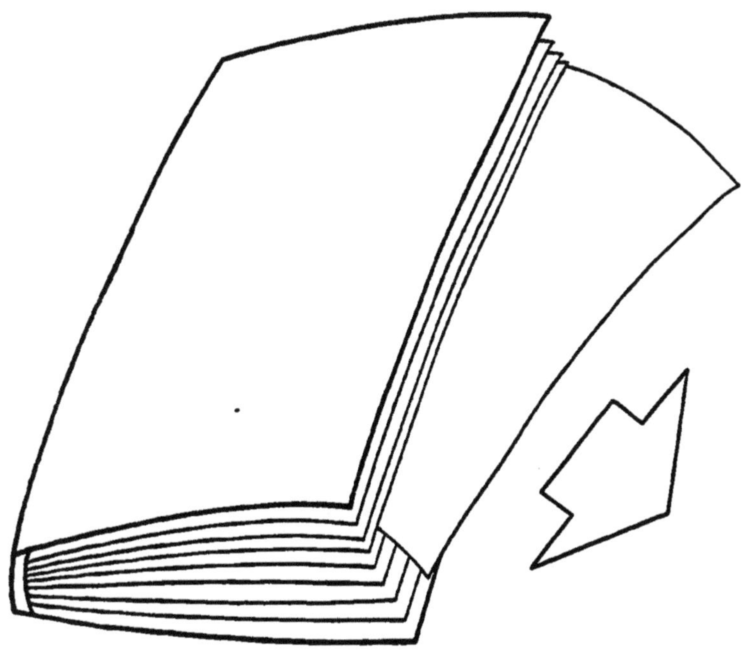

PAGE MANQUANTE DU TEXTE ORIGINAL

MISSING PAGE OF THE ORIGINAL TEXT

et nous entraine, et auquel il faut, bon gré mal gré, un peu plus tôt ou un peu plus tard, obéir et se soumettre, comme à un courant irrésistible et insurmontable. Que la vieille société, la société caduque essentiellement formée de l'esprit religieux et de l'esprit de caste, s'efforce de résister à ce courant et de le remonter, c'est là chose naturelle, fatale, et conforme à l'histoire de l'évolution humaine, en ses révoltes, ses luttes et ses conquêtes. C'est ce qui explique les résistances, presque désespérées, de tous ceux qui sont encore attachés et inféodés à cet ancien monde, soit par une éducation et des habitudes héréditaires dont il n'est guère plus possible d'extirper les racines, soit par un intérêt immédiat qui enchaine l'existence matérielle même, soit par un intérêt un peu plus éloigné, mais non moins réel, et qui, pour l'appeler de son vrai nom, n'est pas autre que l'intérêt professionnel.

« Bien que l'on puisse trouver un peu de tout cela dans l'origine et les mobiles de la pétition des médecins et chirurgiens des hôpitaux (voir plus haut, page 102, cette pétition), ce que l'on y voit surtout percer à travers l'intérêt des malades et tous les intérêts possibles, c'est le bout de l'oreille... de l'intérêt de tout à l'heure.

« Personne ne s'y trompe, et on ne trompe personne ; d'autant qu'il y a là un singulier mélange d'anciens et de jeunes, qui ne s'explique guère que par l'accord et l'union sur un point dominant, celui qui, malheureusement, et en dépit de l'esprit apparent d'abnégation et de désintéressement que prêchent, en principe, les doctrines religieuses, domine toujours et commande les déterminations dans le monde ancien comme dans le nouveau.

« Les marchands n'ont jamais été, en réalité, chassés du temple, depuis la fameuse manifestation de l'Homme-Dieu, pas même les marchands de prières. Ce qui signifie, en somme, qu'il y a, au moins, un dieu qui n'a jamais été et qui ne sera probablement jamais détrôné, c'est celui qu'on a déjà appelé le dieu-argent. Qu'il ait aussi son église et son culte dans le monde médical, on ne saurait le nier ni s'en étonner, pour autant que l'on s'en afflige.

« Mais il y a, dans la pétition des médecins et chirurgiens des hôpitaux, une chose qui nous afflige au moins autant, sinon davantage : c'est le sentiment qui a porté ceux des pétitionnaires dont les services sont tenus et l'ont été de tout temps par des surveillantes *laïques*, à signer un document dont la moindre signification est une expression de regret de voir ces services confiés à ces dernières, et qui peut être interprété dans le sens d'une expression de blâme. Ou ce regret est sincère, ou il ne l'est pas, ou ce blâme est mérité et justifiable, ou il ne l'est pas ; dans le premier cas, le document, en sa forme, manque de franchise, il est, pour parler le langage, approprié à la chose, jésuitique. Dans le second cas, il est d'une flagrante injustice, que les signataires doivent tenir à honneur de réparer par une déclaration publique nette et franche, disant clairement si, oui ou non, les surveillantes laïques, en général, s'acquittent de leur mission comme elles le doivent.

« Quant à la pétition des malades actuels de l'hôpital Cochin, nous n'en dirons qu'un mot, le seul que ce document puisse suggérer, c'est qu'il n'a, en soi, aucune signification, pour deux motifs principaux : le premier est qu'un malade ne peut, en ce cas, agir dans toute la liberté de son initiative et de sa conscience (même en supposant qu'il n'obéisse pas à des suggestions étrangères et intéressées) ; le second, c'est que l'opinion des malades actuels et de passage, fût-elle valable, ne saurait engager celle des malades futurs. Mais, d'ailleurs, à quoi bon ces pétitions, et de quoi se mêlent-elles? Ainsi que le disait très judicieusement Monsieur le Directeur de l'Assistance publique, dans une des dernières séances du Conseil municipal, ni médecins, ni malades des hôpitaux ne sont en jeu et n'ont à intervenir dans cette question, qui est uniquement et exclusivement une question d'administration publique.

« Le seul devoir et, il est permis d'ajouter, le seul droit du médecin, c'est de se préoccuper de la bonne tenue du service dont il a la direction, et d'exiger, de la part du personnel qui lui est adjoint, la parfaite réalisation de ses ordres, dans l'intérêt des malades confiés à ses soins. Mais la désignation et la nomination de ce personnel ne lui appartiennent en aucune façon ; elles relèvent de l'administration directrice. C'est pourquoi la laïcisation doit se faire et se fera en dehors et à part des médecins et des malades, qui n'ont rien à voir dans la réforme administrative. »

M. A. Desprès et la laïcisation des hôpitaux.

M. le Dr Arm. Desprès, conseiller municipal, chirurgien de la Charité, avait convoqué le 16 janvier à la salle des Mille-Colonnes, les électeurs des 6e, 14e et 15e arrondissements pour les entretenir de cette question. Bien que, dans la plupart des quartiers de Paris, les réunions publiques et les comités n'aient cessé de réclamer cette réforme et de l'inscrire sur les programmes, M. Desprès n'en soutenait pas moins que les électeurs républicains ne l'avaient pas réclamée et qu'ils y étaient même hostiles. M. A. Desprès doit être maintenant éclairé. En effet, d'après le *Temps*, la réunion s'est terminée par le vote d'un ordre du jour « *réclamant la laïcisation complète de tous les services hospitaliers* et le renvoi des administrateurs cléricaux ».

Laïcisation des hôpitaux.

M. le Dr Ar. Desprès n'a pas été satisfait de l'échec qu'il a subi dans la réunion publique tenue il y a quelque temps, salle des Mille-Colonnes. Il a provoqué une nouvelle réunion qui a eu lieu le samedi 30 janvier, salle Favié, à Belleville. Plusieurs orateurs, notamment M. Cattiaux, conseiller municipal, lui ont répondu. « Un ordre du jour, dit le *Temps*, a été voté, demandant *que la laïcisation des hôpitaux soit poursuivie*. »

Laïcisation des Hôpitaux de Marseille.

Conseil municipal de Marseille. — *Séance du 1er février*

1886. — Après une question de M. Rech sur les fournitures de bureau de la mairie, M. Dubiau invite le Conseil à reprendre la discussion des articles du budget, laissés en suspens.

Article 123. — Subvention aux hospices, 750,000 fr.

M. BLANC-AILLAUD expose dans quelles conditions on doit accorder la subvention aux hospices, il ne faut l'accorder qu'à la condition que le service hospitalier de notre ville soit *laïcisé*. Evidemment cette proposition soulève des objections de la part de certains économistes et républicains qui traitent cette laïcisation d'utopie, mais M. Blanc-Aillaud est convaincu que cette laïcisation qui s'impose n'a jamais été sérieusement tentée et qu'elle donnerait d'excellents résultats. L'orateur conclut à la *laïcisation des hospices*.

M. MARTIN déclare qu'il est du devoir des délégués du Conseil municipal à la Commission des hospices de donner leur avis sur cette grave question, et M. Martin, au nom de ses collègues, va donner cet avis. Et il le donne son avis, un peu longuement; c'est une opinion diffuse qu'il faut dégager d'un fatras de détails inutiles. M. Martin était partisan de la laïcisation et il cite, à ce propos, un discours qu'il prononçait en 1870 à propos d'une distribution de prix. En passant, il ouvre une parenthèse originale pour dire qu'à cette époque, s'il fut vilipendé par les gazettes cléricales, il ne fut pas défendu par les journaux républicains. Mais revenons à la laïcisation.

Laïcisation! question grave que M. Martin a examinée sous toutes ses faces, car nous n'oublions pas qu'il en était partisan. La preuve, il a laïcisé la pharmacie des hôpitaux. Quant aux autres services, il est inutile de les laïciser et comme arguments à cette assertion, il passe en revue les diverses charges occupées par les sœurs et démontre ou essaye de démontrer que les religieuses ne peuvent se livrer à aucune propagande cléricale ou politique. Et les détails succèdent aux détails; les bonnes sœurs si bien défendues par M. Martin, qui réclamait en 1870 la laïcisation, n'ont jamais égrené un chapelet de cette longueur.

Des laïques, dit M. Martin, et pour quoi faire! Elles n'ont pas les vertus des sœurs, l'abnégation des religieuses, la charité des filles de Dieu et patati et patata. Si vous prenez des laïques dévouées et catholiques, dit M. Martin, elles feront de la propagande religieuse, si vous prenez des libres-penseuses elles feront de la propagande à leur façon. Ces arguments sont si étonnants que je les transcris presque sous la dictée de l'orateur pour ne pas être accusé de parti pris contre M. Martin.

L'orateur examine ensuite quelle sera la situation des laïques dans nos hôpitaux : situation pécuniaire surtout. Elle sera désastreuse pour nos hôpitaux qui seront obligés de payer fort cher un concours laïque, et M. Martin avec cette science des chiffres qui lui est propre, arrive à calculer que la ville perdra de ce chef cinq millions dans un siècle. Conclusion : conservez les sœurs dans les hôpitaux et faites un règlement plus rigoureux contre toute propagande religieuse ou politique. Où donc M. Martin a-t-il trouvé son chemin de Damas? A la commission des hospices. Les sœurs sont décidément bien habiles.

M. Michel Colomb renonce à la parole, M. Martin ayant défendu la cause qu'il comptait défendre.

M. Gras n'en veut pas à M. Martin, il considère son collègue comme l'instrument inconscient et de bonne foi des cléricaux tout puissants dans nos hôpitaux. M. Gras reprend un à un les arguments de M. Martin, et demande au nom de la liberté de conscience la laïcisation des hospices. Il ne veut pas laisser aux cléricaux le pouvoir dans nos asiles hospitaliers, l'expérimentation de la laïcisation provoquera sans doute quelques difficultés dès le début, mais si le Conseil le veut et le veut bien, on obtiendra dans peu de temps des résultats satisfaisants. Laissons, dit M. Gras, les cléricaux défendre leurs intérêts et sachons défendre les nôtres. Quant aux griefs reprochés par M. Martin aux laïques. M. Gras ne veut pas les examiner, ce sont des griefs gratuits à l'encontre d'une classe de la société qui, comme les autres, a son lot de vertus et de qualités humanitaires.

M. Martin répond quelques mots à M. Gras, c'est son propre panégyrique qu'il prononce à l'encontre de l'assertion de M. Gras, qui l'a appelé instrument inconscient et de bonne foi des cléricaux.

M. Girard est contre la laïcisation tant que le service ne pourra pas être fait régulièrement par un autre personnel. En passant. M. Girard affirme que la liberté de conscience existe dans les hôpitaux et que les faits révélés à l'enquête sont faux et controuvés.

M. Moulin tient à prendre la parole dans ces débats pour expliquer qu'il était lui aussi partisan de la laïcisation avant d'être administrateur des hospices, mais comme M. Martin il a trouvé son chemin de Damas à l'Hôtel-Dieu.

M. Gras explique dans quelles conditions on peut organiser un service hospitalier laïque, il suffit de faire appel au dévouement laïque et en créant dans les hôpitaux un service supplémentaire qui fournira dans six mois des personnes aptes à soigner les malades et à remplacer les sœurs. En tout cas, dit M. Gras, c'est une erreur de croire que les sœurs soignent les malades, elles les font soigner par des infirmiers et infirmières et n'ont pour mission que de servir d'intermédiaire, entre ces derniers et les docteurs.

M. Le Mée, qui a trouvé dans cette question un thème facile à déclamation, se livre à son penchant favori de bavard; il est partisan, dit-il, du meilleur système qui rendra service aux malades.

M. Heckel, lui aussi, est administrateur des hospices et il tient à déclarer que la laïcisation dont il est partisan est absolument impossible avant un délai de plusieurs années et il s'étonne de voir plusieurs de ses collègues venir défendre au sein du Conseil un système hospitalier qui présente plus d'une difficulté.

M. Girard prend la parole pour répéter ses premières déclarations.

M. Heckel soulève une tempête avec son appréciation sur les sentiments de ses collègues et M. Gras lui réplique par un fait personnel, qui produit une explosion de protestations sur un grand nombre de bancs. Cet incident menace de s'éterniser. A propos de laïcisation on arrive à se demander : Depuis quand êtes-vous républicain? M. Gras répond qu'il n'est pas né à 30 kilomètres de Marseille et qu'on peut trouver des gens qui renseigneront les questionneurs.

M. BLANC-AILLAUD ramène le débat à son point de départ. Y a-t-il lieu de voter la subvention de 750.000 fr. aux hospices et dans quelles conditions doit-on voter cette somme? M. Blanc-Aillaud ne la votera que sous condition de laïcisation.

M. NICOLAS parle de la question de l'admission des étrangers dans les hôpitaux et il prie ses collègues de s'en tenir aux conclusions formulées dans le rapport de M. Maglione sur cette question. Quant à lui il propose à ses collègues de prier les administrateurs des hospices de laïciser d'abord la Charité, ce sera un acheminement à la laïcisation complète. Mais s'il vote le crédit demandé, il ne le votera que sous le bénéfice de la laïcisation.

M. GERMONDY prie le Conseil de réserver la question des étrangers pour la discussion de laquelle il demande à être entendu.

M. LE MAIRE indique qu'une demande d'appel nominal sur la question lui est parvenue, ainsi que le vœu suivant : Le Conseil émet le vœu que tout le personnel des hospices soit laïcisé. *Ont volé pour ce vœu* : MM. Bouge, Goiran, Marchand, Nicolas, Gras, Cayol, Rech, Charve, Allard, Gal, Cohen, Bourelly, Germondy, Lapeyre, Vals, Brissy et Blanc-Aillaud. — 17 voix.

Ont volé contre : MM. Vassal, Dubiau, Raymond, Heckel, Le Mée, Michel Colomb, Girard, Moulin, Gay et Giry. — 10 voix.

Se sont abstenus : MM. Rossat, Fach et Martin.

Le vœu est adopté.

M. MARTIN indique qu'à la suite de ce vote il donne, avec ses collègues MM. Girard et Heckel, sa démission d'administrateur des hospices.

Après une discussion assez longue, il est décidé, sur la proposition de M. Moulin, qu'on remplacera séance tenante les démissionnaires.

Ce vote ne se fait pas sans difficulté, au milieu d'un tumulte croissant. En voici les résultats : Sont élus administrateurs des hospices : MM. Germondy, Gras et Valz par 18 et 17 voix.

M. GERMONDY accepte le mandat qui vient de lui être confié et il y mettra tout le dévouement dont il est capable.

M. GRAS ne remercie pas ses collègues de l'honneur qu'ils viennent de lui faire; il ne se méprend pas sur la portée du vote, mais il saura faire son devoir au poste d'honneur qu'on lui a conféré.

M. HECKEL tient à déclarer que ses collègues et lui n'ont pas déserté leur poste, qu'on les a chassés.

On proteste contre cette interprétation.

C'est avec une très vive satisfaction que nous enregistrons la décision prise par le Conseil municipal de la cité républicaine de Marseille. Notre expérience de la question nous permet d'affirmer qu'il est très facile à la municipalité et à la commission des hôpitaux et hospices de Marseille de réaliser promptement la réforme votée par le Conseil, dans les conditions les meilleures, c'est-à-dire en remplaçant les religieuses par des laïques plus instruites qu'elles et mieux en mesure d'aider sérieusement les médecins et les chirurgiens dans leur tâche délicate et laborieuse. Il suffit pour cela de créer une *Ecole municipale d'infirmières*. Le personnel enseignant ne fera certainement pas défaut. Il faut trouver : 1° Un médecin pour faire 5 ou 6 leçons sur les notions élémentaires d'*anatomie*; — 2° Un second pour faire un nombre égal de leçons sur les notions élémentaires de *physiologie*; — 3° Un médecin ou un chirurgien pour faire une quinzaine de leçons sur les *pansements* et la *petite chirurgie*; — 4° Un médecin pour faire une douzaine de leçons sur l'*hygiène*; — 5° Un accoucheur pour faire 5 ou 6 leçons sur les soins à donner aux *femmes en couches* et aux *enfants nouveau-nés*; — 6° Un pharmacien pour faire 5 ou 6 leçons sur la *petite pharmacie*; — 7° Un conseiller municipal ou un administrateur pour donner quelques conférences sur l'organisation de l'Assistance publique à Marseille, sur la comptabilité hospitalière, etc. Enfin, la municipalité et la commission pourront trouver dans les hôpitaux des médecins ou des internes qui consentiront à donner des *leçons pratiques*, à l'hôpital.

Quant au *personnel nécessaire*, il y a certainement à Marseille un nombre suffisant de femmes dévouées, prêtes à suivre cet enseignement et à accepter les fonctions d'hospitalières. Pour réussir, il importe que les candidates, que les conseillers municipaux et la commission administrative soient bien persuadés de la *nécessité d'un enseignement professionnel sérieux*.

Laïcisation de l'hôpital civil de Cannes.

Afin de tenir exactement nos lecteurs au courant de toutes les mesures qui sont prises au point de vue de la laïcisation dans tous les hôpitaux de France, nous profitons des indications qui nous sont données pour avoir les renseignements les plus précis des personnes véritablement autorisées. La lettre suivante mérite l'attention à ce point de vue.

Paris, le 26 février 1886.

Monsieur le Rédacteur en chef,

J'ai l'honneur de vous faire savoir que la laïcisation des services de l'hôpital civil de Cannes, décidée à la suite d'un conflit entre la commission administrative et la communauté des sœurs de Saint-Thomas-de-Villeneuve, a été effectuée le 15 mai 1881.

Le personnel hospitalier proprement dit comprenait sous la direction des sœurs :

1 Sœur supérieure.		1 Concierge laïque.	
3 — infirmières.		2 Infirmiers laïques.	
2 — à la cuisine.		2 Infirmières laïques.	
2 — à la lingerie.		1 Couturière laïque.	
1 — à la pharmacie.		1 Aide de cuisine laïque.	
1 — aux pensionnaires.		1 Garçon de peine laïque.	

10 Sœurs.   **8 Laïques.**

Après la laïcisation, ce personnel a été constitué comme suit : Une directrice, un pharmacien interne, une lingère, trois infirmiers, deux infirmières, un concierge, une cuisinière, un aide-cuisine, un garçon de peine.

Soit 12 employés.

Le recrutement de ce personnel n'a présenté aucune difficulté, l'administration ayant conservé les infirmiers et infirmières existant sous le précédent régime.

Depuis la laïcisation, la municipalité n'a eu qu'à se louer du personnel hospitalier, et elle a, à plusieurs reprises, exprimé sa satisfaction à la directrice et aux employés placés sous ses ordres pour l'excellente tenue de l'hôpital et la bonne marche de tous les services.

Un pharmacien-interne prépare et distribue lui-même les médicaments ordonnés par le médecin de service; il surveille les pansements qu'il fait lui-même dans les cas difficiles. La moyenne journalière des malades en traitement est de 31 pour la période quinquennale écoulée.

Une surveillance constante est exercée sur les infirmiers et infirmières dont le zèle et le dévouement pour les malades ne se sont pas démentis jusqu'à ce jour, et, comme chaque employé encourt une responsabilité réelle, la surveillance particulière dont chaque service est l'objet rend désormais tout gaspillage impossible.

L'établissement n'étant qu'un hôpital, les vieillards non atteints de maladie n'y sont pas admis et aucun travail n'est effectué par les malades en traitement.

Au point de vue des dépenses générales, elles sont sensiblement plus élevées avec l'élément laïque ; mais, comme il y a moins de gaspillage et que les malades sont mieux soignés, il n'y a pas lieu de regretter ce surcroît.

Veuillez agréer, etc.

Le Maire.

GAZAGNAIRE.

Laïcisation de l'hôpital-hospice de St-Denis.

Les religieuses de St-Vincent de Paul ont quitté l'hôpital de St-Denis le 4 mars et ont été remplacées par des surveillantes laïques.

Laïcisation de l'hospice des Enfants-Assistés.

M. Peyron, directeur de l'Assistance publique, poursuit la réalisation des votes du Conseil municipal en ce qui concerne la laïcisation des établissements hospitaliers de Paris. On se rappelle les votes réitérés du Conseil sur cette réforme, ses désirs de voir laïciser à bref délai l'hôpital Cochin, l'hospice des Enfants-Assistés et l'hôpital Necker. L'hôpital Cochin a été laïcisé le 21 décembre ; l'hospice des Enfants-Assistés *sera laïcisé le 1er avril.* Les sœurs St-Vincent-de-Paul retourneront à leur communauté : elles ne pourront plus catéchiser les Enfants-Assistés, les fouetter, les mettre au cachot: elles ne pourront plus prélever de *dime* sur les salaires des infirmières, sous forme de don de 5 fr. pour racheter la faute que leur fait commettre l'Administration en leur donnant des aliments gras pendant le Carême ; sous forme de quête pour le denier de St-Pierre, etc., etc. : elles ne pourront plus favoriser certaines sociétés en mettant à leur disposition les traitements mensuels des infirmières qu'elles détiennent. Cette laïcisation enlève, comme on le voit, des moyens sérieux d'action à la Congrégation contre les institutions républicaines.

Il y a quelques années nous avons fait réclamer par le Conseil municipal que l'enseignement des enfants fût confié, dans cet hospice, à des instituteurs et des institutrices laïques. L'Administration s'est bornée à confier l'instruction des garçons à des instituteurs laïques, laissant l'instruction des filles aux sœurs. Nous espérons que M. Peyron va profiter de la laïcisation pour confier les filles à une institutrice laïque. Il pourra en profiter pour faire faire tous les soirs des cours primaires aux *infirmières.* En le faisant, il leur rendra plus de services que les religieuses ne leur en rendaient en les envoyant au salut, aux messes, aux vêpres, etc.

Les mesures prises par M. Peyron pour rendre *obligatoire* la fréquentation des cours des trois *Ecoles municipales d'infirmières* le mettront en mesure de continuer régulièrement la laïcisation : nous avons la conviction que la laïcisation de l'hôpital Necker suivra de près celle des Enfants-Assistés et que, de deux mois en deux mois, nous verrons se succéder la laïcisation de tous les autres établissements.

Laïcisation de l'hospice des Enfants-Assistés.

Conformément aux vœux réitérés du Conseil municipal et à l'avis conforme du Conseil de surveillance de l'Assistance publique, les sœurs dites de St-Vincent-de-Paul ont quitté l'hospice le 31 mars et ont été remplacées par des laïques. M. Peyron ne s'arrêtera pas là, nous en avons la conviction et, fort de l'avis renouvelé *deux fois* par son Conseil de surveillance, d'accord avec le Conseil municipal, nous avons la conviction qu'il va prendre maintenant les mesures nécessaires pour laïciser l'hôpital Necker à un bref délai.

L'école d'infirmières de Budapest.

Une société particulière, présidée par la reine de Hongrie et constituée au capital de 10 millions de francs, a fondé récemment à Budapest un hôpital modèle, connu sous le nom d'*Erzsébet tábori korház* (*Elisabeth Feldspital*, hôpital de la Croix-Rouge).

Ce bel établissement, dont le Dʳ Pertik Ottó nous a facilité l'entrée, est situé à Bude, aux portes mêmes de la ville. Il est destiné à donner asile, en temps de guerre, à de nombreux blessés et, en outre d'une installation matérielle qui ne laisse rien à désirer. il possède, dans de vastes remises, des voitures d'ambulance d'un confortable achevé et auprès desquelles les voitures usitées chez nous feraient piteuse mine. des centaines de boîtes renfermant les instruments et ustensiles nécessaires pour pratiquer des opérations sous la tente ou sur le champ de bataille, etc. Tout cela est en ordre, astiqué, poli, brillant. Qu'une guerre vienne à éclater : en moins d'un jour, — le temps qu'il faut pour réquisitionner des chevaux et des conducteurs; — la Société civile de la Croix-Rouge enverrait sur le théâtre de la lutte un personnel d'élite, muni de médicaments, d'instruments et d'appareils de premier choix.

En temps de paix, l'hôpital reçoit des malades payants et fonctionne alors à peu près comme notre Maison municipale de santé. Le tarif est le suivant : 1ʳᵉ classe, chambre à un lit, 6 florins (12 fr. 50) par jour; 2ᵉ classe, chambre à deux lits, 3 fl. par jour; 3ᵉ classe, chambre à huit lits, 1 fl. 50 kr. par jour.

Le service est fait par des infirmières laïques, ainsi que par des élèves-infirmières suivant les cours de l'école annexée à l'hôpital. Ces élèves sont logées à l'hôpital et sont astreintes aux mêmes obligations que les infirmières ou les surveillantes elles-mêmes. Elles portent un uniforme qui consiste en une robe de toile bleue, une ceinture de cuir avec croix rouge sur la plaque. un brassard avec croix rouge; comme coiffure, un mouchoir blanc posé sur la tête à la mode hongroise.

Les cours sont moins complets et moins variés que dans nos écoles d'infirmières parisiennes : on n'enseigne à Budapest que la petite chirurgie, l'anatomie élémentaire et la pratique des pansements. Les cours sont faits par les chefs de service eux-mêmes. De plus, les élèves ont à leur disposition, pour tout livre d'étude, la traduction hongroise de l'ouvrage de Billroth : *Die Krankenpflege im Haus und im Hospital.*

Jusqu'à la date de ma visite (août 1885), soixante élèves avaient déjà passé l'examen et reçu le diplôme. Ces infirmières sont réparties entre divers hôpitaux, ou bien, à leur gré, deviennent garde-malades ; en temps de guerre, elles seraient toutes à la disposition de la Société civile de la Croix-Rouge.   · R. BL.

Les sœurs pharmaciennes. — Des effets du sulfate de zinc sur l'organisme; par M. Lᴇᴘᴇᴛɪᴛ (1).

Dans un des établissements pénitentiaires d'un département de l'Ouest le service médical était ainsi organisé : un docteur en médecine externe pour visiter les malades; à la tête de la phar-

____

(1) *Journal de pharmacie et de chimie*, 1ᵉʳ avril 1886.

macie, une sœur hospitalière pour préparer et distribuer les médicaments. La provision de sel de Gaubler étant épuisée, la sœur remplit le flacon d'une poudre blanche, et pendant plusieurs mois la sœur distribua son nouveau produit sans qu'aucun accident se manifestât ; la seule différence qu'on remarqua, c'est qu'au lieu d'une simple purgation, on obtenait les effets d'un éméto-cathartique. Le médecin ayant le même jour ordonné le purgatif ordinaire à trois détenus aux doses de 30, 45 et 60 grammes, les deux premiers éprouvèrent les phénomènes habituels, tandis que le troisième vomit peu, fut peu purgé, mais ressentit de très violentes douleurs générales, et au bout de quelques heures succombait. L'autopsie et l'analyse chimique des organes furent faites. Il fut facile à l'expert de caractériser la poudre blanche qui était du sulfate de zinc. *Si les doses prescrites furent exactement données* par la sœur, il résulterait de cette observation que le sulfate de zinc n'aurait agi que comme éméto-cathartique jusqu'à la dose de 45 grammes sans amener la mort. La sœur traduite en police correctionnelle fut condamnée à quelques francs d'amende ! Qu'en pensent M. Després et M. Dujardin-Beaumetz?

Les Sœurs dans les Hôpitaux.

On lit dans la *Revue bibliographique des Sciences médicales,* du 31 octobre 1885 :

« Je viens d'être témoin d'un fait qui plaide bien haut pour le remplacement des sœurs par des infirmières laïques.

« Voici la sœur de la salle Notre-Dame à l'Hôtel-Dieu qui a la spécialité d'empêcher les malades de se faire opérer ; dans quel but ? Posséderait-elle quelque remède secret ? Ou avait-elle quelque remise pour la vente d'une eau miraculeuse ? Je n'en sais rien ; mais voici à peu près ce qu'elle dit à une pauvre femme, venue exprès de province pour se faire opérer d'une tumeur du sein, une heure avant le temps décidé par M. le Dr Peyrot pour cette opération nécessaire. « Ah ! ma brave femme ! Je vois que vous êtes une brave personne ; aussi viens-je vous prévenir que je n'ai jamais vu réussir l'opération qu'on va vous faire subir ; aucune malade n'en échappe. Je tenais à vous avertir... »

« On peut penser si cette malade, si décidée une minute auparavant, demanda avec instance de sortir, et refusa énergiquement l'opération qu'elle avait réclamée elle-même. C'est alors que je la vis et lui conseillai de rentrer à l'Hôtel-Dieu, dans la même salle, où cette fois M. Peyrot lui extirpa un sein avec succès. La malade guérit, malgré la sœur, qu'on conserve quand même. Dr E. M.

Pourquoi ? ? Il faut le demander à MM. Moutard-Martin, Empis, Bucquoy, médecins de l'Hôtel-Dieu ; Richet, Panas et Tillaux, chirurgiens de l'Hôtel-Dieu, qui trouvent bon que les sœurs de leur service se mêlent de ce qui ne les regarde pas et sont en admiration devant la sainte ignorance !

Écoles pour les infirmiers et les surveillants des asiles d'aliénés.

The Journal of Insanity (janvier 1884) appelle l'attention de ses lecteurs sur un article du Dr Campbell Clarke, médecin directeur du *Glasgow district asylum*, intitulé : *Éducation et instruction spéciales des infirmiers et surveillants des asiles*, travail qui a été lu à l'*Association médico-psychologique d'Edimbourg* le 16 novembre 1883, et il ajoute que c'est là un sujet qui a été souvent discuté, à différentes époques, en Amérique et ailleurs par les médecins des asiles. Le Dr Koskbride, en 1844, aurait fait des leçons sur ce sujet. Dans l'État de New-York, en plus de l'instruction pratique donnée dans les salles aux infirmiers et aux surveillants (1), on a organisé des leçons dans trois asiles au moins : Ward's Island, Buffalo et Utica. Ces leçons faites par les chefs de service ont pour objet les *soins à donner aux malades et aux aliénés*, des *notions élémentaires d'anatomie*, de *physiologie, d'hygiène*, la *préparation des aliments* pour les malades, l'administration des *bains*, enfin les mesures à prendre pour parer aux accidents imprévus qui surviennent dans les asiles.

PUBLICATIONS

DU

PROGRÈS MÉDICAL

BOURNEVILLE. Science et miracle : Louise Lateau ou la Stigmatisée belge. Vol. in-8 de 88 pages avec 2 fig. dans le texte et une eau forte, dessinées par P. Richer. — 2e édition, revue corrigée et augmentée. — Prix . 2 fr. 50. — Pour nos abonnés. . . . . 1 fr. 50

BOURNEVILLE. Écoles municipales des infirmières laïques; laïcisation de l'Assistance publique. (Discours prononcés en 1880, 1881, 1882, 1883). Quatre brochures in-8°. — Prix de chacune de ces brochures : 50 c. — Pour nos abonnés . . . . 30 c.

BOURNEVILLE. Laïcisation de l'assistance publique. Conférence faite à l'Association philotechnique le 26 décembre 1880. Brochure in-8° de 23 pages. — Prix 75 cent. — Pour nos abonnés. . . . . 50 c.

BOURNEVILLE. — Laïcisation de l'Assistance publique. Discours prononcé aux distributions des prix des écoles municipales d'infirmières laïques (*VIIe et VIIIe années scolaires*) 2 brochures in-8. — Prix : chacune 1 fr. — Pour nos abonnés : chacune . . . . 70 c.

BOURNEVILLE. Rapport sur l'utilisation agricole des eaux d'égout et l'assainissement de la Seine ; présenté à la *Chambre des Députés*. Volume in-4 de 180 pages, avec un atlas de 6 plans des environs de Paris, des collecteurs, de l'envasement de la Seine, des irrigations de Gennevilliers, des irrigations projetées d'Achères et des sondages dans la forêt de Saint-Germain. — Prix. 4 fr.

---

(1) Ii s'agit des agents secondaires des deux sexes.

Bibliothèque Diabolique
(Collection Bourneville).

LE SABBAT DES SORCIERS
Par BOURNEVILLE et TEINTURIER

1er volume de la *Bibliothèque diabolique*. Brochure in-8, de 40 pages, avec 25 figures dans le texte et une grande planche hors texte. Il a été fait de cet ouvrage un tirage de 500 exemplaires numérotés à la presse ; 300 exemplaires sur papier blanc, vélin. Nᵒˢ 1 à 300. — Prix : 3 fr. — Pour nos abonnés, 2 fr. 50 (Tirage dont il ne nous reste que quelques exemplaires) ; 150 exemplaires sur parchemin, Nᵒˢ 301 à 450.— Prix : 4 fr. — Pour nos abonnés, 3 fr. — 50 exemplaires sur japon, Nᵒˢ 451 à 500. — Prix : 6 fr. — Pour nos abonnés . . . . 5 fr.

FRANÇOISE FONTAINE

Procès-verbal fait pour délivrer une fille possédée par le malin esprit à Louviers.

Publié d'après le manuscrit original et inédit de la Bibliothèque nationale. Précédé d'une introduction par B. de Moray. Un volume in-8° de CIV-99 pages. — Papier vélin. — Prix : 3 fr. 50. — Pour nos abonnés : 2 fr. 75. — Papier parchemin. Prix : 4 fr. 50. — Pour nos abonnés : 3 fr. 50. — Papier japon. — Prix : 6 fr. — Pour nos abonnés. . . . . . 5 fr.

JEAN WIER

Histoire, Disputes et Discours des Illusions et impostures des diables, des magiciens infâmes, sorcières et empoisonneurs, des ensorcelés et démoniaques et de la guérison d'iceux : *Item* de la punition que méritent les magiciens ; les empoisonneurs et les sorcières. Le tout compris en six livres, par Jean WIER, médecin du duc de Clèves, suivi : de deux dialogues touchant le pouvoir des sorcières et la punition qu'elles méritent, par Thomas ERASTUS. Avant-propos par BOURNEVILLE ;—Biographie de Jean Wier, par Axenfeld. Cet ouvrage forme deux beaux volumes de plus de 900 pages, et est orné du portrait de l'auteur, gravé au burin. Prix : Papier vélin, 15 fr. les deux volumes. Pour nos abonnés, 12 fr. — Il a été tiré pour les amateurs un certain nombre d'exemplaires sur papier de luxe. — Papier parcheminé (n° 1 à 300), prix 20 fr. les deux volumes. Pour nos abonnés, 16 fr. — Papier Japon, des Manufactures impériales (n° 1 à 150), prix: 25 fr. les deux volumes. Pour nos abonnés, 20 fr.—*N. B.* Les prix ci-dessus sont pour les exemplaires pris dans nos bureaux. Pour la France, le port est de 1 fr. Pour l'étranger, de 2 fr. 50.

POSSESSION DE JEANNE FERY

Sœur professe du couvent des Sœurs noires de la ville de Mons (1584). Un beau volume in-8° de 122 pages, avec une préface du Dʳ BOURNEVILLE. — Prix : Vélin, 3 fr. Pour nos abonnés, 2 fr. 50. — Parcheminé, 4 fr. Pour nos abonnés, 3 fr. — Japon, 6 fr. Pour nos abonnés, 5 fr.

PARIS. — IMP. V. GOUPY ET JOURDAN, RUE DE RENNES, 71.

LAÏCISATION DE L'ASSISTANCE PUBLIQUE

N° 8.

DISCOURS

Prononcés les 3, 8 et 9 août 1887

AUX

DISTRIBUTIONS DES PRIX

DES ÉCOLES MUNICIPALES D'INFIRMIÈRES LAÏQUES

(DIXIÈME ANNÉE SCOLAIRE)

Par BOURNEVILLE

Député de la Seine, médecin de Bicêtre,
Directeur de l'enseignement des Ecoles municipales d'infirmières, etc.

Nous continuons à réunir et à mettre à la disposition du public les discours prononcés aux distributions des prix des *Ecoles municipales d'infirmiers et d'infirmières*, afin que tout le monde puisse se rendre un compte exact des efforts faits par nos amis, par l'Administration actuelle de l'Assistance et par nous, pour doter les établissements hospitaliers de Paris d'un bon personnel.

Discours prononcé le 3 août à Bicêtre.

Mesdames, Messieurs,

Cette distribution des prix, que M. le Préfet de la Seine veut bien présider avant la cérémonie, due à son initiative personnelle, de la pose de la *plaque commémorative* en l'honneur de l'un de vos anciens, le surveillant PUSSIN, ou, pour employer l'expression administrative de l'époque, le gouverneur PUSSIN, qui fut le dévoué collaborateur du plus illustre des médecins de Bicêtre, Ph. Pinel, cette distribution des prix, disons-nous, clôt la DIXIÈME année scolaire de l'Ecole municipale d'infirmiers et d'infirmières de cet hospice.

Il nous semble utile, à la fin de cette décade, de passer rapidement en revue l'histoire de l'organisation et du fonctionnement des Ecoles d'infirmières, ce qui nous permettra, en même temps, de renseigner exactement M. le Préfet sur une réforme à laquelle il a participé depuis plusieurs années : *la laïcisation des établissements hospitaliers de la Ville de Paris et du département de la Seine.*

C'est en 1877, que le Conseil municipal, a réclamé la création des Ecoles d'infirmières dans le triple but : 1° de procurer aux hôpitaux des infirmières plus instruites, plus capables, pouvant faire de bonnes surveillantes, afin de remplacer les religieuses des hôpitaux par des laïques; — 2° de donner aux personnes de la Ville qui exercent ou veulent exercer la profession de garde-malades, des moyens sérieux d'instruction professionnelle, afin de substituer dans les familles les laïques aux religieuses; — 3° de mettre les mères de familles en mesure d'apprendre à soigner les malades afin de mieux seconder le médecin lorsqu'un de leurs parents est atteint par la maladie.

L'Ecole de la Salpêtrière a été ouverte le 1er avril 1878, l'*Ecole de Bicêtre* le 20 mai de la même année et l'*Ecole de la Pitié* le 24 mai 1881. Quelles sont les raisons qui ont fait choisir ces trois établissements.

Nous avons choisi Bicêtre et la Salpêtrière parce que ces deux hospices étaient, de fondation, confiés à des laïques et qu'on était en droit d'espérer que les surveillantes ne s'opposeraient pas, comme l'auraient certainement fait les religieuses, à la fréquentation de l'Ecole par les infirmières; c'est parce qu'il existait 393 infirmières à la Salpêtrière, 235 infirmiers et infirmières à Bicêtre (1); c'est parce qu'il y avait dans ces hospices une école primaire pour les enfants avec un matériel scolaire, avec un personnel enseignant, connaissant les infirmières et les infirmiers et mieux en état que qui que ce soit d'approprier l'enseignement à leur caractère, à leurs habitudes; parce que la population de ces hospices est nombreuse et qu'elle comprend des vieillards, des infirmes, des aliénés, des épileptiques, des enfants. « Nulle part ailleurs, répéterons-nous, on ne rencontrait un ensemble d'aussi bonnes conditions ; nulle part, mieux qu'à la Salpêtrière et à Bicêtre, on ne pouvait organiser les Ecoles d'infirmières plus facilement et plus économiquement..... Mais, malgré les nombreuses ressources dont nous disposions à Bicêtre et à la Salpêtrière, il nous manquait encore un certain nombre de moyens d'instruction. Si à Bicêtre le service de chirurgie est actif, en revanche il l'est peu à la Salpêtrière ; si Bicêtre et la Salpêtrière renferment des enfants, et des enfants terriblement difficiles à soigner, ni l'un ni l'autre ne possèdent de service d'accouchements ; enfin, il est des maladies aiguës que l'on n'y observe que rarement. Où trouver ces éléments d'enseignement destinés à compléter l'instruction donnée à Bicêtre et à la Salpêtrière? Dans un hôpital. Les religieuses de Ste-Marthe ayant été obligées, faute de recrues, de quitter la Pitié, c'est cet hôpital qui

---

(1) Ces chiffres sont ceux du budget de 1878.

fut naturellement choisi pour y installer l'*Ecole de perfectionne-ment.*

Les Ecoles de Bicêtre et de la Salpêtrière ont un double caractère : elles sont à la fois *écoles primaires* et *écoles professionnelles.*

L'*Enseignement primaire* est fait par les instituteurs et les institutrices des écoles des enfants idiots, arriérés et épileptiques. Il porte sur la lecture, l'écriture, le calcul et l'orthographe, pour les divisions inférieures et, pour les divisions supérieures, sur l'arithmétique, le système métrique, l'orthographe, la rédaction, l'histoire de France et la géographie.

Depuis l'origine jusqu'à ce jour, nous avons introduit, à l'école primaire même, l'enseignement professionnel. Voici comment nous avons procédé et comment nous procédons encore. La *lecture* de l'imprimé est faite dans le *Manuel de l'infirmière*; la *lecture manuscrite* est faite dans la traduction du Manuel anglais de Domville (1), que nous avons fait copier par une série d'enfants des écoles de Bicêtre et de la Salpêtrière, en nous servant successivement des enfants dont l'écriture est de moins en moins bonne, de telle sorte que ces malheureux enfants contribuent à l'instruction de ceux qui se consacrent à leur donner des soins ; — les *dictées,* au lieu d'être prises au hasard, sont empruntées à des traductions de Manuels anglais ou américains, et en dernier lieu au Manuel fait par l'Association anglaise des médecins aliénistes pour l'instruction des surveillants et des infirmiers des asiles d'aliénés. L'instruction primaire, comme on le voit, prépare donc les élèves à recevoir avec fruit l'enseignement professionnel.

L'*Enseignement professionnel* comprend: 1° des *cours théoriques* ; — 2° des *exercices pratiques* ; — 3° le *changement de service ou le roulement.*

a) Les *Cours théoriques,* qui se font dans cette salle, sont au nombre de sept : 1° *Notions élémentaires d'anatomie* ; — 2° *Notions élémentaires de physiologie* ; — 3° *Administration et comptabilité hospitalières* ; — 4° *Pansements, bandages, petite chirurgie, etc.* ; — 5° *Hygiène* ; — 6° *Petite pharmacie, administration des médicaments* ; — 7° *Soins à donner aux femmes en couches et aux nouveau-nés.* Tous ces cours, sauf le dernier réservé aux infirmières, sont communs aux infirmiers et aux infirmières. Chaque année le programme de l'enseignement est reproduit en tête du Palmarès.

b) Les *Exercices pratiques* ont lieu tous les jours à l'Infirmerie générale pour Bicêtre et la Salpêtrière ; dans une salle de médecine, une salle de chirurgie et dans le service d'accouchements pour la Pitié, sous la direction des surveillantes. Les élèves apprennent les noms et les usages des instruments qui composent l'arsenal *médico-chirurgical* ; — des pièces de linge et des objets contenus dans l'appareil ; — des médicaments d'un usage fréquent

____

(1) *A Manual for Hospitals Nurses* ; London, 1878.

qui doivent se trouver dans toutes les salles ; enfin ils apprennent à faire des bandages sur le mannequin, à faire les cahiers, les feuilles du mouvement de la population, à exécuter les pansements de chaque jour, etc. Ici, ces exercices sont d'habitude complétés par quelques autres faits dans notre service, par l'une de nos sous-surveillantes, sous notre direction ou celle de nos internes : telles sont, entre autres, la vaccination, l'épilation, l'administration des douches, etc.

c) Le *Changement de service* ou le *roulement* consiste en ce que les élèves doivent passer successivement, à tour de rôle, dans tous les services de l'hospice ou de l'hôpital : lingerie, cuisine, vestiaire, dortoirs des vieillards valides, dortoirs des grands infirmes, quartier des aliénés, section des enfants, infirmerie générale, médecine et chirurgie. Ce roulement de service en service a pour but de mettre les élèves en mesure de remplir n'importe quel poste dans les hôpitaux ; de leur donner plus de sang-froid, d'autorité et d'expérience, en les plaçant en contact avec des chefs différents, qu'il s'agisse des médecins, des chirurgiens, des surveillants ou des surveillantes. Nous devons avouer que cette partie de l'enseignement pratique est loin de fonctionner suivant nos désirs. Le roulement ne s'opère encore que d'une manière très imparfaite. En appelant de nouveau l'attention de M. Peyron sur cette partie de l'enseignement pratique, nous avons l'espoir qu'il donnera des instructions formelles pour qu'elle soit faite dans les trois hôpitaux-écoles d'une façon régulière, au moins pour les élèves diplômées et les élèves de la première division.

Pour compléter l'exposé du programme de l'enseignement des Écoles d'infirmières, nous devons ajouter que les élèves font de fréquentes *compositions* sur les différentes branches de l'enseignement primaire et de l'enseignement professionnel et que leurs professeurs leur font subir, avec nous, des *examens pratiques*.

Dans les trois écoles, grâce au dévouement des professeurs, des maîtres et des maîtresses, nous avons obtenu des résultats très remarquables qui méritent d'être signalés.

D'abord, au point de vue de l'instruction primaire ordinaire, à Bicêtre et à la Salpêtrière, un grand nombre d'infirmiers et d'infirmières sans aucune instruction, assez souvent même ne sachant pas parler le français, ont acquis une instruction primaire passable: on compte, ici, une quarantaine d'élèves de cette catégorie, et leur nombre est plus grand à la Salpêtrière. Un nombre considérable d'infirmiers et d'infirmières, possédant déjà une certaine instruction, ont pu la perfectionner et sont arrivés à posséder une instruction primaire tout à fait satisfaisante.

Les résultats obtenus au point de vue professionnel s'accusent chaque année davantage. Pour les constater et leur donner une consécration nous avons demandé à l'Administration d'instituer des *diplômes* ou, si l'on veut, des certificats d'aptitude. Ce n'est qu'à la suite de difficultés assez peu compréhensibles et seulement en août 1883, c'est-à-dire à la fin de la sixième année scolaire que cette autorisation nous a été enfin accordée.

D'accord avec les professeurs des trois écoles, afin d'échapper à toute critique, nous avons posé des conditions difficiles et rigoureuses à l'obtention des diplômes. Il faut avoir, en effet, pour l'ensemble des compositions un minimum de 115 points ainsi répartis :

	Maximum.	Minimum.
Administration	20	15
Anatomie.	20	10
Physiologie	20	10
Pansements.	25	15
Hygiène	20	15
Soins à donner aux femmes en couches et aux nouveau-nés.	20	15
Petite pharmacie	20	15
Examen pratique	30	20
	175	115

Malgré ces conditions sévères, bien que les laïcisations nous aient souvent enlevé nos meilleures élèves au milieu de l'année scolaire, le nombre des diplômés est allé croissant chaque année et atteint aujourd'hui un chiffre assez élevé. Voici, en ce qui concerne Bicêtre, la progression des diplômes.

	Infirmiers.	Infirmières.
1882-83.	»	8
1883-84.	3	3
1884-85.	4	4
1885-86.	5	17
1886-87.	15	12
	27	44

Soit au total	71
Si l'on ajoute à ce chiffre les diplômées de l'Ecole de la Salpêtrière, soit	107
Et celles de l'Ecole de la Pitié	120
On arrive au chiffre de	298

L'année 1886-87 entre dans ce total pour 143.

La création de ces écoles, cet enseignement dont nous venons d'exposer l'organisation étaient-ils nécessaires ?... Assurément, car, depuis bien longtemps, les médecins se plaignaient du personnel secondaire, et insistaient énergiquement sur l'urgence d'une réforme. En 1843, et déjà auparavant, le comité médical parlant au nom des médecins, des chirurgiens et des pharmaciens des hôpitaux, se faisait l'echo énergique des plaintes des malades et du service de santé tout entier devant le Conseil général des hospices. Mais, comme rien n'avait été fait, sauf une légère amélioration qui a consisté à élever les salaires de 10 à 15 fr., la situation ne s'était pas modifiée ; telle elle était en 1843, telle elle était encore en 1878. C'est pour assurer un meilleur recrutement du personnel secondaire des hôpitaux, partant de meilleurs soins aux malades, que nous avons proposé au Conseil municipal, qui les a acceptées, un certain nombre de réformes destinées à assurer un meilleur recrutement des infirmiers et des infirmières des établissements hospitaliers de Paris. Ces réformes comprenaient : 1° l'augmentation des salaires qui ont été portés de 15 et 17 fr. à 25 fr. au minimum, et que nous serions heureux de voir élever à 30 fr. ; en commençant par toutes les infirmières et par tous les infirmiers diplômés ; — 2° l'amélioration de la nourriture qui laisse encore beaucoup à désirer, l'amélioration des logements qui sont devenus convenables dans un certain nombre d'établissements, mais qui, dans d'autres, sont toujours très défectueux et véritablement insalubres. Nous passons sur d'autres réformes secondaires dont vous avez certainement conservé le souvenir.

Ce qu'il y avait surtout de plus défectueux, c'était l'instruction et l'éducation du personnel. L'examen de ce qui se faisait à l'étranger, notamment en Angleterre et aux Etats-Unis, nous suggéra l'idée d'imiter la pratique en usage dans ces pays, en important à Paris les écoles professionnelles d'infirmiers et d'infirmières. Un grand nombre d'infirmiers et surtout d'infirmières ont répondu à l'appel qui leur était fait et ont profité des moyens d'instruction qui étaient mis à leur disposition. Nous avions ainsi des infirmières dont les connaissances primaires et professionnelles devenaient supérieures aux connaissances des religieuses. Il devait en résulter qu'on serait amené naturellement, dans un délai plus ou moins rapproché, à leur confier les postes occupés par les religieuses, femmes ignorantes, ne possédant qu'une routine incurable, et ne cherchant nullement à se mettre en mesure de faire face aux besoins de la pratique médico-chirurgicale actuelle, en supposant même qu'il n'y eut pas eu des raisons politiques d'un ordre supérieur pour les remplacer par des laïques. Des soldats instruits et des supérieurs ignorants, c'était une situation fausse qui ne pouvait durer. Comme on le voit, de toute façon, la question de la laïcisation se posait nécessairement. Nous ne vous parlerons pas de nouveau des difficultés qu'elle a rencontrées; nous l'avons fait en maintes circonstances. Nous nous bornerons à vous citer les dates successives de la laïcisation des hôpitaux :

L'hôpital Laënnec a été laïcisé à la fin de 1878.
L'hôpital de la Pitié, le 1er octobre 1880.
L'hospice de Larochefoucauld, en janvier 1881.
L'hospice des Ménages, en juillet 1881.
L'hôpital Saint-Antoine, le 1er août 1881.
L'hôpital de Lourcine, en juillet 1882.
L'hôpital Tenon, en juillet 1882.
L'hospice d'Ivry, en février 1885.
L'hôpital Cochin, le 21 décembre 1885.
L'hospice des Enfants-Assistés le 1er avril 1886.

Durant la même période, l'hôpital Bichat, l'hôpital Andral, l'hôpital Broussais, créés par le Conseil municipal et par l'Administration, ont été, dès l'origine, confiés à des laïques. En même temps, sur les instances du Conseil général de la Seine, l'administration préfectorale laïcisait les asiles d'aliénés de Sainte-Anne, Ville-Evrard et Vaucluse, et installait des surveillantes laïques dans le nouvel asile de Villejuif.

Pendant cette année scolaire, M. Peyron, d'accord avec M. le Préfet de la Seine, et suivant les désirs du Conseil municipal, a poursuivi régulièrement la laïcisation. Ainsi que nous vous le faisions prévoir il y a un an, l'hôpital Necker, l'hôpital des Enfants-Malades et l'hôpital de Forges-les-Bains ont été laïcisés le 28 octobre 1886. De plus, l'hôpital Trousseau a été confié à des laïques le 1er avril dernier. Enfin, le 7 juillet, le Conseil de surveillance de l'Assistance publique a émis un avis favorable à la laïcisation de l'hôpital Lariboisière et de l'hôpital Beaujon. Quand cette mesure, qui doit avoir son effet dans quelques semaines, aura été réalisée, en exceptant l'hôpital de Berck-sur-Mer et les fondations de La Roche-Guyon, Chardon-Lagache, Brézin, il ne restera plus, sur les 30 hôpitaux et hospices de Paris, que trois établissements à laïciser :

La Charité avec	30 religieuses.
Saint-Louis avec	25 —
L'Hôtel-Dieu avec	21 —
Total. . .	76 religieuses.

Les renseignements que nous avons donnés tout à l'heure, qui montrent que cette année 143 élèves ont été jugées dignes du diplôme, assurent à l'Administration qu'elle peut sans crainte achever cette année même la laïcisation. Du reste, vous n'avez pas oublié que dans une récente discussion au Conseil municipal, M. le directeur de l'Assistance publique a pris l'engagement de laïciser l'hôpital de la Charité et l'hôpital Saint-Louis, pour la fin de l'année. Nous avons le ferme espoir que, dans les premiers mois de l'année 1888, l'Hôtel-Dieu aura son tour.

Nous devons ajouter qu'à côté des infirmières diplômées, il en existe un grand nombre qui, ayant déjà suivi les cours des écoles pendant une ou deux années, et même davantage, fourniront, à bref délai, d'excellentes recrues pour la laïcisation des Maisons de secours. Là aussi, il importe non seulement d'enlever aux religieuses des moyens puissants d'action contre la République, et de les remplacer par des laïques; mais il faut encore leur substituer des laïques plus instruites, plus dévouées, et entièrement attachées à leurs fonctions.

L'Administration, d'ailleurs, prépare de nouvelles élèves pour l'enseignement professionnel dans les hôpitaux récemment laïcisés : l'hôpital des Enfants-Malades, l'hospice des Enfants-Assistés et l'hôpital Trousseau. Se conformant aux vœux du Conseil municipal, M. Peyron a profité de la présence dans ces établissements d'institutrices laïques chargées d'instruire les enfants malades, en leur faisant faire tous les soirs un cours primaire aux infirmières. Peut-être y aurait-il lieu de donner la même mission aux institutrices de l'école qui vient d'être fondée à l'hôpital Saint-Louis.

Donc, bientôt, grâce à toutes les mesures qui ont été prises depuis dix ans, et auxquelles M. Peyron s'est associé avec tant de bonne volonté, pour l'instruction primaire et professionnelle des infirmières, tous les établissements qui dépendent de l'Assistance publique, à part quelques fondations, seront laïcisés. Alors nous verrons cesser toutes les polémiques violentes dont la laïcisation a été l'objet. Ces polémiques, d'ailleurs, n'auraient pas eu lieu, si leurs auteurs avaient été un peu plus au courant de la question. La laïcisation, en effet, n'est pas chose nouvelle. Elle a commencé avec Louis XII, qui, par ses lettres patentes en date du 11 avril 1505, enleva l'administration de l'Hôtel-Dieu au chapitre de Notre-Dame de Paris pour la confier à des bourgeois, c'est-à-dire à des laïques. Elle a continué sous Louis XIV.

Bicêtre et la Salpêtrière, organisés en 1656, furent confiés à des surveillants et à des surveillantes laïques. La laïcisation a continué, répéterons-nous, lorsqu'on a enlevé l'économat aux religieuses, lorsqu'on leur a enlevé la direction de la pharmacie dans la plupart des hôpitaux, et cela se passait sous Louis XVIII, ainsi qu'en témoigne l'arrêté du Conseil général des Hospices, en date du 23 juin 1819. La laïcisation a continué lorsqu'en 1833 on a enlevé la Maison de Sainte-Périne aux Sœurs de la Sagesse, pour la donner à des surveillantes laïques, qu'on a laissé aux laïques l'hôpital des Cliniques, la Maison Municipale de Santé, la Maternité, l'hôpital du Midi, et lorsque, dans presque tous les asiles de la France, on a confié le service des aliénés à des laïques. Nous ne faisons donc que poursuivre l'œuvre commencée par la monarchie absolue, continuée par la monarchie de Juillet, et même par le dernier Empire, répondant en cela aux besoins de la science et aux intérêts impératifs de la société civile :

« La société civile, on ne saurait trop le redire, si elle ne veut être sans cesse en lutte contre les envahissements perpétuels de la société religieuse, doit enlever aux congrégations tous leurs moyens d'action, toutes leurs ressources officielles. Tout congréganiste, quelle que soit sa robe ou sa coiffe, est, d'ores et déjà, un ennemi irréconciliable de la société civile. En l'éliminant, en lui enlevant traitement et moyen de propagande, on rend service à la société civile sans lui créer un ennemi de plus. Et chaque fois, au contraire, que l'on remplace une sœur par une *laïque*, un *frère* par un *laïque*, on rend service à la société civile, sans lui causer de tort. Loin de là : c'est qu'en effet, on attache à la société civile, non seulement la personne qui remplace la religieuse, mais sa famille tout entière, solidaire dans ses intérêts. La religieuse, elle, est isolée, elle a renié sa famille. »

L'intérêt des malades, celui de l'Administration, l'intérêt de la science, celui de la République, qui nous est chère à tous, concordent à démontrer l'incontestable utilité de la laïcisation de l'Assistance publique.

L'expérience, d'ailleurs, s'est prononcée partout en faveur des laïques. En Angleterre, en Suisse, aux Etats-Unis, en Allemagne en Autriche, en Hollande, la plupart des hôpitaux sont confiés à des laïques. En Portugal il n'y a aucune congrégation religieuse. Lorsqu'on ose affirmer que les religieuses sont indispensables, que seules elles sont capables de bien soigner les malades, on fait injure aux femmes françaises que l'on considère comme moins intelligentes, moins compatissantes et moins dévouées que les femmes des nations que nous venons de citer. On oublie enfin que, même avant la laïcisation, la plus grande partie des soins étaient donnés aux malades par les laïques et non par les religieuses, malgré leurs statuts :

« Le rôle des religieuses, a écrit M. le professeur Léon Le Fort, est loin d'être celui que leur attribuent des préjugés qui ne sont, du reste, que des souvenirs d'un temps fort éloigné. Ce rôle ne consiste pas, en effet, à donner directement des soins aux malades : ce n'est pas la sœur qui fait les pansements, ce sont les externes ; et s'il y a lieu dans la journée de les renouveler, d'appliquer des cataplasmes, des sangsues, c'est alors l'infirmier ou l'infirmière qui se substituent à l'externe ; la cuillerée de potion qu'il faut donner d'heure en heure, c'est l'infirmier qui l'administre ; s'il faut changer un drap souillé, laver un malade, c'est encore l'infirmier qui intervient ; *la religieuse est la surveillante générale ; elle fait la répartition des aliments* que distribuent les infirmiers ; *elle règle les rapports avec la lingerie,* veille au maintien de l'ordre et de la discipline de la salle (1). »

Nous terminerons là ces considérations générales, que nous tenions à rappeler devant M. le Préfet de la Seine, afin de lui prouver qu'en autorisant la laïcisation des hôpitaux de Paris, il s'est associé à une œuvre sérieuse, véritablement utile, franchement républicaine, et, pour finir ce discours déjà trop long, nous allons donner rapidement quelques renseignements sommaires sur les travaux accomplis à l'école de Bicêtre, durant l'année scolaire qui vient de s'écouler.

L'Ecole de Bicêtre a fonctionné encore plus régulièrement cette année que les années précédentes. Nous disons plus régulièrement, en ce sens que, se conformant aux intentions nettement formulées par M. Peyron, M. le directeur de Bicêtre a veillé à ce que les cours fussent suivis *obligatoirement* par tout le personnel. Il en est résulté que le nombre des élèves à la fin de juillet était le même qu'à l'ouverture des cours, au 1ᵉʳ octobre (2).

---

(1) En 1878, alors que seul l'hôpital Laennec avait été laïcisé, il y avait dans les hôpitaux et hospices de Paris : 73 « serviteurs » de 1ʳᵉ classe et 1954 « serviteurs » de seconde classe, tous *laïques* ; 204 sous-surveillants ou sous-surveillantes *laïques* et 75 surveillants et surveillantes *laïques*. Total : 2,306 *laïques*. Avec ces 2,306 *laïques* il y avait 485 *religieuses*. Ces chiffres montrent la part respective des *laïques* et des *religieuses* dans les soins donnés aux malades. L'hôpital Laennec, alors hôpital temporaire, ne figure pas dans cette statistique.

(2) 115 infirmiers et 60 infirmières sur 76, plus 15 élèves externes.

L'enseignement primaire a été fait : pour les infirmières, par M. Boutillier, aidé de Mlles Agnus et Bandaly et de Mme Vallet. Pour les infirmiers : par M. Boyer, instituteur-adjoint de l'école des enfants, assisté de MM. Vallet, Mielot (Paul) et Bayard. Les élèves ont reçu en dictées la suite du *Manuel pour l'instruction des surveillants des asiles d'aliénés*, publié par l'Association médico-psychologique anglaise, ainsi que plusieurs dictées sur les hôpitaux, par M. Ventujol. De plus, nous avons mis à leur disposition une autographie de la première partie du cours de M. Ventujol, comprenant les dictées qu'il avait données depuis six ans.

L'enseignement professionnel a été donné, comme précédemment par MM. Bonnaire, Poirier, Ventujol, Cornet ; par M. Isch-Wall, qui a remplacé M. Bricon. Enfin l'un de nos internes, M. Sollier, a bien voulu faire gracieusement aux infirmières le *cours sur les soins à donner aux femmes en couches et aux enfants nouveau-nés*. Comme d'habitude, les cours professionnels ont été faits dans leur intégralité ; nous devons même dire que la plupart des professeurs ont donné plus de leçons que ne l'exige le programme : nous les remercions de leur zèle.

Les exercices pratiques ont continué à être exécutés sous la direction de Mme Siégel, avec le concours de Mlle Lorcet, sous-surveillante du service de chirurgie. Toutes les deux méritent des éloges pour le dévouement qu'elles ont apporté à l'instruction pratique des élèves.

Des *examens* ont été faits pour la première fois au mois d'avril pour les élèves les plus avancés et, comme d'habitude, pour tout le monde à la fin de juillet. Ils ont été subis par 80 infirmiers et 64 infirmières, dont cinq élèves externes et 10 infirmières de l'hospice d'Ivry (1).

Tandis que, les autres années, l'émulation la plus vive existait parmi vous, Mesdames, alors que le zèle des infirmiers laissait au contraire beaucoup à désirer, cette année, vos maîtres et nous avons remarqué avec regret que vous aviez apporté moins d'ardeur à votre besogne scolaire.

En revanche, nous avons été très heureux de l'empressement mis par les infirmiers à profiter de l'enseignement primaire et professionnel. Aussi, un nombre important d'entre eux a-t-il fait d'excellentes compositions. Quinze vont recevoir leur diplôme, nous les signalons d'une façon spéciale à M. le Préfet et à M. le Directeur de l'Assistance publique : A M. le Préfet, à qui nous rappelons sa promesse de faire choisir parmi les élèves de cette École qui reçoit une subvention du Conseil général, une partie des surveillants et des sous-surveillants dont il a besoin dans les Asiles d'aliénés ; — A M. le Directeur de l'Assistance publique, afin

_____

(1) Les *examens pratiques* ont eu lieu : à Bicêtre en 2 séances, qui ont pris 10 heures ; — à la Pitié, 2 séances, 8 heures ; — à la Salpêtrière, 4 séances, plus de 13 heures. Total, 31 heures.

qu'il prenne parmi les infirmiers diplômés les suppléants et les sous-suppléants au fur et à mesure des vacances qui se produisent dans les établissements hospitaliers (1). Il s'agit là d'un acte de justice et nous ne doutons pas que tous deux ne tiennent compte à l'avenir de notre recommandation, justifiée par les services rendus par les infirmiers diplômés et par les efforts qu'ils ont faits pour se rendre dignes de la confiance de l'Administration.

En ce qui concerne les infirmières, nous devons reconnaître qu'à la suite d'une intervention de notre part, elles se sont relevées dans les deux derniers mois et qu'elles ont subi les examens pratiques avec succès. Nous devons une mention spéciale aux 10 infirmières d'Ivry, qui ont été envoyées régulièrement aux cours, par leur Directeur, M. Labouyerie, que nous remercions de son concours. Elles ont été récompensées de leurs peines, car sept d'entre elles ont obtenu le diplôme (2).

Nous avons la conviction, Messieurs, que durant l'année scolaire qui s'ouvrira le 1er octobre prochain, vous montrerez le même zèle que cette année, et, que vous, Mesdames et Mesdemoiselles, vous redoublerez d'ardeur. Vous n'oublierez pas, les unes et les autres, que le Conseil municipal et l'Administration sont en droit, après tout ce qu'ils ont fait pour améliorer votre situation au point de vue matériel, moral et intellectuel, d'attendre de vous que vous vous montriez toujours convenables, remplis de dévouement, bons envers les vieillards et les malades; que vous obéissez scrupuleusement aux prescriptions de vos chefs du service de santé et aux ordres de vos supérieurs administratifs; que vous soyez complaisants et bienveillants les uns envers les autres, que vous vous aidiez les uns les autres réciproquement, soit dans l'accomplissement de votre tâche, soit sous le rapport de votre instruction professionnelle; en un mot, que vous fassiez votre devoir, tout votre devoir. Ce faisant, dans vos modestes mais si utiles et si délicates fonctions, vous donnerez à tous ceux qui se consacrent à votre instruction, à votre perfectionnement, le meilleur témoignage de reconnaissance; vous contribuerez à mettre hors de discussion la réforme de la laïcisation dont vous profitez et que, songez-y, vous devez à la République.

---

(1) Trois infirmiers ont été nommés sous-surveillants, deux suppléants et dix premiers infirmiers; c'est un chiffre bien minime par rapport au nombre des élèves.

(2) Neuf infirmières de Bicêtre ont obtenu de l'avancement: trois ont été nommées sous-surveillantes, trois suppléantes et trois 1res infirmières dans la maison même; deux ont été envoyées avec le grade de sous-surveillantes, l'une à l'hôpital Trousseau, l'autre à l'hôpital d'Aubervilliers.

Discours prononcé le 8 août à la Pitié.

Mesdames et Messieurs,

C'est le 24 mai 1881, trois ans après les Ecoles de Bicêtre et de la Salpêtrière, qu'a été ouverte l'*Ecole municipale de perfectionnement d'infirmiers et d'infirmières* de la Pitié. Nous clôturons donc aujourd'hui sa *septième* année.

Pour des raisons que nous avons maintes fois exposées, contrairement à ce qui se fait dans les deux autres écoles, les élèves ne reçoivent, ici, que l'*enseignement professionnel*. C'est, qu'en effet, lorsque la laïcisation sera achevée, cette école devra recevoir les élèves diplômées de la Salpêtrière et de Bicêtre, afin d'y perfectionner leurs connaissances.

L'*enseignement professionnel* comprend: 1º les cours théoriques; — 2º les exercices pratiques; — 3º le changement de service ou le roulement.

a) Les *cours théoriques*, qui se font dans l'un des amphithéâtres de l'hôpital, sont au nombre de sept : . . . . (1).

Les professeurs, MM. Ch. H. Petit-Vendol, P. Regnard, Pinon, P. Poirier, Gilles de la Tourette, Yvon et Maygrier ont, suivant l'habitude, apporté le plus grand soin à rendre leur enseignement aussi clair, aussi pratique que possible et l'ont complété en faisant faire aux élèves, dans le courant de l'année, 21 compositions. La correction de ces compositions, en raison de l'augmentation croissante du nombre des élèves, augmentation dont nous nous félicitons, constitue pour eux une lourde tâche. Nous les remercions du dévouement qu'ils mettent à l'accomplir.

b) Les *exercices pratiques* ont lieu tous les jours sous la direction des surveillantes, tantôt dans une salle de médecine, tantôt dans une salle de chirurgie ou enfin dans le service d'accouchements. Les élèves apprennent à reconnaitre les noms et les usages des instruments qui composent l'arsenal médico-chirurgical ; — des pièces de linge et des objets contenus dans l'*appareil* ; — des médicaments d'un usage fréquent qui doivent se trouver dans toutes les salles ; — enfin, ils apprennent à faire les lits, à placer les alèzes, à changer les draps, à faire des bandages sur le mannequin, à faire les cahiers, les feuilles du mouvement de la population, à exécuter les pansements de chaque jour, etc. Les exercices pratiques ont été suivis *obligatoirement* par tous les infirmiers et toutes les infirmières groupés par séries. Ils ont été faits avec un zèle et un empressement dignes des plus grands éloges, en chirurgie par Mme Graby, surveillante, et en médecine par Mme Boissière, sous-surveillante, qui, en raison des services qu'elle a rendus à

---

(1) Voir le discours de Bicêtre, p. 119.

l'enseignement et de ses années d'hospitalière, mériterait d'être promue sur place au grade de surveillante. Mmes Graby et Boissière ont multiplié leurs leçons qui ont eu lieu, durant les six derniers mois, quatre fois par semaine en médecine et en chirurgie.

Les *exercices pratiques* sur les *soins à donner aux femmes en couches* et aux *enfants nouveau-nés*, qui ne comportent qu'une vingtaine de séances, ont été faits par Mme Mallet, sous-surveillante des salles d'accouchement de la Pitié. Ils comprennent la *manière de recevoir l'enfant à sa naissance*, de le *nettoyer*, de le *baigner;* — le *pansement ombilical;* — l'*emmaillottement;* — la *tenue du berceau et de la couveuse;* — la *température de la couveuse;* — l'*allaitement;* — les *soins de propreté à prendre avant de toucher les nouveau-nés.*

Enfin, tous les élèves de l'école ont reçu des leçons de bains et de douches. Pour compléter cet enseignement, il conviendrait d'apprendre aux élèves diplômées à vacciner et à recueillir le vaccin. Nous signalons cette lacune à notre ami le Dr Maygrier, accoucheur de la Pitié et chargé en même temps du cours sur les soins à donner aux femmes en couches et aux enfants nouveau-nés : nous avons la conviction qu'il aidera l'Administration à la faire disparaître.

[M. Bourneville parle ensuite du *changement de service* ou du roulement, puis il reprend ainsi :]

Les *compositions* dont nous avons parlé il y a quelques instants et les *examens pratiques* que nous avons fait passer avec trois des professeurs de l'école, à 39 élèves, au mois d'avril, à 72 élèves à la fin de juillet, nous ont donné la preuve que vous aviez profité sérieusement des leçons de vos maitres et de vos surveillantes.

L'*enseignement professionnel,* ici, de même que dans les deux autres écoles, a pour consécration la délivrance de *diplômes.* Ces diplômes ne sont obtenus que par les élèves qui ont rempli intégralement les conditions posées par vos maitres et nous, d'accord avec l'Administration. Nous allons vous les rappeler encore une fois, afin que vous les ayez toujours présentes à l'esprit (1) . . . . .

Bien que ces conditions soient rigoureuses, le nombre des élèves diplômées s'accroit chaque année dans les trois écoles. L'année actuelle est particulièrement fructueuse, car elle ne fournit pas moins de 143 diplômes. Voici la progression constatée pour école de la Pitié :

1882-1883.	6
1883-1884.	6
1884-1885.	36
1885-1886.	34
1886-1887.	54
Total.	136

(1) Voir *Discours de Bicêtre,* p. 120.

L'hôpital de la Pitié ne possédant que 36 infirmières, d'une part, et, d'autre part, 8 surveillantes, 18 sous-surveillantes et 6 suppléantes, parmi lesquelles on comptait déjà 14 diplômées, on pourrait s'étonner du chiffre que nous venons de citer ; mais il s'explique par la présence à l'école d'une douzaine de boursières et d'un nombre considérable d'*élèves externes* : les unes libres, garde-malades ou mères de famille ; les autres, au nombre de 25, appartenant à divers hôpitaux, même éloignés, en qualité d'infirmières.

Une autre cause, que nous signalons avec le plus vif plaisir, explique les brillants résultats que nous enregistrons aujourd'hui à l'école de la Pitié : c'est l'empressement mis par M. Pinon, directeur de l'hôpital, à se conformer aux instructions de M. Peyron et à seconder nos vues, afin que les exercices pratiques soient faits par les maitresses et suivis par toutes les élèves, avec la plus grande exactitude. Convaincu de l'utilité de l'enseignement donné dans cette école, il a fait tous ses efforts pour exciter le zèle de son personnel, pour rendre fructueuses les leçons des professeurs, pour procurer à l'Administration le plus grand nombre possible de bonnes hospitalières. Nous le remercions de tout cœur de son excellente collaboration.

Nous avons parlé tout à l'heure des *élèves externes* : C'est le moment de donner quelques renseignements à leur sujet. Ils trouvent d'autant mieux leur place ici, que s'il existe des élèves externes dans les deux autres écoles, c'est à la Pitié qu'elles se rencontrent en plus grand nombre (1). Elles comprennent, en premier lieu, des infirmières des autres hôpitaux, même d'hôpitaux très éloignés ; par exemple, Saint-Antoine, Necker, Laennec, Broussais, Saint-Louis, etc. Après une journée d'un rude labeur, malgré la distance, malgré la longueur et la rudesse de l'hiver, elles se sont rendues régulièrement aux leçons. Leur zèle mérite d'être récompensé.

Les autres élèves externes ou externes libres comprennent des personnes qui désirent apprendre pour leurs besoins personnels et ceux de leur famille à soigner les malades, d'autres qui suivent les cours en attendant soit une bourse, soit une place d'infirmière dans les hôpitaux-Ecoles, et enfin des personnes exerçant ou voulant exercer la profession de garde-malades en ville. Nous parlerons des catégories précédentes pour des motifs particuliers, à la Salpêtrière et nous ne nous arrêterons aujourd'hui que sur les dernières, les *élèves externes garde-malades*. De même que les écoles donnent à l'Administration des infirmières habiles, aptes à remplacer efficacement les sœurs des hôpitaux, de même elles doivent former des garde-malades connaissant bien leur profession et en mesure de se substituer aux religieuses dans les familles de la Ville. C'est dans le but de les encourager que depuis bien des années nous avons réclamé l'ouverture dans cet hôpital d'un *Registre* sur lequel seraient inscrits les noms et les adresses

---

(1) 15 à Bicêtre, dont 10 infirmières de l'hospice d'Ivry et 45 à la Salpêtrière.

des élèves de cette école qui exercent la profession de garde-malades et sont à la disposition des familles et des médecins. Cette mesure, dont nous attendons, dans l'avenir, les meilleurs résultats, vient enfin d'être prise : le *Registre* est ouvert et recevra non seulement les noms des élèves actuelles, mais aussi ceux de toutes les anciennes élèves qui en manifesteront le désir.

Nous venons de montrer à l'Administration et à tout le monde que vous aviez bien travaillé durant le cours de cette année scolaire. Il nous faut maintenant rappeler ce que l'Administration a fait, de son côté, pour vous et les améliorations qu'elle devra encore réaliser, afin d'améliorer votre situation matérielle et d'assurer un recrutement de plus en plus parfait du personnel secondaire des hôpitaux.

Nous aurions mauvaise grâce, après les paroles que vient de prononcer M. Peyron et après les bonnes intentions qu'il vient de manifester, à insister sur les modifications apportées à vos *logements*. Une fois de plus nous insistons auprès de lui pour qu'il fasse examiner la situation actuelle des dortoirs des infirmiers et des infirmières dans tous les établissements hospitaliers de Paris et préparer les plans et devis pour une transformation successive mais complète de vos *logements* dans le sens d'habitations particulières, de chambres distinctes, pourvues d'eau, d'air et de lumière. Nous insistons encore pour que la *nourriture* qui vous est donnée soit plus variée et pour que, par tout, on se conforme aux votes du Conseil municipal en ce qui concerne la suppression du maigre le vendredi pour tous ceux qui en manifesteront le désir.

Si sur le logement et sur la nourriture, les desiderata restent nombreux, en revanche vous avez eu satisfaction sur le point capital, la *laïcisation*.

[M. Bourneville rappelle les dates des laïcisations des hôpitaux, indique les laïcisations prochaines, puis il continue comme il suit :]

Les efforts faits par vous et par vos compagnes de Bicêtre et de la Salpêtrière pour étendre votre instruction ; le zèle de plus en plus louable que vous apportez à bien vous acquitter de vos fonctions, les services dévoués des surveillantes laïques dans les hôpitaux laïcisés, services aujourd'hui reconnus officiellement, même par des médecins qui, depuis des années, signaient des protestations contre le renvoi des religieuses, semblent avoir enfin diminué la violence des attaques dirigées contre les surveillantes laïques par la presse cléricale (1). Mais il est un de vos adversaires que rien ne désarme, qui demeure implacable. Aussi, est-il de notre devoir de relever ses attaques et de les relever ici parce qu'elles ont visé deux des suppléantes de cette maison et qu'elles ont amené pour

(1) Cette opinion favorable était prématurée ainsi que l'a montré la polémique des journaux cléricaux de la semaine dernière au sujet de l'accident survenu à l'hôpital d'Aubervillers. (Voir le *Progrès médical*, 1887, n° 33, p. 134.

l'une d'elles (1) — et ce n'est pas la première victime, un dénouement tragique.

Le 22 mars dernier, M. Després écrivait ceci : « Quand il s'est agi d'envoyer dans un service d'enfants atteints de croup, une dame D..., célibataire (il s'agit de Mme Duru), élève diplômée de l'école d'infirmières laïques, appelée à ce poste par son tour de placement, elle a refusé d'y aller, disant qu'elle ne voulait pas gagner le croup... »

Trois jours plus tard, M. le Directeur de l'Assistance publique adressait à M. Després le démenti le plus formel : « J'affirme de la façon la plus énergique, écrivait-il, que jamais je n'ai appelé Mme D... à aucun emploi dans aucun hôpital d'enfants et qu'elle n'a pas eu à refuser un poste que je ne lui ai pas offert. »

Loin de reconnaitre son erreur, votre adversaire a maintenu son affirmation sans fournir d'ailleurs la moindre preuve et a porté une nouvelle accusation contre une autre de vos compagnes : « Une dame H..., a-t-il dit, également diplômée de l'Ecole d'infirmières, a également refusé de s'y rendre » (dans le service des enfants atteints du croup).» Ce fait était aussi erroné que le premier.

Sa conduite envers Mme Duru était d'autant moins courageuse et d'autant plus cruelle qu'il s'attaquait à une malheureuse femme sans défense. En effet, Mme D..., devenue veuve il y a 12 ans, et tombée de l'aisance dans la gêne, avait élevé les deux enfants qui lui restaient sur cinq, à force de sacrifices. L'un, étudiant en droit, est mort à 21 ans en 1885; l'autre, sergent-major, est mort peu après, également dans sa 21e année. C'est après ces nouveaux malheurs que lui vint l'idée d'entrer comme infirmière dans les hôpitaux. Mme Duru, par la dignité de sa vie, par son instruction, par tout ce qu'elle avait fait pour élever honorablement ses enfants, méritait les sympathies qui avaient contribué à sa nomination en qualité de boursière à l'École d'infirmières de la Salpêtrière.

Bien que les sachant fausses et qu'elle connût la lettre vengeresse de M. Peyron, Mme Duru avait été vivement affectée par ces accusations imméritées ; elle s'imaginait qu'il resterait toujours quelque chose de cette calomnie et que cela nuirait à la réalisation de l'avenir qu'elle avait rêvé dans les hôpitaux. Une tristesse profonde s'empara d'elle ; sa santé, bonne jusque-là, s'altéra, et, sur les conseils qui lui furent donnés, elle prit un congé. Mais, à peine arrivée dans son pays, elle succomba en quelques jours à des accidents cérébraux. Voilà l'œuvre de cet homme léger! Après avoir été cause d'un tel malheur, tout autre que lui se serait montré plus réservé. L'espérer de lui, c'eût été peu le connaitre, et, il y a quelques jours encore, le 18 juillet, à l'occasion du dernier vote du Conseil de surveillance de l'Assistance publique, il a repris son travail de dénigrement et

---

(1) Une surveillante de la Salpêtrière — auparavant à Laennec — Mme C..., à la suite de violentes attaques absolument injustes de M. D..., est devenue mélancolique, a maigri, s'est affaiblie et a été prise d'une fièvre typhoïde contre laquelle ses forces épuisées par les chagrins, ne lui ont pas permis de résister.

allongé la liste de ses contre-vérités. Dans sa dernière lettre, il affirme de nouveau le refus des laïques « d'aller dans les salles de croup (1) » et avance que « la mortalité a *presque doublé* à l'hospice des Enfants-Assistés, depuis dix-huit mois, c'est-à-dire depuis la laïcisation de cet établissement. C'était là une accusation grave. Nous avons tenu à savoir si elle n'avait pas au moins une apparence de fondement. Nous nous sommes procuré la statistique de la mortalité aux Enfants-Assistés depuis 1880. La voici, vous allez juger.

Années.	Population.	Nombre de Décès.	Proportion pour 100 enfants.
1880. . . .	9.434	612	6,48
1881. . . .	9.653	581	6,01
1882. . . .	10.081	637	6,31
1883. . . .	12.116	737	6,08
1884. . . .	11.940	548	4,58
1885. . . .	11.825	459	3,88
1886. . . .	12.376	597	4,82

Que ressort-il de ces chiffres ? C'est que votre ennemi acharné, avant d'affirmer, n'a pas pris la peine de vérifier, comme c'est le devoir le plus élémentaire de tout honnête homme ; c'est qu'il s'est grossièrement trompé. C'est que ces chiffres, qui nous ont été donnés par l'Administration, et dont l'exactitude ne peut être contestée par personne, pourraient nous permettre de retourner l'accusation contre les religieuses, si nous ne savions que dans un établissement comme l'hospice des Enfants-Assistés, la mortalité peut être grandement influencée par une affluence plus considérable d'enfants nouveau-nés, par des épidémies plus meurtrières, sans que, pour cela, on soit en droit d'incriminer le personnel servant des salles, qui ne fait, en somme, qu'obéir au service médico-chirurgical.

Un point de la première lettre de M. D. doit être repris : C'est la *peur du croup* qui aurait arrêté Mme D... ! Votre ennemi veut faire croire que, seules, les religieuses peuvent affronter cette maladie si contagieuse. Qu'il avance ce fait dans un journal politique, passe encore ; mais dans un journal de médecine, c'est se moquer des lecteurs. Tous les médecins savent, en effet, que dans les hôpitaux les soins immédiats les plus répugnants, *les plus dangereux*, sont donnés par les *infirmières* et que les *infirmières* sont des *laïques* : à l'hôpital Trousseau, il y avait 48 laïques et 20 religieuses ; — à l'hôpital des Enfants-Trouvés, il y avait 75 laïques pour 27 religieuses et à l'hôpital des Enfants Malades 88 laïques pour 27 religieuses.

Tous les médecins qui ont fréquenté les hôpitaux d'enfants

---

(1) Tout le monde sait que M. le Directeur de l'Assistance publique n'a eu que l'embarras du choix quand il a procédé à la laïcisation des hôpitaux d'enfants : Enfants-Assistés, Enfants-Malades, Forges-les-Bains et Trousseau.

2

savent que malheureusement deux des maladies les plus contagieuses, la diphthérie et l'opthalmie purulente, y font trop souvent des victimes. Voici la statistique — sans doute incomplète — de ces accidents, de 1860 à 1885 dans ces trois établissements : *quatre religieuses* ont eu la diphthérie, *une* a succombé; *cinq laïques* ont eu la diphthérie, *quatre* sont mortes. — UNE *religieuse* a perdu *un* œil; — NEUF *laïques* ont perdu un œil et TROIS ont perdu les DEUX YEUX; soit CINQ victimes *religieuses* et DIX-SEPT victimes *laïques*.

M. Després connait ces faits qui démontrent, d'une façon péremptoire, que le courage et le dévouement des laïques est incontestable; il sait aussi que durant les épidémies de choléra, depuis 1832 jusqu'en 1883, les laïques ont fait leur devoir ; qu'il en a été de même durant les épidémies de variole et que dans les services d'enfants de Bicêtre et de la Salpêtrière, où la tâche de l'infirmière et de la surveillante est des plus répugnantes, les laïques ont eu à soigner depuis des siècles toutes les maladies infectieuses. Enfin s'il avait daigné consulter ses collègues de l'hospice des Enfants-Assistés et de l'hôpital des Enfants-Malades, il aurait appris qu'ils n'avaient qu'à se louer de leur personnel laïque, ainsi que le disait M. Peyron, mercredi à Bicêtre.

Ce n'est pas pour le vain plaisir de récriminer, ni pour combattre un adversaire que tous les gens sensés jugent à sa valeur, que nous avons insisté sur ses attaques inqualifiables ; c'est parce qu'elles comportent en elles-mêmes un enseignement. Elles vous montrent que des regards inquisiteurs, peu bienveillants sont sans cesse fixés sur vous et qu'en conséquence, vous devez redoubler d'efforts, de zèle, afin de remplir vos devoirs avec la plus rigoureuse exactitude : exécution fidèle des prescriptions des médecins; — obéissance complète aux ordres de l'Administration ; — bonté et dévouement envers tous les malades quels qu'ils soient ; — respect absolu de la liberté de conscience ; — bienveillance et solidarité les unes envers les autres. Pénétrez-vous bien de ces conseils, faites-en la règle de votre conduite et vous rendrez indestructible la laïcisation des hôpitaux qui vous assure, en travaillant, un avenir honorable que vous devrez à la République et que jamais un régime monarchique et clérical ne vous aurait permis d'espérer.

Discours prononcé le 9 août à la Salpêtrière :

Mesdames, Messieurs,

La cérémonie de ce jour clôt, ainsi que nous le disions l'autre jour, la *première décade* des Ecoles municipales d'infirmières de la ville de Paris . . . .

L'Ecole de la Salpêtrière a été ouverte le 1er avril 1878, les cours ont été faits trois fois par semaine et même davantage et la première distribution des prix a eu lieu en septembre de la même année. Les cours ont recommencé vers la fin d'octobre de la même année pour finir à la fin de juillet 1879 et, depuis cette époque, chaque année scolaire a eu sa durée réglementaire du 1er octobre au 31 juillet.

L'Ecole de la Salpêtrière, de même que celle de Bicêtre comprend *l'instruction primaire et l'enseignement professionnel* . . .

L'*Instruction primaire* est donnée aux infirmières par l'une des surveillantes les plus dévouées de ce vaste établissement; Mlle Nicole, chargée depuis 37 ans de la direction de l'Ecole des enfants arriérés et épileptiques (1). Depuis la fondation de l'Ecole d'infirmières jusqu'à ce jour, elle a été pour nous une collaboratrice aussi active que dévouée. Elle a eu des aides variées. L'une d'elles Mlle Florenza, sous-surveillante, est restée sa collaboratrice de 1878 à ce jour; cette année, les autres aides sont : Mme Coutel et Mlle Gauthier. Les leçons ont lieu tous les soirs; les élèves sont réparties en deux cours qui ont dû eux-mêmes être scindés en plusieurs divisions, en raison de l'inégalité extrêmement variable de l'instruction des élèves infirmières à leur entrée dans l'établissement. En effet, sur les 728 infirmières qui ont fréquenté l'Ecole depuis 1878, à côté des 435, admises dans le premier cours parce qu'elles possédaient déjà une certaine instruction, 293 ont acquis ici toutes leurs connaissances primaires. La plupart ne savaient ni lire, ni écrire, et un nombre assez notable d'infirmières, en raison de leur origine bretonne, ne parlaient même pas le français. Ces chiffres ont leur éloquence : ils témoignent des services considérables rendus par la création de l'Ecole et font le plus grand honneur à Mlle Nicolle.

L'*Enseignement primaire*, ici comme à Bicêtre, porte sur la lecture, l'écriture, le calcul et l'orthographe, pour les divisions inférieures et, pour les divisions supérieures, sur l'arithmétique, le système métrique, l'orthographe, la rédaction, l'histoire de France et la géographie. . . . .

M. Bourneville entre dans des développements qui figurent dans le discours de Bicêtre, sur l'introduction de l'enseignement professionnel dans l'enseignement primaire, sur les cours professionnels et rappelle que, à la Salpêtrière, les leçons sont données par MM. Gautier, P. Regnard, Le Bas, P. Poirier, Ch. Féré, Yvon, Budin, suppléé par M. Maygrier. Il rappelle que les exercices pratiques sont dirigés avec beaucoup de zèle et d'activité par Mme Eydt, surveillante, et Mlle Martin, suppléante, puis il continue ainsi :

Le *Changement de service* ou le *roulement* consiste en ce que les élèves doivent passer successivement, à tour de rôle, dans tous les services de ce vaste hospice : lingerie, cuisine, vestiaire, dortoirs des vieillards valides, dortoirs des grands infirmes,

---

(1) Mlle Nicolle est entrée comme sous-surveillante, le 19 mai 1850.

quartier des aliénés, section des enfants, infirmerie générale, médecine et chirurgie. Ce roulement de service en service est destiné à mettre les élèves en mesure de remplir n'importe quel poste dans tous les hôpitaux ; de leur donner plus de sang-froid, d'autorité et d'expériences en les plaçant en contact avec des chefs différents, qu'il s'agisse des médecins, des chirurgiens, des surveillants ou des surveillantes. Nous avons constaté qu'ici, comme à Bicêtre et à la Pitié, cette partie de l'enseignement pratique ne se faisait que d'une manière très incomplète. Il est des infirmières qui, depuis leur entrée en service, remontant à 2, 3, 4 et même 5 années, sont toujours demeurées dans le même dortoir de vieillards, dans la même section d'aliénés, ou à la lingerie, etc. Toutefois, les inconvénients de cette immobilisation sont, à la Salpêtrière, dans une certaine mesure, atténués par le service désigné sous le nom de : *service des volantes*. Voici en quoi il consiste :

Le Conseil municipal a autorisé l'Administration à avoir dix *infirmières supplémentaires* pour le service de l'enseignement. Les infirmières règlementaires sont envoyées par série de dix à l'infirmerie générale et sont remplacées dans leurs salles par les infirmières volantes. Pendant leur séjour à l'infirmerie générale, les élèves doivent suivre la visite des médecins, M. Charcot et M. Joffroy, et du chirurgien, M. Terrillon ; elles font les bons, les cahiers, les feuilles de mouvement, les pansements, assistent aux exercices pratiques quotidiens, vont à la cuisine, font le change du linge, etc.

Malgré les avantages de ce fonctionnement nous persistons à réclamer le changement fréquent de service ; il devrait avoir lieu au moins toutes les six semaines pour les élèves boursières, et tous les trois mois pour les élèves infirmières appartenant au premier cours. Nous supplions de nouveau M. Peyron de bien vouloir donner des ordres pour que ce roulement se fasse immédiatement pour les boursières et les infirmières diplômées des trois écoles.

L'enseignement est complété par de nombreuses *compositions* sur l'instruction primaire et sur les cours professionnels, enfin, par des *examens pratiques*. 42 élèves ont subi ces examens au mois d'avril, et 154 à la fin de juillet et au commencement du mois d'août.

Dans cet enseignement, il ne s'agit nullement d'apprendre aux infirmières à diagnostiquer et traiter les maladies, mais à les mettre en état de renseigner d'une manière claire et précise le médecin, et d'exécuter à la lettre toutes ses prescriptions : une bonne infirmière remplira d'autant mieux sa tâche qu'elle la comprendra mieux. Voilà l'idée mère qui nous a guidé en proposant la création de ces écoles. De même qu'à Bicêtre et à la Pitié, les résultats de l'enseignement sont consacrés par la distribution de récompenses et la délivrance de diplômes. Voici le chiffre des diplômes mérités par les élèves de l'école de la Salpêtrière depuis l'époque où, après tant de difficultés, nous avons obtenu l'autorisation de les délivrer, c'est-à-dire à la fin de l'année scolaire 1882-1883 :

1882-1883	13	
1883-1884	7	
1884-1885	24	
1885-1886	13	
1886-1887	62	
Total.	119	119

Si l'on ajoute à ce chiffre les diplômés (hommes et femmes) de l'école de Bicêtre, soit 71
et les diplômés des deux sexes de l'école de perfectionnement de la Pitié, soit 136

on arrive au chiffre total de 326

L'année scolaire 1886-1887 entre dans ce total pour 143.

Cette année a produit des résultats bien supérieurs à ceux de l'année précédente. Vous avez semblé réagir dans ces derniers temps contre des conseils néfastes. On essayait, en effet, de vous persuader que la laïcisation des hôpitaux était une œuvre éphémère ; que la République disparaîtrait et, qu'avec la monarchie, le clergé redeviendrait le maître ; que les religieuses reprendraient les hôpitaux qu'elles détenaient autrefois, mais qu'on ne toucherait pas aux laïques de la Salpêtrière et que par conséquent vous aviez intérêt à rester dans cette maison. De là certaine résistance rencontrée par l'Administration centrale pour avoir des suppléantes ou des sous-surveillantes dans cette école ; de là aussi la résistance de certaines infirmières de tous grades à fréquenter l'Ecole.

Toutes ces insinuations sont fausses et vont entièrement contre vos intérêts. N'y ajoutez pas foi, et soyez bien convaincues que la République est plus inébranlable que ne le supposent et surtout ne cherchent à vous le faire croire nos ennemis communs.

C'est sans doute à ce revirement dans vos esprits, que, cette année, stimulées peut-être aussi par les instructions de M. Peyron, vous vous êtes décidées, mesdames les sous-surveillantes et mesdames les suppléantes, à faire ce que nous vous conseillions depuis le commencement de l'école, c'est-à-dire à suivre les cours professionnels et à prendre part à toutes les compositions, dans le but d'obtenir votre diplôme et de ne pas rester inférieures aux infirmières qui sont placées sous vos ordres. Nous vous adressons nos plus vives félicitations.

Nous sommes ainsi appelé, monsieur le Directeur, à vous entretenir d'un point d'un réel intérêt et sur lequel il importe que nous entrions dans quelques détails ; c'est la situation des surveillantes, sous-surveillantes et suppléantes des établissements-écoles. Voici quelle est la situation à Bicêtre :

Sur 12 surveillants	Aucun diplômé.	
— 9 surveillantes.	1 diplômé.	
— 18 sous-surveillants.	4	—
— 16 sous-surveillantes	8	—
— 16 suppléants.	4	—
— 8 suppléantes.	4	—

A la *Pitié* nous avons :

Sur 8 surveillantes.	Aucune diplômée.
— 18 sous-surveillantes.	11 —
— 6 suppléantes	5 —

A la *Salpêtrière* :

Sur 21 surveillantes.	Aucune diplômée.
— 72 sous-surveillants	6 —
— 28 suppléantes	5 —

Quelle est la conclusion à tirer de cette statistique? C'est que la proportion des sous-surveillantes et suppléantes diplômées, à la Salpêtrière, est inférieure à celle de Bicêtre et surtout de la Pitié; c'est qu'il est indispensable que, l'an prochain, les surveillantes, sous-surveillantes et suppléantes des trois établissements-écoles prennent une part encore plus active et plus régulière à l'enseignement professionnel. Vous connaissez maintenant la situation, monsieur le Directeur, à vous d'agir !

Voyons maintenant comment se comportent les infirmières de la Salpêtrière, par rapport à l'école. Alors qu'à la Pitié, et surtout à Bicêtre, la fréquentation de l'école et des cours professionnels est obligatoire, ici, sur 380 infirmières, 129 seulement profitent de l'enseignement. Nous comprenons très bien que les infirmières qui ont un certain âge, plus de 45 ans, par exemple, ne soient pas astreintes à suivre l'école, mais cela est inadmissible pour les autres, et surtout pour celles qui ont été prises comme infirmières depuis la création de l'école et surtout depuis 1885, époque où M. Peyron a décidé que les cours seraient obligatoires dans les conditions que nous venons d'indiquer et que l'on s'enquérerait du degré d'instruction des infirmières postulantes. En conséquence, nous estimons que les infirmières récalcitrantes devraient être mises en demeure de suivre les cours, ou de permuter avec les infirmières des hôpitaux. Nous estimons aussi que les vacances qui se produisent, soit par décès, soit par sorties, volontaires ou non, ne devraient pas être comblées par des femmes illettrées. Le remède est tout trouvé : il suffit de faire appel aux infirmières de l'hospice d'Ivry, qui ont suivi les cours de Bicêtre, à celles, en plus grand nombre, de divers hôpitaux, qui ont fréquenté l'école de la Pitié, et même celle de la Salpêtrière.

Après une journée d'un dur labeur, malgré la distance, malgré la longueur et la rudesse de l'hiver, ces infirmières se sont rendues régulièrement aux leçons, prélevant ainsi, deux ou trois fois par semaine, plusieurs heures, soit sur le peu de liberté qui leur est donné le soir, soit sur leur temps de repos. Leur zèle mérite d'être récompensé et il est du devoir de M. Peyron d'épargner à toutes celles qui, comme elles, auront fait preuve de bonne volonté des fatigues aussi considérables et aussi inutiles. Le moyen est très simple, et nous allons l'indiquer. Il y a, à la Salpêtrière, nous venons de le voir, un nombre assez important, beaucoup trop, d'infirmières qui, suivant des conseils déplorables et dont elles subiront, et ce sera justice, les conséquences, refusent de fréquenter l'école primaire, dont elles ont pourtant grand besoin et d'assister aux cours professionnels et aux exercices pratiques. Eh bien ! M. le Directeur de l'Assistance publique, envoyez ces infirmières, qui ne veulent pas profiter des sacrifices faits par la Ville et par l'Administration, dans les hôpitaux où il n'y a pas d'écoles, et faites venir à leur place, ici, toutes les infirmières de bonne volonté. Une semblable mesure serait équitable et ne pourrait que recevoir l'approbation de tous ceux qui comprennent la nécessité d'avoir partout de bonnes hospitalières.

Du 1er août 1886 au 31 juillet 1887, il y a eu dans cet hospice cent onze mutations. Ce chiffre montre qu'il aurait été très facile d'utiliser les bonnes volontés dont nous venons de parler, de prendre les élèves externes de l'Ecole de la Pitié qui sollicitent leur admission comme infirmières dans les hôpitaux et enfin, de prendre par série, dans les autres établissements, les bonnes infirmières qui n'ont qu'une instruction insuffisante et qui, après une année d'école, pourraient faire d'excellentes sous-surveillantes.

Il faut que les éléments d'instruction, mis à la disposition du personnel secondaire des hôpitaux, par le Conseil municipal et par l'Administration, soient pleinement utilisés ; il faut que l'enseignement professionnel fait par nos amis, les professeurs des trois écoles, avec tant d'habileté et de dévouement, produise tous les résultats qu'on est en droit d'en espérer ; il faut que nous arrivions, et le plus tôt sera le meilleur, à faire que les hôpitaux-écoles puissent faire face aux besoins du recrutement de tous les établissements hospitaliers. Tel est notre idéal, telles sont les intentions de M. Peyron, nous en avons la conviction. Les critiques que nous adressons au mode de recrutement des infirmiers et des infirmières sont beaucoup plus justifiées encore que l'on ne pourrait le supposer. Les candidats qui se présentent n'ont le plus souvent jamais soigné de malades. Eh ! bien, au lieu de les placer dans des postes faciles où ils puissent acquérir quelque expérience, on leur confie le service le plus délicat, le service de nuit. Voici, sur ce sujet, ce que nous disions en 1885, à la distribution des prix de l'Ecole de la Salpêtrière :

« Durant la nuit, les grands malades exigent des soins tout aussi minutieux, sinon plus, que pendant le jour ; ils ont besoin de prendre les médicaments prescrits ; ils ont besoin d'avoir les mêmes soins de propreté. Les convalescents, par exemple les typhiques, doivent être alimentés, soutenus, à des intervalles réguliers ; cette alimentation doit être surveillée avec la plus grande rigueur. Cet ensemble de soins exige des personnes instruites, expérimentées, d'autant plus que la nuit, malgré toute la bonne volonté du monde, les facultés intellectuelles sont moins éveillées ; on se trouve embarrasssé en face d'incidents qui, le jour, ne nous causeraient aucun ennui. Eh bien, à quelles personnes confie-t-on ce service si difficile, si délicat ? Aux personnes les plus inexpérimentées. Jusqu'ici on ne s'est pas rendu un compte suffisant de la nécessité de réformer complètement ce service de nuit qui, tel qu'il est, a de déplorables conséquences. Un fonctionnaire hospitalier nous disait, il y a quelque temps, parlant d'une personne qui demandait une place d'infirmière : « Je ne puis la prendre comme infirmière de jour, parce qu'elle ne sait rien, n'ayant jamais soigné de malades ; je la prendrai comme veilleuse. » Un autre fonctionnaire, résumant à cet égard, ce qui se fait dans tous les établissements, nous disait: « Ce sont les derniers venus, ce sont les dernières venues qui prennent la veille. »

La situation étant demeurée la même, nous l'avons encore signalée l'année dernière dans notre discours à l'Hospice de Bicêtre.

Les renseignements nouveaux que nous avons recueillis ici, à la Salpêtrière et à la Pitié, nous ont prouvé, avons-nous dit, que beaucoup d'infirmiers et d'infirmières avaient débuté, soit dans ces établissements, soit dans tous les autres hôpitaux, Hôtel-Dieu, Lariboisière, etc., comme veilleurs ou veilleuses, alors que ni les unes ni les autres n'avaient jamais auparavant donné de soins aux malades. C'est là une situation qui ne peut se prolonger. Il est du devoir de M. le Directeur de l'Assistance publique de prendre les mesures nécessaires pour y mettre un terme. Il y va de l'intérêt des malades, de l'économie de la vie humaine et, dussent les adversaires de la laïcisation protester encore une fois contre les dépenses qu'occasionnera peut-être cette réforme, il doit demander au Conseil municipal, s'il y a lieu, les crédits nécessaires.

A l'heure actuelle, ce service n'a pas été réformé, ce sont toujours les derniers ou les dernières venues qui font le service de veille. Nous savons qu'il s'agit là d'une transformation difficile et qui préoccupe M. Peyron. Plusieurs solutions se présentent: peut-être pourrait-on généraliser ce qui existe à l'hôpital des Enfants-Malades et charger à tour de rôle les infirmières de chaque salle du service de nuit, en les mettant une semaine de jour, une semaine de nuit; ou bien encore pourrait-on faire passer successivement dans ce service toutes les infirmières, toutes les suppléantes chaque fois qu'elles reçoivent de l'avancement. De la sorte, le service de nuit serait fait par un personnel déjà habitué au service des malades. Nous croyons que toutes accepteraient ; d'abord, parce qu'elles auraient de l'avancement, ensuite parce qu'elles sauraient que toutes leurs compagnes y passeraient ; enfin, parce qu'elles sauraient qu'elles ne seront chargées de ce service pénible que durant une courte période. Peut-être y a-t-il d'autres solutions et meilleures, c'est à M. le Directeur de l'Assistance publique d'examiner la question, d'expérimenter, s'il y a lieu, les projets que nous lui soumettons et, dans tous les cas, il y a des mesures sérieuses à prendre : la situation actuelle ne saurait se prolonger.

Nous avons parlé des *sous-surveillantes* et des *suppléantes* ; nous avons parlé des *infirmières*, disons maintenant un mot des *boursières*.

Vous vous souvenez qu'elles ont été créées afin de procurer plus promptement à l'Administration le personnel nécessaire à l'achèvement de la laïcisation. Et, comme elles n'avaient pas d'expérience pratique antérieure, il allait de soi qu'elles devaient, durant leur année de fonctions, passer dans tous les services de l'établissement-école auquel elles étaient attachées ; qu'elles devaient assister, sauf en cas de force majeure, avec la plus rigoureuse exactitude, à tous les cours professionnels ; qu'elles devaient enfin prendre part à toutes les compositions. Nous avons constaté, avec regret, que ces prescriptions n'avaient pas été toujours suivies. Il est encore temps, dans une certaine mesure, de réparer le mal, au moins sur une partie de l'enseignement, en rapprochant les changements de service pour toutes les boursières diplômées, avant leur départ pour d'autres établissements.

Il était de notre devoir de vous présenter ces observations et de les porter à la connaissance de M. le Directeur de l'Assistance publique. Mais, cette partie ingrate et, nous dirons même « douloureuse » de notre tâche étant remplie, nous devons adresser des félicitations chaleure s à toutes les sous-surveillantes, à toutes les suppléantes et à toutes les infirmières, qui ont mis un réel empressement à participer à l'enseignement primaire et professionnel, et, vous ayant rappelé ce que l'Administration désire de vous, nous devons dire ce qu'elle a fait pour vous. Nous parlerons d'abord des *promotions*, puis de la *laïcisation*.

Trois sous-surveillantes ont été nommées surveillantes, — 5 suppléantes, sous-surveillantes; — 14 premières infirmières, suppléantes ; — 12 infirmières de première classe ont été nommées premières infirmières et 17 infirmières ont été promues de la seconde à la première classe de leur grade.

M. Bourneville donne les renseignements sur la marche de la laïcisation.

Puisque nous vous avons parlé des maisons de secours, nous allons compléter nos renseignements en vous disant où en est la laïcisation en ce qui les concerne.

Les maisons de secours du XIII⁰ et du XX⁰ arrondissement ont été laïcisées le 1ᵉʳ avril 1887, celles des VII⁰, X⁰, XV⁰ et XVIII⁰ arrondissements, le 1ᵉʳ juillet 1887. — La laïcisation, décidée en principe pour les maisons de secours des Iᵉʳ, II⁰, IV⁰, IX⁰, XIV⁰ et XIX⁰ arrondissements, sera effectuée probablement avant la fin de l'année. Déjà quelques-unes des commissions administratives ont fait, pour cette réforme, des emprunts aux écoles d'infirmières. Nous espérons que M. Peyron voudra bien intervenir dans la mesure du possible afin que les Bureaux de bienfaisance prennent leur personnel laïque parmi nos élèves diplômées.

Un dernier fait mérite enfin de vous être signalé. L'Administration préfectorale de la Seine vient d'ouvrir le dépôt de Nanterre et, sur l'invitation du Conseil général, elle a confié l'infirmerie de cet établissement à deux élèves de l'école de la Pitié.

Vous avez manifesté certaine crainte, mesdemoiselles les infirmières, au sujet de la création des élèves boursières; les promotions qui ont eu lieu parmi vous, dans le courant de l'année, doivent vous rassurer. La réforme de la laïcisation est, d'ailleurs, loin d'être accomplie. Si nous voyons arriver avec la plus vive satisfaction son terme en ce qui concerne les établissements hospitaliers de Paris, grâce à M. Peyron, proclamons-le hautement, qui a plus fait et plus vite que ses prédécesseurs, il nous reste encore à étendre la laïcisation à l'infirmerie de la Santé, à la prison de Saint-Lazare, aux infirmeries des lycées et aux hôpitaux militaires, sans compter les établissements hospitaliers de la province.

Avant de terminer ce discours, laissez-nous profiter de la

réunion dans cette enceinte des 143 diplômées de l'année, suppléantes ou sous-surveillantes de demain, pour compléter les conseils que nous avons déjà eu l'occasion de vous donner.

1° Tout d'abord, nous insistons sur la nécessité pour toutes celles qui seront l'an prochain dans les hôpitaux-écoles ou dans des hôpitaux voisins, de suivre les cours professionnels, afin d'être encore mieux en mesure de rendre tous les services que nous attendons d'elles, et, pour quelques-unes, de suivre régulièrement l'école primaire. Lorsque vos maîtres se trouvent en face d'une bonne composition professionnelle. ils doivent la pointer, suivant son mérite, soit pour le diplôme. soit pour les prix, que l'orthographe soit parfaite ou qu'il y ait plus ou moins d'incorrections. Nous savons bien que, malgré ces lacunes, votre instruction est supérieure à celle de la majorité des religieuses ; mais cela ne suffit pas : il faut qu'au point de vue de l'instruction primaire, aussi bien qu'au point de vue professionnel, vous soyez non seulement au-dessus du niveau moyen des religieuses hospitalières, mais encore au-dessus même des religieuses, du reste, en nombre assez limité, qui possèdent une instruction convenable. Ces conseils s'appliquent et à des infirmières diplômées et à quelques-unes des boursières.

2° En second lieu nous comptons aussi sur vous pour perfectionner le personnel hospitalier. Vous devez faire profiter de l'enseignement que vous avez reçu les infirmiers et les infirmières qui sont ou seront bientôt sous vos ordres en leur donnant des leçons pratiques, en les renseignant très exactement sur le fonctionnement de vos services, en les exerçant à faire les bandages, les pansements, etc. Déjà l'exemple de cet enseignement a été donné et nous devons une mention spéciale à deux sous-employés de Bicêtre, un surveillant, M. Lenglet, et une sous-surveillante Mᵐᵉ Jolliot, qui ont mis les élèves de leurs salles, par des exercices répétés, à même de subir brillamment leurs examens. Imitez leur exemple : l'Administration vous en saura gré et les malades en tireront bénéfice.

3° En *troisième lieu*, vous devez accomplir vos fonctions hospitalières de la manière la plus parfaite : consacrer tout le temps réglementaire à votre service ; veiller avec l'attention la plus minutieuse à la propreté des salles, à la propreté des malades. Il faut que n'importe quel jour on puisse visiter vos services et les trouver parfaitement tenus sous tous les rapports. Vous devez distribuer à l'heure voulue et les médicaments et le linge et les aliments, en vous gardant de tout ce qui ressemble au favoritisme. Habituez-vous à observer soigneusement vos malades, afin de renseigner le médecin d'une manière claire, précise et sans phrases inutiles. Obéissez sans réticences aux ordres de l'Administration. Montrez-vous toujours réservées vis-à-vis des personnes sous vos ordres ; soyez bonnes, dévouées et compatissantes envers vos malades. Evitez avec le plus grand soin de les entretenir de leur maladie, de leur en laisser deviner la gravité : tout bavardage, même inoffensif en apparence, peut avoir de déplorables conséquences. Ne vous immiscez jamais dans leurs affaires de famille ; ne voyez en eux que des êtres qui souffrent, qui ont besoin de vos soins et ne vous inquiétez jamais de savoir ni quel est leur état civil ni quelle est leur religion; en un mot, respectez leur liberté de conscience.

Sur ce sujet, en ce qui vous concerne personnellement, nous devons vous présenter quelques observations. Résistez, si telle est votre conviction, aux tentatives que l'on pourrait faire, soit pour vous pousser à assister aux cérémonies religieuses, soit pour prendre part à des quêtes occultes qui sont formellement interdites par M. le Directeur de l'Assistance publique. Il ne faut pas qu'on voie, ici ou ailleurs, des surveillantes conduire en troupe à l'église leurs infirmières et signaler comme des brebis galeuses, comme des incapables ou comme de mauvaises hospitalières celles qui refusent de s'associer à leurs superstitions.

Si vous vous mariez, faites suivant votre conscience, agissez sans crainte, et n'obéissez pas aux suggestions de ceux qui vous pousseraient à des pratiques auxquelles vous ne croyez pas, sous le prétexte fallacieux que votre avenir est en cause. Sur ce point, soyez persuadées que nous exprimons les opinions de M. le Directeur de l'Assistance publique. Jamais il ne tolèrera que les Directeurs des hôpitaux exercent une pression religieuse ni sur vous ni sur les malades; loin de là, il les blâmerait s'ils se le permettaient.

Si vous suivez mes conseils, vous serez des hospitalières modèles, des laïques parfaites, vous désarmerez vos ennemis, et vous conquérerez l'estime et la considération de tous les honnêtes gens.

Renseignements sur la laïcisation des hôpitaux.

Laïcisation des Bureaux de bienfaisance de Paris.

M. Risler, maire du septième arrondissement, beau-frère de M. Hovelacque, a réuni, samedi soir, les membres de son bureau de bienfaisance. Après discussion et à la majorité de 11 voix contre 4, la laïcisation des trois maisons de secours du Gros-Caillou, de Sainte-Clotilde, de Saint-François-Xavier des Missions, a été votée. L'œuvre de laïcisation se poursuit donc à la grande satisfaction de la population parisienne. — (*Radical*, du 10 nov.)

Nous espérons que les municipalités des autres arrondissements vont s'empresser de suivre l'exemple de M. Risler et que nous aurons à enregistrer successivement la laïcisation de toutes les maisons de secours de Paris. Nous reviendrons prochainement sur cette question au sujet de laquelle MM. Sigismond-Lacroix et Bourneville ont déposé à la Chambre une demande d'interpellation, ajournée à cause de la discussion du budget.

Laïcisation du dépôt de Villers-Cotterets.

Le Conseil général de la Seine, dans sa séance du 23 décembre, sur le rapport de M. Cusset, a invité M. le Préfet de police à laïciser le dépôt de Villers-Cotterets. De plus, il a émis le vœu « que la désaffectation de la chapelle soit prononcée et que les traitements de l'aumônier et du pasteur protestant soient supprimés. » — Cette réforme devra être poursuivie pour toutes les prisons du département de la Seine et de tous les départements. Le Gouvernement peut réaliser cette réforme à bref délai en faisant appel à toutes les personnes de bonne volonté et en créant des *bourses d'état*, semblables aux *bourses municipales*.

Laïcisation de l'hôpital Trousseau.

Le *Conseil de surveillance de l'Assistance publique*, dans sa séance du 17 mars, a donné un avis favorable à la laïcisation de l'hôpital Trousseau. En conséquence, dans quelques semaines, les 20 religieuses de la congrégation de St-Vincent-de-Paul seront remplacées par des surveillantes laïques. Sur les *trente* hôpitaux et hospices de Paris, il n'en restera plus que cinq à laïciser et les moins importants, quant au nombre des religieuses ; ce sont : l'hôpital Beaujon (28 religieuses), Lariboisière (27 R.), la Charité (18 R.), St-Louis (25) et l'Hôtel-Dieu (21), soit en tout 111 religieuses. Le personnel nécessaire pour leur remplacement existe, car il y a aujourd'hui plus de deux cents élèves infirmières dans les Ecoles municipales de Bicêtre, la Pitié et la Salpêtrière. Nous comptons, avec confiance, sur M. Peyron, pour terminer cette année la réforme de la laïcisation des hôpitaux de Paris.

Laïcisation des hôpitaux. — Encore une lettre de M. Després.

La *Gazette des hôpitaux* du 24 mars public la lettre suivante :

Paris, le 22 mars 1887.

Mon cher directeur,

Les journaux viennent de publier que le conseil de surveillance de l'Assistance publique a donné, ces jours-ci, un avis favorable au renvoi des sœurs d'un hôpital d'enfants, l'hôpital Trousseau. Sur les vingt membres dont se compose le conseil de surveillance, sept se sont prononcés pour cette déplorable mesure. C'est assurément sur la proposition de M. Peyron, directeur de l'Assistance publique, que cette décision a été prise, en l'absence de MM. les préfets de la Seine et de police, et de M. le docteur Nicaise, le représentant des chirurgiens au conseil de surveillance, actuellement malade dans le Midi.

Ce nouveau défi, jeté au bon sens public, ne saurait manquer de frapper le gouvernement de qui dépendent en dernier ressort les hôpitaux de Paris, en vertu de la loi de 1849 ; et il suffirait que

M. le ministre de l'intérieur dit « non » pour que le vote du conseil de surveillance fût réduit à sa véritable valeur. Le gouvernement, en effet, ne saurait prêter la main au renvoi des sœurs des hôpitaux civils de Paris, pendant que, d'autre part, il les garde avec tant de soin dans ses hôpitaux de l'armée et de la marine, et dans ses prisons.

Le conseil de surveillance a pu constater, depuis plus de deux ans, le déficit croissant du budget des hôpitaux, déficit avoué de quatre millions, auquel il faut joindre un déficit imminent d'une somme égale, et qui, pour la plus grande partie, sont le fruit du désordre apporté dans les hôpitaux par le renvoi des Sœurs; il n'ignore pas qu'on a vendu et qu'il va falloir encore vendre les rentes et les biens des pauvres.

De son côté, M. Peyron sait bien que, dernièrement, quand il s'est agi d'envoyer dans un service d'enfants atteints de croup, une dame D..., célibataire, élève diplômée de l'École d'infirmières laïques, appelée à ce poste, à son tour de placement, elle a refusé d'y aller, disant qu'elle ne voulait pas gagner le croup. Et cependant M. Peyron, depuis qu'il est directeur, à défaut d'avoir gardé le souvenir de son court passage dans l'externat des hôpitaux, a pu voir que, quand l'on envoie une Sœur hospitalière dans un de ces services meurtriers, elle y est rendue dans les vingt-quatre heures.

Je passe sur le reste ; mais, en vérité, l'on demeure confondu quand on songe que de tels avertissements sont perdus pour ceux qui devraient le plus en profiter, et l'on se demande enfin jusqu'où peut encore descendre l'administration de l'Assistance publique.

Veuillez agréer, mon cher directeur, mes meilleurs compliments.

Dr ARMAND DESPRÉS.

Nous rappellerons : 1° que en Portugal, en Russie, en Angleterre, aux États-Unis, à Vienne (Autriche), en Allemagne, en Suisse, *tous* les établissements hospitaliers, sauf quelques rares exceptions, sont confiés à des *surveillantes laïques*; — 2° que M. le Dr Peyron, directeur de l'Assistance publique, a réclamé l'avis de son Conseil de surveillance après entente préalable, comme c'est l'habitude, avec M. le Préfet de la Seine, représentant de M. le ministre de l'Intérieur.

En ce qui concerne les hôpitaux de l'armée et de la marine, les prisons et les lycées qu'oublie M. Armand Després, la question a été soulevée (1) et M. Després aura satisfaction. A chaque jour suffit sa tâche.

Relativement au « déficit croissant » du budget des

---

(1) Voir *Progrès médical*, 1886, n° 34, p. 704, etc.

hôpitaux, « fruit du désordre apporté dans les hôpitaux par le renvoi des sœurs », nous aurons l'occasion d'y revenir, car nous avons hâte d'arriver à l'accusation portée contre Mᵐᵉ D... Tout ce qu'en dit M. Després est faux. Une fois de plus — cela ne l'embarrasse guère — il s'est rendu coupable d'une calomnie. Mᵐᵉ D... n'est pas célibataire ; elle est veuve depuis 12 ans ; elle a eu cinq enfants. Trois ont succombé dans la première enfance. C'est à l'aide des plus grands sacrifices, étant tombée de l'aisance dans la gêne, qu'elle a pu élever ses deux autres enfants : l'un, étudiant en droit, est mort à 21 ans en 1885 ; l'autre, sergent-major, est mort il y a sept ou huit mois, également dans sa vingt et unième année. Mme D.., par la dignité de sa vie, par les sacrifices qu'elle s'était imposée en faveur de ses enfants, a mérité les sympathies qui ont contribué à sa nomination (avril 1886) en qualité de boursière à l'Ecole municipale d'infirmières de la Salpêtrière. Nous devons dire qu'elle s'était déjà acquis la confiance de l'Administration en suivant les cours depuis le 1ᵉʳ janvier.

M. Després affirme que Mᵐᵉ D... a refusé de se rendre à l'hôpital des Enfants Malades. Or, jamais Mᵐᵉ D... n'a reçu d'ordre semblable, et, par conséquent, elle n'a pas eu à formuler de refus ; en pareille circonstance, nous ne doutons pas que M. Peyron ne prenne sur le champ, — rejetant tout patronage quelque puissant qu'il soit — la mesure la plus énergique. Mᵐᵉ D... a été nommée suppléante, par M. Peyron, vers le mois d'octobre dernier et placée à la Pitié, afin de perfectionner son instruction professionnelle, car c'est dans cet hôpital que devraient être envoyées toutes les élèves diplômées de la Salpêtrière et de Bicêtre. On nous assure que, récemment, elle a remplacé l'une des surveillantes de la Clinique médicale et qu'elle a su mériter des éloges de tout le monde.

C'est la *peur du croup* qui aurait arrêté Mᵐᵉ D...! M. Després s'imagine que, seules, les religieuses peuvent affronter cette maladie si contagieuse. Qu'il avance ce fait dans un journal politique, passe encore; mais dans un journal de médecine, c'est se moquer des lecteurs. Tous les médecins savent, en effet, que, dans les hôpitaux les soins immédiats les plus répugnants, *les plus dangereux*, sont donnés par les *infirmières* et que les *infirmières* sont des *laïques* : à l'hôpital Trousseau, il y a 48 laïques et 20 religieuses; — à l'hôpital des Enfants Trouvés, il y avait 75 laïques pour 27 religieuses et à l'hôpital des Enfants Malades 88 laïques pour 27 religieuses.

Tous les médecins qui ont fréquenté les hôpitaux d'enfants savent que malheureusement deux des maladies les plus contagieuses y font trop souvent des victimes, la diphthérie et l'ophthalmie purulente. Voici la statistique — sans doute incomplète — de ces accidents, de 1860 à 1885 dans ces trois établissements: *quatre religieuses* ont eu la diphthérie, *une* a succombé; *cinq laïques* ont eu la diphthérie, *quatre* sont mortes. — Une *religieuse* a perdu *un* œil; — neuf *laïques* ont perdu un œil et trois ont perdu les deux yeux; soit cinq victimes *religieuses* et dix-sept victimes *laïques*.

M. Després connait ces faits qui démontrent, d'une façon péremptoire, que le courage et le dévouement des laïques est incontestable; il sait aussi que durant les épidémies de choléra, depuis 1832 jusqu'en 1883, les laïques ont fait leur devoir; qu'il en a été de même durant les épidémies de variole et que dans les services d'enfants de Bicêtre et de la Salpêtrière, où la tâche de l'infirmière et de la surveillante est des plus répugnantes, les laïques ont eu à soigner depuis des siècles toutes les maladies infectieuses.

Une fois de plus, on voit que M. Armand Després s'est rendu coupable d'une calomnie. Il n'est plus à les compter. Aux honnêtes gens à juger sa conduite.

Bourneville.

Laïcisation des hôpitaux : Réponse de M. Peyron à M. le Dr A. Després. — Nouvelle lettre de ce dernier.

Paris, le 25 mars 1887.

Monsieur le Directeur,

La *Gazette des Hôpitaux* a publié, dans son numéro du 24 mars, une lettre de M. Després que j'aurais laissée sans réponse si, à côté des déclamations habituelles et des erreurs familières à M. le docteur Després, je n'y avais relevé le passage suivant :

« De son côté, M. Peyron sait que dernièrement quand il s'est agi d'envoyer dans un service d'enfants atteints de croup une dame D..., célibataire, élève diplômée de l'Ecole d'infirmières laïques, appelée à ce poste, à son tour de placement, elle a refusé d'y aller, disant qu'elle ne voulait pas gagner le croup. »

J'affirme de la façon la plus énergique que jamais je n'ai appelé Mme D... à aucun emploi dans aucun hôpital d'enfants et qu'elle n'a pas eu à refuser un poste que je ne lui ai pas offert. — Veuillez recevoir, etc..   E. PEYRON.

Tout homme impartial, après cette lettre si catégorique, aurait reconnu galamment son erreur; tel n'est pas M. A. Després qui riposte par la lettre suivante parue dans le n° du 31 mars de la *Gazette des hôpitaux* :

Paris, le 29 mars 1887.

Mon cher Directeur,

M. le Directeur de l'hôpital de la Pitié, à qui M. le Directeur de l'Assistance publique donnera sans doute des instructions pour contester l'exactitude des faits, a pris, il y a quelque temps, une sous-surveillante d'un service de chirurgie de cet hôpital, pour l'envoyer dans un service d'enfants, afin de remplacer les sœurs hospitalières renvoyées. Pour une raison ou pour une autre, il fut question de rappeler cette surveillante dans son ancien service, et il devenait urgent de trouver une personne pour la remplacer. C'est alors que Mme D... fut avertie qu'elle serait appelée à ce poste et qu'elle a refusé ; une dame H..., également diplômée de l'Ecole d'infirmières, présentée de la même façon, a également refusé ; et l'on a dû laisser, dans le service d'enfants, la surveillante que l'on y avait placée.

Je me hâte d'ajouter que ce n'est pas de M. le Directeur de la Pitié que je tiens le fait. Je craindrais, en effet, si je ne faisais cette déclaration, que M. Peyron ne sacrifiât ce directeur aussi allègrement qu'il a sacrifié au Conseil général deux excellents employés de l'Assistance publique, MM. Brueyre et Savouré, condamnés, sans doute, tous deux par M. Bourneville, qui est toujours, à ce qu'il paraît, directeur occulte de l'Assistance publique.

M. Peyron pouvait certainement, à l'aide d'une restriction mentale, nier énergiquement le fait que j'ai avancé ; je ne m'en étonne pas autrement et c'est assurément là un moyen d'administrer à la portée de tout le monde. — Veuillez agréer, etc.

Dr Armand DESPRÉS.

Aucun fait, à notre connaissance, n'autorise qui que ce soit à mettre en doute la véracité de M. le Dr Peyron. Qui oserait dire qu'il en est de même pour M. Després? Il est fort douteux qu'on trouve ce défenseur parmi les médecins et surtout parmi les chirurgiens. Pour accepter une semblable responsabilité, ils connaissent trop sa manière de faire, ses contradictions qui l'emportent jusqu'aux confins de l'absurde, ses statistiques... fantaisistes, etc., etc., toutes choses qui lui ont justement mérité tant d'exécutions, plus ou moins dures, à la *Société de Chirurgie.*

M. Després, qui se pique d'être très expert en administration, fait preuve d'une singulière ignorance en attribuant au directeur de la Pitié, qu'il essaie de compromettre, le pouvoir de faire passer une suppléante (et non une sous-surveillante) d'un établissement dans un autre. C'est au directeur de l'Assistance publique seul qu'il appartient de provoquer les déplacements de cette nature.

Après avoir accusé *faussement* Mme D... d'avoir refusé d'obéir à un ordre qu'elle n'avait pas reçu, il accuse Mlle H... d'avoir également refusé. Cette nouvelle accusation est aussi erronée que la première : M. Després ajoute une calomnie de plus à toutes celles dont il s'est déjà rendu coupable.

Quant aux insinuations de M. Després qui nous concernent personnellement, nous estimons inutile d'y répondre. Nos lecteurs les apprécieront à leur valeur, de même qu'ils jugeront sévèrement l'insanité, à l'adresse de M. Peyron, qui termine sa lettre. **B.**

— Nous recevons trop tard pour l'insérer dans ce numéro une nouvelle lettre de M. Després.... et ce ne sera pas la dernière !

Laïcisation des Hôpitaux.

Voici la lettre de M. le Dr A. Després, dont nous avons parlé et qui ne nous est parvenue que dans la soirée du 31 mars :

Monsieur le Directeur du *Progres medical* (sic),

30 mars 1887.

Monsieur le Directeur,

Dans le dernier numéro du *Progrès médical*, M. Bourneville se s'ert à mon egard du gros mot de calomnie. Je connais ce genre de raisonnement c'est celui des plaideurs lorsqu'ils ont à repondre à des temoins qui ne leur sont pas favorable (*sic*), et je passe.

Une suppléante *n'a pas accepte*, à *decline l'offre*, à *refuse*, suivant le gout des lecteurs, d'aller dans un service d'enfants, voila le fait. A-t-elle dit cela le matin le soir, un jeudi ou un samedi? C'est ce que je ne sais pas, et cela importe peu. Ce que je répete, c'est que quand on dit à une sœur d'aller dans un de ses services, elle y est rendue dans les 24 heures.

Le reste de l'article de M. Bourneville renferme des assertions qui méritent d'etre contrôlés (*sic*). M. Bourneville ne cesse de parler des hopitaux laïques étrangers. Combien de fois faudra-t-il repeter qu'en Turquie pays Mahometan qu'a Amsterdam pays protestant les hopitaux sont desservis par des religieuses catholiques apostoliques et romaines. Mais il est necessaire aussi de rappeler que si l'on a été obligé, en 1866, de venir chercher a Paris des infirmières laïques pour soigner les choleriques dAmiens, lon n'a pas songé un moment a demander des sœurs hospitalieres, parce quelles y allaient seules. 7 sœurs de Charite y compris la sœur Puybaraud y sont mortes une à une du cholera, et ont été immédiatement remplacés (*sic*) sans bruit et sans éclat. On ne prouve rien M. le Redacteur en voulant trop prouver, et s'il est mort plus d'infirmieres que de sœurs dans les services d'enfants diphthéritiques, c'est qu'il y a dans ces hopitaux trois fois plus de serviteurs que de sœurs hospitalieres.

M. Bourneville qui s'est taillé à l'hospice de Bicêtre, grace (*sic*) aux votes du Conseil municipal et à la bienveillance de l'administration, un service monumental qui coute (*sic*) des millons (*sic*). et quil (*sic*) n'aurait jamais obtenu sil n'avait pas été conseiller municipal, pourrait se contenter ce me semble de ce privilege excessif, et il devrait, en verité, laisser les autres hopitaux et leurs services tranquilles.

Mais il en est à cequil (*sic*) parait, de certains hommes comme de ces etres inférieurs tels que le Termite qui ne vit que pour la ruine du milieu ou (*sic*) il trouve un abri. Logé dans la coque du navire il se nourrit de son meilleur bois et sy creuse des sillons commodes, jusqu'au jour où les solives reduites à leur enveloppe craquent de toute part et entrainent un naufrage inattendu. Et comme le Termite a le privilege de vivre partout il surnage avec quelques debris et va chercher ailleurs un autre navire à perdre.

Veuillez agreer etc.

D^r. Armand DESPRÉS.

Plus de CINQUANTE FAUTES d'orthographe, M. Després, sans compter l'absence presque complète de ponctuation, voilà pour la forme ! Examinons le fond.

M. Després nous reproche de l'avoir accusé de calomnie et, au lieu d'apporter des *preuves* à l'appui du fait grave dont il charge à tort Mme D..., il s'est rendu coupable d'une seconde calomnie relativement à Mlle H... : l'une et l'autre, nous le répétons, se sont conformées aux ordres de l'Administration.

Lorsque M. Peyron a laïcisé l'hospice des Enfants-Assistés

le 1er avril 1886 et l'hôpital des Enfants-Malades le 28 octobre de la même année, a-t-il éprouvé la moindre difficulté ? Non ; il n'a eu que l'embarras du choix, comme il l'a présentement pour la laïcisation de l'hôpital Trousseau. L'une des premières qualités des laïques, c'est l'obéissance absolue aux ordres de l'Administration, aux prescriptions et aux conseils des médecins, et nous serions le premier à réclamer l'abaissement de grade de la surveillante qui refuserait de se rendre au poste qui lui est assigné, la révocation en cas de récidive.

M. Després vante l'obéissance des Religieuses. Il a parfaitement raison s'il veut parler de leur obéissance envers leur Supérieure ou leur Directeur de conscience ; mais il est complètement dans l'erreur, et il le sait, s'il s'agit de l'obéissance aux ordres des administrateurs, aux prescriptions des médecins. La Collection des documents qui concernent l'Hôtel-Dieu, les Registres des délibérations des membres du Bureau de l'Hôtel-Dieu fourmillent de plaintes des administrateurs, portant précisément sur le refus d'obéissance des Religieuses (1).

Pourquoi les sœurs de St-Thomas de Villeneuve ont-elles quitté la Pitié ? pour refus d'obéissance. — Lorsqu'en 1879 la supérieure des sœurs de l'hôpital Trousseau est partie sans prévenir ni le directeur de l'hôpital, ni le directeur de l'Assistance publique, elle a certes fait preuve d'obéissance envers son supérieur religieux, mais non envers l'Administration. A quoi bon d'ailleurs insister : il n'est pas un médecin, pas un administrateur, un peu expérimenté, qui ne possède par devers lui de nombreux exemples du sans-gêne des Religieuses pour leurs ordres ou leurs prescriptions.

M. Després estime que *nos assertions* concernant les hôpitaux étrangers méritent d'être *contrôlées* (au féminin et non au masculin, M. Després). Il est allé à Londres et il a pu constater que presque tous les hôpitaux étaient confiés à des laïques, instruites avec le plus grand soin dans des Ecoles annexées aux hôpitaux. En Portugal, il n'y a pas une seule congrégation religieuse. En Russie, les hôpitaux, au dire des médecins russes que nous avons interrogés, sont exclusivement dans les mains des laïques et ce fait nous a été confirmé par M. Charcot, par MM. Budin, Blanchard, Regnard qui les ont visités. Aux Etats-Unis, en Suisse, en Allemagne, la plupart des établissements hospitaliers ne possèdent que des laïques et, dans tous ces pays, il y a des écoles professionnelles d'infir-

(1) Voir le *Progrès méd.*, 1886 et 1887, *passim.*

mières. Même chose à Vienne, la capitale de la catholique Autriche. Tout le monde, sauf M. Després, sait que le prince Rodolphe a donné son nom à une importante institution chargée de fournir à ce pays de bonnes infirmières laïques (1).

Voilà ce que nous ont appris nos amis, les journaux de médecine étrangers et notre expérience personnelle. M. Després trouvant sans doute que les pays cités par nous n'ont qu'une médiocre importance, nous oppose la « Turquie pays mahométan, » et « Amsterdam pays protestant, » dont « les hôpitaux, » affirme-t-il avec son assurance habituelle, « sont desservis par des religieuses catholiques apostoliques et romaines. »

Nos lecteurs penseront sans doute que M. Després a eu une singulière idée de choisir la Turquie comme un modèle d'organisation hospitalière. D'après M. P. Aubry « chargé d'une mission scientifique par le ministre de l'instruction publique », à l'ambulance militaire de Yildiz, le service est fait par 60 infirmiers dirigés par 8 caporaux et 3 sergents ; — à l'hôpital militaire d'Haider-Pacha, qui contient 950 lits, le service est fait par 347 infirmiers dont 32 caporaux ; — à l'hôpital central de la marine impériale les infirmiers sont des soldats ; — à l'hôpital civil Hasseki les infirmières sont toutes musulmames ; — à l'hôpital municipal (40 lits) le service est fait par les sœurs de Saint-Vincent-de-Paul. Il ressort de ces renseignements que le rôle des religieuses est bien minime et que dans les hôpitaux militaires et de la marine le service est fait par des laïques. Passons maintenant à Amsterdam.

Il existe à Amsterdam deux hôpitaux municipaux contenant environ 900 malades et dont le service, nous assure M. le Dr Thijssen, est entièrement fait par des laïques ; l'hospice des israélites, subventionné par la ville, est également confié à des laïques israélites. Il existe aussi, à Amsterdam, trois maisons de santé particulières ; dans deux de ces maisons, le service est fait par des laïques ; dans la troisième, il y a 80 lits, 40 pour les malades payants, 40 pour les pauvres, et le service est fait par TRENTE *religieuses*, soit une religieuse pour moins de trois malades. En général, tous les établissements hospitaliers des Pays-Bas, entretenus par l'Etat ou par les villes, nous écrit notre honorable correspondant, sont confiés à des laïques, sauf l'hôpital municipal de Maëstricht.

Parlant des infirmières laïques de la Salpêtrière qui sont allées soigner les cholériques d'Amiens, M. Després insinue

---

(1) Voir *Progrès médical*, 1886, p. 601, 681, 746, 789, 831.

qu'il n'y a pas grand mérite à cela car « on n'a pas songé un moment à demander des sœurs hospitalières, parce qu'elles y allaient seules. » Elles y allaient, au contraire, si peu et les maisons-mères paraissaient si peu désireuses d'envoyer des religieuses que la municipalité a dû faire appel à l'Assistance publique de Paris. Les internes des hôpitaux de Paris y sont allés, eux aussi, sur la demande de la ville d'Amiens, parce que le nombre des médecins était *insuffisant*. M. Després ne fera croire à personne que les nombreuses congrégations d'Amiens n'avaient plus de religieuses soit dans les couvents de la ville même, soit dans leurs trop nombreuses succursales.

M. Després reconnaît qu'il est mort plus de laïques que de religieuses du croup ; la raison en est, dit-il, qu'il y a dans les hôpitaux d'enfants « *trois fois plus de serviteurs* — lisez infirmières laïques — que *de sœurs hospitalières.* » Nous le remercions d'avoir relevé cette proportion et notre statistique avait précisément pour but, de vulgariser ce fait trop peu connu. Nous ajouterons aujourd'hui que, d'après le budget de l'Assistance publique pour l'année 1877, c'est-à-dire avant les laïcisations qui ont tant ému la bile de M. Després, on comptait dans les hôpitaux et hospices de Paris 2,939 surveillants, sous-surveillants des deux sexes, infirmiers et infirmières laïques et *seulement 479 religieuses.* Ce qui veut dire que la plus grande somme de soins donnés aux malades l'étaient déjà par les *laïques.*

Nous laisserons de côté aujourd'hui les deux derniers paragraphes, dont le premier est relatif au service des enfants de Bicêtre : M. Després ne perdra rien pour attendre, qu'il en soit bien persuadé, et nous nous bornerons à signaler en terminant la découverte, qu'il vient de faire, d'une métamorphose inconnue des naturalistes. Suivant l'histoire naturelle de M. Després, le *taret* s'est fait *termite* (combien il serait désirable que M. Després l'imitât !) ; un *mollusque* — le taret — s'est transformé en *névroptère* et ce névroptère, ce termite ou *fourmi blanche,* est devenu capable de vivre *partout,* même au sein de la mer ! !

Comme on le voit, les connaissances de M. Després en administration et en histoire naturelle sont en harmonie avec celles qu'il possède soit en hygiène — on sait qu'il préfère les eaux sales de la Seine aux eaux de source : — soit en thérapeutique chirurgicale — tout le monde connaît ses préférences pour les *pansements sales* qui augmentent la mortalité des opérés

et son dédain pour les *pansements antiseptiques* qui économi-
sent la vie humaine (1).

B.

Les Sœurs dans les Hôpitaux militaires.

« On me demande mon opinion sur l'utilité des Sœurs dans les
hôpitaux militaires, écrit le rédacteur en chef de la *Revue inter-
nationale des Sciences médicales*. Je puis d'abord dire qu'elles
ne servent à rien, tout le service étant assuré et fort bien exécuté
par les infirmiers de visite et d'exploitation, sous la surveillance
directe de leurs supérieurs. En effet, le service des Sœurs consiste,
dit le règlement sur le service de la santé : 1º Dans les salles à
concourir, avec les infirmiers, aux divers travaux intérieurs, à
donner aux fiévreux et aux blessés les soins de toute nature com-
patibles avec leurs forces et avec la bienséance ; à concourir avec
les infirmiers à la distribution des aliments et à l'administration des
médicaments; 2º à la dépense et à la cuisine, à assurer sous la direction de l'officier d'administration chargé de ces services, la distribution régulière des denrées ; à concourir à la préparation des
aliments pour les malades et à surveiller le bon emploi des denrées
dont il fait usage.

En somme, d'après les rédacteurs eux-mêmes du règlement, les
Sœurs dans les hôpitaux militaires, remplissent l'emploi d'une cinquième roue à une voiture. Mais il y a plus. Les Sœurs donnent
de mauvais exemples aux infirmiers et aux officiers d'administration, car elles interprètent souvent au détriment du budget et des
malades ce passage : « Surveiller le bon emploi des denrées dont
il fait usage ». Du reste, je vais citer quelques-uns des faits dont
j'ai été le témoin, dans un hôpital militaire de première classe;
cela vous renseignera mieux que toutes les grandes phrases sur la
moralité, l'honnêteté, l'abnégation des religieuses.

Dans un but thérapeutique, le vin était interdit : Or, tous ceux-
ci, sous-officiers ou bons chanteurs, acceptèrent, moyennant un
demi-litre de vin que leur octroya chaque jour la Sœur, d'aller
chanter la messe à la chapelle. Le truc fut découvert, un rapport
fait et le rapport mis au panier par le médecin en chef. J'ai connu
des personnes nourries par les Sœurs, soit à l'intérieur de l'hôpital, soit à l'extérieur de l'établissement, en ville. Des aliments, pré-
levés (?) sur ce qui revenait aux malades, sortaient de l'hôpital
dans un panier sous les yeux du concierge portier, et servaient à
la nourriture des personnes donnant des preuves de piété !

Les infirmiers, les médecins sont chaque jour témoins de ce « cou-
lage » pratiqué souvent sur une grande échelle. Mais les supérieurs ferment les yeux, et j'ai connu un médecin militaire blâmé
par son médecin en chef pour n'avoir pas voulu signer un « bon »
soi-disant destiné à une salle de malades, mais destiné d'après la

---

(1) La seconde partie de notre réponse ayant trait exclusivement au
service des Enfants de Bicêtre, on la trouvera dans le *Compte
rendu de* 1887.

religieuse elle-même à la communauté. La Sœur, furieuse du refus, traite pendant la visite le médecin de polisson. Elle fut expulsée de la salle avec tous les honneurs dus à son sexe (?). Mais le médecin qui n'avait pas voulu s'associer à ce faux fut blâmé d'avoir été inconvenant ! ! !

J'ai vu un autre fait beaucoup plus grave : un soldat convalescent est pris brusquement de suffocation ; la Sœur envoie un infirmier chercher l'aumônier, et ce n'est que quand celui-ci a fait son service qu'elle envoie chercher le médecin de garde qui se trouve en présence d'un cadavre. Que dirais-je encore ? Qui n'a vu de malheureux agonisants en proie aux obsessions des Sœurs, qui s'abattent autour du lit des mourants comme une volée de corbeaux ! Au point de vue de la discipline, de la bonne exécution du service, de l'honnêteté dans les distributions, du bien-être matériel et moral du malade, la suppression des Sœurs sera bien accueillie par tous ceux qu'un cerveau trop vieilli n'enchaine pas aux vieux errements. Car le but des religieuses dans les hôpitaux est de raccoler des ouailles pour la messe, des chantres pour la chapelle et des clients pour l'aumônier, et pour tout cela, la fin justifie les moyens. »

Les Exorcismes dans les hôpitaux d'Anvers en 1887.

31 mai 1887.

Monsieur le Rédacteur,

Depuis quinze ans, à maintes reprises, des critiques très vives s'étaient produites au sujet de la singulière façon dont la liberté de conscience était respectée dans les établissements hospitaliers d'Anvers. Mais, jusque dans ces tout derniers temps, l'Administration communale s'était bornée chaque fois à réclamer des explications du Conseil des hospices et elle s'était contentée des dénégations intéressées que celui-ci avait constamment opposées à toutes les plaintes. La situation vient de se modifier brusquement. A la suite de protestations indignées des internes et des employés de l'hôpital Ste-Elisabeth, et grâce au mouvement d'opinion provoqué par les sociétés rationalistes et démocratiques, qui luttent pour le principe de la sécularisation des hôpitaux, la Ville a ordonné une enquête, enquête qui a révélé des faits véritablement incroyables. Qu'on en juge par ces passages de la déposition faite devant la commission spéciale par un témoin, le président d'une société de libres-penseurs, lequel avait recueilli par lui-même de nombreux témoignages :

Les sœurs font exécuter à leur profit des travaux de couture par les femmes malades et convalescentes. Les sœurs obligent les malades non pratiquant à assister aux offices religieux. Elles vont jusqu'à pousser sur les dalles froides de la chapelle des convalescents qui devraient rester au lit. De là des rechutes qui étonnent les médecins assez naïfs pour ne voir dans les sœurs que des anges d'abnégation et de dévoûment.

Le règlement des hôpitaux interdit toute manifestation d'un culte quelconque dans les salles : or, les christs, les vierges, les saints de proportions gigantesques couvrent les murs des salles de malades et même du réfectoire des internes.

Les sœurs font réciter les prières à haute voix, le matin, dans la journée et le soir. Dans les salles. on passe de lit en lit matin et soir avec un goupillon d'eau bénite. Ceux qui refusent d'en prendre sont appelés *Smeerlap* ! (Saligaud !)

Les prêtres, lorsqu'ils doivent administrer un malade, font par ostentation le tour de toutes les salles, avec leurs ustensiles et précédés d'une sœur agitant une sonnette. Les sœurs forcent alors les malades à s'agenouiller. même ceux qui sont dans leur lit. Généralement, quand un malade ne va pas bien, les sœurs appellent le prêtre au lieu de demander l'interne de service, lequel dans beaucoup de cas pourrait soulager le malade.

Les malheureux enfants des salles 10 et 11 sont obligés en janvier de traverser les cours de l'hôpital Sainte-Elisabeth à six heures du matin pour assister, sans pardessus, dans une froide chapelle, à la messe qui commence à six heures et demie. — Tout le personnel infirmier se trouve sous les ordres des sœurs.

La superstition des sœurs leur fait considérer les malades à affections nerveuses comme des possédés du diable. De là toutes sortes de manœuvres, prières et simagrées pour chasser l'esprit du mal. Une jeune femme, Mlle Julie M..., était atteinte de . folie puerpérale . les sœurs et le prêtre la considéraient comme possédée du diable ; pour chasser celui-ci on récita autour de la malade chapelets et prières à haute voix. Ensuite des petits cœurs de Jésus découpés dans du drap rouge furent déposés autour, dessus. dessous elle dans son lit ; malgré ces cœurs, les prières et les chapelets, aucun changement ne se produisit. Alors un chat fut enfermé avec elle dans sa chambre (Mlle M... était une malade payante) afin que le diable, fatigué d'habiter cette demoiselle, vint se réfugier dans le corps de l'animal. Ce nouveau moyen n'étant pas plus efficace que les autres, les sœurs et le prêtre ne trouvèrent rien de mieux que de passer à la malade la camisole de force.—Sans aucune notion des éléments de l'art de guérir, les sœurs transgressent journellement les lois les plus simples de l'hygiène. Entre mille autres faits, je signale qu'il leur arrive de faire battre les matelas dans les salles de malades et d'y laisser sécher les linges qui ont servi aux pansements.

Les sœurs sont tellement intolérantes, qu'une demoiselle entrée une première fois à Sainte-Elisabeth, comme libre-penseuse, ne voulut plus faire la même déclaration quand elle y revint une seconde fois ; car elle avait trop souffert de l'intolérance des sœurs.

Citons encore ces fragments de la déposition d'un interne :

J'ai signalé dans une lettre à l'Administration et remise au directeur, les faits suivants, qui se sont passés pendant le Carême:

J'avais demandé aux malades s'ils désiraient jeûner. Un malade de la salle 5 me dit qu'il prendrait volontiers de la viande comme d'habitude. Je lui en prescris. Venant contrôler le repas et voyant mon homme sans viande, je lui en demandai la raison. « La sœur, me dit-il, m'a invité à ne pas la manger. » Je me rends dans la salle à côté où se trouvait cette sœur, en compagnie de la sœur Ursule. Je lui demande pourquoi le malade n'a pas sa portion. La sœur me répond : « Il m'a dit qu'il ne la voulait pas. » J'ai fait observer à la sœur la contradiction entre la réponse du malade et la sienne.

A la salle 25, le même jour, une sœur me demande de prescrire plusieurs portions de viande. Je le fais. J'arrive pendant le repas. Il n'y avait pas un atôme de viande dans la salle. La sœur m'avait trompé et celle qui cuisine n'avait pas donné ce qui était prescrit. Un malade de la salle 23 s'est plaint à moi de ce qu'on lui avait donné des savates dont les clous lui passaient dans les pieds. Ce malade est revenu salle 3 ; les sœurs Ursule et Alphonse se sont moquées de lui. Il était libre-penseur.

A la salle 21, comme, un matin, je disais, en voyant le cadavre d'un homme : « Tiens, il est mort, le pauvre vieux ! » la sœur Guillaume me répondit : « Oui, monsieur, il est mort comme un chien. » Je me suis fâché et ai remis la sœur à sa place. J'appris par le domestique que le malade avait été tourmenté par le prêtre, la nuit, parce qu'il voulait mourir en libre-penseur.

J'ai fait une opération césarienne. La femme était mourante depuis plusieurs jours. Comme les sœurs étaient déjà accourues plusieurs fois me dire : « Venez, monsieur, elle va mourir, » et que je savais que l'enfant était mort, j'ai fait part à mon chef de mes hésitations à pratiquer l'opération. Il m'a dit qu'ici, à Anvers, cela devait se faire. Pendant que j'attendais le dernier soupir de cette malheureuse, la sœur Mecthilde, qui se tenait à la tête du lit, me faisait signe en disant : « Allez, elle y est. » A peine avais-je la tête de l'enfant hors de l'incision abdominale, que le curé avançait une espèce de tasse et versait sur la tête son eau bénite. Je fis remarquer à ce prêtre que l'enfant était mort depuis longtemps et était déjà en putréfaction.

Un soir, un collègue, qui était de garde, me montra, ainsi qu'à un autre interne, une femme enceinte de trois mois et demi, je crois, qui était près de mourir. La sœur Ludwide prit le couteau, vint le mettre dans la main du premier interne en le suppliant d'opérer pour pouvoir baptiser l'enfant. Sur son refus, la sœur renouvela sa demande à l'autre interne et à moi. Elle était très triste.

J'ai eu dans mon service une malade atteinte d'une folie, suite de couches. Cette femme parlait très bien, seulement elle avait des accès de dépression, de tristesse, puis des périodes d'expansion, de gaieté. J'ai remarqué que les sœurs cousaient sur son oreiller des cœurs rouges, lui mettaient en mains de vieux livres de prières et des chapelets que la malade me montrait d'un geste significatif lorsque la sœur avait le dos tourné.

La sœur a demandé à mon chef de pouvoir transférer la femme de la salle payante dans un petit cabinet d'isolement ; cela à la suite d'un accès de fureur contre la sœur. La malade se plaignait quotidiennement à moi de ce que la sœur refusait de lui passer ceci ou cela. Un jour, arrivant à l'improviste, j'ouvre la porte de la chambre. Un chat en sort et s'enfuit. La malade me dit : « Voyez-vous? on m'enferme avec un chat, c'est pour le démon. » Comme cette femme réclamait parce que les sœurs l'enfermaient à clef, j'ai dû prendre la clef en poche.

Un dimanche, on est venu me dire qu'elle était devenue très méchante et je me rendis auprès d'elle. Les sœurs lui avaient mis la camisole de force sans l'avis de l'interne de garde. J'ordonnai aux deux sœurs qui se trouvaient là de délier les liens. Toutes deux refusèrent. Je courus chez le directeur, qui n'était pas chez lui. J'ai ôté moi-même la camisole de force. J'ai raconté cela à mon chef, décédé depuis lors. Il m'a répondu que lorsque je voyais des abus, je devais laisser faire, parce qu'il n'y avait pas moyen d'y remédier.

Ce qui est particulièrement intéressant pour nous, c'est la constatation de ce fait si grave : à notre époque de positivisme et de science, dans les hôpitaux d'une des villes les plus importantes du globe, on pratique encore des exorcismes! « Nous « avons sous les yeux, a dit un journal d'Anvers, un fac simile « des amulettes placées par les sœurs dans et sur le lit des « malades. Sur un fond de flanelle blanche se détache un cœur « rouge surmonté d'une croix de même couleur, avec cette « inscription au-dessous: Que votre règne nous arrive. Arrière, « Satan! Le cœur de Jésus est avec nous! — C'est ainsi que « l'on guérit les maladies nerveuses, à l'hôpital Sainte-Elisa- « beth, sous une administration *libérale!* »

L'Administration des hospices, cela va sans dire, a essayé d'infirmer ces écrasants témoignages ; elle a essayé aussi d'intimider son personnel, allant jusqu'à révoquer un interne sous le prétexte qu'il avait parlé à des personnes étrangères à l'hôpital de ce qui se passait dans cet établissement. Et comme elle renferme dans son sein des personnalités fort en vue dans le parti libéral doctrinaire, auquel appartient la majorité du Conseil communal, celui-ci, après avoir reçu communication du rapport détaillé de la commission d'enquête, s'est borné à voter, le 23 mai, par 20 voix contre 9, l'ordre du jour plus qu'anodin dont voici le texte :

Vu le rapport de la commission d'enquête; attendu que les faits dont ledit rapport affirme l'existence et qui concernent surtout l'hôpital Sainte-Elisabeth, sont demeurés établis; — attendu que l'Administration des hospices déclare qu'aussitôt que ces faits ont été portés à sa connaissance par l'enquête, elle a donné les ordres nécessaires pour en prévenir le retour; — Attendu que l'exercice du droit de surveillance que la loi attribue à l'Administration communale, donne les garanties nécessaires du respect de la liberté de conscience dans les hôpitaux civils : — Le Conseil communal, prenant acte des déclarations faites, passe à l'ordre du jour.

Ce vote aura pour résultat une scission complète entre les progressistes et les doctrinaires anversois. Il a été un véritable coup de fouet pour l'opinion publique, et, dès aujourd'hui, on peut dire que, malgré la faiblesse de quelques hommes, *la cause de la laïcisation des hôpitaux est gagnée à Anvers.*

X...

La Laïcisation de l'Assistance publique au Conseil municipal.

Samedi dernier, au Conseil municipal, notre ami M. Rousselle a posé à M. le Directeur de l'Assistance publique une question sur la *laïcisation des hôpitaux* lui demandant « de dire d'une manière nette, formelle, si oui ou non, il veut réaliser immédiatement la laïcisation. » Il était, en effet, nécessaire que le nouveau Conseil connût exactement l'avis de l'Administration et se prononçât lui-même, comme les Conseils précédents, sur cette importante question.

M. le Directeur a rappelé que ses opinions étaient bien connues, que si la laïcisation avait suivi, jusqu'ici, une marche, peut-être trop lente, les ressources, dont il disposait en personnel augmentant sans cesse, il croyait « pouvoir sans péril imprimer à la laïcisation un mouvement plus accéléré. »

« Je suis dans l'intention, a-t-il ajouté, de présenter à bref délai au Conseil de surveillance un projet de laïcisation des hôpitaux Beaujon et Lariboisière. Vous savez où nous en sommes. Il n'y a plus que cinq hôpitaux desservis par des sœurs de l'ordre des Augustines, au nombre de cent onze. La laïcisation des deux hôpitaux que je viens de nommer sera faite dans trois ou quatre mois. J'espère à la fin de l'année être en mesure de laïciser en même temps Saint-Louis et la Charité. »

M. A. Després a riposté par ses arguments habituels : la laïcisation est ruineuse pour l'Assistance publique qui, « *par le fait de la laïcisation,* s'est trouvée pour la première fois en *déficit d'une* DIZAINE *de millions* » ; — le service est moins bien fait depuis le renvoi des sœurs ;— la Chambre a refusé la suppression de l'aumônier de Charenton par 374 voix contre 174 ;— le groupe de l'autonomie communale du Conseil municipal est l'allié, le complice, du groupe de l'Extrême gauche de la Chambre ; — les hôpitaux rencontrent les plus grandes difficultés à recruter un bon personnel.

Comme on le voit, et ainsi que l'a fait remarquer M. Longuet, c'est toujours le même air, seulement M. Després le chante de plus en plus mal. Il va de soi que, suivant son habitude, il ne fournit rien de précis à l'appui de ses assertions et que ses assertions sont erronées.

Sur le premier point : la laïcisation a occasionné une dépense d'une *dizaine de millions*, M. Cochin, l'allié naturel de M. Després, a fait une première rectification dans les termes modérés que voici : « Vous *avez volé* ainsi (c'est-à-dire en laïcisant les hôpitaux) *plus de* QUATRE MILLIONS aux pauvres, » puis, de M. le Directeur de l'Assistance publique, une seconde rectification, d'après laquelle la dépense annuelle ne dépasserait pas 200.000 fr... Nous n'insisterons pas davantage sur ce point que nous examinerons dès que nous aurons réuni tous les documents.

En ce qui concerne le vote de la Chambre sur une question touchant à la laïcisation, M. Després en tire un argument contre le Conseil municipal. Les hommes qui ont laïcisé les Ecoles en arriveront nécessairement à laïciser les quelques établissements hospitaliers qui dépendent de l'Etat et plus tard les lycées et même les dépôts de mendicité et les prisons.

Quant à l'alliance du groupe de l'autonomie communale du Conseil municipal et du groupe de l'Extrême gauche, elle est toute naturelle et ne peut qu'être fructueuse ; mais ce n'est pas le lieu d'insister sur ce fait. Sur le dernier point, la prétendue difficulté qu'éprouverait l'Administration à recruter un bon personnel, M. Després affirme une contre-vérité : le nombre, la qualité, et le degré d'instruction des élèves qui fréquentent les Ecoles d'infirmières augmente d'année en année et l'Administration n'a que l'embarras du choix. Les examens d'avril ont mis ce fait hors de doute et les compositions des prix, qui viennent de commencer, le confirmeront amplement. M. Després aurait pu s'enquérir en visitant les Ecoles d'infirmières, mais il n'a eu garde de le faire, comme c'était son devoir. Peut-être a-t-il eu peur qu'on ne lui reprochât la *mort* de deux malheureuses femmes sans défense qu'il a si *courageusement* calomniées.

M. Bassinet a cité de nouveaux faits tirés de son expérience personnelle, soit comme malade soigné dans un hôpital, soit comme administrateur du Bureau de bienfaisance; puis M. Rousselle, après une courte réponse à M. Després, a déposé, en son nom et au nom de plusieurs de ses collègues, l'ordre du jour suivant :

« Les soussignés, — Considérant que dans un état républicain, reposant sur une organisation exclusivement civile de la société, il est du devoir de l'Etat, des Département et des Communes de ne confier de fonctions et d'emplois, quelque modestes qu'ils soient, qu'à des membres de la Société civile ;

« Considérant que, se conformant à ce principe, les précédent conseils municipaux de Paris, depuis 1877, ont réclamé, à de trè nombreuses reprises, la laïcisation de l'Assistance publique : hôpitaux, hospices, maisons de secours :

« Considérant qu'à l'occasion des dernières élections municipales, les électeurs de Paris ont énergiquement maintenu sur leur programme la laïcisation de l'Assistance publique. complément indispensable de la laïcisation des écoles municipales et réclamé le prompt achèvement de cette réforme ;

« Considérant que les Ecoles d'infirmières de Bicêtre, de la Salpêtrière et de la Pitié, fondées et entretenues par le Conseil municipal, sont en mesure de fournir à l'administration de l'Assistance publique un personnel instruit et expérimenté, en nombre largement suffisant pour terminer la laïcisation des hôpitaux, — proposent au Conseil municipal :

« 1° D'inviter le directeur de l'Assistance publique à laïciser l'hôpital Beaujon et l'hôpital Lariboisière pour le 1er août 1887 ; — l'hôpital Saint-Louis et la Charité pour le 1er octobre 1887 ; — enfin l'Hôtel-Dieu pour le 1er janvier 1888 ;

« 2° D'inviter M. le Directeur de l'Assistance publique à soumettre d'urgence au Conseil municipal, pour chacun de ces cinq établissements hospitaliers, le devis des dépenses nécessaires, soit pour la transformation des communautés religieuses en logements à l'usage des surveillantes laïques, soit, ce qui serait préférable, pour loger le personnel laïque en dehors des hôpitaux.

« Signé : Rousselle, Hovelacque, Emile Richard, Leclerc, Delhomme, Deschamps, Strauss, Levraud, Boll, Robinet, Mayer. »

Cet ordre du jour a été voté par les 64 conseillers municipaux républicains présents, et repoussé par les *sept* conseillers réactionnaires présents (1). Nous avons le ferme espoir que M. Peyron, directeur de l'Assistance publique, s'empressera de répondre aux désirs du Conseil en lui réclamant dans quelques jours les crédits nécessaires pour la laïcisation de Beaujon et de Lariboisière, puis en juillet les crédits nécessaires à la laïcisation de la Charité et de St-Louis, de manière à être prêt aux dates fixées par le Conseil.

Opinion de M. Léon Lefort, professeur de la Faculté de Médecine de Paris, sur les religieuses des hôpitaux.

« Les hôpitaux de Paris, dit-il, sont presque tous desservis par des religieuses appartenant à trois ordres principaux. Les sœurs Augus-

---

(1) Aux considérants invoqués il en est un autre qu'on pourrait faire valoir : la *nécessité d'avoir des surveillantes et des infirmières instruites et capables d'appliquer scrupuleusement toutes les prescriptions des médecins et des chirurgiens.* Les exigences de la science moderne ne peuvent plus s'accommoder de la routine et de l'ignorance des religieuses.

tines de l'Hôtel-Dieu, de la Charité et de Saint-Louis ; aux sœurs
Jansénistes de Sainte Marthe sont confiés la Pitié, Beaujon et Saint-
Antoine ; aux sœurs de Saint-Vincent-de-Paul, Sainte-Eugénie,
Enfants-Malades, Necker et les Enfants-Assistés. Le premier
devoir de l'écrivain est de dire la vérité, et, quelque défaveur que
doive nous attirer, de la part de beaucoup de nos lecteurs, ce que
nous avons à dire du rôle des religieuses dans les hôpitaux de
Paris, il nous est impossible de ne pas dire que ce rôle est loin
d'être celui que leur attribuent des préjugés qui ne sont, du reste,
que des souvenirs d'un temps fort éloigné. Ce rôle ne consiste
pas, en effet, à donner directement des soins aux malades ; ce n'est
pas la sœur qui fait les pansements, ce sont les externes ; et s'il y
a lieu dans la journée de les renouveler, d'appliquer des cataplasmes, des sangsues, c'est alors l'infirmier ou l'infirmière qui se
substituent à l'externe ; la cuillerée de potion qu'il faut donner
d'heure en heure, c'est l'infirmier qui l'administre ; s'il faut changer
un drap souillé, laver un malade, c'est encore l'infirmier qui intervient ; la religieuse est la surveillante générale ; elle fait la répartition des aliments que distribuent les infirmiers ; elle règle les
rapports avec la lingerie, veille au maintien de l'ordre et de la
discipline de la salle. Leur rôle était tout autre si nous nous rap-
portons aux statuts de 1536, émanés de l'autorité ecclésiastique :

« Doresnavant, pour esviter les occasions de mal, se trouveront
et n'y aura aucune personne seculières de quelque sexe ou condition qu'elles soient, au lavoir à aider à faire ou à layer la lexive
du linge et aultres quelzconques mundations de choses, que soit
mesmes à porter les charges des draps, linges, boys ou aultres
choses, etc. »

« Aujourd'hui, on compte à l'Hôtel-Dieu *seulement 134 infirmiers et infirmières laïques* (1) ».

Les Religieuses des hôpitaux. — Lettre de M. Léon Le Fort.

M. Léon Le Fort a publié sur les Hôpitaux dans le *Paris
Guide* de 1867 un très intéressant travail qui se compose d'une
série d'articles nettement distincts, intitulés : *Les Religieuses;
— Infirmiers et Infirmières ; — Admission des malades
dans les hôpitaux ; — Régime intérieur des hôpitaux*, etc.
Nous avons reproduit dans le n° 25 (p. 512) l'article consacré
aux *Religieuses* sans le faire précéder ni suivre d'aucun commentaire, laissant à nos lecteurs le soin de conclure.

Il est assez rare de voir un auteur réclamer contre la reproduction même de ses écrits ; c'est cependant ce que fait
M. Léon Le Fort en nous adressant la singulière lettre qu'on
va lire. Nous l'insérons, bien qu'elle contienne des attaques
contre l'Assistance publique, qui n'avaient peut-être pas leur

___

(1) *Paris-Guide*, p. 1902.

place naturelle dans cette discussion, et bien qu'elle outrepasse notablement le droit de réponse.

A M. le directeur du *Progrès médical.*

Monsieur,

En reproduisant dans le *Progrès médical* un passage de mon article « Hôpitaux, » publié en 1867, et en lui donnant pour titre : *Opinion de M. le Professeur Léon Le Fort sur la laïcisation,* vous me présentez comme un partisan de cette mesure. Cela ne saurait me convenir.

Je vous ferai d'abord remarquer que ce que j'ai dit du rôle des religieuses ne saurait servir d'argument pour ou contre la laïcisation, puisque le rôle des surveillantes laïques reste identiquement le même que celui des religieuses. D'autre part, il eut été juste de continuer la citation en reproduisant aussi ce que je disais des infirmiers laïques, cela eût évité toute méprise. Je continue donc la citation, en me bornant à ces quelques lignes :

« Sauf de rares, de très rares exceptions, les infirmiers et infirmières présentent deux variétés : le rebut des serviteurs, incapables de pouvoir être conservés nulle part ailleurs, et des gens d'une moralité malheureusement non douteuse, que l'exiguité de leur salaire (27 fr. 50 et 25 francs par mois, en 1887) (1) pousse fatalement à les augmenter par les plus indignes extorsions... « Presque tous exigent ou des pauvres malades ou de ceux qui viennent les visiter, des gratifications plus ou moins considérables, le malheureux qui ne peut payer, reste privé de soins, sans que le directeur le plus actif ou la surveillante la mieux intentionnée puissent parer à ces inconvénients. » Voilà ce que disait le rapport de la commission médicale du 10 mai 1843, et l'Administration se fait une étrange illusion quand elle s'imagine avoir remédié au mal. Il persiste, toujours le même, toujours aussi intense. »

Voilà ce que je publiais, en 1867, et, certes, cela ne saurait me faire ranger parmi les partisans de la laïcisation. Puisque vous m'obligez à dire mon opinion sur la laïcisation, je vais la dire nettement, suivant mon habitude.

Je ne crois à aucun dogme, à aucune religion, mais j'ai horreur de tous les fanatismes et je n'en connais pas de plus odieux que celui qu'inspire aujourd'hui cette nouvelle religion, la plus intolérable de toutes celles qui subsistent, et qu'on appelle la libre pensée. Si ceux qui ont eu voix délibérative dans cette question de la laïcisation, n'avaient pas été aveuglés par la haine, ils auraient dit, dans le langage de la secte :

« Voilà de pauvres filles, assez simples pour croire à une vie éternelle, assez stupides pour sacrifier les joies de ce monde à l'espoir d'une récompense future qui n'existe pas, assez bêtes pour se faire religieuses et passer leur vie au chevet de nos malades. Vouées

---

(1) Ce qui est *entre parenthèses* est une addition et ces chiffres diffèrent de ceux qu'a donnés M. Le Fort en 1867 comme on le verra plus loin.

volontairement à la pauvreté, elles ne nous demandent, pour prix de leur dévouement, qu'une somme de 200 francs par an. Nous serions plus bêtes encore, si nous ne profitions pas de leur bêtise et de leurs services et si nous les remplacions par des surveillantes laïques, dont chacune nous coûtera 700 francs, si nous la logeons; 1.800 francs si nous ne la logeons pas ; par des sous-surveillantes à 500 francs, etc.

C'est cependant ce qu'on a fait, et dans l'hôpital où j'ai ma chaire de clinique, on a remplacé 19 religieuses qui coûtaient annuellement 3.800 francs, par 24 surveillantes, sous-surveillantes et suppléantes, qui coûtent 10.800 francs. C'est presque le triple de la dépense.

Ce gaspillage du bien des pauvres, répété dans de bien plus grandes proportions pour d'autres hôpitaux, a rendu l'Administration, financièrement, incapable de faire face aux nécessités du service : ne pouvant, faute d'argent, ouvrir aux malades les nouveaux hôpitaux dont ils auraient besoin, elle remplit de brancards supplémentaires nos salles déjà trop encombrées et compromet la guérison et la vie des malades. Obligée de faire des économies, elle les fait porter jusque sur la nourriture de nos blessés, et, bien que nous soyions à la fin de juin, je n'ai pu encore obtenir pour mes amputés le moindre légume vert et ils ne connaissent encore, malgré leurs réclamations et les miennes, que les pommes de terre, le riz et les haricots secs.

Témoin chaque jour, depuis 39 ans, du dévouement admirable des religieuses, je pourrais prendre la question à un point de vue élevé ; je la laisse, à dessein, sur le terrain matériel et financier. Même sur ce terrain, la laïcisation est condamnable. Républicain, je la déplore comme une faute ; libéral, je la condamne comme un attentat à la liberté.

J'ai combattu la tyrannie cléricale quand elle était victorieuse et Monseigneur Dupanloup me fit, en 1873, à la tribune de l'Assemblée nationale, l'honneur de dénoncer mon enseignement aux foudres de ses collègues. Je combats aujourd'hui cette tyrannie, qui, sous le prétexte d'attaquer le cléricalisme vaincu, attaque la religion elle-même et en fait un motif de proscription. Je combats cette tyrannie qui, au nom de la libre pensée, porte atteinte à ce qu'il y a de plus sacré au monde, à la liberté de conscience !

Je vous prie, monsieur, de vouloir bien publier cette lettre et d'agréer l'expression de ma considération la plus distinguée.

Léon Le Fort.

24 juin 1887.

1. M. Léon Le Fort, le savant professeur, a mal lu notre titre. Nous n'avons pas écrit : *Opinion de M. le professeur Léon Le Fort sur la laïcisation*, nous nous en étions bien gardé ; nous avons simplement mis ceci :

« Opinion de M. Léon Le Fort, professeur de la Faculté de Médecine de Paris, sur les religieuses des hôpitaux. »

Cette erreur, dès le point de départ, a conduit M. L. Le Fort à nous accuser de l'avoir présenté comme un partisan de la laïcisation. C'est là une autre erreur, puisque nous n'avons rien ajouté au texte, que le mot laïcisation n'y figure pas et que nous n'avons pas oublié la dernière lettre de protestation des médecins et chirurgiens des hôpitaux (2 décembre 1885), où se trouve, pour la première fois, croyons-nous, le nom de M. L. Le Fort. Cette façon de procéder a lieu de surprendre, de la part d'un homme qui passe pour très sérieux.

2. Au dire de M. L. Le Fort, l'opinion qu'il a émise sur les religieuses « ne saurait servir d'argument *pour* ou *contre* la laïcisation. » Assurément, si ce n'était qu'une opinion de M. L. Le Fort..., mais il s'agit là de faits précis, d'un tableau d'une exactitude rigoureuse, incontestable, et la vérité demeure toujours la vérité. Chacun appréciera si, dans la description qu'il semble regretter, M. Le Fort a donné ou non des arguments en faveur de la laïcisation.

Notre honorable correspondant se trompe lorsqu'il avance que « le rôle des surveillantes laïques reste identiquement le même que celui des religieuses. » rôle qu'il a si bien décrit qu'on ne saurait trop reproduire son texte :

« Le premier devoir de l'écrivain, a écrit M. L. Le Fort, est de dire la vérité, et, quelque défaveur que doive nous attirer, de la part de beaucoup de nos lecteurs, ce que nous avons à dire du rôle des religieuses dans les hôpitaux de Paris. il nous est impossible de ne pas dire que ce rôle est loin d'être celui que leur attribuent des préjugés qui ne sont, du reste, que des souvenirs d'un temps fort éloigné. Ce rôle ne consiste pas, en effet, à donner directement des soins aux malades ; ce n'est pas la sœur qui fait les pansements, ce sont les externes ; et s'il y a lieu dans la journée de les renouveler, d'appliquer des cataplasmes. des sangsues, c'est alors l'infirmier ou l'infirmière qui se substituent à l'externe ; la cuillerée de potion qu'il faut donner d'heure en heure, c'est l'infirmier qui l'administre ; s'il faut changer un drap souillé. laver un malade, c'est encore l'infirmier qui intervient ; *la religieuse est la surveillante générale ; elle fait la répartition des aliments* que distribuent les infirmiers ; *elle règle les rapports avec la lingerie,* veille au maintien de l'ordre et de la discipline de la salle... »

De même que les sœurs, les surveillantes laïques doivent surveiller la répartition des aliments, régler les rapports avec la lingerie, veiller au maintien de l'ordre et de la discipline de la salle, mais encore elles ont le devoir de demeurer constamment dans les salles, en dehors des heures de repas, tandis que les religieuses en distrayaient une large part pour la prière, la méditation, les pieux exercices de tout genre, etc. Elles doivent participer *personnellement* aux soins donnés aux

4

malades, faire ou faire faire devant elles tous les pansements, toutes les petites opérations que les médecins ou les chirurgiens leur confient ; prendre des renseignements précis sur les malades, noter la température, etc., etc. En un mot, elles doivent être les *premières infirmières du service*, être prêtes à accomplir toutes les besognes, même les plus répugnantes (1). Enfin, elles doivent être, pour le médecin, des auxiliaires instruites, en mesure de le renseigner de la façon la plus exacte. Tel est le but que nos amis et nous poursuivons depuis *dix ans* dans les Ecoles municipales d'infirmières de Bicêtre, de la Salpêtrière et de la Pitié. Et ce but, nous l'atteindrons sûrement : les résultats déjà obtenus justifient cette espérance.

3. M. Léon Le Fort nous reproche de ne pas avoir *continué la citation*. Ce reproche n'est nullement fondé. La citation était finie puisque nous avons pris TOUT l'article sur les religieuses. Rien ne nous obligeait à en reproduire un second, tout à fait distinct. M. Le Fort, pensant peut-être nous embarrasser, intercalle dans sa lettre, non pas TOUT son article sur les infirmiers et les infirmières, mais une PARTIE seulement, un *article expurgé... ad majorem! Dei gloriam.* Nous allons réparer son omission, en plaçant sous les yeux de nos lecteurs le *texte complet* et ils verront que les passages éliminés — placés entre des crochets — ne sont pas sans intérêt.

[**Infirmiers et Infirmières.**]

[LE SERVICE DIRECT DES MALADES EST FAIT, comme nous l'avons dit, PAR DES LAÏQUES, serviteurs à gages, qui, pour ces pénibles fonctions, reçoivent un salaire de 15 francs par mois, lequel, après quatre années, peut être élevé à un maximum qui est alors de 21 francs. Quand on réfléchit que les domestiques des deux sexes, généralement assez bien logés, reçoivent, à Paris, dans les maisons particulières, où ils sont bien nourris, un salaire qui, presque toujours, dépasse le double, on se demande par quel miracle l'Administration des hôpitaux parvient à ne payer que 15 francs les pauvres diables chargés du plus pénible et du plus rebutant de tous les services. Hélas ! la réponse n'est que trop facile pour ceux qui ont vécu dans les hôpitaux, en contact journalier *avec les malades*]. (*Ici commence la citation de M. Le Fort*). . . . . . sauf de rares, de très rares exceptions, les infirmiers et infirmières présentent deux variétés : le rebut des serviteurs incapables d'être conservés nulle part ailleurs, et des gens malheureusement d'une moralité non douteuse, que l'exiguïté même de leur salaire pousse fatalement à les augmenter par les plus indignes extorsions. [Si le malade

---

(1) C'est pour cela que nous avons toujours demandé qu'on fasse passer les futures sous-surveillantes par tous les grades.

a soif, si, cloué à son lit, il ne peut saisir le vase qui renferme sa tisane, ou s'il a bu celle qui lui avait été donnée, s'il réclame un autre secours, il faut qu'il paye ou que ses parents, en venant le visiter, aient apprivoisé, à prix d'argent, des gens qui devraient être, qu'on croit être les serviteurs de celui qui souffre et qui ne sont trop souvent pour lui que de véritables vampires.] « Presque tous exigent ou des pauvres malades ou de ceux qui viennent les visiter, des gratifications plus ou moins considérables. Le malheureux qui ne peut payer reste privé de soins, sans que le Directeur le plus actif, ou la surveillante la mieux intentionnée, puisse parer à ces inconvénients. » Voilà ce que disait le rapport de la Commission médicale du 10 mai 1843, et l'Administration se fait une étrange illusion quand elle s'imagine avoir remédié au mal. Il persiste, toujours le même, toujours aussi intense; [il n'est pas un médecin d'hôpital qui n'en connaisse toute l'étendue; mais il n'est donné à aucun de nous de pouvoir l'atteindre, car la répression directe venant de notre part serait un empiètement sur les droits des administrateurs et il ne nous appartient pas davantage d'appliquer le *seul remède efficace :* AUGMENTER LE SALAIRE DES INFIRMIERS. Le mal est rendu inévitable par une *économie des plus mal entendues;* puisse l'Administration finir par le comprendre et diriger dans une meilleure voie les efforts très réels, mais sans résultat décisif possible, auxquels elle se livre depuis longtemps pour combattre ce fléau.] »

Voilà ce qu'écrivait M. Le Fort, il y a vingt ans, comme il le fait remarquer lui-même. Qu'en ressort-il ? 1° *Que le service direct des malades est fait par des* LAÏQUES, constatation qui a une réelle valeur, qui n'a cessé d'être vraie, mais que notre éminent contradicteur évite de renouveler aujourd'hui. Pourquoi? — Il en ressort encore *que le salaire des infirmiers et des infirmières était absolument insuffisant (quinze francs par mois)* et que pour remédier au triste état de choses qu'il signalait avec tant de raison et pour assurer un meilleur recrutement « le seul moyen efficace » était d' « AUGMENTER LE SALAIRE DES INFIRMIERS. » Et M. Le Fort ne craignait pas d'ajouter : « Le mal est rendu inévitable par *une* ÉCONOMIE *des plus mal entendues.* » Pourquoi a-t-il supprimé ce passage qui lui faisait honneur?

La réforme que réclamait M. Le Fort est aujourd'hui sinon tout à fait réalisée, au moins en voie de réalisation.

Persuadé, nous aussi, que le recrutement des infirmières et surtout des infirmiers était déplorable ; connaissant aussi tous les abus énumérés par la Commission de 1843, nous n'avons cessé, depuis longtemps (1), de demander à l'Administration de

(1) Voir, comme résumé de ce que nous avions dit auparavant : *Progrès médical,* 1875, p. 449 ; voir aussi : *Mouv. méd.,* 1872, p. 161.

prendre les mesures nécessaires pour l'amélioration de son personnel. Elle n'a pas entendu nos conseils, pas plus qu'elle n'avait été touchée par ceux de M. Le Fort. C'est alors que nous avons soulevé la question au Conseil municipal (1877).

Après avoir dépeint la situation telle qu'elle était, nous avons montré que pour assurer un meilleur recrutement des infirmiers et des infirmières, il fallait prendre les mesures suivantes : 1° Augmenter leur salaire; 2° leur accorder une nourriture meilleure et plus variée; 3° leur donner des habitations moins insalubres; 4° les instruire.

Le Conseil municipal a réalisé toutes les mesures qui dépendaient de lui. Il a décidé que le *traitement mensuel minimum* des infirmiers et des infirmières serait porté à *vingt-cinq francs (1)*;—que le traitement des surveillants et surveillantes, serait porté de 500 francs à 7 et 800 fr.; celui des sous-surveillants et des sous-surveillantes, de 380 francs à 5 et 600 fr. Il a décidé qu'à l'avenir, dans les établissements nouveaux, les infirmiers et les infirmières ne seraient plus mis dans des dortoirs communs, mais auraient chacun leur chambre. C'est ce qui a été exécuté dans le pavillon Moïana, à l'hôpital des Enfants-Malades, dans la Nouvelle section des enfants de Bicêtre. Le Conseil a, en outre, invité l'Administration à généraliser cette mesure à tous les hôpitaux. Il a voté une augmentation de la quantité de vin allouée aux infirmiers (80 centilitres au lieu de 48) et aux infirmières (32 à 50) et invité l'Administration à améliorer leur nourriture. Il a réclamé la *substitution*, dans la mesure du possible, *des infirmières aux infirmiers*, sachant que les femmes sont plus aptes que les hommes à soigner les malades et qu'il est plus difficile d'avoir de bons infirmiers que de bonnes infirmières, demandant, en même temps, que chaque hôpital ait un nombre suffisant d'hommes de peine pour faire les gros travaux. Voilà pour le côté matériel.

Mais le Conseil municipal a fait plus ; il s'est préoccupé de l'amélioration morale et intellectuelle du personnel secondaire et, dans ce but, il a créé à l'exemple de l'Angleterre, de l'Autriche, des Etats-Unis, etc., etc., les trois *Écoles d'infirmières* de la Salpêtrière, de Bicêtre et de la Pitié.

Grâce à toutes ces mesures, le niveau intellectuel et moral des infirmières et des surveillantes s'est notablement élevé et l'Administration dispose d'un nombre déjà considérable d'hos-

---

(1) Voir nos *Rapports sur le budget de l'Assistance publique*, 1877, p. 33 ; 1878, p. 51 ; 1879, p. 17.— 25 fr. au minimum, soit par an 300 fr. au lieu de l'ancien minimum, 180 fr.

pitalières dont l'instruction primaire et l'instruction professionnelle sont de beaucoup supérieures à celles de la très grande
majorité des religieuses. Les progrès seraient encore beaucoup plus considérables si, au lieu d'une opposition qu'aucune
raison sérieuse ne justifie, nous avions eu le concours de tous les
esprits éclairés, au courant, comme M. Le Fort l'était naguère,
des services rendus par les institutions fondées dans tous les
pays, pour fournir aux malades et aux médecins de bonnes
infirmières.

Donc, aujourd'hui, la plupart des réformes réclamées par
M. Le Fort sont accomplies. Naturellement elles ont entraîné
des dépenses : C'est ce que M. Le Fort appelle aujourd'hui le
« gaspillage du bien des pauvres » alors que, en 1867, il affir-
mait que ne pas les faire c'était une « économie des plus mal
entendues. »

4. Nous glisserons sur le singulier discours à l'adresse des
Religieuses, nous bornant à faire remarquer que le conseil
donné par M. Le Fort d'exploiter leur « bêtise » pour faire « une
économie malentendue » n'est peut-être pas d'un goût parfait.

5. Nous insisterons, en revanche, sur les dépenses compara-
tives des religieuses et des laïques. Bien qu'il s'agisse là d'une
question qui doit être jugée dans son ensemble et comprendre
les hôpitaux, les hospices, les asiles, étudiés non seulement à
Paris, mais dans tout le pays, nous allons examiner spécialement l'hôpital Necker.

La *laïcisation* des hôpitaux se compose de deux opérations :
la *suppression des aumôniers* et la *substitution des laïques
aux religieuses*. Examinons les résultats en ce qui concerne
l'hôpital Necker :

Aumônier : Traitement	2.000 fr.
Avantages en nature (logement, chauffage, éclairage, etc.). . . .	600 fr.
évaluation *bien inférieure* à la valeur réelle.	
Frais de culte	3.405 fr.
Sacristain : Traitement	400 fr.
— Habillement.	80 fr.
sans compter le logement, la nourriture, le chauffage, l'éclairage, le blanchissage.	
Traitement des sœurs	3.800 fr.
Total	10.285 fr.
Traitement des surveillantes laïques.	10.800 fr.
Excédent de dépenses.	515 fr.

Voilà ce que nous apprend le *Budget* de l'Assistance publique. Mais cet excédent — que nous ne voulons pas à *dessein* mettre en comparaison avec la plus-value des avantages dont jouissaient et l'aumônier et le sacristain, est compensé largement par une amélioration du *service de nuit.*

Du temps des religieuses, ce service était fait par *une* religieuse. Non seulement ce n'était pas la même religieuse qui veillait toutes les nuits, mais encore, le plus souvent nous dit-on, ce n'était pas la même religieuse qui faisait toutes les tournées réglementaires de la même nuit. Il s'ensuivait fatalement que le service de nuit ne pouvait guère fournir de renseignements sérieux sur les malades. A l'occasion de la laïcisation, l'Administration a créé une suppléante de nuit pour la division des hommes et une seconde pour la division des femmes. Elles peuvent parvenir à connaître tous les grands malades de leur division et être en mesure de noter et de communiquer aux médecins les particularités présentées par les malades. Ajoutons qu'autrefois, la religieuse, sa tournée faite, retournait à la Communauté où il fallait aller la chercher en cas d'accident, tandis que, maintenant, les suppléantes, après leur tournée, se rendent et restent au rez-de-chaussée, l'une dans la salle de *chirurgie* des hommes, l'autre dans la salle de chirurgie des femmes, c'est-à-dire immédiatement prêtes à recevoir les malades d'urgence et à aider l'interne de garde. La mesure prise par l'Administration, qui, à notre avis est d'une utilité incontestable, a occasionné une dépense de 800 francs.

Dans tous les cas, et sans tenir compte de cette amélioration du service de nuit, la laïcisation n'entraîne annuellement, *pour le budget* de l'hôpital Necker, qu'un surcroît de dépenses de *cinq cent quinze francs.* Cela mérite-t-il bien de crier au « gaspillage du bien des pauvres ? »

5. M. Le Fort estime que c'est ce gaspillage qui est cause de *l'encombrement des salles par les brancards.* Et cependant il devrait savoir que depuis bien des années, à notre connaissance depuis 27 ans, médecins et chirurgiens s'en plaignaient déjà, et certes, la faute n'en incombait pas à la laïcisation (1).

---

(1) M. Le Fort réclame la création de nouveaux hôpitaux. Il oublie que le Conseil a créé : l'hôpital Laënnec, l'hôpital Bichat, l'hôpital Andral, l'hôpital Broussais, le pavillon Moïana, les pavillons de diphthériques de l'hôpital Trousseau et des Enfants-Malades, la section des enfants de Bicêtre, l'Asile de Villejuif ; qu'il a agrandi l'hôpital de Forges-les-Bains, sans compter de nombreux baraquements. Le remède n'est pas dans la création de nouveaux hôpitaux, *il est dans une meilleure organisation des*

Mais le mal est-il plus grand aujourd'hui qu'avant la laïcisation? Les chiffres vont nous l'apprendre : 1879, moyenne des brancards (à Necker), en janvier, 40 ; en décembre, 70 ; — 1880, moyenne en janvier, 72 ; en février, 80. — Voilà pour le passé, voyons 1887 : moyenne des brancards en janvier, 55 ; février, 47 ; mars, 45 ; avril, 52 ; mai, 37 (1). Conclusion : Il y a eu moins de brancards à l'hôpital Necker en 1887 qu'en 1879 et 1880, époque où l'hôpital Laënnec seul avait été laïcisé.

Ce serait encore les dépenses de la laïcisation qui, au dire de M. Le Fort, mettraient l'Administration dans l'impossibilité de donner aux amputés de son service « le moindre légume vert. » Son affirmation est en désaccord avec les livres de l'économat de l'hôpital Necker, qui nous apprennent qu'il a été consommé, dans cet établissement, 681 kil. de légumes frais (2) en *mai* et 700 en *juin* ; 230 kil. de légumes de saison (3) en *mai* et 238 en *juin*. Qui se trompe ou nous trompe ?

6. Le paragraphe suivant où M. Lefort déclare qu'il est « témoin depuis 39 ans du dévouement admirable des religieuses » trouve sa réponse — et elle est péremptoire — dans l'article qu'il a lui-même consacré au rôle des religieuses, qui « *est loin d'être celui que lui attribuent des préjugés qui ne sont, du reste, que des souvenirs d'un temps fort éloigné.* » Notons seulement qu'il semble y avoir eu une éclipse dans l'admiration de l'éminent professeur.

7. Chacun appréciera, d'après les faits journaliers, jusqu'à quel point l'ennemi de tout progrès et de toute liberté, le cléricalisme « est vaincu ». Mais nous devons relever l'étrange assertion de M. Le Fort prétendant que la laïcisation « porte atteinte à la liberté de conscience. » En quoi ? Est-ce que M. Le Fort connaît des malades qui ont été obsédés par une propagande matérialiste ? Est-ce que lui ou ses collègues ont constaté une seule fois que l'Administration ait refusé ce qu'on appelle les secours religieux à un seul malade ? Si non, alors que signifie

---

secours à domicile et surtout des consultations externes des hôpitaux, enfin dans un accroissement des pensions représentatives du séjour à l'hospice.

(1) Dans le service de M. Le Fort, la moyenne des brancards n'a pas atteint le nombre de 4 durant les cinq premiers mois de 1887.

(2) Asperges, romaine, artichauts, carottes nouvelles, pommes de terre de Hollande, pois. 22 fois dans le mois, au repas du soir, aux malades du deuxième degré, et 5 fois aux malades des troisième et quatrième degrés.

(3) Choux, p. de Hollande, navets. 13 fois dans le mois, au repas du soir, aux malades des 3e et 4e degrés.

ce passage de sa lettre ? Il n'est pas sans savoir ce qui se passe, au point de vue du culte, dans son hôpital, dans son service. Il ne doit pas ignorer que l'aumônier de la paroisse est prévenu dès qu'un malade réclame « son ministère. » S'il n'en était pas ainsi, l'Administration mériterait d'être blâmée. Or, les faits prouvent que l'Administration s'acquitte de son devoir. En effet, dans le courant de 1886, 230 malades, dont 29 du service de M. L. Le Fort, ont demandé et obtenu les visites du prêtre. Dans le premier semestre de cette année, il y en a eu quarante, dont trois appartenant à ses salles. Cette pratique est la même dans tous les hôpitaux, et si M. Léon Le Fort les examinait de près, à cet égard, il découvrirait bien vite que, à l'heure actuelle, même dans les hôpitaux laïcisés, les malades et le personnel sont l'objet d'une propagande cléricale active par l'intermédiaire d'une partie des aumôniers, des dames de charité, d'un trop grand nombre de directeurs et même... d'autres personnes (1).

Ce n'est pas sans un réel chagrin que nous nous sommes vu dans la nécessité de faire cette réponse. Nous n'avons pas reconnu dans l'auteur de cette lettre le réformateur qui a écrit l'article si plein d'idées généreuses sur les *Hôpitaux* (1867), le livre remarquable sur les *Maternités* (1866), et même l'*Étude sur l'organisation de la médecine en France et à l'étranger* (1874).

Nous n'avons pas reconnu non plus, ni le savant d'une précision et d'une exactitude rigoureuses qui a vulgarisé, en France, les travaux des chirurgiens anglais sur quelques-unes des opérations les plus graves de la chirurgie, ni l'hygiéniste dont le mémoire sur les hôpitaux anglais a été l'occasion de l'une des discussions académiques les plus ardentes sur l'*hygiène hospitalière*. Et pour terminer cette trop longue réponse, nous craignons bien que ce n'est pas aux foudres d'un Dupanloup du jour qu'est exposé aujourd'hui M. Léon Le Fort, mais, hélas ! c'est à ses éloges. BOURNEVILLE.

---

(1) Dans notre service, en 1886, les épileptiques adultes qui le désiraient étaient conduits à la messe. Leur nombre a varié de 6 à 26, sur une population de 150. Les *enfants*, sur la demande *seulement* des familles, sont conduits au curé pour l'enseignement du catéchisme qui se fait exclusivement à l'église. 14 ont fait ou renouvelé leur « première communion » en 1886 et 13 cette année.

PARIS.— IMP. V. GOUPY ET JOURDAN, RUE DE RENNES, 71

DISCOURS

Prononcés les 5, 6 et 21 août 1888

AUX

DISTRIBUTIONS DES PRIX

DES

ÉCOLES MUNICIPALES D'INFIRMIÈRES LAÏQUES

(ONZIÈME ANNÉE SCOLAIRE)

Par BOURNEVILLE

Député de la Seine, médecin de Bicêtre,
Directeur de l'enseignement des Écoles municipales d'infirmières, etc.

———

Tant que tous les établissements hospitaliers de Paris ne seront pas laïcisés, tant que la lutte ne sera pas tout à fait finie, nous resterons à notre poste et nous mettrons à la disposition du public les discours qui résument les travaux accomplis chaque année dans les Ecoles d'infirmiers et d'infirmières et qui montrent les efforts faits par l'Administration de l'Assistance publique, dirigée par M. Peyron, pour hâter l'achèvement de la laïcisation et pour fournir de meilleures auxiliaires au corps médical des hôpitaux. Les faits étant de mieux en mieux connus, nous voyons chaque année augmenter le nombre des partisans de la laïcisation : après Paris viendront les villes républicaines de la province, c'est-à-dire les villes instruites et éclairées.

Discours prononcé le 5 août à Bicêtre.

Mesdames, Messieurs,

Le discours de cette année ne comporte pas de longs développements, car, à la dernière distribution des prix de cette Ecole, nous avons profité, vous vous le rappelez sans doute, de

1

la présence de M. Poubelle, préfet de la Seine, pour exposer l'histoire et l'organisation des trois *Ecoles municipales d'infirmiers et d'infirmières*. Je n'ai donc à insister que sur les résultats obtenus durant cette onzième année scolaire, d'abord au point de vue de la marche de la laïcisation, ensuite, au point de vue des efforts que vous avez faits pour améliorer votre instruction primaire et votre instruction professionnelle. (Voir p. 193).

J'aborde maintenant la seconde partie de mon allocution : *L'enseignement primaire* a été fait sous l'habile direction de M. Boutillier, instituteur de l'Ecole des Enfants, avec le concours de Mlles Agnus, Ferret, Hutz pour les infirmières ; et par M. Boyer, instituteur adjoint de l'Ecole des Enfants, aidé de MM. Bize, Guinin, Gauthier pour les infirmiers..

Cent dix infirmiers sur 220, 50 infirmières sur 75, douze élèves externes (femmes ou jeunes filles et six infirmières de l'hospice d'Ivry) suivaient encore les cours à la fin du dernier trimestre. Nous adressons à tous nos plus sincères félicitations; nous remercions leurs professeurs et leurs maîtresses de leur zèle et de leur dévouement, et M. Labouyrie, directeur de l'hospice d'Ivry, de l'obligeance qu'il apporte à faciliter à ses infirmières les moyens de venir assister au cours de cette Ecole.

L'enseignement professionnel a été fait régulièrement. M. Isch Wall, chargé précédemment du cours d'hygiène, a pris le *cours de pansement et de petite chirurgie*, en remplacement de M. le Dr Poirier que ses fonctions de chef des travaux anatomiques et d'agrégé à la Faculté de médecine ont obligé de se retirer. M. Isch Wall a été remplacé par M. Sollier, interne des hôpitaux qui, de plus, a bien voulu faire aux infirmières, cette année comme en 1887 et à titre gracieux, le *cours sur les soins à donner aux femmes en couches et aux enfants nouveau-nés*. Je demanderai à M. le directeur de l'Assistance publique de bien vouloir nommer un professeur pour ce cours, ainsi que cela existe dans les autres écoles.

Parmi les élèves fréquentant actuellement l'école, il y a 15 *infirmiers* et 17 *infirmières* qui doivent leur instruction primaire à l'école de Bicêtre. Un plus grand nombre d'élèves des deux sexes ont appris également à lire à Bicêtre, mais sont partis depuis de l'établissement, les uns volontairement, les autres renvoyés. Leur nombre s'élève à 19 infirmiers et 11 infirmières.

Nous devons rappeler aux élèves, principalement aux infirmières, la nécessité de perfectionner leur instruction primaire et de faire toutes les compositions primaires. Beaucoup d'entre elles s'attachent exclusivement à la recherche du *diplôme* et négligent d'étendre leurs connaissances en orthographe, rédaction, calcul, histoire et géographie. Et, dès qu'elles ont obtenu *une fois* le nombre de points exigé pour le diplôme dans une matière quelconque, elles cessent de travailler cette partie de l'enseignement et ne font plus que, pour la forme, des compositions médiocres et peu soignées.

Nous rappellerons aussi aux *élèves externes libres* qu'elles doivent assister à tous les cours, à celui *sur les soins à donner aux femmes en couches* comme aux autres, et faire de même toutes les compositions. Le diplôme ne peut leur être délivré qu'à ce prix.

Nous devons encourager les élèves auxquelles il ne manque que la composition d'administration pour obtenir le diplôme à revenir aux cours au mois d'octobre. Encore un effort et ils atteindront le but. Du reste, la plupart d'entre eux ont besoin de perfectionner leur instruction primaire et cet ajournement ne peut qu'être utile à eux et à l'administration, puisqu'ils seront plus capables et plus instruits.

Les moyens d'instruction que vous possédiez déjà ont été complétés par le *Manuel* autographié d'*Administration* de M. Ventujol, directeur de l'hospice et chargé du cours d'administration, et par le *Manuel d'hygiène* que M. Sollier a bien voulu rédiger sur notre demande. Enfin, je vous ai fait donner en dictées la dernière partie d'un *Manuel* anglais spécialement consacré *aux soins à donner aux aliénés.*

Aujourd'hui, vous avez donc entre les mains des manuels qui correspondent à tous les cours et qui vous permettent de revoir facilement et de mieux fixer dans votre mémoire les leçons de vos maîtres.

Les *exercices pratiques* ont continué a être dirigés par Mme Siegel avec le concours de sa sous-surveillante Mme Lorcet Nous leur devons un témoignage public de satisfaction.

Les exercices pratiques de l'infirmerie générale ont été complétés par des exercices faits par M. Lenglet, surveillant de la 5e division, 3e section et par Mme Joliot, sous-surveillante aux enfants. Il est bien à désirer que leur salutaire exemple ait des imitateurs. En outre, nous avons dressé toutes les infirmières qui ont passé dans notre service à recueillir des notes sur les enfants qui leur sont confiés. Cet exercice produirait les résultats les plus heureux si l'administration consentait à établir un roulement régulier des meilleures élèves, dans tous les services en finissant par le nôtre ou par l'infirmerie générale.

Le niveau de l'instruction du personnel secondaire s'élève d'année en année, ainsi que le montre le relevé suivant : 1 infirmier est bachelier ès lettres et ès sciences ; — 2 sont bacheliers ès lettres ; — 2 ont le brevet élémentaire ; — 7 ont le certificat d'études ; — une suppléante a le brevet supérieur ; — une surveillante a le certificat d'aptitude à la direction des écoles maternelles ; — 8 ont le certificat d'études.

A cette liste, il faut ajouter 6 infirmiers et 9 infirmières qui ont obtenu le certificat d'études au mois de mai dernier, grâce à leur persévérance et au zèle déployé par MM. Boutillier et Boyer.

Les résultats obtenus à ce point de vue doivent encourager les infirmiers et les infirmières à suivre assidûment l'école primaire, afin que l'année prochaine, nous ayons une moisson de certificats d'étude encore plus abondante.

L'enseignement professionnel a donné des résultats satisfaisants. Ils l'auraient été davantage, si un trop grand nombre d'infirmières n'étaient entrées ici avec une instruction à peu près nulle ; 23 infirmiers et 18 infirmières ont obtenu leur diplôme, ayant rempli les conditions exigées par l'Administration, c'est-à-dire le minimum, ou au-dessus, des points fixés pour chacune des branches de l'enseignement. Je ne rappellerai pas ces conditions, car elles sont maintenant reproduites chaque année dans le *palmarès* où vous pouvez les lire, à la suite de la liste du personnel enseignant des écoles. Si l'on ajoute les diplomés de cette année aux 71 diplômés des années précédentes, on arrive au chiffre total de 112, comprenant 50 hommes, 62 femmes.

Les *examens pratiques* ont été subis au mois d'avril, par 24 infirmiers et infirmières et au mois de juillet, par 87 H. et 67 F., soit 154. Ils n'ont pas pris moins de dix-huit heures ; ils ont permis aux professeurs et à nous-même de nous rendre compte du travail que vous avez fait pour mériter le diplôme qui constitue pour vous tous, Mesdames et Messieurs, un titre très sérieux et très justifié à l'avancement.

Les promotions et les nominations faites par M. Peyron ne vous laissent aucun doute à cet égard. En effet, sept infirmiers ou suppléants diplômés ont été nommés l'un sous-surveillant, les autres suppléants. Huit infirmiers ou infirmières diplômées ont été élevés à la première classe. Enfin, cinq infirmières ont été nommées suppléantes et une promue à la première classe dans d'autres établissements. Toutes avaient le diplôme. Il n'y a eu que quatre promotions parmi les sous-employés non diplômés.

En terminant, j'ai une recommandation à vous faire et une prière à adresser à M. le Directeur de l'Assistance publique.

Le but que nous poursuivons, M. Peyron et moi, c'est d'avoir *partout* des infirmiers et des infirmières pourvus du diplôme, et nous voudrions aussi que tous nos diplômés des deux sexes aient une bonne instruction primaire. Cette instruction primaire, les infirmiers diplômés de cette année la possèdent; malheureusement, nous ne pouvons en dire autant de toutes les infirmières diplômées. A côté de quelques-unes qui avaient ou ont conquis au mois de mai le certificat d'études, il y en a d'autres dont l'instruction primaire laisse à désirer. A celles-là, nous ne saurions trop recommander de la compléter, en suivant très exactement l'école durant l'année prochaine. Il y va de leur propre intérêt, car, lorsque tous les hôpitaux auront été laïcisés, cette date approche, le nombre des promotions diminuera et l'Administration aura naturellement le devoir de choisir les surveillantes et les sous-surveillantes parmi les infirmières diplômées les plus instruites au point de vue de l'enseignement professionnel et au point de vue de l'enseignement primaire.

La prière que j'ai à vous adresser, M. le Directeur, c'est de ne plus faire de promotions parmi les infirmiers qui ne sont pas diplômés. L'école fonctionne depuis 11 ans ; les suppléants et les sous-surveillants savent qu'elle existe ; ils peuvent, comme leurs camarades, suivre les cours et conquérir leurs diplômes. S'ils ne le font pas, c'est qu'ils dédaignent les conseils que vous ne cessez de leur donner. Leur accorder de l'avancement, c'est décourager les hommes de bonne volonté, et, ici même, ainsi que je vous le disais tout à l'heure, vous avez 23 infirmiers diplômés qui sont parfaitement en mesure de rendre à l'Administration des services intelligents et dévoués : Je les signale à votre esprit de justice et je ne crains pas de vous remercier d'avance en leur nom.

N'oubliez pas, mesdames et messieurs, les conseils que je n'ai cessé de vous donner. Soyez polis et bienveillants envers les vieillards et les malades ;—tenez vos salles très propres, veillez à votre tenue personnelle, aidez-vous les uns les autres ;—travaillez vos cours primaires et vos cours professionnels et vous aurez bien mérité de la République à laquelle vous devez tout ce qui a été fait pour améliorer votre situation matérielle et intellectuelle.

*Discours prononcé le 6 août à l'Ecole de perfectionnement
de la Pitié.*

Mesdames, Messieurs,

Le discours que j'ai à vous faire cette année ne ressemble pas à celui de 1887. Je n'ai point, en effet, comme l'an passé, la tâche pénible de vous défendre contre des attaques imméritées et, à part quelques remarques sur le perfectionnement de l'enseignement et l'amélioration de votre situation, je me bornerai à résumer les travaux de l'année scolaire. — *L'organisation de l'enseignement professionnel* qui est donné dans cette école est d'ailleurs suffisamment connue pour qu'il ne soit pas superflu d'y revenir aujourd'hui.

Les *cours théoriques* ont été faits comme d'habitude, avec le plus grand soin par vos professeurs. M. le Dr POIRIER, en raison de ses fonctions d'agrégé et de chef des travaux anatomiques à la Faculté de médecine, s'est vu dans l'obligation de vous quitter et de ne conserver que son cours de la Salpêtrière. Il a été remplacé par M. le Dr CH. PETIT-VENDOL, qui a été remplacé lui-même dans le cours d'anatomie par M. LOUIS, interne des hôpitaux.

Partisans de la laïcisation et convaincus de la nécessité d'avoir des infirmières instruites, des infirmiers capables, ils se sont acquittés de leur tâche avec le plus grand dévouement, qui leur a mérité les éloges que leur adressait il y a un moment M. le Directeur de l'Assistance publique.

La collection de *Manuels* qui avait été mise jusqu'ici à votre disposition était incomplète. Vous n'aviez aucun livre pour le *cours d'hygiène* et pour le *cours d'administration.* Cette lacune a été comblée. M. SOLLIER, professeur à l'Ecole municipale d'infirmiers et d'infirmières de Bicêtre a composé sur nos indications un *Manuel d'hygiène,* très clair, très précis et conforme en tous points au programme de l'enseignement des trois Ecoles. M. PINON, votre directeur et en même temps votre profeseur, a fait pour vous un excellent *Manuel d'administration,* inspiré d'un véritable esprit laïque et républicain, destiné à bien vous faire comprendre l'organisation de l'Assistance publique de Paris et à vous enseigner tout ce qui, dans l'Administration, doit vous être plus particulièrement familier. Vous avez donc entre les mains tous les éléments nécessaires pour vous mettre en mesure de bien profiter des leçons de vos maîtres.

L'enseignement pratique vous a été donné comme les années précédentes, avec beaucoup de zèle et d'intelligence par

Mmes Graby et Boissière, surveillantes, dans les salles de médecine et de chirurgie. Nous considérons comme un devoir de
remercier publiquement M. le Directeur de l'Assistance publique d'avoir. bien voulu élever au grade de surveillante,
Mme Boissière, qui participe à cet enseignement depuis trois
années. Nous remercions également Mme Denoyé qui s'acquitte
avec soin des exercices pratiques relatifs aux femmes en couches et aux enfants nouveau-nés (1). Nous devons enfin un
témoignage de satisfaction à M. Yves et à Mme Garrizey qui
vous apprennent à préparer les bains et à administrer les douches (2); à M. Jobert et à Mme Godeau, qui vous ont appris à
poser les ventouses.

Les 19 *compositions* que vous avez faites (3) et les *examens
pratiques* d'avril et de juillet, qui ont pris 14 heures, ont permis à vos professeurs et à nous de nous rendre un compte
exact des bénéfices que vous avez tirés de l'enseignement de
cette école. Les *examens pratiques* ont été subis : en avril.
par une sous-surveillante, deux suppléantes, treize boursières,
dix infirmières, trois infirmiers, neuf élèves externes, infirmières dans d'autres hôpitaux, neuf élèves externes libres ;
total, 48.— En juillet, par une sous-surveillante, onze suppléantes, dix boursières, dix-neuf infirmières de la Pitié, huit infirmiers, vingt-huit infirmières des autres hôpitaux, quinze élèves ·
externes libres ; total, 92.

Les résultats obtenus ont été très bons. En effet, nous allons
pouvoir dans un instant vous distribuer 79 *diplômes* qui se
répartissent ainsi : 1 sous-surveillante ; — 11 suppléantes ; —
9 boursières ; — 17 infirmières; — 5 infirmiers ; — 23 élèves
ou infirmières des différents établissements, dont 1 sous-surveillant; 12 infirmiers, dont un élève libre, soit 78. Si l'on
ajoute les 79 diplômes de cette année aux 136 diplômes décernés les cinq années précédentes, on arrive pour l'Ecole de la
Pitié, au chiffre total de 214.

Tous les diplômés ont rempli d'une manière complète les
conditions exigées par l'Administration. Outre les compositions régulières, avec l'avis des professeurs, nous avons fait
faire, ici et dans les deux autres écoles, des *compositions
complémentaires* à quelques élèves auxquelles il ne manquait
le minimum exigé que pour une ou deux des branches de l'enseignement. Quelques-unes ont réussi; d'autres ont échoué et nous

---

(1) 19 séances d'exercices du 20 mars au 29 mai.
(2) 10 séances pour les infirmiers et 10 pour les infirmières.
(3) Maximum des composants et composantes, 121, minimum, 84.

le regrettons ; mais il ne nous était pas possible de recommencer indéfiniment ces compositions complémentaires. La besogne imposée aux professeurs pour les *cours*, les *examens* et surtout la *correction des compositions* est déjà si lourde que je ne puis l'accroître sans cesse. Ces élèves, d'ailleurs, touchent presque au but ; il ne faut pas qu'elles se découragent et la plupart, sinon toutes, auront droit aux diplômes à la fin de l'année, c'est-à-dire lorsqu'elles auront suivi les cours et fait les compositions du premier trimestre de la prochaine année scolaire. Notons en passant que parmi les élèves de la Pitié qui ont obtenu le diplôme d'infirmier, il y a un bachelier ès sciences et dix élèves munies du certificat d'études.

Les succès obtenus à la Pitié sont dus principalement à l'activité du directeur de l'hôpital et à son dévouement complet à l'enseignement de l'école, et enfin à ce qu'il veille à la stricte exécution des ordres donnés par M. Peyron, relativement à la fréquentation obligatoire des cours par toutes les infirmières. Sur 38 infirmières, 17 sont diplômées cette année. Nous voudrions voir l'obligation s'étendre aux infirmiers afin d'avoir chaque année une vingtaine d'entre eux à envoyer dans les autres établissements avec une instruction professionnelle complète. Si cette obligation était également imposée à Bicêtre, où 110 infirmiers seulement sur 220 suivent les cours, dans quelques années le niveau intellectuel des infirmiers serait relevé dans la plus grande partie des établissements hospitaliers de Paris.

De même que pour Bicêtre, nous devons signaler d'une façon toute particulière à l'attention de M. le directeur de l'Assistance publique les infirmiers de la Pitié qui ont obtenu leur diplôme. Il ne faut pas que des protégés du dehors viennent sans titres, sans années de service, prendre la place qui revient de droit à ceux qui ont déjà soigné des malades pendant de longues années et ont tenu compte des conseils qui leur étaient donnés par l'Administration elle-même, en s'astreignant à suivre les cours professionnels. Le jour où l'Administration se conformera absolument aux promesses faites de ne donner de l'avancement qu'aux infirmiers et aux infirmières qui auront conquis leur diplôme, elle se débarrassera de pressions extérieures déplorables, qui introduisent dans les hôpitaux des non-valeurs et sont une source de désagréments pour elle. Rien n'est plus simple que de dire aux protecteurs : Faites suivre les cours d'infirmiers et d'infirmières à vos protégés ; si au bout de quelques semaines d'essai elles se reconnaissent aptes à exercer la profession hospitalière, nous les prendrons comme boursières ou comme infirmières, et, à la fin de l'année, si elles ont leur diplôme, nous tiendrons compte de votre recommandation et nous leur donnerons l'avancement qu'elles auront mérité.

Nous avons ici un nombre assez considérable d'*élèves externes*. 43 ont pris part aux examens pratiques, 36 ont obtenu leur diplôme. Ces *élèves externes* se divisent en deux catégories. La première comprend les *infirmières appartenant à divers hôpitaux* (1); la seconde des élèves libres. Nous retrouverons également ces deux catégories d'élèves externes, mais en moins grand nombre, à la Salpêtrière. C'est parce qu'elles sont ici en majorité, que je crois devoir rappeler des remarques que j'ai déjà faites à leur sujet. Chaque fois qu'il se fait une mutation, chaque fois qu'il y a un départ d'infirmière dans l'un des trois établissements-écoles, la place devrait être donnée à l'une de ces infirmières courageuses qui prennent la peine, après une journée d'un rude labeur, de venir de Lariboisière, de Necker, des Enfants-Malades, etc., suivre les cours soit à la Pitié, soit à la Salpêtrière. On devrait envoyer à la Pitié toutes celles qui ont une instruction primaire convenable; à Bicêtre et à la Salpêtrière, celles dont l'instruction primaire est insuffisante. Elles seraient rendues à la fin de l'année, après l'obtemption du diplôme et avec une instruction primaire et professionnelle convenables, à leur ancien hôpital. Si j'insiste, c'est que je vois ailleurs le *recrutement* continuer à se faire parmi des femmes absolument illettrées, comme si on les choisissait à dessein, dans un but que chacun peut deviner.

Les *élèves externes libres* se composent de personnes qui veulent entrer dans les hôpitaux ou exercer la profession de garde-malades en ville, ou encore de celles qui désirent apprendre pour elles-mêmes et pour leur famille à soigner intelligemment les malades. Le nombre de ces dernières est malheureusement peu considérable. La nécessité de cet enseignement n'est pas sentie chez nous, comme elle l'est en Angleterre où un grand nombre de jeunes filles ou de mères de famille s'empressent de participer aux leçons et aux exercices qui se font dans les Ecoles d'infirmières annexées à un grand nombre d'hôpitaux.

Nous devons regretter aussi que les *garde-malades de la ville* n'aient pas encore une idée exacte des avantages qu'elles retireraient d'une fréquentation assidue des Ecoles d'infirmiè-

---

(1) Enfants-Assistés, Enfants-Malades, Laënnec, Lariboisière, Lourcine, Necker, Pascal, Saint-Antoine.

res de la Pitié et de la Salpêtrière. Malgré ce qui a été fait dans les *Ecoles municipales*, à l'*Ecole de garde-malades* de la *Société de médecine pratique* et à l'*Union des femmes de France*, les garde-malades, en général, ne possèdent pas les connaissances et l'expérience indispensables pour bien exercer leur profession. Il y va cependant de leur intérêt. Ce n'est, en effet, que lorsqu'elles auront plus d'instruction professionnelle, plus d'habileté, plus de tenue et moins de préjugés, qu'elles pourront parvenir à se substituer en ville aux religieuses.

Nous rappellerons à celles qui nous écoutent que l'Administration a établi, ici même, un *Registre* sur lequel elles peuvent se faire inscrire, et nous dirons à toutes les personnes présentes qu'elles peuvent, en cas de besoin, venir chercher à la *Pitié* des garde-malades.

Nous insisterons encore sur l'utilité qu'il nous semble y avoir à autoriser les *élèves libres diplômées* à suivre, le matin, les visites des chefs de service, médecins et chirurgiens, c'est-à-dire à leur accorder, à elles, élèves des Ecoles municipales, ce que l'on accorde sans difficulté aux élèves de l'Union des femmes de France.

Pour en finir avec ce qui regarde les élèves externes, nous dirons encore que les cours des Ecoles d'infirmières sont publics et gratuits, partant accessibles à tout le monde ; que l'Administration accorde les diplômes sur la proposition des professeurs, lorsque les élèves ont rempli toutes les conditions voulues, et qu'elle ne leur demande que de se tenir convenablement aux cours. Il va de soi que toute élève externe qui oublierait qu'elle est dans un hôpital, où tout doit être calme et décent, devrait être renvoyée, de même que toute élève infirmière, en pareille circonstance, doit être sévèrement punie.

J'ai pour habitude, vous le savez, de profiter plus spécialement des séances de distribution des prix pour indiquer les *améliorations* réalisées ou à réaliser, soit au point de vue de votre situation matérielle, soit au point de vue primaire et professionnel. Je ne manquerai pas plus cette année, que les précédentes, à ce que je considère comme un devoir.

Un mot d'abord de la *nourriture* des infirmiers et des infirmières. D'une façon générale, elle n'est pas ce qu'elle devrait être. Dans beaucoup d'hôpitaux, on vous donne trop souvent la même viande, du bœuf. C'est ainsi que je trouve dans un établissement, pour quatorze repas, onze fois du bœuf, et le vendredi, pour les deux principaux repas, du poisson et du fromage à midi ; du macaroni et du fromage le soir. Cette nourriture nous semble insuffisante pour des personnes qui ont une besogne aussi dure que la vôtre. Je suis surpris aussi qu'on persiste, malgré les votes du Conseil municipal, à maintenir le maigre du vendredi.

Personne n'a jamais demandé l'exclusion des aliments réputés maigres ; mais on a protesté contre l'obligation de cette pratique et contre les deux repas maigres faits le même jour. En ce qui vous concerne personnellement à la Pitié, je suis heureux de reconnaître que votre alimentation a été sérieusement améliorée. Le premier déjeûner, celui de 6 h. 1/2, ne consiste plus en une simple soupe, comme dans d'autres établissements, mais en une soupe et un dessert, fromage ou fruits. Sur les quatorze autres repas, le bœuf ne figure plus que pour sept fois. Nous insistons de nouveau auprès de M. Peyron pour qu'il veuille bien prendre notre vœu en considération.

Relativement au *logement*, j'estime toujours que la réforme doit être poursuivie le plus rapidement possible en prenant pour objectif de donner des chambres particulières à tous les infirmiers, à toutes les infirmières et à pourvoir ces chambres du mobilier et des objets de toilette indispensables.

Plusieurs élèves diplômées de la Pitié ont eu de l'*avancement* : 6 boursières et une infirmière ont été nommées suppléantes ; un infirmier a été nommé premier infirmier et une infirmière première infirmière. Sur les notes qui me sont communiquées, on se sert encore des mots *filles* et *garçons* et sur le budget, nous voyons toujours inscrits les mots *serviteurs* et *servantes*. Nous demandons à M. Peyron de vouloir bien faire remplacer à l'avenir ces mots par ceux d'*infirmier* et d'*infirmière*. Trois élèves de cette école ont été nommées avec avancement, une à l'hôpital *laïque* de Saint-Denis, une autre à l'hôpital *laïque* de Marines, sur la proposition également de M. Peyron.

D'autres marques de sympathie nous sont données par toutes les personnes généreuses qui contribuent à augmenter les *récompenses* qui vous sont attribuées par le Conseil municipal. Il est de mon devoir de vous rappeler leurs noms : ce sont Mme Charles, M. le professeur Brouardel, MM. les internes en pharmacie de la Pitié, M. Yvon, M. le Dr Peyron, directeur de l'Assistance publique. Je les remercie tous en votre nom.

Je serais incomplet, si je ne vous parlais pas enfin, de ce qui a été fait au point de vue de la *laïcisation*.

[M. Bourneville donne ici des renseignements sur ce qui a été fait depuis 1878, et spécialement en 1887-88, au sujet de la laïcisation qu'on trouvera dans le discours qu'il a prononcé à la Salpêtrière ; voir p. 193].

. . . .

Nous approchons donc du terme de cette réforme, et, lorsqu'elle sera terminée, l'Ecole de la Pitié devra être modifiée et rendue à sa véritable destination, celle d'une *Ecole de perfectionnement*. Le programme de l'Enseignement devra compléter celui qui est donné à Bicêtre et à la Salpêtrière et les élèves diplômées de ces deux écoles devront y venir passer successivement quelques mois. Les autres devront rester dans les deux écoles, afin de compléter leur instruction primaire. Il faut en effet, que d'année en année, le niveau des connaissances primaires et professionnelles s'élève dans le personnel secondaire des hôpitaux. A côté de diplômées qui ont une bonne instruction primaire, il en est d'autres qui ne la possèdent qu'à un médiocre degré. A celles-là, je dois conseiller vivement, si elles vont dans un hôpital où il existe un enseignement primaire, de s'empresser d'en profiter.

N'oubliez pas, mesdames, que vous devez vous montrer supérieures en tout aux religieuses hospitalières. Veillez à ce que la paix règne entre vous. Soutenez-vous, encouragez-vous les unes les autres, montrez-vous toujours bienveillantes et compatissantes envers les malades ; soyez ménagères du bien des pauvres et ne le considérez pas, à l'instar des religieuses, comme étant votre propriété. Obéissez scrupuleusement aux prescriptions de vos chefs de service et aux ordres de l'Administration. En agissant ainsi, vous recueillerez les éloges de tous et vous vous montrerez les dignes servantes de la République.

Discours prononcé le 21 août à la Salpêtrière.

Mesdames, Messieurs,

La distribution des prix, à laquelle il va être procédé dans quelques instants, termine la ONZIÈME *année scolaire des Ecoles municipales d'infirmières* de la ville de Paris. Suivant notre habitude, nous allons d'abord résumer les travaux de l'Ecole de la Salpêtrière pendant l'année ; nous indiquerons ensuite quels sont les résultats obtenus dans les trois Ecoles, et nous terminerons par quelques considérations sur les réformes que nous avons déjà réclamées et qui nous semblent devoir mériter de fixer sérieusement l'attention de M. le Directeur de l'Assistance publique et de toutes les personnes qui, comme nous, voudraient que l'assistance hospitalière de Paris fut à la hauteur de tous les perfectionnements modernes et put servir dans la suite de modèle à toutes les autres nations.

L'Ecole de la Salpêtrière, de même que celle de Bicêtre, est à la fois une *école primaire* et une *école professionnelle*.

L'*instruction primaire* a continué à être donnée dans cette école par Mlle Nicolle, surveillante, chargée depuis trente-huit ans de la direction de l'Ecole des enfants idiotes et épileptiques, aidée de Mlle Florenza, sous-surveillante, également notre collaboratrice depuis 1878, et de Mlles Gauthier et Caux suppléantes. Le *programme de l'enseignement primaire* est resté le même (1) et comme toujours les leçons ont lieu tous les soirs. Les élèves, réparties en deux cours, fréquentent par conséquent l'Ecole primaire trois fois par semaine seulement. Les leçons ont lieu quatre fois par semaine, de 7 h. à 9 heures et deux fois de sept à huit, la seconde heure étant prise par l'enseignement professionnel. L'inégalité d'instruction des élèves infirmières a nécessité plusieurs subdivisions dans chaque cours; c'est ce qui explique la multiplicité des maîtresses; il y a en réalité huit classes. 115 élèves ont bénéficié de l'école primaire durant l'année scolaire ; 65 appartenaient au premier cours, 50 au second. De ces dernières, 11 n'avaient absolument aucune notion et pouvaient à peine parler français. Depuis l'ouverture de cette école (1er avril 1878) jusqu'à ce jour, 843 infirmières ont fréquenté l'Ecole primaire, dont 343 étaient tout à fait illettrées ou ne possédaient que des notions tout à fait rudimentaires.

Ces résultats montrent combien sont considérables les services rendus par l'Ecole primaire. Ils pourraient encore être plus grands. Nous nous bornerons pour le moment à faire remarquer qu'il n'y a que 115 infirmières sur 281 qui suivent les cours.

L'*Enseignement professionnel* a été fait cette année dans son intégralité, de même que les années précédentes. Notre ami M. le professeur P. Regnard qui faisait le cours de physiologie depuis 1878, en raison de ses nombreuses occupations, n'a pu conserver que son enseignement à la Pitié. Il a été remplacé ici par M. le Dr Loye, préparateur de physiologie à

---

(1) Voir Discours sur la laïcisation, n° 8, p. 135.

la Faculté des sciences et du cours de médecine légale à la Faculté de médecine.

Les *exercices pratiques* ont été faits à l'Infirmerie générale sous la direction de Mme Eydt, surveillante, avec le concours de Mme Bucher, suppléante.

L'enseignement professionnel est complété par le *changement de service* ou le *roulement*. Ainsi que nous le disions l'an dernier, « le roulement consiste à faire passer successivement toutes les élèves dans tous les services de ce vaste hospice : lingerie, cuisine, vestiaire, buanderie, dortoirs des vieillards valides, dortoirs des grandes infirmes, quartier des aliénées, section des enfants, infirmerie générale (médecine et chirurgie). Ce roulement de service en service est destiné à mettre les élèves en mesure de remplir n'importe quel poste dans tous les hôpitaux; de leur donner plus de sang-froid, d'autorité et d'expérience en les plaçant en contact avec des chefs différents, qu'il s'agisse des médecins, des chirurgiens, ou des surveillantes. » Il est indispensable d'en profiter, pour mettre les élèves au courant de la tenue des livres ou des cahiers des divers services généraux. Nous mentionnerons tout à l'heure, dans les considérations générales que nous avons à présenter, quels sont les désidérata qui existent dans cette partie de l'enseignement.

Pour faciliter l'enseignement pratique, nous avions obtenu autrefois du Conseil municipal 10 *infirmières supplémentaires* ou *volantes*. Elles étaient destinées à remplacer les *infirmières réglementaires*, envoyées, par séries de dix à l'Infirmerie générale. L'an dernier, les nécessités budgétaires ont fait supprimer ces infirmières supplémentaires. Bien que la présence des *boursières* ait diminué les inconvénients de cette mesure, elle n'en est pas moins regrettable au point de vue de l'enseignement et même du bon fonctionnement de cette maison où la besogne est si rude, car la présence de ces infirmières volantes, permettait de remplacer les infirmières malades. Nous prions M. Peyron de faire valoir ces raisons auprès de la Commission du budget du Conseil municipal.

L'enseignement professionnel est complété : 1° par des *compositions* portant sur tous les cours ; elles ont été cette année au nombre de 19 ; — 2° par des *examens pratiques* : une cinquantaine d'élèves ont pris part aux examens pratiques du mois d'avril et 172 aux examens de juillet. Ces derniers examens ont pris près de dix heures dans cette école. Les résultats sont consacrés par la *distribution de récompenses* et la délivrance de *diplômes*.

En ce qui concerne les récompenses, outre celles que vous recevez du Conseil Municipal, qui alimente le budget des écoles, vous en devez un nombre considérable à la générosité de mesdames Charcot, Liouville, Maurice Letulle, Bloch; de mon bien cher maître, M. le professeur Charcot; de MM. les Drs Clin, Falret, Molloy, Monod; de MM. les internes en médecine; de MM. les internes en pharmacie; de M. Peyron; des professeurs de l'Ecole; de M. Yvon et enfin un don en souvenir de M. Laurent Richard. Le total s'élève à 760 francs. Nous sommes heureux de remercier en votre nom tous vos généreux donateurs.

Le chiffre des *diplômes*, mérités cette année par les élèves de l'école de la Salpêtrière, atteint le chiffre de 98, comprenant : 6 sous-surveillantes, 5 suppléantes, 12 boursières, 42 infirmières, 33 élèves externes dont 3 surveillantes, 4 suppléantes et 5 infirmières appartenant à d'autres établissements. Voici la progression des diplômes délivrés à l'Ecole de la Salpêtrière :

1882-83	13
1883-84	4
1884-85	24
1885-86	13
1886-87	62
1887-88	98
Total :	214

Cette année scolaire a donc été très fructueuse au point de vue des diplômes décernés dans cette école. Mais, si l'on retranche les 33 élèves externes et les 12 boursières diplômées, soit 45, on voit que le personnel de la maison n'entre dans le total que pour 53 diplômes. Nous devons féliciter les 6 sous-surveillantes et les 5 suppléantes qui ont bien voulu suivre nos conseils et nous souhaitons que leur exemple excite l'émulation de toutes les sous-surveillantes et suppléantes de la Salpêtrière, non diplômées. Pourquoi n'y a-t-il en réalité que 42 infirmières sur 281 qui soient diplômées ? Et pourquoi aussi, sur ces 281, n'y en a-t-il que 115 qui fréquentent les cours ?

Toutes les infirmières peuvent pourtant s'apercevoir que l'Ecole leur offre des avantages incontestables. Tout y est profit pour elles : les récompenses, le développement de leur intelligence, l'amélioration de leur position, puisque c'est parmi les élèves diplômées, sauf de très rares exceptions qui disparaîtront, que M. Peyron est bien décidé à prendre ses suppléantes, ses sous-surveillantes et ses surveillantes. Le tableau des promotions faites parmi le personnel de la Salpêtrière, pendant cette année, en témoigne. En effet, 6 infirmières, dont 5 élèves ont été nommées *premières infirmières ;* — 6 infirmières, dont 5 élèves ont été nommées *suppléantes,* ainsi que 4 élèves boursières ; — 3 premières infirmières ont été promues suppléantes dans d'autres établissements, ainsi que 7 boursières ; 4 suppléantes, dont 3 élèves ont été nommées *sous-surveillantes ;* — 10 suppléantes, suivant les cours, ont été élevées au grade de *sous-surveillantes* dans d'autres établissements. Enfin, une boursière a été choisie pour sous-surveillante à l'Asile de Clermont. Voilà des faits qui devraient ouvrir les yeux de toutes les infirmières de cet établissement, s'il n'y existait pas une influence néfaste qui ne s'exerce ni au profit de la raison, du bon sens et du progrès, ni non plus au profit véritable des personnes qui la subissent. Il est temps que cette situation cesse : c'est par ce souhait que nous terminerons ce que nous avions à dire de particulier sur cette école.

Afin de donner plus de solennité à cette cérémonie, M. Peyron a voulu y réunir tous les infirmiers et toutes les infirmières diplômés cette année dans les trois Ecoles. Aussi en profiterons-nous pour donner quelques renseignements d'ensemble sur elles. 165 infirmières, 110 infirmiers, ont suivi les cours primaires de Bicêtre et de la Salpêtrière ; 500 infirmières, suppléantes ou sous-surveillantes, infirmiers, élèves externes, libres ou appartenant aux autres établissements hospitaliers, ont suivi les cours professionnels. Les examens pratiques de la fin de juillet ont été subis par 418 élèves. Ils n'ont pas pris moins de 32 heures.

Nous avons assisté à tous ces examens et nous en avons profité, de même que par le passé, pour recueillir des notes très intéressantes sur tous les élèves. C'est ainsi qu'il nous a été permis de constater que le personnel secondaire pouvait se diviser en deux groupes : l'un de ces groupes, sur lequel nous reviendrons bientôt, pourrait être désigné sous le nom de *groupe inférieur ;* l'autre groupe comprend les élèves qui ont une certaine instruction. Eh bien, la situation de ce groupe s'est améliorée d'une façon remarquable dans ces trois dernières années. Nous y trouvons 4 infirmiers munis du diplôme de bachelier ; 3 infirmières du brevet supérieur ; 15 du brevet de capacité ; 56 du certificat d'études. Les infirmiers et infirmières de Bicêtre n'ont pas moins de 30 certificats d'études. Ils ont donné cette année un excellent exemple, en subissant l'examen pour le certificat d'études. M. le Directeur de l'Assistance publique et nous, comptons que les infirmiers et infirmières de Bicêtre persisteront dans cette excellente voie, et nous serons très heureux de voir les élèves de la Salpêtrière imiter leur exemple.

Cette élévation du niveau de l'instruction primaire explique naturellement la progression du nombre des infirmières qui ont obtenu le diplôme. Cette année a été la plus féconde, car elle a fourni 218 diplômes, tandis que les cinq années précédentes n'en avaient donné que 326 (1). La totalité des diplômés s'élève aujourd'hui au chiffre de 544 dont la plus grande partie remplit des fonctions hospitalières. Le but que nous poursuivons, d'accord avec l'Administration, nous ne saurions trop le répéter, c'est de relever la situation intellectuelle, morale et matérielle de tout le personnel secondaire, de choisir les plus capables et les plus anciennes, à tour de rôle pour les différents grades de suppléantes, de sous-surveillantes et de surveillantes.

Pour bien montrer l'importance que nous attachons à votre instruction primaire et professionnelle, nous avons émis le vœu que le Conseil municipal et l'Administration augmentassent de 5 francs par mois le traitement de tous les infirmiers et de toutes les infirmières diplômées. Nous avons appris avec plaisir que M. Peyron avait inscrit à son budget de 1889 un crédit destiné à augmenter de 50 francs par an le modeste traitement des infirmiers et infirmières diplômés qui n'auraient été nommés ni suppléants, ni sous-surveillants. Le Conseil de surveillance a adopté cette proposition et nous ne doutons pas que le Conseil municipal ne s'empresse de la ratifier.

Nous avons insisté bien des fois devant vous, M. le directeur, sur la fréquentation des *cours primaires* et *professionnels* par *tout le personnel* des établissements-écoles. Vous avez bien voulu intervenir et exprimer le désir que les cours fussent suivis très régulièrement par toutes les personnes âgées de moins de 45 ans, laissant les autres libres de bénéficier ou non de l'enseignement qu'on leur offrait. Voyons dans quelle mesure il a été tenu compte de vos recommandations, et commençons par les sous-employés.

---

(1) Ce n'est qu'à la fin de la 6e année scolaire que l'Administration s'est enfin décidée à donner des diplômes que nous avions réclamés dès la seconde année. On sait que tout cela se passait avant M. Peyron qui, lui, s'est toujours intéressé vivement au bon fonctionnement des Ecoles d'infirmières.

2

A *Bicêtre*, nous avons :

Sur 13 surveillants. . . . . . . Aucun diplômé.
— 8 surveillantes . . . . . 1 diplômée.
— 18 sous-surveillants . . 5 —
— 16 — surveillantes. . . 7 —
— 17 suppléants . . . . . . 8 —
— 8 suppléantes . . . . . . 4 —

A la *Pitié*, nous avons :

Sur 7 surveillantes . . . . . 1 diplômée.
— 5 surveillants . . . . . . Aucun.
— 18 sous-surveillantes. . . 12 diplômées.
— 3 — surveillants . . . Aucun.
— 7 suppléantes . . . . . . 6 diplômées.
— 7 suppléants. . . . . . . 1 diplômé.

A la *Salpêtrière* : .

Sur 21 surveillantes . . . . . Aucune diplômée.
— 72 sous-surveillantes. . . 19 diplômées.
— 28 suppléantes . . . . . . 10 —

Bien que, ainsi que nous l'avons dit, en résumant les résultats de chacune des trois écoles, quelques-unes des sous-surveillantes et des suppléantes aient suivi les cours cette année et vont avoir dans un instant leur diplôme, cette statistique fait voir qu'il y a encore un nombre trop considérable de sous-surveillantes et surtout de suppléantes qui n'ont pas assisté aux cours et pris part aux compositions. La conclusion à tirer est toute naturelle. Nous l'indiquerons après avoir montré comment se comportent les infirmiers et les infirmières, par rapport à la fréquentation des écoles. A Bicêtre, 110 infirmiers sur 220 et 50 infirmières sur 75 suivent les cours, ce qui fait 135 personnes absentes. A la Salpêtrière, sur 281 infirmières, 115 seulement participent aux leçons des institutrices. A la Pitié, toutes les infirmières sont astreintes à suivre les cours professionnels, mais il n'y vient qu'une faible minorité d'infirmiers, d'où il suit que les écoles ne donnent pas encore tous les fruits que nous sommes en droit d'en attendre légitimement, après onze ans de fonctionnement. Aussi, sommes-nous amené à répéter ce que nous disions l'année dernière.

Nous comprenons très bien, disions-nous, que les infirmières qui ont un certain âge, plus de 45 ans, par exemple, ne soient pas forcées de suivre les cours, mais cela est inadmissible pour les autres, notamment pour celles qui ont été prises pour infirmières depuis la création des écoles et surtout depuis 1885. époque où M. Peyron a décidé que les cours seraient obligatoires dans les conditions que nous venons d'indiquer, et que l'on s'enquérerait du degré d'instruction des infirmières postulantes. Nous venons de voir, par les chiffres qui précèdent, qu'un grand nombre d'infirmiers ou d'infirmières dédaignent l'enseignement qui est mis à leur disposition. D'autre part, ressort de nos renseignements que, depuis 1885, et même cette année, soit à Bicêtre, soit ici, on a pris un certain nombre d'infirmières illettrées. Nous sommes ainsi amené, M. le Directeur, à vous demander de ne plus faire de promotions de surveillantes et de sous-surveillantes en dehors des sous-surveillantes et des suppléantes diplômées ; de donner de nouveaux ordres pour que toutes les sous-surveillantes et les suppléantes non diplômées des trois établissements-écoles soient tenues de suivre les cours professionnels pendant l'année 1888-1889 ; pour que tous les infirmiers et toutes les infirmières des mêmes établissements soient astreints aux mêmes obligations ; enfin, pour qu'on ne prenne plus d'infirmières illettrées à Bicêtre et à la Salpêtrière et pour que l'on fasse appel aux élèves externes libres ou appartenant à d'autres hôpitaux, afin de combler les vides laissés par les mutations ou les départs volontaires ou non des infirmières : ces mesures nous semblent indispensables pour que les recommandations si pratiques que vous venez de faire dans votre discours aient l'heureux résultat de combler les désidérata que je vous ai si souvent signalés.

Il résulte encore de ces faits, et vous venez vous-même de le dire, qu'il est nécessaire de veiller avec le plus grand soin au *recrutement des infirmiers et des infirmières* et de prendre. en sérieuse considération le degré de leur instruction primaire ; c'est, en effet, en procédant ainsi, qu'on réduira de plus en plus le *groupe inférieur* dont nous avons parlé et qu'on le fera. disparaître. Sous ce rapport il est facile d'arriver encore à des résultats plus considérables. Dans ce but, il conviendrait d'ajouter une institutrice à l'école de la Salpêtrière et un instituteur à celle de Bicêtre. Ces deux créations rendraient de réels services à la fois pour l'enseignement primaire des enfants et pour celui des infirmiers et des infirmières.

En améliorant également la situation des instituteurs et des institutrices de l'hôpital des Enfants Malades, de l'hôpital Trousseau, de l'hospice des Enfants Assistés et de l'Ecole des teigneux à l'hôpital Saint-Louis, et en faisant passer successivement dans ces *six écoles primaires* tous les infirmiers et toutes les infirmières, en deux ans de temps, on aurait relevé.

d'une façon considérable le niveau de l'instruction primaire de tout le personnel secondaire.

L'Enseignement professionnel, lui aussi, a besoin d'être perfectionné : les renseignements pris à l'occasion des examens, nous ont fait constater une fois de plus, que le *roulement* de service en service, ne se fait à peu près régulièrement qu'à la Pitié, et c'est surtout à la Salpêtrière, qu'il laisse le plus à désirer. Il y a ici des infirmières qui n'ont pas changé de service depuis leur entrée dans l'établissement, bien qu'elle remonte à deux, trois, quatre ans et même davantage. Ce changement devrait avoir lieu au moins toutes les six semaines pour les élèves boursières et tous les trois mois pour les élèves infirmières. Nous supplions de nouveau M. Peyron de bien vouloir ordonner que ce roulement s'opère immédiatement pour les boursières et les infirmières diplômées des trois écoles. Nous serions heureux aussi de voir les boursières de cette maison passer à la Pitié et celles de ce dernier établissement, venir à la Salpêtrière. De la sorte, elles acquéreraient toutes une plus grande expérience.

Cette année encore nous avons vérifié les inconvénients qui résultent de l'organisation du *service de nuit* dans la plupart des établissements et pour les malades et pour le personnel ; comme par le passé, nous voyons confier ce service si délicat et si pénible à des personnes inexpérimentées. Nous ne pouvons sur ce point, que répéter ce que nous disions l'année dernière.

« A l'heure actuelle, ce service n'a pas été sensiblement réformé, ce sont toujours les derniers ou les dernières venues qui font les veilles. Nous savons qu'il s'agit ici d'une transformation difficile et qui préoccupe M. Peyron. Plusieurs solutions se présentent : Peut-être, pourrait-on généraliser ce qui existe à l'hôpital des Enfants-Malades, et charger à tour de rôle les infirmières de chaque salle du service de nuit ; ou bien encore pourrait-on faire passer successivement dans ce service toutes les infirmières, toutes les suppléantes, chaque fois qu'elles reçoivent de l'avancement. De la sorte, le service de nuit serait fait par un personnel déjà habitué au service des malades. Nous croyons que toutes accepteraient : d'abord parce qu'elles auraient de l'avancement, ensuite parce qu'elles sauraient qu'elles ne seront chargées de ce service pénible que durant une courte période. Y a-t-il d'autres solutions et meilleures ? C'est à M. le Directeur de l'Assistance publique d'examiner la question, d'expérimenter s'il y a lieu, les projets que nous lui soumettons. Dans tous les cas, il y a des mesures sérieuses à prendre ; la situation actuelle ne saurait se prolonger. »

Ces projets, à notre avis, feraient cesser les plaintes justifiées des infirmières, et surtout des suppléantes et des sous-surveillantes chargées du service de nuit, quelquefois depuis plusieurs années.

Je ne reviendrai sur mes réclamations au sujet de vos *logements* et de votre *nourriture* que pour remercier M. Peyron des améliorations qu'il a réalisées dans quelques hôpitaux et qu'il a la ferme intention de réaliser dans tous les autres.

Vous savez tous, par les développements du cours d'Administration, que l'Assistance publique possède 40 hôpitaux, hospices et fondations, sans compter les petits hospices Leprince et de Belleville, qui sont laïcisés. Vous savez aussi que huit (1) de ces 40 établissements sont depuis leur création, ou depuis longtemps, confiés à des laïques. Des 32 autres établissements, 5 ont été donnés dès leur origine à des laïques (2), 14 ont été laïcisés avant le mois d'août 1887 (3).

Durant l'année scolaire qui se termine aujourd'hui, la laïcisation s'est poursuivie très régulièrement, grâce à la volonté persistante de M. Peyron et à son dévouement aux idées républicaines. En effet, l'hôpital Lariboisière a été laïcisé le 15 septembre 1887, l'hôpital Beaujon, le 1er octobre 1887, l'hôpital de la Charité, le 23 janvier 1888. Enfin, le Conseil de surveillance, dans sa séance du 28 juillet, a émis un avis favorable à la laïcisation de l'hôpital Saint-Louis pour le 15 octobre prochain. Si, en raison de la situation particulière des Augustines de cet hôpital et de l'Hôtel-Dieu, il surgissait quelque difficulté, l'ajournement ne serait que de quelques semaines. Il ne reste donc plus à laïciser, en ce qui concerne l'Administration de

---

(1) Bicêtre, — Clinique d'accouchement, — Lambrecht, — Maison municipale de Santé, — Maternité, — Midi, — Ste-Périne, — Salpêtrière.

(2) Andral, Bichat, Brévannes, Broussais, Ribouté-Vitalis.

(3) Voici les *dates des laïcisations* : Laënnec, 1er décembre 1878 ; — la Pitié, 1er octobre 1880 ; — la Rochefoucauld, 1er janvier 1881 ; — les Ménages, 1er janvier 1881 ; — St-Antoine, 1er août 1881 ; — Lourcine, 1er juin 1882 ; — Tenon, 1er juin 1882 ; — l'hospice d'Ivry, 1er février 1885 ; — Cochin, 21 décembre 1885 ; — les Enfants-Assistés, 1er avril 1886 ; — Necker, les Enfants-Malades et Forges-les-Bains, le 28 octobre 1886 ; — Trousseau, le 1er avril 1887.

l'Assistance publique de Paris, que l'Hôtel-Dieu et l'hôpital de Berck-sur-Mer, étant réservées quatre fondations (1).

Toutefois, la laïcisation dans le département de la Seine et à Paris ne sera pas encore tout à fait achevée, car il restera à remplacer les religieuses par des laïques dans les *établissements de bienfaisance qui dépendent de l'Etat* : les Asiles de convalescence de Vincennes et du Vésinet, la Maison nationale de Charenton, les Quinze-Vingts, l'Institution des Jeunes Aveugles et celle des Sourds-muets, sans compter les infirmeries de quelques lycées et celles des prisons.

Bien des fois nous avons réclamé la sécularisation de ces établissements (2). Cette réforme va enfin commencer et l'Etat républicain, qui aurait dû prêcher d'exemple, se décide à suivre celui que lui a donné le Conseil municipal de Paris. Nous venons, en effet, d'apprendre que l'Administration a dénoncé le traité qui la liait avec la congrégation des Augustines dissidentes Belges (3) qui desservent l'Asile de convalescence de Vincennes. La tâche du Ministère de l'Intérieur est aujourd'hui grandement facilitée et il lui est possible de l'accomplir en *quelques semaines*, puisqu'il peut trouver sans peine dans les trois Eccles municipales d'infirmières tout le personnel nécessaire à cette réforme.

Pour en finir avec ce sujet, il me reste à vous dire un mot des *Maisons de secours*. Sur 56 Maisons de secours existant avant la laïcisation, deux ont été supprimées (4) et vingt-six ont été laïcisées jusqu'à ce jour (5). La laïcisation des Maisons de secours des III° et IV° arrondissements est fixée, en principe, au 1er octobre prochain (6). Pour les laïcisations opérées, on a déjà choisi quatre surveillantes parmi les élèves diplômées des Ecoles. Je prie de nouveau M. le Directeur de l'Assistance publique de plaider en faveur des diplômées des trois Ecoles

---

(1) Brézin, Chardon-Lagache, Galignani et la Roche-Guyon.

(2) Notamment à la Chambre des députés dans la séance du 17 décembre 1884.

(3) Les règlements de cet établissement et des établissements semblables interdisent, croyons-nous, aux directeurs de prendre des infirmiers et des infirmières de nationalités étrangères. Il est singulier que l'on choisisse leurs supérieures dans une congrégation qui a son siège en Belgique.

(4) Une dans le II° arrondissement et une dans le XII°.

(5) Ces maisons dépendent des I°', II°. VII°, IX°, X°, XIII°, XIV°, XV°, XVIII°. XIX° et XX° arrondissements.

(6) Une des maisons du XIV° arrondissement sera supprimée.

auprès des municipalités qui ont encore à laïciser leurs Maisons de secours, afin qu'elles choisissent le plus possible leur personnel parmi elles.

Nous aurions été bien heureux si nous avions pu enregistrer aujourd'hui l'achèvement complet de la laïcisation des hôpitaux de Paris. Nous espérons avoir bientôt cette satisfaction, mais il nous semble que cette réforme voit diminuer chaque jour le nombre de ses adversaires parmi les personnes de bonne foi et que les services rendus par les infirmières laïques, étant mieux connus, commencent aussi à être mieux appréciés. L'honneur qui a été rendu si justement par M. le Président de la République, à l'une des plus anciennes surveillantes de cette maison, Mlle NICOLLE, votre maitresse si dévouée, en est un témoignage éclatant (1). Il vous appartient, par votre dévouement aux malades, par votre bonne tenue, par le respect de vous-même, par la stricte obéissance à vos chefs de service, médecins et administrateurs, de mériter de plus en plus l'estime et la considération publiques. N'oubliez pas que vous devez être LAÏQUES dans le sens le plus complet du mot et souvenez-vous que tout ce qui a été fait pour vous, vous le devez à la République !

Ensuite il a été procédé à la distribution des récompenses pour l'enseignement professionnel. Alors M. FLOQUET, président du Conseil des ministre et Ministre de l'intérieur, vient prendre place aux côtés de M. Peyron, et prononce l'allocution suivante :

« Je ne viens pas ici, Mesdames, pour enlever au directeur de l'Assistance publique la présidence qui lui reste de droit. Par cette visite, je veux simplement vous remercier du zèle que vous mettez à vous instruire pour vous rendre dignes de servir vos semblables.

« Je viens aussi témoigner de l'intérêt que porte le Gouvernement à une œuvre qui a droit au respect de tous et que la République a le devoir d'encourager ouvertement. Je viens enfin décerner devant vous, devant tous ses élèves, à un de vos professeurs, une récompense à laquelle il a droit. D'autres l'ont certainement méritée aussi, mais nous ne pouvons disposer que d'une croix, et j'espère que le choix de M. Yvon aura votre assentiment. »

---

(1) La décoration de Mlle Nicolle a eu lieu le 30 décembre 1887.

A ces mots, une triple salve d'applaudissements éclate de tous côtés. M. Floquet se tournant vers M. Yvon lui attache sur la poitrine la croix de chevalier de la Légion d'honneur, et s'adressant à lui, continue ainsi :

« Monsieur Yvon, je suis heureux de vous donner cette croix, qu'à la demande de votre directeur, mon collègue et vieil ami Bourneville, le Président de la République vous a accordée ; c'est pour vous une récompense bien gagnée, c'est pour nous le signe visible de la sympathie du Gouvernement pour l'œuvre d'humanité et d'affranchissement à laquelle vous vous êtes dévoué avec persévérance et succès depuis bien des années. »

De nouveaux applaudissements accueillent ces paroles. M. BOURNEVILLE remercie M. FLOQUET en ces termes :

Monsieur le Président du Conseil,

« Je vous suis infiniment reconnaissant d'avoir bien voulu rehausser par votre présence l'éclat de cette cérémonie et témoigner par là du vif intérêt que vous portez aux *Ecoles municipales d'infirmiers et d'infirmières de la Ville de Paris.*

« En organisant ces écoles, mes amis et moi, vous le savez, poursuivions un double but : en premier lieu, relever le niveau de l'*Instruction primaire* des infirmiers et des infirmières, leur donner l'*Enseignement professionnel* indispensable pour le bon accomplissement de leur mission si pénible et si délicate ; en second lieu, remplacer dans tous les hôpitaux et hospices les religieuses par des infirmières habiles.

« Vous avez voulu en même temps, apporter à l'un des professeurs les plus anciens et les plus méritants des Ecoles d'infirmières, notre ami M. YVON, une haute récompense à laquelle nos concitoyens conservent l'habitude d'attacher un grand prix : je vous en remercie.

« Votre démarche, cette récompense, montreront une fois de plus, que toujours fidèle à vos principes, vous n'hésitez pas à manifester votre sympathie pour cette réforme essentiellement républicaine et sociale : *la laïcisation hospitalière* qui n'est d'ailleurs que le complément, mais le complément indispensable, de la *laïcisation scolaire.*

« Il y a onze ans que les Ecoles d'infirmières existent. Elles ont fonctionné régulièrement malgré des obstacles nombreux et sans cesse renaissants. Elles ont rendu des services incontestables, en améliorant la condition intellectuelle et morale du personnel secondaire des hôpitaux de Paris et en permettant à l'Administration de procéder, dans de bonnes conditions, à la *laïcisation de vingt établissements hospitaliers.*

« Aujourd'hui, ainsi que vous pouvez le constater vous-même, vous avez devant vous plus de 200 infirmières diplômées de cette année, instruites, capables, dévouées, prêtes à tous les sacrifices, auxquelles vous pouvez faire appel, non seulement pour la laïcisation de l'hôpital Saint-Louis et de l'Hôtel-Dieu, mais encore pour la *laïcisation de tous les établissements de bienfaisance qui dépendent de votre ministère* et dont je faisais tout à l'heure l'énumération.

« J'ose compter sur votre ardent amour de la République et de la Libre-pensée, pour hâter et généraliser cette réforme. Ce sera pour tous ceux qui se sont dévoués à la laïcisation, ce sera pour moi, un encouragement à perfectionner cette œuvre, à la rendre encore plus fructueuse, plus utile pour tous les malheureux malades, plus digne de la République.

« Encore une fois, M. le Président du Conseil et cher collègue, je vous remercie de tout mon cœur. »

Renseignements sur la laïcisation des hôpitaux.

Laïcisation de l'hôpital Beaujon.

La laïcisation de l'hôpital Beaujon a eu lieu samedi dernier 1er oct. 1887. Le service de cet hôpital était, comme celui de Lariboisière, fait par les Sœurs de Saint-Augustin, qui avaient succédé, en 1874, aux Sœurs de Sainte-Marthe. Elles y étaient au nombre de vingt. Il y a trois mois, la supérieure générale fut avertie par une lettre de M. Peyron, directeur de l'Assistance publique, d'avoir à quitter l'hôpital le 15 septembre, pour céder la place aux surveillantes laïques: La supérieure, qui devait à cette même date abandonner Lariboisière, demanda un sursis de quinze jours. Le personnel laïque qui se compose de trente-cinq infirmières, surveillantes, sous-surveillantes, etc., a pris possession des services à six heures du matin. Il a été installé par M. Imard, inspecteur général de l'Assistance publique.

Il ne reste plus que trois hôpitaux à laïciser : la Charité, St-Louis (hôpital du Nord) et l'Hôtel-Dieu, soit 76 religieuses à remplacer par 76 laïques. L'administration possède dès maintenant le personnel nécessaire et nous avons la conviction que M. Peyron réalisera la promesse qu'il a faite de laïciser « à la fin de l'année, en même temps St-Louis et la Charité (1) ».

Hommage à Mlle Nicolle, surveillante et institutrice de l'Ecole des Enfants et des Infirmières à la Salpétrière.

Nous extrayons du *Bulletin municipal* le passage suivant :

M. Secrétaire général de la Préfecture de la Seine. — J'ai l'honneur de faire savoir au Conseil que M. le Président de la République s'est rendu aujourd'hui à 2 heures à l'hospice de la Salpétrière, et a remis la croix de la Légion d'honneur à Mlle Nicolle, surveillante, qui, vous le savez, dirige depuis 32 ans le service des enfants (Très bien !).

Je communique cette nouvelle qui vous sera certainement agréable ; je me rappelle en effet que lors d'une visite que je faisais le mois dernier à cet établissement, avec un certain nombre de membres du Conseil, ils insistaient pour que cette distinction fût

---

(1) Séance du 11 juin 1887 du Conseil municipal.

donnée à Mlle Nicolle. Je suis heureux pour ma part que ses services et son dévouement soient récompensés. (Très bien ! Très bien !... Applaudissements.)

M. LE PRÉSIDENT. — Acte est donné à M. le Secrétaire général de sa communication. C'EST UN HONNEUR POUR LE PERSONNEL LAÏQUE DE NOS ÉTABLISSEMENTS HOSPITALIERS ET CET HONNEUR, LE CONSEIL LE SAIT, EST PLEINEMENT MÉRITÉ. (Très bien !)

Voici quelques détails sur la visite de M. Carnot :

A son entrée dans l'établissement, il a été reçu par M. Sarrien, ministre de l'intérieur, ainsi que par MM. Peyron, directeur de l'Assistance publique ; Derouin, secrétaire général ; Mourlan, chef de la division des hôpitaux et hospices ; Le Bas, directeur de l'hospice ; Amaury, économe ; Voisin, Millard, Goupy, membres du conseil de surveillance ; Thomas, maire du 13e arrondissement ; M. Bourneville, député de la Seine, directeur des écoles municipales d'infirmières ; les docteurs Joffroy, Terrillon, Séglas, Gilles de la Tourette, A. et J. Voisin, Falret, le pharmacien en chef Viron et les internes attachés aux différents services. Après les présentations, M. Peyron, directeur de l'Assistance publique, a souhaité en ces termes la bienvenue à M. le président de la République :

Monsieur le Président,

Au nom de tous ceux qui collaborent à cette grande œuvre de l'Assistance publique parisienne, je vous exprime notre profonde reconnaissance pour la pensée généreuse qui vous a dicté cette visite. Mais c'est surtout au nom des pauvres dont nous nous glorifions d'être les serviteurs, que nous vous remercions de cette marque nouvelle de la prédilection que porte aux œuvres de la bienfaisance le gouvernement de la République que vous représentez si dignement devant la France et devant l'Europe. Cette visite, dont nous garderons le précieux souvenir, nous sera une récompense pour nos efforts passés et un encouragement pour l'avenir.

M. Carnot a remercié M. le directeur de l'Assistance publique des paroles qu'il venait de lui adresser et a ajouté :

J'ai tenu à ce que ma première visite fût pour un de nos établissements hospitaliers, afin d'honorer le dévouement dont font preuve envers les déshérités de la fortune et de la nature le conseil municipal de Paris, le corps des médecins et l'administration de l'Assistance publique.

Le personnel des surveillantes et des infirmières attendait, dans la salle des cours, M. Carnot et les personnes de sa suite.

Elles étaient en toilette de fête : robe noire, bonnet de tulle noir, fichu de satin garni de dentelle noire et ouvrant sur un corsage de batiste blanche. Là. M. Peyron a présenté à M. le président de la République Mlle NICOLLE et il lui a fait connaître en ces termes les services rendus par elle à l'administration de l'Assistance publique :

Monsieur le président,

Depuis trente-cinq ans (1) qu'elle est à la Salpêtrière, Mlle Nicolle a toujours été le modèle de tous les dévouements, se consacrant à la fois à l'éducation de nos petites filles idiotes, arriérées et épileptiques, et à l'instruction primaire de nos infirmières laïques, qu'elle prépare aux leçons des cours théoriques. Mlle Nicolle a apporté dans cette double tâche le même esprit de sacrifice et d'abnégation.

Les palmes d'officier d'Académie et un prix Montyon ont déjà récompensé ses mérites ; vous allez, monsieur le président, par une distinction plus haute encore, couronner cette noble carrière, et toutes ces femmes qui, dans nos hôpitaux, donnent sans compter leurs fatigues et leurs peines, se sentiront honorées et récompensées par cet acte de haute justice.

M. Carnot s'est alors avancé vers Mlle Nicolle et lui a remis la croix de la Légion d'honneur. Il lui a dit qu'il était heureux de récompenser le dévouement opiniâtre avec lequel elle s'est consacrée à l'éducation des petites filles idiotes et épileptiques. Il a ajouté qu'il avait tenu à lire intégralement le rapport à la suite duquel un prix Montyon lui a été accordé. Puis, faisant allusion aux services rendus par Mlle Nicolle comme institutrice primaire à l'*Ecole professionnelle des infirmières* de la Salpêtrière depuis 1878, il a terminé ainsi :

La récompense qui vous est accordée marque l'intérêt que le gouvernement de la République prend à vos services. Elle sera un encouragement pour vos compagnes et pour vous-même à continuer l'œuvre que vous avez si bien commencée.

M. Carnot a visité ensuite la cuisine, deux des sections d'aliénées, l'école des enfants idiotes et épileptiques dirigée par Mlle Nicolle, les bains, le service de M. Charcot, le musée et l'une des salles du bâtiment Mazarin.

---

(1) Mlle NICOLLE est née à Paris le 22 octobre 1822. Elle est entrée à la Salpêtrière le 19 mai 1850, avec le grade de sous-surveillante, Elle a été nommée surveillante le 5 mai 1877. Elle a eu le prix Montyon en 1879 et a été nommée officier d'Académie la même année.

Avant de se retirer, M. Carnot a adressé des félicitations au directeur de l'Assistance publique, au directeur de l'établissement et au corps médical. Il a remis au directeur une somme de cinq cents francs destinée à être distribuée aux femmes âgées et indigentes.

Laïcisation des hôpitaux de Toulouse par Carnot en 1792.

Le 12 janvier 1793, Carnot fit à la Convention nationale, sur sa mission aux frontières des Pyrénées, un très remarquable rapport, imprimé par ordre de la Convention. Nous détachons de ce rapport les passages suivants qui ont trait à la situation des maisons de charité et des hôpitaux dans la région qu'il venait de visiter.

« Des plaintes nous ont été portées sur l'administration lâche et quelquefois infidèle de plusieurs maisons de charité. Les hôpitaux gémissent toujours sous leur ancien régime ; la plupart sont encore desservis par des sœurs grises qui distribuent leurs soins avec une partialité marquée, d'après leurs prétendues opinions ou celles des fanatiques qui les dirigent. A Toulouse particulièrement, cet ancien berceau de l'Inquisition, l'aristocratie n'est pas morte et les espérances de la contre-révolution ne sont point évanouies, quoique la masse des citoyens y soit animée du plus pur civisme.

« *Les hôpitaux de cette ville,* dont un seul contient environ 3,000 personnes, *étaient des foyers de fanatisme et de contre-révolution : nous en avons fait renouveler l'administration toute entière, nous en avons fait exclure les prêtres réfractaires qui les desservaient encore, et nous avons* FAIT REMPLACER TOUTES LES SŒURS *par des femmes charitables qui ne se piquent point d'avoir un système sur la religion et qui ne connaissent que la soumission aux lois...* » (1).

Les choses n'ont guère changé quant au fond, ni dans les hôpitaux de Paris, ni dans les hôpitaux de province surtout. Aussi avons-nous le ferme espoir que M. le Président de la République, petit-fils du grand Carnot, le laïcisateur des hôpitaux de Toulouse, n'entravera en rien la marche de la laïcisation des hôpitaux et qu'il s'empressera de signer le décret qui lui sera prochainement présenté pour permettre à

---

(1) *Rapp. fait à la Convention nationale par ses commissaires* CARNOT, GARRAU et LAMARQUE, envoyés par elle aux frontières des Pyrénées ; présenté à la Convention le 12 janvier 1793, l'an second de la République, p. 18. Ce rapport est entièrement dû à Carnot.

l'Assistance publique de Paris de laïciser l'hôpital Saint-Louis et l'Hôtel-Dieu.

Laïcisation des maisons de secours.

Sur le rapport de M. Daumas, au Conseil municipal (séance du 26 nov. 1887), le Conseil a invité l'Administration préfectorale à provoquer dans le plus bref délai possible, la laïcisation de toutes les maisons de secours non encore laïcisées. A cette occasion, nous ne saurions trop insister pour que l'Administration choisisse parmi les élèves des écoles municipales d'infirmières celles qui par leur âge, leur instruction et leur ancienne situation, offrent les plus grandes garanties.

Laïcisation des Maisons de Secours, de Saint-Louis et du Bureau de bienfaisance de Laon.

Les Maisons de Secours du XIVe arrondissement ont été laïcisées le 30 décembre. Les religieuses de Saint-Vincent-de-Paul qui faisaient le service ont été remplacées par les laïques.

La plupart des journaux qui annoncent cette mesure ajoutent que la laïcisation des hôpitaux Saint-Louis et de la Charité a eu également lieu. Cela n'est pas encore exact. C'est le 23 janvier qu'aura lieu la laïcisation de la Charité. En ce qui concerne l'hôpital Saint-Louis, voici ce qui a été fait. Un décret de 1810, réinstallant les Augustines à l'Hôtel-Dieu et les chargeant de la Pitié et de St-Louis, M. Peyron a dû consulter son *Comité consultatif* qui a déclaré que le rapport du décret n'était nécessaire que pour l'Hôtel-Dieu et que l'Administration avait le droit d'ores et déjà de remplacer les religieuses de Saint-Louis par des laïques. Ce ne sera donc que dans 2 ou 3 mois pour Saint-Louis, 4 ou 5 mois pour l'Hôtel-Dieu que la laïcisation pourra être faite, conformément, d'ailleurs, au vœu adopté le 27 décembre dernier par le Conseil municipal sur la proposition de M. Strauss.

— La Municipalité de Laon vient de laïciser le bureau de bienfaisance de cette ville. Elle a congédié les sœurs de Saint-Vincent-de-Paul.

Laïcisation de l'hôpital de la Charité.

La laïcisation de l'hôpital de la Charité a eu lieu lundi dernier, 23 janvier. Les infirmières laïques ont été installées immédiatement après le départ des sœurs Augustines. Il ne reste plus à laïciser que Saint-Louis et l'Hôtel-Dieu.

Laïcisation des hôpitaux et du bureau de bienfaisance de Marseille.

Cette question a été soulevée dans les termes suivants, à la séance du 18 mai, du Conseil municipal de Marseille.

M. TRÉMELAT, en son nom et au nom de ses collègues, MM. Bertrand, Carreyre et Aglot, dépose sur le bureau du Conseil la proposition suivante :

Les membres du Conseil municipal, soussignés, ont l'honneur de déposer la proposition suivante :

1° Le Conseil municipal vote le principe de la laïcisation des hospices et du bureau de bienfaisance ;

2° Il s'en rapporte à ses délégués pour prendre les mesures préparatoires nécessaires à l'effet de poursuivre résolument cette laïcisation.

M. FLAISSIÈRES déclare qu'il s'abstiendra de prendre part au vote sur cette proposition, parce qu'il ne considère pas la proposition comme assez précise. Il ne prendra pas part également au vote pour la désignation des délégués.

M. BOUGE fait la même déclaration ; il prendra néanmoins part au vote pour la désignation des délégués.

M. LE MAIRE répond que la proposition présentée par M. Trémelat est assez précise pour indiquer que le Conseil donne mandat à ses délégués de poursuivre la laïcisation de tous les établissements civils hospitaliers.

M. FLAISSIÈRES, avant le vote pour la désignation des délégués aux hospices, demande au Conseil dans quelle proportion il tiendra compte du vœu formulé par l'Union des Chambres syndicales ouvrières, qui demande que l'élément ouvrier soit représenté dans l'administration des hospices. M. Flaissières dit que le Conseil pourrait donner au pouvoir central un exemple salutaire en désignant lui-même, et en dehors du Conseil, deux membres de l'Union syndicale.

M. BONIFAS répond que la proposition de M. Flaissières, arrivant à la dernière heure, met le Conseil dans l'impossibilité de s'entendre avec le délégué à prendre en dehors du Conseil.

Le Conseil municipal désigne, pour le représenter à l'administration des hospices et avec le mandat que le vote précédent leur confère : MM. J.-Ch. Roux, Armelin, Mireur et Gairard.

Le Conseil adopte en dernier lieu le rapport présenté par M. Gairard sur le bureau de bienfaisance, concluant à un avis favorable, mais faisant toutes réserves sur différents chapitres. Les conclusions visent en outre le différent survenu entre le Conseil et le Bureau de bienfaisance. Le Conseil espère que M. le préfet donnera une solution favorable à cette question. (*Petit Provençal*, 19 mai 1888).

Nous nous permettrons d'appeler l'attention du Conseil municipal, de la Municipalité et de la Commission administrative des hôpitaux de Marseille, sur un moyen très simple d'arriver à une bonne et pratique solution : c'est de créer une *Ecole municipale d'infirmières* à Marseille.

Remplacement dans les hôpitaux et hospices des noms de saints et saintes par des noms de chirurgiens, médecins, etc., etc.

Nous avons publié en 1880 (*Prog. méd.*, p. 571) des documents intéressants sur cette question. Depuis lors, nous avons indiqué les hôpitaux dans lesquels cette réforme avait été réalisée. Nous devons ajouter que dans certains hôpitaux, comme la Pitié, il s'agissait, dans une certaine mesure, d'un retour à un ancien état de choses. Nous lisons en effet dans l'*Essai sur la topographie physique et médicale de Paris*, par le citoyen Audin-Rouvière, paru « l'an II° de la République française Une et Indivisible », que, à l'hôpital de la Pitié qui s'appelait alors la « Maison des Elèves de la Patrie » : « On voit, avec satisfaction, sur le fronton des portes des différentes salles, les noms des Grands Hommes : Régulus, Anaxagoras, Solon, Brutus, J.-J. Rousseau, etc. La Patrie, la vertu, sont toujours à l'ordre du jour dans cette *maison* : ces enfants adressent, tous les matins, leurs vœux à l'Etre-suprême, et consacrent leur journée au travail et à l'instruction ; ils ne perdent plus le temps précieux de l'enfance à assister à des convois funèbres dans Paris : la fraternité, la bonne morale, les vertus républicaines sont sans cesse retracées à leurs yeux, et constituent la base de leur éducation ».

Nouveau point de vue de l'institution des infirmières.

La question des infirmières est devenue un facteur important dans nos problèmes sociaux. La discussion de ses avantages et de ses inconvénients a été introduite dans les journaux politiques qui, dans les colonnes réservées à la correspondance, ont permis aux amis et aux ennemis de tout dire. L'infirmière doit être regardée comme un nouveau système de soulager l'humanité souffrante, ou plutôt comme l'extension d'un ancien système.

En tout cas, cette institution est venue pour rester, et, somme toute, la solution la plus satisfaisante de la question des infirmières d'hôpitaux est l'établissement d'une école d'éducation régulière. C'est à nous maintenant de développer cette nouvelle institution pour le bien et nous devons féliciter nos amis de Boston d'avoir pris l'initiative de cette bonne œuvre.

Pendant l'année dernière, on a introduit dans cette ville l'usage de compléter le service des médecins du dispensaire par les visites régulières à domicile d'infirmières diplômées. Tout le monde avec un peu d'expérience peut avoir vérifié dans les classes pauvres combien de fois une médication soigneuse a manqué son but parce qu'on ne savait faire une intelligente administration de la prescription. Cette nouvelle idée de visite a profité des deux côtés. Les infirmières ont appris à agir économiquement. Elles ont appris que dans la pratique privée, beaucoup des avantages et des objets de l'hôpital manquent. Elles ont appris à s'en passer et à compter sur elles-mêmes. L'infirmière est mise face à face avec toutes les éventualités. Elle a appris qu'il faut savoir s'adapter aux différents milieux. Leur devoir est d'instruire les pauvres à donner une médecine, à faire un lit, à préparer la nourriture, à ventiler une chambre et à faire les différentes choses utiles dans une chambre de malade. Elle peut faire ses tournées dans les maisons des pauvres et en dépensant peu de temps à chaque place, elle est capable de faire beaucoup de bien.

Nous ne connaissons pas dans cette ville aucune association qui ait ce but en vue. Quoique chaque système ait ses inconvénients et ses avantages, nous ne pensons pas que l'on puisse sérieusement discuter l'utilité de cette extension de l'œuvre des infirmières. On doit l'appliquer dans les sociétés déjà existantes plutôt que d'en créer de nouvelles. On peut s'arranger pour que les nouvelles diplômées soient employées pendant une période à ce nouveau service. Ce nouveau service serait un complément utile à leur expérience. Cela causerait, il est vrai, quelque dépense, mais aussi comme l'efficacité des dispensaires serait augmentée ! Si l'argent du public est employé de cette façon, plutôt que de créer de nouvelles institutions dont on n'a pas besoin, ce serait un progrès fait pour le soulagement des pauvres malades (*The medical Record*, 3 décembre 1886. page 632).

Laïcisation de l'Hôpital Saint-Louis.

Dans sa séance du 26 juillet, le Conseil de surveillance de l'Assistance publique a émis un avis favorable à la laïcisation de l'Hôpital Saint-Louis. Il a été reconnu qu'il n'était pas besoin d'un décret pour le remplacement des Augustines, tant à l'Hôpital Saint-Louis qu'à l'Hôtel Dieu. Cette solution nous paraît logique, car le décret de 1810 qui réinstallait les Augustines à l'Hôtel-Dieu, à Saint-Louis et à la Pitié, ne différait pas des décrets de la même date concernant d'autres congrégations hospitalières, qui ont été remplacées par des laïques, par la simple dénonciation de leurs traités par l'Assistance publique.

Les Ecoles d'Infirmières à l'étranger.

Les médecins anglais et surtout américains semblent se préoccuper beaucoup de la question des infirmiers et infirmières, si l'on en juge par les nombreux articles qu'on trouve à ce sujet dans les journaux médicaux. Ils pensent avec raison que de bons infirmiers, intelligents et instruits, comprenant ce qu'ils font et pourquoi ils le font, sont des auxiliaires précieux du médecin, non seulement dans les hôpitaux, mais même dans les maisons particulières. Leur aide, dont on peut se passer en médecine, devient au contraire très importante et presque nécessaire en chirurgie. L'usage de prendre des infirmières ayant reçu une instruction spéciale semble se propager en Amérique et en Angleterre. Mais, chez nous, c'est encore aux religieuses et à des garde-malades, aussi ignorantes les unes que les autres en général, routinières et peu soumises aux ordres du médecin qu'on a recours. Cela tient sans doute à la façon dont sont suivies les écoles d'infirmières en France et à l'étranger. Chez nous, ce sont surtout les femmes qui se destinent aux hôpitaux, qui viennent aux écoles ; les externes y viennent, mais pas autant qu'elles le devraient. A l'étranger, c'est aussi bien pour les établissements publics que pour les maisons particulières, et, tandis que chez nous les infirmières ne passent le plus souvent par l'école que pour rester dans les hôpitaux ; à l'étranger, au contraire, elles y passent pour obtenir un grade, un diplôme, qui leur permette d'exercer ensuite pour leur propre compte. On jugera du reste mieux de ces différences dans les différents résumés que nous faisons ci-après d'articles divers, soit américains, soit anglais. Dans le *Boston medical and Surgical Journal* (sept. 1887, p. 193), Alfred Worcester s'exprime ainsi à propos d'une école d'infirmières à Waltham :

Depuis 25 ans, l'hôpital de la Nouvelle-Angleterre pour femmes et enfants a commencé dans ce pays l'instruction des infirmières, qui aujourd'hui ont à répondre à des demandes de plus en plus nombreuses dans la clientèle privée. Il est à remarquer que non seulement les médecins n'ont pas pris l'initiative de ces écoles d'infirmières, mais en ont même empêché le progrès, par leur opposition dans les hôpitaux et par leurs demandes déraisonnables aux diplômées des écoles sous le rapport de leur service, ne comprenant pas que les écoles n'avaient pour but que de fournir des aides intelligentes. D'autre part, les infirmières dans la pratique privée n'ont pas su toujours se plier au service varié des différents médecins, ce qui tient aux défauts des méthodes actuelles d'enseignement.

Le devoir de cet enseignement incombe aux médecins si on veut que dans les petites villes on ait des infirmières comme il en existe déjà dans les grandes. Mais pour former ces infirmières, il est désirable qu'on ait un plan général. Il n'est pas difficile de trouver de jeunes et fortes femmes pour recevoir cette instruction et les écoles actuellement existantes ont de nombreuses demandes. Mais beaucoup ne veulent pas quitter leur ville natale et y manquent de médecins pour les instruire. — Quelles doivent être les bases de cet enseignement ?

L'infirmière n'a pour devoir que d'exécuter une ordonnance et de noter les symptômes qui se manifestent. Elle peut être ignorante de la théorie mais doit avoir quelques connaissances de la pratique de la médecine. Elle n'a pas besoin de savoir quand un purgatif doit être donné, mais elle doit savoir ce qui survient quand il en a été administré un. Dans certains cas, elle doit savoir les principes sur lesquels reposent les règles, ce qui l'aidera à les retenir, comme par exemple dans le cas de syncope. Elle doit être capable d'exécuter intelligemment et de rapporter de même les changements survenus chez le malade, et avoir par conséquent quelques notions d'anatomie et de physiologie, sur la marche des maladies connues, sur les effets des principales drogues puissantes. Elle doit savoir assez d'anatomie pour se servir des termes d'anatomie descriptive et les comprendre. Quant à la matière médicale, il est difficile de dire ce qu'on doit en savoir. L'essentiel est de pouvoir éviter des erreurs graves dans l'administration de médicaments. Il n'y a pas de mal à ce que l'infirmière en sache trop sous ce rapport.

On peut donner l'enseignement dans des leçons régulières, le soir ou l'après-midi. L'infirmière doit en outre apprendre comment faire cuire les aliments pour les malades, et tenir leur chambre en bon ordre, ce qui est l'affaire des femmes. Dans les écoles hospitalières les infirmières-élèves ont l'avantage de travailler avec des infirmières instruites qui leur montrent tout cela. On doit leur apprendre à lire des notes cliniques à haute et intelligible voix et à les prendre elles-mêmes. Sur un mannequin on leur montrera l'application des appareils, bandages, etc. On peut aussi leur faire pratiquer le massage. Quand une infirmière sait préparer le lit du malade, le déshabiller, le coucher, comment placer le bassin, le travail du médecin devient facile.

Une école de ce genre est en pleine prospérité déjà à Waltham, la plus jeune cité du Massachusett. Les élèves y sont payées et se font payer par les clients. La première année les recettes ont seulement monté à 90 % des dépenses, mais la seconde année elles ont dépassé les dépenses. Si j'appelle l'attention sur cette école, c'est moins pour son succès financier que parce qu'elle a répondu à un grand et général besoin.

Voici d'autre part ce que dit le *New Orleans medical and Surgical Journal* (nov. 1887, p. 395) :

« Louisville vient de fonder une école d'infirmières. On avait déjà fait des efforts pour en fonder une à la Nouvelle Orléans mais les jalousies des sectes religieuses l'ont fait tomber. A Louisville le Comité dirigé par Miss Moss s'est arrangé avec les autorités civiles pour donner un enseignement d'une durée de 2 ans. On y est reçu en tout temps. sauf juillet et août, quand il y a une vacance. A l'entrée on passe un petit examen de lecture, d'écriture, d'arithmétique et de dictée. La première année les infirmières sorvent comme aides dans les quartiers de l'hôpital de la Cité. La seconde année elles remplissent quelques fonctions assignées par la superintendante soit dans l'hôpital, soit dans des maisons particulières ou chez les pauvres où on les envoie.

Le prix de la première année et de 6 francs par mois, et de 10 francs la seconde, pour l'habillement, les livres et autres dépenses ; le logement, l'instruction et la nourriture étant considérés comme l'équivalent des services rendus. La durée du travail est de 8 heures du matin à 8 heures du soir, avec une heure pour le repas. En outre il y a un jour par semaine congé l'après-midi. »

Il n'est pas jusqu'au Japon où cet exemple des écoles d'infirmières ne s'étende, et nous trouvons dans *The Sei-i-Kwai medical Journal*, de Tokyo (fév. 1887), écrit en anglais et en chinois, une étude très importante de M. John Berry sur la comparaison entre l'ancien et le nouveau régime d'infirmières, sur les méthodes d'enseignement qu'on doit leur appliquer et les matières qu'elles doivent connaître. Cet article donne en même temps d'intéressants renseignements sur l'état de la question des Ecoles d'infirmières à l'étranger. Aussi en donnons-nous un aperçu un peu plus long.

L'auteur signale d'abord le grand intérêt qu'on a pris depuis trente ans dans la plupart des nations civilisées à l'art de soigner les malades. Il reproche au système usité en France et dans la plupart des pays Européens, d'avoir des infirmières dépendant de l'église qui les emploie et ne reconnaissant pas toujours l'autorité de l'hôpital dans lequel elles travaillent, ou du médecin dont elles devraient suivre la direction. Le système anglais et américain qui soustrait ce travail au contrôle de l'église et des prêtres, et le place, financièrement, sur une base indépendante, et professionnellement, sous le contrôle du médecin, est meilleur.

En Angleterre il y a maintenant de nombreuses écoles d'infirmières, et en Amérique il y en a trente-deux. Les écoles de ce dernier pays emploient cent cinquante professeurs et ont déjà fourni à la République et au monde plus de mille infirmières instruites.

Il compare ensuite le nouveau système à l'ancien, soit à l'hôpital, soit chez les particuliers, dans lequel les infirmières, par ignorance, laissaient leurs malades mourir faute de soins intelligents, ne connaissant pas un mot d'anatomie ni de physiologie, ne sachant ni les lois ni l'importance de la ventilation, ni la préparation de la nourriture pour les malades, ni l'administration des remèdes ou l'observation de leurs effets, et ce qui est pire n'ayant dans la plupart des cas aucun désir de faire aussi bien qu'elles savaient. Pas franches avec le médecin elles n'obéissent pas à ses instructions, et si un riche malade les réclame, elles négligent le pauvre pour y courir. Au lieu de cela avec le nouveau système le médecin peut s'enquérir auprès de l'infirmière de tous les symptômes antérieurs à sa visite, lui faire prendre la température, le pouls. Il sait que ses ordonnances seront exécutées suivant les règles prescrites, et qu'il sera prévenu de tout ce qui pourra survenir. L'infirmière peut noter le caractère du délire, du repos, de la stupeur ou du sommeil, et tout ce qui d'ailleurs concerne le malade.

La création d'une école d'infirmières au Japon s'impose et dans l'intérêt même des malades, et dans l'intérêt même de la médecine qui ne peut qu'y gagner. Sans compter que beaucoup de femmes seront heureuses de trouver cet emploi honorable soit pour vivre soit pour soutenir leur famille. Enfin, il propose une école dont, voici les règlements ;

Admission. — Les demandes pour suivre un cours d'instruction sont adressées au superintendant de l'Ecole. L'âge le plus convenable pour les candidats est de 30 à 40 ans. Elles doivent être en bonne santé et doivent accompagner leur demande d'un certificat de médecin le constatant ; un autre émanant d'une personne responsable signale leur bon caractère et leur bonne santé. Avec ces preuves en main elles peuvent être admises à l'école.

Les élèves seront requises d'entrer à l'école dans l'espace de dix-huit mois. Pendant le premier mois elles seront reçues provisoirement. Au bout de ce temps, leur capacité pour la profession sera jugée et elles seront autorisées à continuer leurs études.

Intelligence. — Les exigences au point de vue intellectuel sont pour être admises :

Etre capable de lire les saintes Ecritures intelligiblement. Etre capable d'écrire lisiblement. Etre prompte et soigneuse pour prendre une observation.

Elèves. — Les infirmières résideront dans la partie consacrée aux infirmières dans l'hôpital et serviront comme aides-infirmières dans les quartiers. Elles devront être sobres, honnêtes, fidèles, véridiques, ponctuelles, tranquilles, ordrées, propres, patientes et douces. Elles seront assujetties aux règles de l'école. Dans le cas de mauvaise conduite, celles qui en sont chargées seront juges de les garder ou de les renvoyer.

Dépense. — L'uniforme d'hôpital des infirmières sera fourni par l'hôpital, les autres effets étant à leur charge.

Instruction. — La superintendante des infirmières sera chargée de l'école avec l'avis de son associée et du Directeur médical de l'établissement. L'instruction sera exclusivement donnée par la superintendante et ses assistantes. Des leçons et des démonstrations seront aussi faites par le Directeur médical. Des examens, surtout sur les points pratiques, seront passés de temps en temps.

Le cours d'études comprendra des leçons d'après des manuels sur les soins aux malades, des leçons sur l'anatomie, la physiologie et l'hygiène et des leçons sur les saintes Ecritures. En outre de l'instruction théorique et pratique, l'infirmière travaillera dans les quartiers de l'hôpital et aura l'occasion d'un travail pratique parmi les malades pauvres de la ville.

Les cours pratiques comprendront : Le pansement des vésicatoires, des pointes de feu et des plaies, et l'application de fomentations et de cataplasmes ; les ventouses, les sangsues et leur traitement consécutif ; la prise de la température, du pouls et de la respiration ; l'application du massage au corps et aux extrémités de la meilleure manière dans les différentes maladies ; — l'administration des douches vaginales et le cathétérisme ; — la manière de placer les malades dans leurs lit, de les remuer, de les changer de lit et de vêtements, de les tenir chaudement ou fraîchement, de prévenir les eschares, de les nourrir, etc., etc. ; — instruction spéciale pour les infirmières en ophthalmologie ; — la confection des bandages et leur application ; l'administration des médicaments et de l'éther pour les opérations chirurgicales ; — la cuisson, la préparation et l'administration de la nourriture aux malades ; des indications pratiques sur la manière de se conduire charitablement auprès des malades pauvres à domicile.

Une instruction pratique leur sera aussi donnée sur les méthodes les plus pratiques pour rafraîchir l'air, chauffer et ventiler les chambres des malades, pour nettoyer et désinfecter tous les instruments, etc., et pour observer avec soin l'état des sécrétions, de l'expectoration, du pouls, de la respiration, de la peau, de la température, des éruptions, du sommeil, des conditions mentales, telles que délire, stupeur, etc., etc. ; l'état des plaies, de l'appétit, l'effet de la diète, des stimulants et des médicaments ; et la façon d'aménager les convalescents.

Les élèves apprendront et seront obligées dans leur travail dans les services, à être loyales avec les médecins, à chercher toujours à donner confiance au malade dans ses médecins, leur rapportant tout ce qui est important concernant les malades, disant leurs désirs pour les soins et le traitement, et dans la mesure du possible coopérant à leur importante besogne. Quand le terme des études est arrivé, les infirmières ainsi instruites recevront, après examen final, des diplômes certifiant leur connaissance dans les soins à donner aux malades et leur habileté. Après quoi, elles seront libres de choisir leur propre champ de travail. Elles trouveront de nombreuses occasions d'être utiles et charitables, dans les hôpitaux privés et publics, et comme infirmières privées.

Enfin, à Chicago (*The Journ. of the american med. Association*, juillet 1887, p. 129), M. Samuel Adams propose de créer des écoles pour les femmes qui élèvent les enfants. C'est peut être spécialiser un peu trop, mais enfin l'idée est nouvelle et les considérations qu'il donne valent la peine d'être citées :

« L'auteur considérant que les soins donnés aux enfants en bas âge sont presque toujours absurdes et antinaturels, propose comme moyen de parer aux inconvénients résultant de la mauvaise direction des enfants, de fonder des écoles spéciales d'enseignement pour les nourrices. L'art d'élever les enfants devient peu à peu plus conforme à la raison et au sens commun, quoique les nourrices gardent encore des préjugés traditionnels. Si les jeunes mères sont si faciles à se laisser influencer par les méthodes déplorables des nourrices, il y a intérêt à instruire les nourrices.

Il y a une règle dans toutes les professions, c'est qu'on doit avoir des connaissances générales sur le travail à faire avant de l'entreprendre.

Tous les enfants réclament une éducation physique et morale. La mère ne considère comme devoirs d'une nourrice que de laver, habiller et nourrir l'enfant. Mais l'auteur pense qu'elle doit porter son attention aussi bien sur les soins physiques que sur les soins intellectuels de l'enfant. L'ignorance des méthodes pour nourrir est malheureuse, et il serait utile que la nourrice apprît ces méthodes d'un professeur. Le succès des écoles d'infirmières en a démontré l'utilité pour les malades. Il serait aussi important d'avoir une école pour les nourrices. Avec les infirmiers, nous pouvons mieux soigner; avec les secondes, nous pourrons mieux prévenir la maladie.

L'école comprendrait des instructeurs chargés de faire des leçons sur les sujets variés concernant l'élevage et l'entretien des enfants ; les qualités de la nourriture, les régimes pour les différents âges, la meilleure manière de préparer les aliments et leur digestibilité ; les vêtements appropriés à l'enfant ; les exercices à lui donner ; les effets de l'atmosphère, de l'habillement insuffisant ou exagéré.

Quelques notions de l'anatomie et de la physiologie de l'enfant seraient utiles pour prévenir la violation des lois physiologiques.

On leur apprendrait que le meilleur moyen d'enseigner aux enfants est la vue, l'ouïe, le goût, l'odorat et le toucher. Par l'exemple, on leur donnerait la propreté, les bonnes manières. Enfin, il est très important d'étudier les particularités variées du caractère et les dispositions de l'enfant, de façon à le modeler, tout en se conformant à sa nature.

Ces extraits, mieux que tout ce que nous pourrions dire, montrent quels avantages on peut retirer des écoles d'infirmières, et de quelle utilité sont pour le médecin des infirmières bien dressées. Il est regrettable qu'en France les idées à ce sujet soient aussi arriérées et routinières, et qu'on attaque ceux qui les défendent et les appliquent, malgré le succès qui couronne leur œuvre et les services qu'ils rendent. On n'a qu'à regarder ce qui se passe à l'étranger pour voir que l'idée d'instruire des infirmières laïques n'est pas si absurde et est, au contraire, adoptée par tous les médecins soucieux des véritables intérêts de leurs malades.

P. S.

Ecole de garde-malades à Bruxelles.

Projet d'organisation et de règlement. — 1. Il est créé à Bruxelles un cours gratuit de soins à donner aux personnes malades, convalescentes ou en couches, comprenant également l'indication sommaire des premiers secours à porter en cas d'accidents, avant l'arrivée du médecin.

2. Pour être admis à suivre le cours, il faudra : a) Adresser une demande à l'administration communale ; — b) Etre âgé de 25 ans ; — c) Produire un certificat de bonne conduite ; — d) Savoir lire et écrire : posséder les notions de l'arithmétique (nombre entiers, nombres décimaux, fractions ordinaires) et quelques éléments du système métrique (particulièrement les mesures volumétriques au dessous d'un litre, et les poids au dessous d'un kilogramme).

Ces matières font l'objet d'un examen à passer devant le professeur du cours (ou devant un directeur d'école primaire). Un certain nombre de membres du corps enseignant de la ville pourraient être autorisés à suivre la partie théorique du cours à la seule condition d'avoir l'âge prévu par le présent règlement.

3. Le cours se compose de deux parties : a) Un cours théorique d'une durée de six mois ; — b) Un cours pratique, comprenant un stage de six mois également, dans les établissements hospitaliers de Bruxelles.

Les élèves du cours théorique sont en nombre indéterminé ; le nombre des élèves du cours pratique est provisoirement limité à douze. Ne sont admis à ce cours que ceux qui ont satisfait à un examen sur le cours théorique, et désirent obtenir le diplôme de garde-malades.

4. L'école est subsidiée par la ville de Bruxelles, et organisée par celle-ci de commun accord avec le Conseil d'administration des hospices.

5. Le cours théorique se donne une fois par semaine, le soir, dans un des trois principaux établissements hospitaliers de Bruxelles, par un médecin des hospices, nommé à cet effet par l'administration communale. Le cours théorique commence le 1er mai et se termine le 1er novembre ; le stage dans les hôpitaux commence le 1er novembre et se termine le 1er mai.

6. *Le cours théorique comprend :*

A). Des renseignements généraux, tels que : Précautions à prendre pour transporter les malades ; — Moyens de maintenir les malades atteints de délire agité ou furieux ; — Procédés pour aérer ou désinfecter les chambres à coucher ; — Procédés pour désinfecter les vases, linges, literies, etc.; surtout en cas d'affections épidémiques ou contagieuses ; — Meilleur moyen d'éclairage des chambres des malades, le jour et la nuit; — Soins de propreté à donner aux appareils de protection, tels que toiles cirées, objets de caoutchouc, etc., et à certains instruments spéciaux, tels qu'urinaux, seringues à injections, etc. ; — Moyens de prévenir les eschares chez les malades qui gardent longtemps le lit. Dans cette partie du cours théorique, il faut apprendre aux élèves à observer constamment les malades, de telle façon qu'ils puissent renseigner le médecin sur :

L'état de l'appétit, l'état du sommeil, l'état de l'esprit, la nature des secrétions, la présence le cas échant, de taches, de rougeurs, de gonflements, ou d'éruptions localisées dans telle ou telle partie du corps ; l'existence d'accès de fièvre dans l'intervalle des visites du médecin ; la nature ou la fréquence de la toux, etc.

B. — Des renseignements spéciaux : Ceux-ci peuvent être rangés pour la facilité de l'étude en deux catégories :

1° *Cas de médecine* — Administration et application des médicaments ; *Solides* : Poudres, pilules, etc. ; application des onguents et précautions spéciales pour certains d'entre eux ; suppositoires ; manière de diviser la glace. — *Liquides* : Potions ; contenu des différentes cuillers ; instruments permettant aux malades de boire, étant couchés ; usage des compte-gouttes ; gargarismes ; application des teintures, de collyres, etc. — *Gazeux* : Inhalations de gaz ; fumigations ; inhalations ; pulvérisations. Applications de quelques médicaments dangereux ou exigeant des précautions spéciales, tel que : huile de croton, teinture d'iode, perchlorure de fer, farine de moutarde. Préparation et administration des boissons prescrites aux malades : Eaux ; limonades ; tisanes ; macérations ; infusions, décoctions. Moyens de faire certaines préparations alimentaires, telles que : Lait de poule, soupes au lait, grogs, cacao, crèmes, etc. ; différentes manières de préparer les œufs, bouillon de veau, bouillon de bœuf, thé de bœuf, consommé, jus de viande, extrait de viande, gelée de viande, boulettes de viande crue, viande hachée destinée à être mangée crue, etc. Préparation et administration des bains généraux et des bains locaux. Préparation et administration des différentes espèces de lavements : alimentaires, médicinaux, purgatifs. Application de sangsues, ventouses sèches, ventouses scarifiées, vésicatoires, sinapismes. Pansement des vésicatoires, des cautères, des sétons. Confection et application des différents cataplasmes, farine de lin, fécule de pommes de terre, etc. Divers modes d'application de la chaleur : cataplasmes, sable chaud, flanelles. Connaissances des fleurs, feuilles, racines, poudres, liquides, le plus souvent employés pour les tisanes, frictions, etc. Modes d'application des lotions, des douches, des injections et des frictions. Récolte totale de l'urine. Application et lecture du thermomètre. Manière de faire des injections sous-cutanées.

2° Cas de chirurgie. — Préparation de la colle de pâte (empois d'amidon). Confection des bandes. Manière de les rouler et de les appliquer. Renseignements divers concernant les compresses, la charpie, l'ouate, les attelles de zinc, de bois, de carton, etc. Pansement des brûlures, des eschares, des plaies, des ulcères. Application de pommades, de taffetas, de gutta-percha (en feuilles), de sparadrap, de solutions médicamenteuses, etc. Application de bandages herniaires, de ventrières. d'appareils spéciaux pour femmes, etc.

C. — *Les soins à donner dans des cas particuliers.*— Soins particuliers à donner aux malades atteints de fièvre. Soins particuliers à donner aux malades atteints de maladies contagieuses. Soins particuliers à donner aux malades atteints de maladies chroniques (cancéreux, etc.). Soins particuliers à donner aux aliénés, aux femmes en couches, aux enfants en bas âge, aux convalescents.

D. — *Les premiers secours à porter en cas d'accidents,* tels que : Asphyxie par strangulation, pendaison, immersion, brûlures, empoisonnements, entorses, fractures, luxations, évanouissement, hémorrhagies, morsures, plaies, etc.

7. Les élèves qui ont suivi avec assiduité le cours théorique pendant six mois et qui désirent faire le stage de garde-malades dans les hôpitaux, doivent préalablement passer un examen de capacité devant le professeur du cours. Celui-ci, avec l'approbation de l'administration des hospices, dresse la liste de ceux qui auront accès dans les salles des hôpitaux et désigne l'ordre suivant lequel ils fréquenteront les différents services.

8. Le cours pratique, ou stage, est organisé de la manière suivante :

Chaque élève passe successivement un mois dans plusieurs ou dans tous les services désignés ci-après : a) Un service de médecine (à St-Pierre et à St-Jean) ; — b) Un service de chirurgie ; — c) Le service des aliénés ; — d) Le service des maladies de la peau (sauf les salles de prostituées) ; — e) La Maternité ; — f) Le service des Enfants.

Le chiffre maximum des élèves admis dans une période de six mois sera provisoirement de douze ; dans ces conditions, le service des aliénés et celui des maladies de la peau pourront seuls recevoir deux élèves à la fois. Pour les autres, il n'y aura jamais qu'un élève par service.

Les élèves garde-malades se rendront tous les matins à partir de 7 heures dans les salles qui leur seront désignées (sur une carte de fréquentation); ils assisteront jusqu'à midi à tous les soins quelconques qui pourraient être donnés aux malades, ainsi qu'aux opérations chirurgicales, etc., mais ils ne pourront jamais, sous aucun prétexte, ni se mettre en rapport direct avec un malade, ni toucher aux instruments ou appareils dans les salles ou dépendances où ils se trouveront.

Les élèves garde-malades n'assistent pas aux leçons de clinique données aux étudiants de l'Université; les élèves du sexe masculin ne fréquentent que les salles d'hommes; les élèves du sexe féminin ne fréquentent que les salles de femmes.

Les mesures qui précèdent ont pour but d'éviter le trouble ou le désordre qui pourraient se produire par la présence, dans les salles, de personnes étrangères aux services; de plus, par l'application rigoureuse de ces mesures, il sera impossible d'imputer à ces mêmes personnes la responsabilité de fautes ou d'accidents auxquels elles seront restées étrangères.

Toutefois, afin de faciliter et de compléter l'éducation pratique des élèves garde-malades, le professeur du cours désignera, dans le personnel des hôpitaux, un infirmier et une infirmière qui seront chargés de leur fournir une fois par semaine, dans une salle à ce destinée (une des salles de consultation, par exemple), des répétitions pratiques et aussi tous les renseignements complémentaires qui pourraient leur être utiles (tels que: manière d'habiller ou de déshabiller un malade paralysé ou atteint d'une fracture; manière de le changer de lit, etc.).

La fréquentation de ces répétitions sont obligatoires, et le programme en est dressé par le professeur; celles-ci sont données aux femmes à l'hôpital Saint-Jean, par une infirmière; aux hommes, à l'hôpital Saint-Pierre, par un infirmier.

Ces deux répétiteurs recevront, à titre de subside de la ville, une somme de 50 fr. par élève obtenant son diplôme (total maximum pour 12 élèves, 600 fr. par an).

9. Après avoir suivi les deux cours dans les conditions indiquées ci-dessus, les élèves peuvent se présenter devant un jury spécial chargé de les examiner théoriquement et pratiquement sur les matières enseignées. Lorsqu'ils ont satisfait à cet examen, il leur est délivré gratuitement un diplôme de garde-malades.

Le jury se compose de trois membres: 1° Un membre du Conseil général des hospices, président; 2° Un médecin, membre de la Commission médicale du Brabant; 3° Le professeur chargé du cours.

Pour compléter l'organisation décrite plus haut, il sera tenu, au bureau de la permanence de police, à l'Hôtel-de-Ville, un registre portant les noms et adresses des garde-malades diplômés des deux sexes. Chaque fois que l'un de ceux-ci sera placé, il sera tenu d'en informer immédiatement le bureau indiqué ci-dessus. L'existence de ce bureau sera annoncée à tous les médecins.

Le traitement alloué aux infirmiers et aux infirmières des hôpitaux se composerait de deux parties: l'une équivalente au salaire payé actuellement, — soit de 25 à 35 fr. par mois, — leur serait payée directement ; l'autre serait versée à un fonds de réserve, de manière à leur constituer, au bout de dix années de bons et loyaux services, un capital de 2.800 fr.

Celles ou ceux qui auraient servi durant une période de 25 ans jouiraient d'une pension annuelle et viagère de 1.080 fr. Les infirmiers ou infirmières qui quitteraient avant dix ans de service révolus, perdraient tout droit à une répartition quelconque. Les infirmiers ou infirmières, atteints de maladie, seront soignés aux frais de l'établissement ; durant les trois premiers mois, ils jouiront de leur traitement plein ; ce traitement sera réduit de moitié pendant le restant du temps d'incapacité de service. (Le *Mouvement hygiénique*, n° 1, 1888).

Budget des Écoles municipales d'infirmières de Paris.

A différentes reprises, on nous a demandé des renseignements sur les dépenses des trois écoles d'infirmières de Paris. Nous laissons de côté ce qui a trait à l'enseignement primaire.

I. — ÉCOLE DE LA SALPÊTRIÈRE.

	Francs.
Indemnités au personnel chargé des cours.	1.600
Cours d'administration (6 leçons).	300
— d'anatomie (6 leçons)	200
— de physiologie (6 leçons).	200
— de pansements (18 leçons)	350
— d'hygiène (12 leçons).	350
— sur les soins à donner aux femmes en couches (3 leçons).	100
— de petite pharmacie (10 leçons).	100
Indemnités aux surveillantes chargées des exercices pratiques.	450
Imprimés, livres et fournitures de bureau.	1.500 (1)
Récompenses, livrets de caisse d'épargne, etc.	1.500 (2)

(1) La plus grande partie de ces dépenses incombe à l'Ecole primaire.

(2) Même remarque.

II. — Ecole de Bicêtre.

Francs.

Indemnités au personnel chargé des cours. . . . 1.750
Cours d'administration. 300
   — d'anatomie. 225
   — de physiologie 225
   — de pansements 450
   — d'hygiène. 450
   — sur les soins à donner aux femmes en
      couches (1). . . . . » »
   — de petite pharmacie 100
Indemnités aux surveillantes chargées des
  exercices pratiques 500
Imprimés, livres et fournitures de bureau. . . . 960
Récompenses et livrets. 1.790 (2)

III. — Ecole de la Pitié.

Indemnités au personnel chargé des cours. . . . 1.750
Cours d'administration 200
   — d'anatomie. 200
   — physiologie.. 200
   — de pansements 350
   — d'hygiène 350
   — sur les soins à donner aux femmes en
      couches.. 100
   — petite pharmacie. 100
Indemnités à un professeur suppléant.. . . . 250
Indemnités aux surveillantes chargées des
  exercices pratiques.. 650
Imprimés, livres et fournitures de bureau. . . . 1.000
Récompenses et livrets. 800 (3)

Le *Directeur de l'enseignement* n'a jamais eu aucune indemnité (1878-1888).

---

(1) Ce cours a été fait jusqu'ici gratuitement par les internes de mon service.

(2) Ces deux derniers crédits sont affectés en grande partie à l'enseignement primaire.

(3) Ces crédits sont inférieurs à ceux de Bicêtre et de la Salpêtrière, parce qu'il n'y a pas d'école primaire à la Pitié.

A l'origine, afin d'exciter l'émulation du personnel secondaire et de l'encourager à suivre les cours primaires et professionnels, nous avons demandé un crédit relativement élevé pour les récompenses. Il va de soi qu'on peut le réduire considérablement — ou même le supprimer. Une municipalité qui créerait une École d'infirmières en province n'aurait pas besoin d'établir parallèlement une école primaire, ou si elle jugeait cet enseignement nécessaire, elle pourrait en charger une institutrice communale.

Quant aux dépenses de l'enseignement professionnel, on voit qu'elles se bornent à 1.050 fr. à la Salpêtrière; 2.250 à Bicêtre (1) et à 2.400 fr. à la Pitié (2). Il en résulte donc qu'avec une dépense de 2 à 3.000 fr., une municipalité peut créer une école professionnelle pour les infirmiers et les infirmières. Il va de soi aussi qu'il est possible de confier l'enseignement à un plus petit nombre de professeurs, par exemple un médecin, un pharmacien et un administrateur (3).

Bourneville.

---

(1) Les professeurs sont un peu mieux rémunérés, en raison de l'éloignement.

(2) Dont 250 fr. pour un professeur suppléant, chargé de remplacer à l'occasion les autres professeurs.

(3) Les professeurs, outre les leçons, ont à corriger chacun 3 ou 4 compositions faites sur leur cours et à faire partie des jurys d'examen en avril et en juillet.

N. B. — Les personnes qui désireraient avoir le programme de l'enseignement des Écoles peuvent s'adresser, soit à M. le Dr Peyron, directeur de l'Assistance publique, soit au bureau du *Progrès Médical*.

PUBLICATIONS DU *PROGRÈS MÉDICAL*

BOURNEVILLE. — **Laïcisation de l'Assistance publique.** Discours prononcés aux distributions des prix des écoles municipales d'infirmières laïques (*VII° et VIII° années scolaires*) 2 brochures in-8. — Prix : chacune 1 fr. — Pour nos abonnés : chacune . . . . **70 c.**

BOURNEVILLE. **Rapport sur l'organisation du personnel médical et administratif des asiles d'aliénés**, présenté à la Commission ministérielle chargée d'étudier les réformes que peuvent comporter la législation et les règlements concernant les asiles d'aliénés. Brochure in-8 de 32 pages. — Prix : 1 fr. — Pour nos abonnés . . . . **70 c.**

BOURNEVILLE. **Écoles municipales des infirmières laïques ; laïcisation de l'Assistance publique.** (Discours prononcés en 1880, 1881, 1882, 1883.) Quatre brochures in-8°. — Prix de chacune de ces brochures : 50 c. — Pour nos abonnés . . . . **30 c.**

BOURNEVILLE. **Laïcisation de l'assistance publique.** Conférence faite à l'Association philotechnique le 26 décembre 1880. Brochure in-8° de 23 pages. — Prix 75 cent. — Pour nos abonnés. . . . . . . , ... **50 c.**

BOURNEVILLE et D'OLIER. **Recherches cliniques et thérapeutiques sur l'épilepsie, l'hystérie et l'idiotie.** Compte rendu du service des épileptiques et des enfants idiots et arriérés de Bicêtre, pendant l'année 1880. Brochure in-8° de 74 pages. — Prix 3 fr. — Pour nos abonnés **2 fr.**

BOURNEVILLE, BONNAIRE et WUILLAMIÉ. **Recherches cliniques et thérapeutiques sur l'épilepsie, l'hystérie et l'idiotie.** Compte rendu du service des épileptiques et des enfants idiots et arriérés de Bicêtre, pendant l'année 1881. Un vol. in-8° de XVI-172 pages, avec 7 planches hors texte. — Prix : 6 fr. — Pour nos abonnés. . . . . **4 fr.**

BOURNEVILLE, DAUGE et BRICON. **Recherches cliniques et thérapeutiques sur l'Épilepsie, l'Hystérie et l'Idiotie.** Compte rendu du service des épileptiques et des enfants idiots de Bicêtre en 1882. In-8° de XXIV-162 pages avec 15 fig. — Prix : 4 fr. — Pour nos abonnés . . **2 f. 75**

BOURNEVILLE, BOUTIER, BONNAIRE, LEFLAIVE, P. BRICON et SEGLAS. **Recherches cliniques et thérapeutiques sur l'épilepsie, l'hystérie et l'idiotie.** Compte rendu du service des épileptiques et des enfants idiots et arriérés de Bicêtre, pendant l'année 1883. 1 vol. in-8° de XXXII-151 pages, avec 2 pl. hors texte et 5 fig. — Prix : 5 fr. — Pour nos abonnés. **3 fr. 50**

BOURNEVILLE (Rapport présenté par), au nom de la 8° commission (*Assistance publique. Mont-de-Piété*), sur les dépenses de l'Assistance publique pour 1882 (Projet de Budget, chap. XX, chap. XXI, art. 10, et Projet de Budget spécial de l'Assistance publique. Broch. in-4 de 111 pages. Prix . . . . **2 fr. 50 c.**

BOURNEVILLE, BUDOR, DUBARRY, LEFLAIVE et BRICON. **Recherches cliniques et thérapeutiques sur l'épilepsie, l'hystérie et l'idiotie.** Compte rendu du service des épileptiques et des enfants idiots et arriérés de Bicêtre pendant l'année 1884. (*Tome 5 de la collection*). — Un volume in-8 de 188 pages, avec 5 planches hors texte et 1 plan. — Prix : 6 fr ; pour nos abonnés . . . . **4 fr.**

BOURNEVILLE, COURBARIEN et SEGLAS. **Recherches cliniques et thérapeutiques sur l'épilepsie, l'hystérie et l'idiotie.** Compte rendu du service des épileptiques et des enfants idiots et arriérés de Bicêtre pendant l'année 1885, tome VI, volume in-8 de LXII-63 pages, avec 7 figures. — Prix : 3 fr. 50. — Pour nos abonnés . . . . **2 fr. 50.**

PARIS. — IMP. V. GOUPY ET JOURDAN, RUE DE RENNES, 71.

LAÏCISATION DE L'ASSISTANCE PUBLIQUE

N° 10

DISCOURS

Prononcés le 27 Août, les 3 et 16 Septembre 1889

AUX

DISTRIBUTIONS DES PRIX

DES

ÉCOLES MUNICIPALES D'INFIRMIÈRES LAÏQUES

(DOUZIÈME ANNÉE SCOLAIRE)

Par BOURNEVILLE

Député de la Seine, médecin de Bicêtre.
Directeur de l'enseignement des Écoles municipales d'infirmières, etc.

Afin que chacun puisse se rendre parfaitement compte des efforts faits par nos amis, par l'Administration actuelle de l'Assistance publique, par le Conseil municipal et par nous, pour doter les établissements hospitaliers de Paris d'un personnel dévoué et capable, nous réunissons en brochure, comme par le passé, les discours que nous avons prononcés récemment.

Discours prononcé le 27 août à l'École de Bicêtre.

MESDAMES, MESSIEURS,

Je pensais que, cette année, la laïcisation des hôpitaux et hospices de Paris serait un fait définitivement accompli et que je pourrais, sans inconvénient pour l'œuvre réformatrice et sans péril pour personne, confier à l'un de mes amis, à l'un de vos professeurs, le soin de me remplacer dans ces allocutions an-

1

nuelles, réduites à l'exposé des travaux de l'année scolaire et des améliorations réalisées ou à réaliser dans le programme de votre enseignement.

Malheureusement, et bien que le terme en soit, je l'espère, prochain, surtout si vous nous aidez, comme je vous le demanderai en finissant, — la laïcisation n'est pas terminée, la victoire n'est pas encore complète et mon intervention active demeure nécessaire. Tout d'abord, nous allons passer en revue les travaux de l'année scolaire que va clore cette cérémonie.

L'enseignement primaire a fonctionné régulièrement sous la direction de M. BOUTILLIER, aidé de Mlles B. AGNUS et FERRET et de Mme MEYER, pour les infirmières; de M. BOYER, aidé de MM. GAUTHIER, BISE et GUININ pour les infirmiers. Toutefois si le zèle, l'activité et le dévouement sont restés les mêmes que par le passé, chez vos maîtres, il n'en a pas toujours été de même chez les élèves, surtout chez les hommes dont l'assiduité au moins durant une partie de l'année, a trop laissé à désirer. Je compte sur le dévouement bien connu de notre nouveau directeur, M. PINON, pour rappeler l'an prochain, les uns et les autres, à la stricte observance de l'obligation de suivre régulièrement les cours, imposée par M. le Directeur de l'Assistance publique au personnel secondaire des établissements-écoles.

L'Ecole primaire comprend 4 divisions pour les élèves de chaque sexe. *69* infirmières ou élèves externes ont été inscrites au mois d'octobre *1888*; il en restait *52* au mois de juillet. Elles étaient ainsi réparties: *1re* division: *23*; *2e* division, *15*; *3e* division: *12*; *4e* division: *2*.

125 infirmiers étaient inscrits au mois d'octobre; il n'y en avait plus que *98* au mois de juillet. Malgré cette désertion regrettable, nous avons eu la satisfaction au mois d'avril, de voir 6 infirmiers et 6 infirmières obtenir le certificat d'études et cela, dans des conditions honorables, au dire même de leurs juges (1).

A l'heure actuelle, nous avons, dans le personnel secondaire de Bicêtre, sur 175 infirmiers : 1 bachelier, 1 pourvu du brevet élémentaire, 1 du certificat de grammaire, 21 possédant le certificat d'études ; et, sur les 68 infirmières, nous en avons 2 ayant le brevet de capacité, 1 le certificat d'aptitude à la direction des écoles maternelles, 25 le certificat d'études, soit 28 sur 68.

L'enseignement professionnel a été fait intégralement par vos maîtres, qui s'efforcent toujours de vous rendre la besogne facile en apportant la plus grande clarté dans leurs leçons et en ne perdant jamais de vue les applications de leur enseignement à la pratique quotidienne des salles de médecine et de chirurgie. Jusqu'à cette année, le *cours sur les soins à donner aux femmes en couches et aux nouveau-nés* avait été fait gratuitement par l'un de nos internes. Au mois de juin dernier, M. Peyron a bien voulu confier officiellement ce cours à M. Pilliet, ancien interne du service des enfants. Nous le remercions d'avoir accueilli avec faveur notre proposition.

Les *exercices pratiques* ont continué à l'infirmerie générale sous la direction habile et dévouée de Mme Siégel. La plupart des surveillants ont encouragé leurs infirmiers à s'exercer. M. Lenglet, surveillant de la 3me section du quartier des aliénés, répondant à l'appel que je fais chaque année, a présidé lui-même, dans son service, à des exercices pratiques. M. Richet a envoyé ses infirmiers prendre des leçons chez M. Lenglet. Aussi presque tous leurs

---

(1) Le jury était composé de : M. Foubert, inspecteur de l'instruction primaire, président ; M. le Dr Reulos, maire de Villejuif, conseiller d'arrondissement ; M. Briand, médecin de l'asile de Villejuif ; M. Desprès, directeur de l'école communale de Villejuif et Mme Mathieu, directrice de l'école communale des filles de Gentilly ; M. Ventujol, directeur de Bicêtre et nous.

infirmiers ont-ils subi les examens d'une façon brillante. Je renouvelle mon appel à tous les surveillants et surveillantes, à tous les sous-surveillants et sous-surveillantes de cet hospice, pour qu'ils imitent ce bel exemple de confraternité et pour qu'ils complètent, dans les salles dont ils sont chargés, l'enseignement pratique qui se fait à l'infirmerie générale. Si dans cette maison, à la Salpêtrière et à la Pitié, mes conseils étaient suivis, l'instruction professionnelle deviendrait de plus en plus parfaite et si j'insiste, c'est qu'il y va et de votre intérêt personnel et de l'intérêt de la laïcisation.

Une autre amélioration non moins importante et que désire vivement M. Peyron, c'est que tous les élèves diplômés, les hommes aussi bien que les femmes, qui ne possèdent pas une instruction primaire encore satisfaisante, notamment sous le rapport de l'orthographe, continuent à fréquenter encore pendant une année l'école primaire. M. le Directeur aurait même désiré que le diplôme d'infirmier et d'infirmière ne fut décerné qu'à ceux qui ont cette instruction. Sur la remarque que nous lui en avons faite que cette mesure frapperait surtout les anciens serviteurs de l'administration qui ont fait des efforts sérieux pour s'instruire et en font encore, il a consenti à ajourner sa décision. Mais, en revanche, comme il le dira sans doute à la distribution des diplômes qui se fera en septembre, à la Salpêtrière, il vous demandera, ainsi que je le disais tout à l'heure, de suivre les cours primaires. Personnellement, je m'associe d'autant plus à cette mesure que j'ai souvent insisté déjà auprès de vous pour que vous perfectionniez votre instruction primaire et professionnelle tant que vos services vous maintiennent dans les établissements-écoles. Plus vous serez instruits, Messieurs, plus vous serez instruites, Mesdames, plus vite vous ferez accepter la laïcisation par nos adversaires communs et mieux vous serez considérés.

Les examens pratiques ont été subis par 110 infir-

miers de Bicêtre, 3 infirmiers de l'hospice d'Ivry,
32 infirmières de Bicêtre, 5 infirmières d'Ivry et
par 15 élèves externes. Et à ce propos, je renouvelle
à M. Labouyerie, directeur de l'hospice d'Ivry,
mes remerciements pour la bonne volonté qu'il apporte à faciliter à son personnel l'accès aux cours
professionnels de cette école.

Au point de vue de l'enseignement professionnel,
les résultats de l'année se traduisent par 45 diplômés : 23 hommes et 22 femmes. Le total des diplômes décernés à Bicêtre s'élève au chiffre respectable de 156 depuis le mois d'août 1883.

Voyons maintenant ce qui a été fait pour vous
dans le cours de cette année.

Réalisant la promesse qu'il vous avait faite,
M. Peyron a demandé au Conseil municipal, et en a
obtenu l'autorisation, d'accorder une sorte de haute
paye spéciale de 50 fr. par an aux infirmiers et infirmières diplômés qui n'ont pas reçu d'avancement.

Un certain nombre des élèves diplômés ont été
promus à des grades supérieurs :

2 ont été nommés sous-surveillants.
6   —   suppléants.
6   —   1ers infirmiers.
2   —   suppléants.
1   —   1re infirmière.

Ce nombre aurait dû être plus considérable, en ce
sens que des promotions ont été faites en faveur
d'infirmiers ou d'infirmières non diplômés. J'ai la
conviction profonde que, avec M. Pinon, de tels
faits ne se reproduiront pas (1).

. . . .

Plusieurs fois, dans le cours de cette allocution,
j'ai fait allusion au concours que vous pouvez don-

---

(1) Bourneville donne les renseignements sur la laïcisation
qu'on retrouvera dans le discours de la Pitié.

ner à la laïcisation, cette réforme essentiellement républicaine. C'est un devoir pour vous, car c'est à la République seule que vous devez l'amélioration intellectuelle, morale et matérielle de votre situation. C'est le Conseil municipal républicain de Paris qui a augmenté vos pensions de repos, a accru notablement vos salaires, qui s'est préoccupé de votre nourriture, de vos logements et qui arrivera à pourvoir chacun et chacune de vous, d'une chambre particulière. C'est au Conseil municipal que vous devez les écoles professionnelles, qui vous mettent en mesure de mieux soigner les malades, de mériter plus d'estime et de considération, qui vous distribuent si généreusement les récompenses, qui vous donnent enfin ces diplômes qui vous assureront de plus en plus, d'une façon absolue, des droits à l'avancement.

Vous avez donc le devoir de défendre la République soit directement par vos votes, Messieurs, soit vous, Mesdames, en faisant comprendre à vos parents, à vos amis, que le sort de la laïcisation et le vôtre sont intimement liés à l'existence de la République. Vous devez donc tous agir en faveur des défenseurs de la République et faire une active propagande contre le boulangisme et ses soutiens, vos pires ennemis, car ils résument en eux la réaction tout entière et le cléricalisme avec toutes ses conséquences.

J'espère que vous suivrez mes conseils et qu'aucun d'entre vous ne mettra l'Administration dans l'obligation d'infliger de nouveau un châtiment trop justement mérité (1).

---

(1) Allusion à la révocation d'un sous-surveillant.

Discours prononcé le 3 septembre à la Pitié.

MESDAMES, MESSIEURS,

Nous allons clore aujourd'hui la huitième année scolaire de l'Ecole d'infirmières et d'infirmiers de la Pitié. De même que les années précédentes, les élèves femmes ont été nombreuses; mais le nombre des infirmiers est toujours resté très bas, alors que, ici comme à Bicêtre, tous les infirmiers âgés de moins de 40 ans devraient être astreints à suivre les cours. Nous ne saurions trop renouveler nos instances pour que dans les établissements-écoles l'obligation de suivre les cours devienne enfin une réalité. S'il nous était donné satisfaction, en un temps très court, deux ou trois ans au plus, tout le personnel secondaire des hôpitaux aurait une instruction professionnelle sérieuse, sinon aussi parfaite que nous la souhaitons.

Quoi qu'il en soit, des 217 élèves inscrits cette année à l'Ecole, 77 ont pris part aux examens pratiques et aux compositions des prix. Ils se répartissent ainsi : 12 élèves boursières ; 19 infirmières de la Pitié; 22 élèves externes infirmières des hôpitaux: 9 hommes, 8 infirmiers des hôpitaux et un élève libre, et 15 élèves femmes externes libres. Les compositions ont été en général bonnes; M. le Dr Petit-Vendol, tout particulièrement, m'a chargé de vous transmettre ses félicitations.

Les examens pratiques qui n'ont pas duré moins de huit heures, nous ont également montré que vous apportiez un véritable zèle à profiter des leçons de vos maîtres et de vos maîtresses. Je dois les remercier publiquement du soin qu'ils mettent à s'acquitter de leurs fonctions et à se conformer scrupuleusement au programme de l'enseignement. Le personnel enseignant est resté le même, sauf que M. le Docteur Leriche a été remplacé comme professeur adjoint des trois écoles par M. Baudouin, interne de cet hôpital.

Les *exercices pratiques* ont continué avec le même dévouement que les années précédentes, sous la direction de Mmes Graby (chirurgie), Boissière (médecine), Denoyé (accouchements). Enfin des leçons sur la façon de préparer les bains, d'administrer les douches et d'appliquer les ventouses vous ont été faites par M. Yves, baigneur, et Mme Garrizet, baigneuse, M. Jobert, ventouseur et Mme Godeau, ventouseuse.

Vos efforts persistants vont avoir dans un instant leur récompense, car 66 diplômes vont vous être décernés : 9 aux hommes et 57 aux femmes, ce qui fait un total de 280 diplômes obtenus par les élèves de l'École de la Pitié.

Avant de vous entretenir des mesures qui ont été prises dans ces derniers temps et cette année pour l'amélioration de votre sort et de vous exposer l'état actuel de la laïcisation, je crois nécessaire de revenir sur le but de l'École de la Pitié, sur le rôle des Écoles en ce qui concerne les garde-malades de la ville, enfin sur le service de veille dans les hôpitaux.

La création de cette école, la troisième, remonte à 1881. Nous l'avons réclamée instamment parce que Bicêtre et la Salpêtrière, malgré leur importance, ne nous fournissaient pas tous les éléments indispensables pour un enseignement professionnel complet. Dans un hôpital comme celui-ci, nous trouvions au contraire tout ce qu'il fallait pour réaliser ce but. De là le nom d'*Ecole de perfectionnement* que nous n'avons cessé de lui donner. Mais, les besoins de la laïcisation ont exigé jusqu'ici que cette école eut le même programme, fît le même enseignement que les écoles de Bicêtre et de la Salpêtrière. Aujourd'hui, nous touchons à la fin de la réforme, et le nombre des infirmiers et des infirmières diplômés est largement suffisant pour permettre à l'Administration de faire les meilleurs choix. Le temps nous parait donc venu de demander à M. Peyron la transformation définitive de cette école. Comment peut-on y procéder? Il y a deux points à considérer : 1º le recrutement du personnel; 2º le programme de l'enseignement.

Les élèves diplômées de Bicêtre et de la Salpêtrière, pourvues de brevets ou de certificats d'études, ou ayant une instruction primaire convenable, seraient appelées à venir prendre, ici, la place des infirmières non diplômées, ou des élèves diplômées dont l'instruction primaire est insufisante et qui iraient la perfectionner en suivant les cours de l'école primaire de Bicêtre et de la Salpétrière. L'intérêt général devant l'emporter sur l'intérêt particulier, je ne doute pas que M. le directeur de l'Assistance publique ne trouve en vous toutes l'obéissance la plus absolue. Qui, d'ailleurs, bénéficierait de cette mesure? Vous, en premier lieu, la laïcisation et les malades en second lieu, puisque votre instruction primaire et professionnelle serait plus étendue, plus solide. Enfin, il ne s'agit là que d'un sacrifice d'une dizaine de mois.

Quant au *programme*, il devrait embrasser les mêmes cours ; chacun d'eux comprendrait les leçons en moindre nombre, et portant sur les sujets principaux, plus détaillés, plus approfondis qu'ils ne le sont aujourd'hui et sur des exercices pratiques répétés. Ce programme ne peut être établi définitivement, du reste, qu'après un examen attentif fait d'accord avec l'Administration et les professeurs des Écoles d'infirmières.

J'aborde maintenant la seconde question : celle des *élèves externes*. Dès le début, nous avons fait appel aux mères de famille, aux garde-malades de la ville, voulant que les Écoles municipales rendissent le plus de services possibles. Cet appel a été entendu, mais dans une proportion que nous regrettons de voir trop faible. Ici, comme à Bicêtre et à la Salpêtrière, il y a des élèves externes; mais la portion la plus fidèle se compose des infirmières des autres hôpitaux, qui appartiennent à l'Administration et veulent lui demeurer fidèles. L'autre portion, celle des mères de famille, des garde-malades de la ville, les élèves externes libres, ainsi que nous les appelons, si elles sont nombreuses sur le registre, elles le sont bien peu au point de vue de l'assiduité régulière, c'est-à-dire de leur présence toute l'année aux cours professionnels : 16 seulement ont persisté jusqu'à la fin. Elles ont d'ailleurs été récompensées de leurs peines, puisque 12 d'entre elles vont recevoir le diplôme d'infirmières.

Pour celles de ces élèves libres qui exercent ou veulent exercer le métier de garde-malades, j'ai demandé et obtenu un *Registre* sur lequel elles peuvent faire inscrire leur nom et leur adresse, et j'ai signalé aux médecins de Paris la possibilité qu'ils avaient de procurer aux familles, dans cette maison, des garde-malades offrant de réelles garanties. J'appelle de nouveau l'attention des élèves externes garde-malades sur l'existence de ce Registre et, plus tard, lorsque le nombre des inscrites en vaudra la peine, je demanderai à l'Administration de déposer une copie de la liste dans les principaux hôpitaux. Soit par ce moyen, soit en mettant, plus tard, s'il y a lieu, des infirmières à la disposition des familles, l'Administration rendra de nouveaux services. Ce ne serait pas d'ailleurs une innovation, car déjà l'on a recours du dehors aux ventouseurs et aux ventouseuses des hôpitaux. Nous voyons dans cette pratique un moyen sérieux de combattre et de diminuer, sur un autre terrain, l'influence des congrégations religieuses.

La troisième question, sur laquelle il me semble utile de revenir, a trait au *service de nuit*. Comme par le passé, j'ai profité des examens pratiques pour me renseigner sur le recrutement du personnel secondaire et sur les fonctions qui lui étaient données à son arrivée dans les hôpitaux. Qu'il s'agisse des infirmiers et des infirmières de la Pitié, de la Salpêtrière, de Bicêtre ou des autres établissements, le

résultat de mon enquête est le même. En général,
c'est à leur entrée que les personnes qui veulent
exercer la profession d'infirmiers ou d'infirmières
sont affectées au service de nuit. Etant absolument
inexpérimentées, n'ayant jamais soigné de malades, ne possédant aucune instruction professionnelle, elles sont incapables de secourir efficacement
les malades et de comprendre l'importance des
prescriptions médicales. Aussi cette pratique sou-
lève-t'elle les critiques les plus justifiées. C'est
pourquoi je me permets d'attirer encore une fois
l'attention de M. le Directeur de l'Assistance publique sur la réforme du service de nuit. J'en
profiterai également pour lui demander que la
surveillance des veilleuses ne soit pas toujours
confiée, sauf quand elles en expriment le désir,
aux mêmes sous-surveillantes ou aux mêmes suppléantes. Il y a des sous-surveillantes ou des
suppléantes qui restent de nuit pendant des années, d'où pour elles un surcroît de fatigue. Nous
pensons qu'il serait équitable de profiter des promotions pour faire passer dans ce service de nuit
le plus grand nombre possible de sous-surveillantes et de suppléantes. Le roulement étant plus
fréquent, il en résulterait moins de fatigue pour
chacune de vous.

Les réformes très importantes réalisées dans le
personnel secondaire des hôpitaux depuis la création des Écoles d'infirmières, et qui toutes ont pour
but de procurer des soins plus attentifs et plus
éclairés aux malades, la certitude pour les personnes dévouées de pouvoir arriver un jour à être surveillantes, font que maintenant, grâce aussi à la loi
républicaine de l'obligation de l'instruction primaire, le recrutement s'opère d'année en année
dans de meilleures conditions. L'autre jour, à
Bicêtre, nous signalions déjà ce fait en nous appuyant sur des chiffres que je crois utile de vous
répéter.

Sur 175 infirmiers, on compte 1 bachelier, 1 infirmier pourvu du brevet élémentaire, 1 du certificat de grammaire, 21 possédant le certificat d'études et, sur les 68 infirmières, nous en avons 2 ayant le brevet de capacité, une le certificat d'aptitude à la direction des Écoles maternelles, 25 le certificat d'études; soit 28 sur 68.

Eh bien, à la Pitié, nous avons également un certain nombre d'élèves dont l'instruction primaire est des plus satisfaisantes. En effet, deux élèves ont le brevet supérieur, deux le brevet élémentaire, une le brevet des Écoles maternelles, deux le diplôme de sage-femme et quinze le certificat d'études. Cette élévation du niveau de l'instruction primaire, l'accroissement annuel des infirmiers et des infirmières diplômés contribuera, avec votre zèle et votre dévouement, à vous mériter plus de considération et à vous attirer plus de déférence de la part de vos chefs de service et surtout de la part du personnel administratif dans les rapports quotidiens.

Il ne me reste plus qu'à vous rappeler ce que l'Administration a fait pour vous cette année et à vous renseigner sur l'état de la laïcisation.

Parmi les élèves diplômées de la Pitié, cinq ont été nommées suppléantes et neuf premières infirmières. Conformément à la promesse qui vous en avait été faite, M. Peyron a demandé et obtenu l'autorisation d'accorder aux infirmiers et infirmières diplômés, qui n'ont pas reçu d'avancement, une haute paye de 50 francs par an. Une autre mesure d'un autre ordre intéressant votre santé, que nous avons réclamée depuis bien des années, mais qui n'avait reçu qu'une application très incomplète, a été prise récemment par l'Administration. Nous voulons parler de la *revaccination* du personnel secondaire.

Tous les ans, un certain nombre d'infirmiers ou d'infirmières étaient atteints de la variole et trop souvent, même, nous avions à déplorer des morts qu'on aurait dû et pu éviter. Il est à désirer vivement que l'on n'admette plus dans les hôpitaux des infirmiers et des infirmières sans les soumettre à la revaccination, et que la revaccination soit pratiquée à des époques régulières. On ne peut pas pour les autres maladies vous mettre à l'abri aussi facilement. Toutefois, vous pouvez vous en garantir à un certain degré en vous astreignant aux soins de propreté les plus minutieux. Partout, dans un hôpital. la propreté doit régner en maîtresse. C'est l'un des meilleurs moyen d'aider à la guérison des malades. Non seulement vos salles et tout ce qu'elles renferment doivent être de la plus grande propreté, mais cette propreté doit s'étendre également à vos chambres et à vos dortoirs et à vous-mêmes. Afin d'y aider, je crois qu'il serait bon que l'Administration vous mît à même de prendre des bains chaque semaine. Enfin, je renouvellerai les réclamations dont je me suis fait l'interprète auprès de l'Administration en ce qui concerne votre *nourriture* et vos *logements*.

Les modifications qui ont été apportées ne sont ni suffisantes ni générales et, il y a quelques jours, j'ai pu constater à l'hôpital Cochin combien étaient défectueux les dortoirs du personnel secondaire. Il est vivement à souhaiter que ces dortoirs disparaissent et qu'on donne à chacun de vous des chambres particulières remplissant toutes les conditions exigées par l'hygiène

La *laïcisation* a subi un moment d'arrêt en ce qui concerne les établissements municipaux. Seule, la fondation Rossini ouverte cette année, a été confiée à des laïques. La fondation Galignani, en exécution d'une clause testamentaire que nous regrettons, mais devant laquelle nous devons nous incliner, a été donnée aux religieuses.

Au mois d'août dernier, je vous ai annoncé que, dans sa séance du 28 juillet 1888, le Conseil de surveillance de l'Assistance publique avait émis un avis favorable à la laïcisation de l'hôpital Saint-Louis pour le 15 octobre. Je vous disais aussi qu'il était à craindre que, en raison de la situation particulière des Augustines de cet établissement et de l'Hôtel-Dieu, il ne surgit quelque difficulté. Mes prévisions ne se sont que trop réalisées. Ces Augustines ne sont pas liées à l'Administration, comme l'étaient celles de Beaujon et de Lariboisière par des traités dénonçables dans le délai d'un mois, à la volonté des parties, mais elles sont dans ces hôpitaux en vertu d'un décret en date du 26 décembre 1810, approuvant les statuts de la Congrégation et fixant son siége à l'Hôtel-Dieu. C'est parce que je connaissais cette situation particulière, que je savais qu'il y aurait des difficultés, que j'ai considéré nécessaire d'attendre des jours propices avant de pousser l'Administration à laïciser l'Hôtel-Dieu, bien que je considère cet hôpital comme la citadelle dont nos adversaires espéraient et espèrent peut-être encore repartir à la conquête des hôpitaux laïcisés. Et, dans le but de diminuer ces difficultés, de préparer la solution en éclairant les esprits, j'ai fait réunir par l'un de mes collaborateurs, M. Rousselet, une série de documents, tirés des archives même de l'Administration, montrant les religieuses sous leur véritable jour et les dépouillant entièrement de l'auréole de charité, d'obéissance et de dévouement que leur prête une ignorance trop crédule. Dans la préface qui précède ce volume, j'ai résumé toutes les raisons qui plaident si éloquemment à l'appui de la laïcisation de l'hôpital St-Louis et de l'Hôtel-Dieu.

Avant d'introduire la question au Conseil de surveillance de l'Assistance publique, M. Peyron a cru prudent d'avoir l'avis du Comité consultatif de l'Assistance publique pour les affaires contentieuses. Ce comité, « a très nettement déclaré qu'à son avis, et malgré le décret de 1810, un arrêté préfectoral était suffisant pour le changement du personnel de l'hôpital St-Louis. »

« M. le Préfet de la Seine, avant de prendre cet arrêté a voulu être renseigné sur la doctrine à cet égard du ministère de l'intérieur. Consulté vers le mois d'avril, le ministère a répondu dans le courant du mois de juillet que l'opinion du Conseil de surveillance de l'Assistance publique était la sienne et qu'un arrêté du préfet suffisait pour laïciser St-Louis. » Peu de jours après, le 28 juillet, ainsi que je vous le disais tout à l'heure, sur la proposition de M. Peyron dont le dévouement à la laïcisation n'a jamais faibli, le Conseil de surveillance émettait un avis favorable. En conséquence, M. Peyron a dénoncé le traité avec les sœurs Augustines de St-Louis à la date du 15 octobre d'abord, puis les religieuses ayant manifesté l'intention de se pourvoir devant le Conseil d'Etat, alors en vacances, à la date du 1er décembre. Les Augustines se sont en effet pourvues devant le Conseil d'Etat, qui, par une décision en date du 23 novembre, leur a accordé un sursis jusqu'à ce qu'il ait été statué sur le fond.

Inutile de dire que je suis intervenu bien des fois et pour obtenir l'arrêté préfectoral, et pour obtenir une décision définitive du Conseil d'Etat. Mais la chute du cabinet Floquet, auquel nous devons la laïcisation de l'asile de Vincennes (1er septembre 1888), de l'asile du Vésinet (13 février), de l'institution des Jeunes-Aveugles (18 février) et des Sourds-Muets (6 décembre), et son remplacement par un ministère moins favorable ou plus timide, a donné aussitôt après son arrivée l'ordre de suspendre la laïcisation des Quinze-Vingts, fixée au 20 février et celle de la Maison nationale de Charenton, fixée au 1er juillet, nous ont décidé à attendre que les temps redevinssent meilleurs. Vous pouvez nous y aider vous-mêmes, comme je vais vous le montrer dans un instant.

Mais auparavant, je dois compléter ce qui a trait à la laïcisation et vous faire voir que le champ ouvert devant vous est loin d'être fermé. En premier lieu, je vous annoncerai que, dans le courant de l'année scolaire, cinq nouvelles *Maisons de secours* ont été laïcisées, ce qui en porte le nombre à 21 sur 52. Comme par le passé, nous prions M. Peyron d'intervenir auprès des maires, présidents des Commissions administratives des Bureaux de bienfaisance, pour leur faire comprendre les avantages précieux d'un personnel instruit et les amener à chosir. parmi les élèves diplômés des trois écoles, le personnel dont ils auront besoin, soit pour remplacer des surveillantes décédées ou démissionnaires, soit pour la laïcisation des 31 dernières Maisons de secours.

Puis, il restera les infirmeries des lycées, celles des prisons, les hôpitaux militaires et même, cela dépend de vous, d'un grand nombre d'hôpitaux de province. A cet égard, je ne m'aventure pas. En effet, cette année, l'Ecole de Bicêtre a fourni un surveillant à l'asile d'aliénés de Ste-Catherine à Yzeure, près de Moulins, et le directeur du même asile me demande, à l'heure actuelle, une surveillante. L'Ecole de Bicêtre a envoyé une infirmière et trois infirmiers à l'asile de Pierrefeu. De leur côté, les écoles de la Pitié et de la Salpêtrière ont fourni une partie du personnel laïque des asiles de Vincennes et du Vésinet, des Instituts des Jeunes-Aveugles et des Sourds-Muets et aussi de l'hôpital maritime de Cap Breton, dans les Landes.

Le jour où il sera bien démontré qu'on peut faire appel, avec des chances de succès, aux élèves diplômés des Ecoles municipales de Paris, un large débouché s'ouvrira devant vous, hommes et femmes, et vous rendrez au immense service à la cause de la laïcisation.

Plusieurs fois, dans le cours de cette allocution, j'ai fait allusion au concours que vous pouvez donner à la laïcisation, cette réforme essentiellement républicaine. C'est un devoir pour vous, car c'est à la République seule que vous devez l'amélioration intellectuelle, morale et matérielle de votre situation. C'est le Conseil municipal républicain de Paris qui a augmenté vos pensions de repos, a accru notablement vos salaires, qui s'est préoccupé de votre nourriture, de vos logements et qui arrivera à pourvoir chacun et chacune de vous d'une chambre particulière. C'est au Conseil municipal que vous devez les écoles professionnelles qui vous mettent en mesure de mieux soigner les malades, de mériter plus d'estime et de considération, qui vous distribue si généreusement les récompenses qui vous sont décernées tous les ans depuis 1878; qui vous donne enfin ces diplômes qui vous assureront de plus en plus, d'une façon absolue. des droits à l'avancement.

Vous avez donc le devoir de défendre la République, soit directement par vos votes, messieurs; soit vous, mesdames, en faisant comprendre à vos parents, à vos amis, que le sort de la laïcisation et le vôtre sont intimement liés à l'existence de la République. Vous devez donc tous agir énergiquement en faveur de ses partisans sincères et dévoués et faire une active propagande contre les candidats patronés par un soldat indiscipliné, hâbleur, concussionnaire, fugitif, traître à la République et l'allié de ses pires ennemis qui sont les vôtres, résumant en lui et en sa bande, synthétisant si vous préférez, la réaction tout entière et le cléricalisme avec toutes ses funestes conséquences. La lutte est engagée entre vos bienfaiteurs, serviteurs ardents du progrès social, de la liberté et de la justice et vos ennemis, boulangistes et cléricaux, prêts à anéantir les réformes réalisées avec tant de peine, à supprimer l'enseignement organisé pour vous, à ramener dans les établissements hospitaliers les religieuses et les prêtres, en un mot la lutte est entre la République et l'ennemi irréconciliable, le cléricalisme.

Aidez-nous par vos paroles, par vos actes, par votre propagande, par vos votes à effacer la tache du 27 janvier, à vaincre le boulangisme et à conso-

.lider définitivement le seul gouvernement compatible avec le progrès et la liberté, la République!

Discours prononcé le 16 septembre à la Salpêtrière.

MESDAMES, MESSIEURS,

C'est la douzième fois que nous nous réunissons pour le même objet, c'est-à-dire que cette distribution des prix clôt la *douzième année scolaire* de l'Ecole d'infirmières de la Salpêtrière. De même que les dernières années, M. le Directeur de l'Assistance publique a décidé que les diplômes obtenus dans les trois écoles municipales d'infirmières et d'infirmiers seraient décernés ici. Cette cérémonie a, par conséquent, un double caractère, particulier et général. Je suis donc naturellement amené, après vous avoir exposé les travaux de l'Ecole de la Salpêtrière durant l'année scolaire 1888-89, à entrer dans des considérations qui intéressent les trois Ecoles.

L'École de la Salpêtrière, ainsi que celle de Bicêtre, est à la fois une *école primaire* et une *école professionnelle.* L'instruction primaire a continué à être donnée par Mlle NICOLLE, aidée de Mlle FLORENZA, sous-surveillante, et de Mlles CAUX, GAUTHIER, BRESSELLE.

Nous n'avons pas à revenir sur le *programme* de cet enseignement, ni sur l'*organisation des cours.* Les renseignements relatifs à ces deux points ont été donnés dans les discours précédents (1).

71 élèves ont fréquenté l'Ecole primaire cette année; 37 appartenaient au premier cours, 34 au second (2). Depuis l'ouverture de cette école, le 1er avril 1878, jusqu'à ce jour, plus de 1.000 infirmières ont suivi l'Ecole primaire. Sur ce nombre, un tiers étaient tout à fait illétrées ou ne possédaient que des

---

(1) Voyez Discours (Extraits) n° 8, p. 135 et n° 9, p. 185.
(2) L'an dernier il y en avait 115. Cette diminution est très regrettable.

notions tout à fait rudimentaires. Beaucoup même, originaires des départements surtout Bretons, ne savaient pas parler du tout le français. Bien que les résultats obtenus à ce point de vue soient très considérables et fassent le plus grand honneur à Mlle Nicolle et à ses collaboratrices, ils auraient pu encore être beaucoup plus importants si dès le début, et même seulement depuis que M. PEYRON en a exprimé le désir, l'École primaire avait été suivie assidument par *toutes* les infirmières de cette maison. Malheureusement, il n'en a pas été ainsi, et cette année, qui a été plus mauvaise que les autres, il n'y a eu que 71 infirmières sur 280 qui ont suivi les cours (1). Proportionnellement, le nombre des infirmières récalcitrantes est, ici, plus grand que celui des infirmiers récalcitrants à Bicêtre et à la Pitié. Dans ces deux établissements les infirmières ont fait preuve d'un zèle méritoire; à Bicêtre, 59 femmes sur 68 ont suivi les cours jusqu'en juillet, et, à la Pitié, la proportion a été plus forte encore. Aussi prions-nous M. PEYRON de bien vouloir ordonner qu'à la reprise prochaine des écoles, tous les infirmiers et toutes les infirmières de Bicêtre et de la Salpêtrière, âgés de moins de quarante-cinq ans soient astreints à assister régulièrement aux leçons ou à céder la place à de plus dévoués.

L'enseignement professionnnel ne comporte aucune réflexion particulière. Le programme a été rempli exactement. Nous n'avons qu'à adresser des remerciements à nos amis qui en sont chargés (2).

Les *exercices pratiques* ont été faits à l'Infirmerie générale sous la direction de Mme EYDT, surveillante, chargée de cet enseignement depuis 1884, avec le concours de Mmes MASSER, sous-surveillante et RUCHET, suppléante. Les élèves assis-

---

(1) C'est-à-dire 44 de moins qu'en 1887-88.

(2) Cet enseignement a été suivi par les 71 élèves de l'Ecole primaire, par 8 autres sous-employées de la maison, 9 boursières et 38 externes.

tent chaque jour, par série, à ces exercices.

L'*enseignement professionnel pratique* est complété par le *changement de service* ou le *roulement*, sur lequel nous reviendrons tout à l'heure, et l'*enseignement professionnel théorique* : 1° par des *compositions*, au nombre de deux ou trois pour chacun des sept cours ; elles ont été cette année au nombre de 18 ; — 2° par des *examens pratiques* qui ont eu lieu à la fin de juillet et au commencement du mois d'août. Ils ont pris près de 8 heures dans cette école et ont été subis par 109 élèves, dont 6 externes. Parmi elles, 3 ont le brevet élémentaire, 7 le certificat d'études, 3 le diplôme de sage-femme.

Les résultats sont consacrés par la distribution des *récompenses* et la délivrance des *diplômes*. En ce qui concerne les récompenses, outre celles que vous recevez du Conseil municipal, qui alimente le budget des Écoles, vous en devez un grand nombre à la générosité de Mmes CHARCOT, WALDECK-ROUSSEAU, Maurice LETULLE, BLOCH ; de mon illustre maître, M. le professeur CHARCOT, de MM. les Docteurs CLIN, J. FALRET, MOLLOY, MONOD ; de MM. les Internes en médecine ; de MM. les Internes en pharmacie, de M. PEYRON, des Professeurs de l'École, de M. YVON, et enfin un don en souvenir de M. LAURENT-RICHARD. Le total s'élève à 760 fr. C'est un devoir bien doux pour moi de remercier en votre nom tous vos généreux donateurs.

Le chiffre des diplômes obtenus cette année par les élèves de l'École de la Salpêtrière est de 55, comprenant : 2 sous-surveillantes, 1 suppléante, 8 boursières, 21 infirmières, 23 élèves externes, dont 4 infirmières appartenant à d'autres établissements. La progression des diplômes délivrés par l'École de la Salpêtrière a été la suivante :

1882-83	13
1883-84	4
1884-85	24

1885-86	. . . . .	13
1886-87	. . . . .	62
1887-88	. . . . .	92
1888-89	. . . . .	56

Dans ce chiffre de 56, inférieur de 42 à celui de l'année dernière, le personnel de la maison entre pour 24, les boursières pour 18, les élèves externes pour 23. Pourquoi cette décroissance du nombre des élèves de l'Ecole primaire? Pourquoi cette diminution du nombre des diplômes? Déjà, l'année dernière, nous posions ces deux questions et nous vous rappelions, Mesdames et Mesdemoiselles, les raisons qui devraient vous engager à suivre les cours primaires et professionnels : les récompenses qui vous sont décernées, le développement de votre intelligence, la haute paye de 50 francs accordée aux infirmières diplômées qui n'ont pas eu d'avancement, l'amélioration de votre position; puis, à part des exceptions qui disparaitront, nous l'espérons, et que nous examinerons tout à l'heure, M. PEYRON est bien décidé à prendre ses suppléantes, ses sous-surveillantes et ses surveillantes parmi les diplômées.

Les améliorations matérielles apportées à votre situation devraient être aussi pour vous un encouragement. Autrefois, vous étiez obligées de faire de grosses besognes qui, maintenant, sont exécutées par des hommes de peine, introduits ici par le Conseil municipal sur notre demande. Vous étiez obligées de monter l'eau à tous les étages; aujourd'hui, grâce aux travaux qui ont été exécutés, vous êtes déchargées de ce pénible travail. Nous ne désespérons pas d'obtenir un jour deux autres améliorations importantes, l'installation d'un ascenseur à l'infirmerie et d'un petit chemin de fer Decauville dans l'hospice (1). Nous

____

(1) Voici la liste des établissements hospitaliers où le système Decauville fonctionne : Notre-Dame de la Trappe de Bonneval; — Prieuré de Bonnecombes (Avignon); — Orphelinat de Notre-Dame de Compassion de La Devèze (Cantal); —

comptons pour cette réalisation sur nos amis de la Commission d'assistance publique du Conseil général. auxquels nous avons démontré. lors de leur visite à cet établissement au mois de novembre dernier, l'utilité de ces installations.

La liste des *promotions*, faites ici. du 1er août 1888 au 31 juillet 1880, montre que 3 suppléantes, dont 2 diplômées, ont été nommées sous-surveillantes, que 8 premières infirmières, dont 6 diplômées, ont été nommées suppléantes, que 6 infirmières, dont 4 diplômées, ont été nommées premières infirmières. A ces promotions, il convient d'ajouter les élèves de cette école qui ont été nommées sous-surveillantes dans les établissements de bienfaisance de l'Etat. Tous ces faits, répéterai-je, devraient ouvrir les yeux de toutes les infirmières de cet établissement, s'il n'y existait pas une influence néfaste qui ne s'exerce ni au profit de la raison, du bon sens et du progrès, ni non plus à votre profit. Je regrette d'être forcé de terminer l'exposé des travaux de cette école par des réflexions aussi tristes. Méditez-les et faites mieux.

Nous arrivons maintenant aux considérations générales relatives aux trois Ecoles d'infirmiers et d'infirmières. D'abord, un peu de statistique. 123 infirmières, 98 infirmiers, ont suivi exactement les cours primaires de Bicêtre et de la Salpêtrière; 171 infirmières, suppléantes ou sous-surveillantes, 98 infirmiers, 75 élèves externes, libres ou appartenant à d'autres établissements hospitaliers, ont suivi jusqu'à la fin les cours professionnels de l'une ou de

---

Colonie agricole des Douaires (Eure) : — Dépôts de mendicité du Jura; — Maison de mendicité de Leyme (Lot); — Asile d'aliénés de Maréville (Meurthe-et-Moselle; — Asile d'aliénés de Bailleul (Nord); — Hôpital de Berck-sur-Mer; — Asile d'aliénés de Bron (Rhône); — Maison municipale de Santé à Paris; — Hospice de Meaux (Seine-et-Marne; — Institution de Mesnières-en-Brayes (Seine-Inférieure); — Hôpital de Saint-Germain-en-Laye (Seine-et-Oise), etc. *Service général y compris le transport des cadavres à la salle d'autopsie;* — Hospice de Fribourg (Suisse) ; — Hôpital Laënnec.

l'autre des trois Ecoles. Les examens pratiques de fin d'année ont été subis par 336 élèves. Ils n'ont pas, comme toujours, pris moins de 30 heures. Depuis 1878, nous avons assisté à tous ces examens et, comme toujours aussi, nous en avons profité pour recueillir des notes très intéressantes sur tous les élèves, sur le fonctionnement des services, sur le recrutement du personnel, etc. C'est le résumé de ces notes dont je vais vous entretenir.

Un premier fait à signaler, c'est que l'instruction primaire des élèves va s'améliorant chaque année. 1 élève est bachelier; 1 a le certificat de grammaire; 2 ont le brevet supérieur; 8 le brevet de capacité; 2 le certificat d'aptitude à la direction des écoles maternelles; 68 le certificat d'études; 4 le diplôme de sage-femme. Ces diplômes, brevets, certificats, etc., se répartissent par établissements de la façon suivante : Bicêtre, 52; Pitié, 22; Salpêtrière, 11; d'où il suit que c'est à la Salpêtrière où existe le personnel de beaucoup le plus nombreux, que le chiffre des élèves pourvus de brevets ou de certificats est le plus inférieur. L'an dernier, nous invitions les infirmières de cette maison à imiter l'exemple donné par le personnel de Bicêtre et à passer les examens pour le certificat d'études. Bien que cet appel n'ait pas été entendu, nous le renouvelons, espérant être plus heureux à la fin de la prochaine année scolaire.

Le *nombre des diplômes* d'infirmiers et d'infirmières qui vont être distribués tout à l'heure est de 45 pour Bicêtre, de 66 pour la Pitié, et de 56 pour la Salpêtrière, ce qui fait un total de 167 (1). Si l'on ajoute ce chiffre aux 544 diplômes antérieurs, on arrive au total général de 711 diplômes dont la plus grande partie a été attribuée au personnel hospitalier.

Nous devons mentionner aussi comme une des

_____

(1) A la fin de l'année scolaire 1887-88, il a été donné 218 diplômes.

heureuses conséquences de l'enseignement donné à Bicêtre, à la Pitié et à la Salpêtrière, la *diminution du nombre des mutations dans ces établissements*. Voici la statistique de ces mutations avec les causes qui les ont occasionnées :

HOSPICE DE BICÊTRE.

Hommes : 35 partis sur leur demande.
—   8 — dans d'autres hôpitaux.
Hommes   3 — par avancement.
—   8 ont été nommés sous-employés.
—   26 — renvoyés pour ivresse.
—   2 —   — insubordination.
—   21 —   — abandon de service, négligence, etc.
—   2 décédés.
—   9 refusés par l'Administration centrale.
—   3 appelés sous les drapeaux.
—   3 admis au repos.
—   1 révoqué.

TOTAL... 121

Femmes : 1 a été nommée sous-employée.
—   6 sont sorties sur leur demande.
—   1 par maladie.
—   1 décédée.
—   2 renvoyées pour négligence.
—   1 passée dans d'autres établissements.
—   1 admise au repos.

TOTAL... 13

HOPITAL DE LA PITIÉ.

	Infirmiers	Infirmières
Renvoyés ou refusés par l'Administration	18	14
Pour les causes ci-après :		
Avancements	5	17
Sortis pour maladies	10	8
Sur leur demande	25	11
Mutations pour d'autres hôpitaux	7	5
Décès	2	»
TOTAUX	67	55

HOSPICE DE LA SALPÊTRIÈRE.

Le nombre des mutations a été de 134 : 4 décès; — 6 admissions au repos; — 8 sorties pour passer journalières; — pour le reste : un quart pour faiblesse de constitution et les trois autres quarts sur leur demande (1).

Assurément, le nombre de ces mutations est encore trop considérable, principalement à la Salpêtrière où, nous le répétons, il serait si facile de faire venir les bonnes infirmières des hôpitaux dont l'instruction primaire et professionnelle est insuffisante. Toutefois, la diminution déjà très accentuée de ces mutations indique aussi une amélioration sérieuse du personnel secondaire des hôpitaux.

Le but que nous poursuivons, M. Peyron et nous, c'est de relever la situation matérielle, intellectuelle et morale de tout le personnel secondaire ; c'est de choisir parmi les élèves diplômées les plus capables et les plus anciennes, à tour de rôle, pour les différents grades de suppléantes, de sous-surveillantes et de surveillantes. Nous avons dit, il y a un instant, que quelques promotions avaient été faites parmi des infirmières ou des infirmiers non diplômés. Ces exceptions sont très regrettables ; elles découragent trop vite les élèves, ainsi que nous l'avons remarqué à Bicêtre au milieu de cette année scolaire. Ces exceptions, M. le Directeur nous l'a promis, ne se reproduiront plus à l'avenir, si ce n'est pour les très anciens sous-employés de l'Administration.

A ce propos, nous demandons à M. le Directeur la permission de lui recommander les suppléantes et les sous-surveillantes qui, tenant compte de ses conseils, ont suivi les cours. Quant à celles qui, jeunes encore, auraient pu et dû ici, à Bicêtre et à la Pitié, profiter de l'enseignement et ne l'ont pas fait, elles ne doivent s'en prendre qu'à elles-mêmes et à leurs amis enjuponnés ou de robe-courte qui les ont mal conseillés. Nous avons une dernière recommandation à faire aux diplômés des deux sexes

---

(1) Ces renseignements sont un peu vagues ; nous les donnons tels qu'ils nous ont été fournis.

de Bicêtre et de la Salpêtrière dont l'instruction primaire, et en particulier l'orthographe, laisse à désirer : c'est de suivre les cours primaires tant qu'ils seront dans ces établissements, afin de perfectionner leur instruction et même d'avoir leur *certificat d'études*. Sous ce rapport, nous croyons être l'interprète fidèle de la volonté de M. PEYRON.

Les renseignements que nous avons recueillis nous ont encore permis de constater qu'une partie du personnel gradé des établissements-écoles n'a pas obéi aux prescriptions de M. le Directeur général de l'Assistance publique.

A Bicêtre, nous avons :

Sur 14 surveillants. . . .	Aucun diplômé.
— 9 surveillantes . . .	1 diplômée.
— 24 sous-surveillants . .	24 diplômés.
— 16 sous-surveillantes. .	7 diplômées.
— 28 suppléants	9 diplômés.
— 9 suppléantes	5 diplômées.

A la Pitié, nous avons :

Sur 4 surveillants	Aucun diplômé.
— 8 surveillantes. . . .	2 diplômées.
— 2 sous-surveillants . .	2 diplômés.
— 18 sous-surveillantes. .	12 diplômées.
— 3 suppléants	Aucun diplômé.
— 7 suppléantes	6 diplômées.

A la Salpêtrière, nous avons :

Sur 10 surveillants . . .	Aucun diplômé.
— 23 surveillantes. . .	Aucune diplômée.
— 12 sous-surveillants .	Aucun diplômé.
— 73 sous-surveillantes.	26 diplômées.
— 9 suppléants . . .	Aucun diplômé.
— 32 suppléantes . . .	18 diplômées.

S'il est vrai que cette année, ainsi que les autres années, quelques-unes des sous-surveillantes et

des suppléantes, de Bicêtre, de la Pitié et de la Salpêtrière aient suivi les cours, et vont avoir dans quelques instants leur diplôme, cette statistique fait
voir qu'il y a encore un nombre trop considérable
de sous-surveillantes et surtout de suppléantes qui
n'ont pas assisté aux cours et pris part aux compositions. Si nous examinons la situation, sous ce
rapport, des infirmiers et des infirmières, voici ce
que nous constatons :

A Bicêtre, nous avons :

Sur 175 infirmiers	50 diplômés	98 ont suivi les cours.
— 68 infirmières	27 diplômées	52 —

A la Pitié, nous avons :

Sur 23 infirmiers	7 diplômés	9 ont suivi les cours.
— 63 infirmières	18 diplômées	50 —

A la Salpêtrière, nous avons :

Sur 28 infirmiers	Pas de diplômé	Aucun n'a suivi les cours.
— 312 infirmières	45 diplômées	71 ont suivi les cours.

D'où il suit que l'assiduité des infirmiers n'est
pas ce qu'elle devrait être et que, si à Bicêtre et à
la Pitié, la majorité des infirmières a suivi régulièrement les cours, il est loin d'en être de même,
nous le redisons, à la Salpêtrière.

En présence de cette situation, nous sommes
contraint, bien à regret, de répéter ce que nous
disions en 1887 et en 1888 :

« Nous comprenons très-bien, disions-nous, que les infirmières
qui ont un certain âge, plus de 45 ans par exemple, ne soient
pas forcées de suivre les cours, mais cela est inadmissible pour
les autres, notamment pour celles qui ont été prises pour infirmières depuis la création des écoles et surtout depuis 1885,
époque où M. Peyron a décidé que les cours seraient obligatoire dans les conditions que nous venons d'indiquer, et que
l'on s'enquérerait du degré d'instruction des infirmières postulantes. Nous venons de voir, par les chiffres qui précèdent,
qu'un grand nombre d'infirmiers ou d'infirmières dédaignent
l'enseignement qui est mis à leur disposition. D'autre part, il
ressort de nos renseignements que, depuis 1885, et même cette
année, soit à Bicêtre, soit ici, on a pris un certain nombre d'infirmières illettrées. Nous sommes ainsi amené, M. le Directeur,
à vous demander de ne plus faire de promotions de surveillantes
et de sous-surveillantes en dehors des sous-surveillantes et des

supléantes diplômées ; de donner de nouveaux ordres pour que toutes les sous-surveillantes et les suppléantes non diplômées des trois établissements-écoles soient tenues de suivre les cours professionnels pendant l'année 1889-1890 ; pour que tous les infirmiers et toutes les infirmières des mêmes établissements soient astreints aux mêmes obligations ; enfin, pour qu'on ne prenne plus d'infirmières illettrées à Bicêtre et à la Salpêtrière et pour que l'on fasse appel aux élèves externes libres ou appartenant à d'autres hôpitaux, afin de combler les vides laissés par les mutations ou par les départs volontaires ou non des infirmières.... »

De ces renseignements, il ressort encore qu'il est urgent de veiller avec le plus grand soin au recrutement des infirmiers et des infirmières dans les trois établissements-écoles ; de combler les vides soit avec les élèves externes des autres hôpitaux, qui se fatiguent pour aller de ces établissements aux écoles, alors que les infirmières des établiissements-écoles ne veulent pas profiter de l'enseignement qui leur est offert, soit avec des infirmières dévouées dont l'instruction primaire est insuffisante.

L'enseignement professionnel pratique exige que le *changement de service* ou le *roulement* fonctionne avec régularité, c'est-à-dire que toutes les élèves passent successivement dans tous les services médicaux et chirurgicaux et dans tous les services généraux de la maison. Nous avons encore constaté que ce roulement se faisait d'une manière incomplète, principalement à la Salpêtrière, où les infirmières sont depuis deux, trois, quatre ans ou même davantage dans le même service.

Cependant, rien n'est plus facile que de nous donner satisfaction. Les directeurs sont maîtres des services généraux et, en ce qui concerne les services de médecine et de chirurgie, il leur est très facile d'intervenir auprès des chefs de service pour leur faire comprendre la nécessité de ce changement dans l'intérêt et des malades et des infirmières, ou de profiter soit des vacances, soit des changements de fin d'année pour y procéder.

Les inconvénients qui résultent de l'immobilisation des infirmières intelligentes et qui parviennent à avoir leur diplôme sont très graves en ce sens que ces infirmières, à un moment donné, sont envoyées dans d'autres hôpitaux et chargées de la direction de salles de malades. Or, n'ayant qu'une pratique incomplète, elles sont exposées à des désagréments et la réputation même des écoles en souffre.

J'espère, Monsieur le Directeur, que vous donnerez les ordres les plus formels pour que tous ces *désidérata*, que je ne cesse de signaler chaque année, disparaissent, et cela pour le plus grand bien des malades et l'honneur de l'Administration, ce qui m'épargnera la peine d'y revenir de nouveau et abrégera mon prochain discours, à ma grande satisfaction, et aussi à celle de nos auditeurs.

Et continuant de m'adresser à vous, j'appellerai votre attention sur la nécessité de bien faire pénétrer dans l'esprit de tous les fonctionnaires qui sont en rapport avec le personnel secondaire, au Chef-lieu ainsi que dans les établissements, qu'il convient, dans les rapports journaliers, de traiter ce personnel, dont l'instruction va progressant chaque année, avec plus d'égards que par le passé. Il importe aussi de persuader les fonctionnaires et les employés que l'enseignement professionnel est devenu de nos jours, en raison des exigences et des pratiques de la médecine et de la chirurgie modernes, absolument indispensable et que le premier venu n'est pas apte, comme le pensent encore quelques-uns, à bien soigner les malades et à remplir les fonctions de sous-surveillantes sans avoir une instruction professionnelle, théorique et pratique.

En échange de toutes les réformes faites par l'Administration pour vous, Mesdames et Messieurs, vous devez vous acquitter scrupuleusement de tous vos devoirs, être toujours présentes dans vos services aux heures réglementaires ; vous devez vous occuper activement et avec dévouement de vos malades, prendre les précautions les plus minutieuses pour éviter les erreurs dans l'administration des médicaments, redoubler de surveillance pour les malades atteints de délire, respecter d'une façon absolue la liberté de conscience des malades, obéir strictement à toutes les prescriptions médicales, mettre le plus grand empressement à répondre à l'appel des malades, quelque exigeants qu'ils puissent être. De cette façon, vous acquérerez l'estime et la considération de tout le monde et vous vous créerez de nouveaux défenseurs.

Je n'abandonnerai pas ce sujet sans m'élever énergiquement contre des *pratiques anciennes*, qui se perpétuent grâce aux vieilles infirmières, dressées par les religieuses, qui sont en relations constantes avec elles et qui obéissent encore à leurs conseils. Ces pratiques sont de deux ordres : les unes consistent à tirer des malades tout ce qu'elles peuvent en tirer, à tarifer tous les services, à se montrer empressées en proportion seulement des bénéfices qu'elles en tirent. Ces pratiques étaient générales avant la création des Ecoles et avant la laïcisation ; au fur et à mesure que la laïcisation a gagné, s'est étendue à de nouveaux établissements, ces pratiques abominables ont diminué, sans avoir toutefois disparu absolument. Vous savez, vous, élèves des Ecoles d'infirmières et d'infirmiers, quels sont les conseils qui vous ont toujours été donnés à cet égard.

L'Administration et le Conseil municipal ont amélioré vos salaires, votre situation matérielle et morale, précisément pour que vous soigniez les malades avec dévouement et avec désintéressement. Personnellement, nous ne pourrions qu'approuver les punitions et les révocations qui auraient pour but de réprimer ces abus.

Les autres pratiques que nous devons combattre sont encore des restes de traditions séculaires laissées par les religieuses. C'est ainsi que, autrefois, dans les hôpitaux d'enfants — et nous en avons eu de nombreux exemples durant notre externat (1862) et notre internat (1867) à l'hôpital des Enfants malades — les corrections manuelles et l'effroi étaient moyens courants pour maintenir la discipline. Aujourd'hui encore, pour les faire taire, les vieilles infirmières, imitant les anciennes religieuses, menacent les enfants d'aller chercher « l'homme qui coupe le cou des enfants »; ou bien les menacent de les jeter dans le feu, ou encore se couvrant d'un drap imitent les fantômes. Ces moyens barbares, qu'on ne devrait jamais et nulle part employer, surtout dans les hôpitaux et dans les écoles, ont parfois de bien tristes conséquences. J'ai vu des enfants devenus épileptiques ou hystériques à la suite de l'émotion qu'on leur avait subitement causée.

Ce discours est déjà bien long ; cependant vous auriez une désillusion si je ne vous entretenais de la laïcisation. Je dois donc donner ici les renseignements que j'ai communiqués à vos camarades de Bicêtre et de la Pitié. (Voir page 67) (1).

. . . .

Puis M. BOURNEVILLE continue en ces termes :

Le jour où il sera bien démontré qu'on peut faire appel avec chances de succès aux élèves diplômés des Écoles municipales de Paris, un large débouché s'ouvrira devant vous, hommes et femmes, et vous rendrez un immense service à la cause de la laïcisation et, par conséquent, à la République.

Mais si, dans ce but, j'invoque votre dévoûment, je dois aussi réclamer des administrations nationale, départementales et municipales, une organisation qui, respectant vos intérêts, vous assure

---

(1) Aux établissements laïcisés il faut ajouter les suivants, qui dépendent de la préfecture de police : Maison de justice, Mazas, La Santé, Ste-Pélagie, le Dépôt des condamnés, la Maison d'éducation correctionnelle, la maison de Nanterre, l'établissement de Villers-Cotterets. Le dépôt près la préfecture de police et la prison de St-Lazare restent seuls aux religieuses.

la récompense de vos services, Je m'explique : il faut que les années de services passées dans les établissements municipaux, départementaux et nationaux, comptent pour les *pensions de repos*.

L'Assistance publique de Paris possède cette organisation depuis longtemps. Vous devez à la République une augmentation très notable de vos pensions de repos, depuis 1877, et, peu après une allocation annuelle supplémentaire a été accordée (1) aux reposantes admises au repos en vertu de l'ancien règlement. Après de nombreuses difficultés, sur notre rapport, le Conseil général et la Préfecture de la Seine ont organisé, au profit du personnel secondaire des asiles d'aliénés, des pensions de repos à peu près analogues à celles de l'Assistance publique. Pour compléter ces réformes, nous avons demandé et obtenu du Conseil général, de la Commission de surveillance et de l'Administration préfectorale que les années faites dans les établissements municipaux comptassent aux sous-employés qui, des hôpitaux, passeront dans les établissements départementaux et y finiront leur carrière. Malheureusement, jusqu'ici, nous n'avons pas obtenu la réciproque de la part de l'Assistance publique, en faveur des sous-employés, infirmiers et infirmières des asiles, entrant dans les hôpitaux ou hospices. Toutefois, connaissant les sentiments de M. Peyron sur toutes ces questions, nous sommes persuadé qu'il n'y aura aucune opposition de sa part. Voilà pour Paris et pour le département de la Seine. En province, dans la plupart des établissements municipaux ou départementaux, il n'y a qu'une organisation imparfaite. Enfin, toute organisation fait défaut en ce qui concerne les établissements de bienfaisance de l'État.

Chaque fois que nous avons cherché des recrues

---

(1) Bourneville, *Rapport sur le budget* de l'Assistance publique pour 1879, n° 119, 1878, p. 32

pour des hôpitaux de province ou pour des établissement de l'État, nous en avons trouvé en grand nombre. Tous et toutes nous ont posé cette question : nos
années de service dans l'assistance publique de Paris
nous seront-elles comptées? Et comme nous ne pou-
vions répondre affirmativement, l'organisation faisant défaut, ce n'est, le plus souvent, que parmi les
infirmières *nouvelles* ou les *boursières* que nous
avons pu recruter les personnes envoyées dans les
établissements de bienfaisance de l'Etat ou dans les
établissements de province.

Donc si l'on veut obtenir facilement des infirmiers,
des infirmières, des surveillants et des surveillantes
diplômés, offrant des garanties sérieuses au point de
vue de leur instruction primaire et professionnelle,
il faut créer partout des pensions de repos ; partout
il faut que les services rendus dans les établissements hospitaliers municipaux entrent en ligne de
compte si le sous-employé ou l'infirmier permute,
dans des conditions honorables pour une place dans
des établissements de bienfaisance départementaux
ou nationaux.

Je ne voulais pas revenir sur l'historique de la
laïcisation, sur l'antiquité et la marche de cette
réforme à travers les siècles, mais le mandement de
l'Archevêque de Paris au sujet du renvoi projeté et
non abandonné des Augustines de St-Louis et de
l'Hôtel-Dieu ; des lettres récentes qui nous ont été
adressées et surtout le passage d'un discours que
vient de prononcer, dans les Vosges, M. MÉLINE,
le président de la Chambre des députés (1), mandement, lettres et discours montrant que leurs auteurs sont mal renseignés, me contraignent à rappeler, peut-être pour la centième fois, des faits connus
de la plupart d'entre vous.

M. François Marie Benjamin RICHARD, archevêque

---

(1) Le *Temps*, 12 sept., n° 10.355.

de Paris. dans un écrit fait à propos du projet de renvoi des Augustines de l'hôpital St-Louis. et de l'Hôtel-Dieu, affirme que ces religieuses « ont appris de saint Paul qu'il leur suffisait d'avoir la nourriture et le vêtement.... Les Augustines ont un traitement dont ne se contenteraient pas. dit-il. les plus humbles filles de service. » M. Richard se trompe. Si, en effet, il avait daigné consulter les budgets de l'Assistance publique. voici ce qu'il y aurait vu :

En 1816. il y avait 20 Augustines à l'Hôtel-Dieu ; elles recevaient 4.980 francs, soit un traitement annuel de 249 francs par religieuse. On comptait à la même époque 146 infirmiers ou infirmières laïques : leur salaire s'élevait à 19.422 francs. soit chacun 133 francs par an. Les simples infirmiers ou infirmières n'avaient que 10 francs par mois. soit 120 francs par an, c'est-à-dire 129 francs de moins que les religieuses.

Vers 1843, à la suite des réclamations énergiques du Comité médical, parlant au nom des médecins et des chirurgiens des hôpitaux, le Conseil général des hospices a élevé les salaires mensuels de 10 à 15 francs soit 180 francs par an, chiffre encore inférieur au salaire des religieuses. En 1879, l'Administration de l'assistance publique, se conformant au désir exprimé par le Conseil municipal républicain (1) a porté le traitement mensuel des infirmiers et des infirmières de 15 à 18 francs.

En 1881. le Conseil municipal, sur notre proposition, a décidé de porter de 18 à 25 francs le traitement mensuel minimum des infirmiers et des infirmières (2). On voit que ces chiffres contredisent formellement les assertions de M. RICHARD. qui prétend, on ne saurait trop le répéter, que « les

---

(1) Voir notre *Rapport sur le budget de l'Assistance publique,* 1877, n° 190, p. 33.

(2) *Rapport sur le budget de l'Assistance publique* de 1882. 12 déc. 1881, n° 85, p. 30.

Augustines ont un traitement dont ne se contenteraient pas les plus humbles filles. » Ces modestes
augmentations successives, et qu'on nous a tant
reprochées, sont loin d'ailleurs de compenser les
avantages en nature qui sont donnés aux religieuses et que n'ont pas « les humbles filles de
service. »

Pour répondre aux lettres, dans lesquelles on
représente la laïcisation comme une innovation
révolutionnaire, il nous faut rappeler les principaux faits historiques qui calmeront peut-être nos
violents correspondants, écho, d'ailleurs, des articles publiés chaque jour contre la laïcisation et
contre nous.

Avant 1505, les religieux et les religieuses
étaient maîtres absolus des hôpitaux, aussi bien
au point de vue temporel que spirituel. Mais
cette autorité sans bornes aboutit au gaspillage
du bien des pauvres et à des désordres de toute
nature qui décidèrent Louis XII à enlever aux
prêtres, aux chanoines de Notre-Dame de Paris, le
temporel, c'est-à-dire l'administration de l'Hôtel-
Dieu et à la confier à des bourgeois, c'est-à-dire à
des *laïques*. Les lettres patentes de Louis XII, qui
inaugurent la laïcisation, sont du 11 avril 1505. Le
2 mai de la même année, un arrêt du Parlement
nomme les administrateurs laïques de l'Hôtel-
Dieu.

Un siècle et demi plus tard, en 1556, Louis XIV
autorise la fondation de l'Hospice général. Les
principaux instigateurs de cette création, Vincent
de Paul et Mme Legras, y installent un personnel
laïque qui a toujours conservé ce caractère jusqu'à
nos jours.

En juin 1682, un édit de Louis XIV ordonne que
chaque bourg du royaume nourrira et logera ses pauvres mendiants et ses orphelins. Alors s'organisent
dans un grand nombre de ville des hôpitaux généraux, copiés sur l'Hôpital général de Paris, c'est-à-

dire la Salpêtrière et Bicêtre. Fait curieux et peu connu, ces établissements sont pour la plupart dirigés par des administrateurs laïques et souvent les soins à donner aux malades sont confiés à des laïques (1). En 1770, on fonde à l'Hôtel-Dieu de Bourg une maternité, et, sur le refus des religieuses de soigner des femmes en couches, on la confie à des laïques (2).

Sous la Révolution, tous les hôpitaux de Paris et un certain nombre d'hôpitaux de province furent laïcisés. C'est Lazare Carnot, nous vous l'avons déjà dit, le grand-père du Président de la République, qui procéda à la laïcisation des hôpitaux de Toulouse « qui étaient des foyers de fanatisme et de contre-révolution (3). » Ce n'est qu'en 1810 que les religieuses furent rétablies par l'empire. La Salpêtrière, Bicêtre, le Midi, l'Hôpital des cliniques restèrent aux laïques ainsi que la Maison municipale de santé.

Sous Louis XVIII, l'économat et la pharmacie des Hôpitaux de Paris sont enlevés aux religieuses dans presque tous les établissements et donnés à des laïques.

Sous Louis-Philippe, les religieuses de la maison de retraite de Ste-Périne sont remplacées par des laïques. Voilà pour la France.

Si nous jetons maintenant un coup d'œil sur les pays étrangers, nous voyons que depuis longtemps déjà, la plupart des Hôpitaux, sinon tous, sont confiés à un personnel laïque, par exemple, en Angleterre, en Allemagne, à Vienne en Autriche, aux États-Unis, en Hollande, en Portugal, en Russie, etc.

---

(1) Voir, entre autres, *Notice sur les Hospices de Vire*, par M. F. C. Vire, 1857.

(2) *Misère et charité dans une petite ville de France*, par le Dr ÉBRARD ; Bourg, 1866, p. 58, en note.

(3) Rapport fait à la Convention nationale, 12 janvier 1793.

Dans presque tous ces pays, on se préoccupe sérieusement de l'instruction professionnelle du personnel secondaire des Hôpitaux et on y a créé de nombreuses écoles d'infirmières.

D'où il suit que nous ne faisons que continuer la réforme commencée par la royauté il y a plus de trois siècles et que, dans les pays les plus civilisés, les Hôpitaux sont entre les mains de laïques auxquelles on donne un enseignement semblable à celui que vous recevez ici.

Il ne nous reste plus qu'à relever le passage d'un discours récent auquel nous avons fait allusion. Nous ne nous y serions pas arrêté si ce discours n'émanait pas d'un républicain, M. MÉLINE, président de la Chambre des Députés. Voici ce passage :

« Et d'abord, dit-il, je déclare que je ne suis pas du tout partisan de la laïcisation. » Un tel langage nous paraîtrait incompréhensible de la part d'un républicain, si nous ne savions par expérience combien peu sont au courant des questions d'Assistance publique et combien ignorent toutes les réformes réalisées dans leur propre pays et dans les pays étrangers. Nous devons ajouter que ce langage est peu en harmonie avec les principes de la Révolution française, qui veulent partout la substitution de la société civile à la société monarchique et religieuse. Les républicains, comme M. MÉLINE, oublient qu'aujourd'hui, autant qu'à l'époque de Carnot, les hôpitaux, les hospices et les bureaux de bienfaisance sont des « *foyers de fanatisme et de contre-révolution.* » Ils oublient encore que les religieuses, servantes aveugles et fidèles des prêtres, vont d'hôpital en hôpital, de maison en maison, porter le mot d'ordre contre la République.

Nos adversaires, se disant républicains, ont un devoir, c'est d'examiner les faits, d'étudier les documents, de comparer le personnel d'aujourd'hui avec ce qu'il était avant la laïcisation et la fondation des écoles, de venir voir comment vous vous acquittez de vos fonctions, de se rendre compte de vos courageux efforts pour vous instruire, pour bien savoir votre métier, afin de rendre le plus de services possibles aux malades.

Je dois, en terminant, Mesdames et Messieurs, vous indiquer, ainsi que je l'ai fait à Bicêtre et à la Pitié, comment vous pouvez nous aider à assurer définitivement l'existence de la laïcisation, cette réforme essentiellement républicaine, sociale, et quel est votre rôle dans les circonstances actuelles, c'est-à-dire dans la lutte violente engagée entre la République et ses ennemis, les réactionnaires, les boulangistes et les cléricaux.

[M. BOURNEVILLE renouvelle les conseils qu'il a donnés à Bicêtre et à la Pitié et qui se trouvent consignés aux pages 70 et 71.]

Renseignements sur la laïcisation des hôpitaux.

Laïcisation de l'Hôtel-Dieu et de Saint-Louis.

Plusieurs journaux politiques ont publié l'information ci-après :

« La laïcisation de l'hôpital Saint-Louis, qui devait avoir lieu le 1er octobre, s'est trouvée retardée par les termes du décret de 1808 (1) qui autorise la communauté des religieuses hospitalières de l'ordre de Saint-Augustin de l'Hôtel-Dieu de Paris, à desservir cet établissement. Ce décret décide, en effet, que la maison mère, siège de la communauté, sera à l'Hôtel-Dieu et placée sous les ordres de la prieure, et, que la communauté de Saint-Louis serait dirigée par la sous-prieure de l'ordre. Il semble donc que la laïcisation sera retardée tant que le décret d'autorisation n'aura pas été rapporté par une décision prise en conseil d'Etat. »

En réponse à cette note, l'*Agence Havas* a communiqué aux journaux la note suivante :

« Plusieurs journaux ont annoncé que la laïcisation de l'hôpital Saint-Louis était indéfiniment ajournée. Cette information est inexacte. La laïcisation de Saint-Louis, qui avait été primitivement fixée au 15 octobre, a été, sur la demande des sœurs, remise au 1er décembre prochain.

« La demande, à laquelle il a été déféré, était basée sur ce motif que, si la date du 15 octobre était maintenue, la congrégation eût été dans l'impossibilité, en raison des vacances du conseil d'Etat, de former, en temps utile, une demande qu'elle serait dans l'intention d'introduire à l'effet d'obtenir un sursis jusqu'à ce qu'il ait été statué au fond sur sa réclamation contre la laïcisation. »

La situation des Religieuses Augustines à l'hôpital St-Louis et à l'Hôtel-Dieu est plus simple qu'on ne le suppose. Pourquoi sont-elles dans ces établissements ? C'est parce que l'Administration de l'Assistance publique leur a confié un service, à des conditions débattues entre les deux parties. L'administration de l'Assistance publique, après avoir trouvé avantageux de

____

(1) Le décret n'est pas de 1808, mais du 26 décembre 1810.

recourir aux Augustines, n'en juge plus de même aujourd'hui et dénonce son traité. Aucun texte de loi ou de décret ne s'y oppose, nous assurent des personnes très autorisées.

S'appuyant sur les fonctions qui leur étaient données par une administration municipale, les Augustines ont demandé le décret d'utilité publique dont elle se prévalent aujourd'hui, et elles ont indiqué, comme siège de leur communauté, l'Hôtel-Dieu. Ce siège aurait pu être en dehors, dans une maison appartenant à un tiers, par exemple. De ce qu'elles ont obtenu ce décret d'utilité publique, le propriétaire de l'immeuble où siègerait leur communauté serait-il contraint de les loger éternellement? Assurément non. Tel est le cas de l'Assistance publique : renonçant aux services des Augustines, elle les prévient qu'elles aient à se pourvoir d'une nouvelle habitation, à changer de résidence.

Il va de soi que, si pour une raison quelconque, depuis 1810, les Augustines avaient voulu déplacer le siège de leur Communauté, elles auraient pu le faire tout en conservant leurs fonctions dans les hôpitaux qu'elles desservaient. Cette résidence, elles l'indiqueront à l'Administration, et, si elles rendent ailleurs des services publics, elles pourront les invoquer pour demander le maintien de l'utilité publique que leur accorde le décret de 26 décembre 1810. Quant à la prétention des religieuses Augustines de maintenir le siège de leur Communauté à l'Hôtel-Dieu, si elle était mise en avant, elle ne se justifierait en aucune façon, car le décret de 1810 ne leur concède ni droit de propriété sur l'Hôtel-Dieu, ni droit d'usufruit.

Nous espérons que le Conseil d'Etat, suivant les désirs du Gouvernement, examinera promptement le pourvoi des religieuses Augustines et que l'arrêté qui fixe leur départ au 1er décembre recevra son exécution à la date convenue. Nous espérons aussi que le Conseil municipal n'hésitera pas à inviter l'Administration à dénoncer le traité pour l'Hôtel-Dieu, avant la fin de l'année.

Laïcisation de l'Hôpital Saint-Louis et de l'Hôtel-Dieu.

Dans la séance du 31 octobre du Conseil municipal, M. Darlot a posé à l'Administration une question relative à la laïcisation de l'hôpital Saint-Louis et de l'Hôtel-Dieu.

M. DARLOT a rappelé que, il y a un an, M. le directeur de l'Assistance publique a déclaré que vers le premier trimestre de 1888, l'hôpital Saint-Louis serait laïcisé et que le premier semestre de la même année ne se passerait pas sans qu'il en fut de même pour l'Hôtel-Dieu. Or, ces délais sont expirés et ni l'un ni l'autre de ces hôpitaux n'est laïcisé. M. Darlot termine en reconnaissant que M. le directeur s'est toujours conformé aux désirs du Conseil et lui demande où en est la question de la laïcisation de ces deux hôpitaux et quelles mesures il a prises pour donner satisfaction aux vœux si souvent exprimés du Conseil.

M. le Directeur de l'Assistance publique. — Pour tous les établissements dont le personnel a été changé, l'Assistance publique n'était liée vis à vis des communautés religieuses que par des traités dénonçables à un mois à la volonté réciproque des parties. Il n'en est pas de même pour l'Hôtel-Dieu et l'hôpital Saint-Louis. La laïcisation des hôpitaux de Beaujon et Lariboisière, quoiqu'ils fussent également desservis par les sœurs Augustines, n'a pas présenté de difficultés parce que le traité était dénonçable à un mois.

Pour l'Hôtel-Dieu et pour l'hôpital Saint-Louis, nous n'avons d'autre traité que le décret de décembre 1810, inséré au Bulletin des lois, qui a approuvé les statuts de la communauté des Augustines. Avant 1789, l'Hôtel-Dieu était desservi par les sœurs Augustines. En 1792, les congrégations ayant été supprimées, les Augustines purent rester à l'hôpital à titre individuel et en revêtant le costume laïque.

Un décret de messidor an XII vint permettre l'existence, non pas de communautés, mais d'agrégations de sœurs hospitalières: puis en février 1809 un autre décret autorisa l'établissement des congrégations hospitalières, à charge de faire approuver leurs statuts par décret inséré au « Bulletin des lois ». Les sœurs Augustines bénéficièrent de ce décret et leurs statuts furent approuvés par un décret du 26 décembre 1810. Les sœurs Augustines, au lieu d'avoir en mains un traité dénonçable au bout d'un mois, se trouvent à l'Hôtel-Dieu et à Saint-Louis en vertu du décret de 1810.

La question était donc de savoir si, pour l'hôpital Saint-Louis, il suffirait d'un arrêté de M. le Préfet de la Seine ou s'il serait nécessaire d'avoir recours à l'intervention du chef de l'Etat et d'obtenir un décret rapportant celui de 1810. Voulant dans cette question délicate, procéder avec toute la prudence possible, je suis allé devant le comité consultatif de l'Assistance publique. Ce Comité a très nettement déclaré qu'à son avis et malgré le décret de 1810, un arrêté préfectoral était suffisant pour le changement du personnel de l'hôpital Saint-Louis.

M. le Préfet de la Seine, avant de prendre cet arrêté, a voulu lui-même être renseigné sur la doctrine à cet égard, du ministère de l'intérieur. Consulté au commencement de l'année, le ministère a répondu à M. le Préfet dans le courant du mois de juillet que l'opinion du Comité consultatif de l'Assistance publique était la sienne et qu'un arrêté du préfet de la Seine suffisait pour laïciser Saint-Louis. J'ai fait alors toute diligence et, avant les vacances du Conseil de surveillance de mon administration, j'ai porté la question devant lui, et le Conseil de surveillance a émis un avis favorable au remplacement des sœurs Augustines à Saint-Louis par un personnel laïque.

J'ai en conséquence, dénoncé le traité avec les sœurs Augustines à la date du 1er décembre. Les sœurs Augustines qui croient, elles, au contraire, qu'un décret est nécessaire, sont dans l'intention d'en appeler à la justice administrative et de déférer la décision prise par M. le Préfet de la Seine au Conseil d'Etat.

En attendant que le Conseil d'Etat statue au fond, les sœurs ont demandé un sursis. Cette demande est pendante ; je n'ai pas à préjuger la décision à intervenir, je ne puis que l'attendre. Soit que la section du Contentieux rejette la demande de sursis, soit qu'elle n'ait pas rendu son arrêt avant le 1er décembre, *les Augustines quitteront l'hôpital Saint-Louis*. Si elles y restent, c'est que le sursis leur aura été accordé pour leur permettre d'attendre à l'hôpital Saint-Louis la décision sur le fond.

M. Desprès, à qui le président avait donné la parole, n'a pu que protester, la clôture ayant été demandée même par les conseillers de la droite. Alors M. Darlot à donné lecture de l'ordre du jour suivant, portant sa signature et celle de M. Rousselle :

« Le Conseil, « Enregistre avec satisfaction les déclarations de M. le directeur de l'Assistance publique, en ce qui concerne la laïcisation de l'hôpital Saint-Louis, fixée au 1er décembre ;

« Invite M. le préfet de la Seine et M. le directeur de l'Assistance publique ;

« 1° A intervenir auprès de M. le ministre de l'Intérieur afin qu'il hâte la décision du Conseil d'Etat au sujet du pourvoi des religieuses Augustines ;

« 2° A prendre à bref délai les mesures nécessaires pour la laïcisation de l'Hôtel-Dieu, et à fixer cette laïcisation au plus tard au 31 décembre prochain. »

Cet ordre du jour a été adopté par 53 voix contre 12. Nous avons le ferme espoir que M. Ch. Floquet, président du Conseil et M. Léon Bourgeois, sous-secrétaire d'Etat, aideront le Conseil municipal à finir promptement la réforme de la laïcisation des hôpitaux de Paris.

CONSEIL D'ÉTAT.

Séance du 23 novembre. — Présidence de M. Laferrière, vice-président.

Laïcisation de l'hôpital Saint-Louis en vertu d'un arrêté préfectoral. — Requête des sœurs pendante devant le ocnseil d'Etat. — Demande de sursis à l'exécution de l'arrêté préfectoral. — Sursis accordé par le conseil d'Etat.

Un arrêté du préfet de la Seine a prescrit qu'il serait procédé le 1er décembre 1888, au remplacement par un personnel laïque des religieuses qui desservent l'hôpital Saint-Louis. Cet arrêté a été déféré au conseil d'Etat pour excès de pouvoir par les sœurs hospitalières de l'Hôtel-Dieu, représentées par leur supérieure générale. Mais, en outre, les sœurs ont présenté une requête au conseil d'Etat à l'effet d'obtenir que, jusqu'à ce qu'il ait été statué sur leur pourvoi, il soit sursis à l'exécution de l'arrêté préfectoral.

En fait la jurisprudence du conseil d'Etat présente peu de cas où le sursis ait été accordé. C'est en effet une raison d'intérêt public qui a motivé la disposition du décret du 22 juillet 1806 déclarant le recours non suspensif. Il faut donc, comme l'a fait remarquer M. le commissaire du gouvernement, pour apporter une dérogation à cette règle, une raison de même nature qui, dans l'espèce, serait l'intérêt des malades auxquels pourraient préjudicier des changements doublement répétés du personnel hospitalier. Il faut, en outre, a dit M. le commissaire du gouvernement, qu'on soit en présence d'un débat sérieux, et que l'exécution immédiate cause aux requérants un préjudice irréparable. Le conseil d'Etat a décidé, par l'arrêt suivant, qu'il y avait lieu d'accorder le sursis :

« Considérant que s'il était procédé à l'exécution provisoire de l'arrêté attaqué et que celui-ci vint ensuite à être annulé, il en pourrait résulter des difficultés graves, préjudiciables aux intérêts mêmes d'un service public, et que les circonstances de l'affaire permettent d'ordonner qu'il sera sursis à l'exécution dudit arrêté jusqu'à ce qu'il ait été statué au fond sur le pourvoi ci-dessus visé.

« Décide : Il sera sursis à l'exécution de l'arrêté jusqu'à ce qu'il ait été statué sur le recours pour excès de pouvoir formé contre ledit arrêt par la dame David, agissant au nom et comme supérieure générale de la congrégation des sœurs hospitalières de l'Hôtel-Dieu de Paris. »

M. Mayniel, rapporteur, M. Marguerie, commissaire du gouvernement, MM^{es} Chauffard et Arbelet, avocats.

Nus espérons que ce sursis sera abrégé le plus possible et que M. Floquet, président du Conseil, et que M. Léon Bourgeois, sous-secrétaire d'Etat au Ministère de l'Intérieur, sauront prendre les mesures nécessaires pour hâter une solution définitive.

Laïcisation des hôpitaux.

Nous avons souvent l'occasion d'enregistrer les hôpitaux, les hospices ou les asiles qui sont confiés à des hospitalières laïques. Leur nombre est plus considérable qu'on ne le pense, et il serait très intéressant, ainsi que nous l'avons signalé dès 1884, d'avoir chaque année une statistique complète. En attendant que M. le ministre de l'intérieur s'en occupe, nous faisons appel à nos lecteurs qui voudront bien nous indiquer quels sont, dans leur région, les établissements hospitaliers confiés à des laïques.

Sur ce sujet, nous devons reproduire la fin de l'article consacré par notre ami, M. Laborde, dans la *Tribune médicale* du 20 mai, à l'inauguration de la Faculté de médecine de Bordeaux :

« Nous avons parlé, dit-il, du quasi-mutisme présidentiel, ce n'est pas pour nous en plaindre ; nous avouerons même, avec toute notre franchise, que ce mutisme eut trouvé, au moins, une occasion favorable de se produire plus complètement : celle qui a porté la langue présidentielle à se délier pour dire à la supérieure de l'un des services hospitaliers : « *Madame, vous portez un costume que j'aime à voir dans les hôpitaux, et pour lequel je professe une vive sympathie.*

« Ces paroles, ajoute M. Laborde, ne sont pas précisément dans le mouvement laïcisateur actuel, et dans la bouche du premier magistrat de la République— qui n'est pas l'homme privé ;— elles ont une signification peu... opportune. Qu'en pense notre ami Bourneville, qui aurait pu les entendre, car il y était ? »

En effet, nous étions à Bordeaux à l'époque de la visite de M. Carnot ; mais si nous avons fait des visites très fructueuses aux hôpitaux, nous n'avons pas suivi, sachant ce qu'elles valent, les visites officielles. Ce que je pense des paroles de M. Carnot, petit-fils ? ce qu'en penserait son aïeul le grand Carnot dont nous avons rappelé l'un des actes dans le dernier numéro (p. 419), c'est-à-dire la *laïcisation des hôpitaux de Toulouse*. Nous espérons d'ailleurs pouvoir donner prochainement une réponse plus complète à cette question.

TRIBUNAL CIVIL DE LA SEINE (1e ch.)

Présidence de M. Aubépin. — *Audience du 26 décembre.*

Laïcisation de l'hospice Cochin. — Protestation des héritiers et représentants de l'abbé Cochin. — Demande, contre l'Assistance publique et M. le Préfet de la Seine, en réintégration des sœurs dans l'hospice, ou en déchéance de l'institution testamentaire et en remise en possession de l'hospice et de ses dépendances.

En règle générale, les personnes qui confient à un ministre du culte des sommes destinées à la création d'une œuvre charitable n'entendent pas lui constituer un mandat qui l'obligerait à agir en leur nom ; le contrat qui intervient alors est un véritable don manuel, le donateur suivant par dessus tout la foi du donataire quant à l'application des choses données.

S'il rentre dans l'office du juge d'interpréter les clauses obscures et ambiguës d'un testament, d'en déterminer le sens et d'en fixer la portée, c'est à la condition qu'il existe une clause pouvant servir de base à cette interprétation : en l'absence d'un texte, le juge ne saurait dans la pensée de dégager les véritables intentions du testateur, disposer en son lieu et place et soumettre, par exemple, ses dispositions à des charges que le testateur ne leur avait pas imposées.

En outre, si l'interprétation peut avoir lieu à la fois par le rapprochement des diverses parties de l'acte et à l'aide d'éléments intrinsèques, encore faut-il que la volonté du testateur ressorte principalement de l'œuvre testamentaire elle-même.

Le tribunal a rendu aujourd'hui son jugement dans cette affaire, dont nous avons publié les débats. Voici le texte de ce jugement :

« Le tribunal, en ce qui touche les désistements signifiés soit par tous les défenseurs à la ville de Paris, soit par quelques-uns d'entre eux à l'administration de l'Assistance publique :

« Attendu que les désistements énoncés de Henri et de Raymond Lempereur de Saint-Pierre, ont été acceptés par le directeur de l'Assistance publique ;

« Que, quant aux autres, ils sont réguliers en la forme et qu'ils portent à la fois sur l'instance pendante devant le tribunal et sur l'action faisant l'objet de ladite instance, avec offre de payer les frais, le tout sans aucune restriction ni réserve ?

« Qu'ils s'imposent donc aux parties défenderesses et qu'ils doivent être tenus comme produisant les mêmes effets qu'auraient produit leur acceptation ;

« En ce qui touche les fins de non recevoir opposées par l'administration de l'Assistance publique ; Attendu que l'Assistance publique excipe, en premier lieu de ce que l'abbé Jean-Denys Cochin aurait fondé l'hospice qui porte son nom et qu'il avait ensuite légué aux pauvres malades de la paroisse Saint-Jacques-du-Haut-Pas, moins avec des ressources tirées de son patrimoine qu'avec des aumônes provenant de ses paroissiens, dont il serait ainsi devenu le mandataire, de telle sorte que ses représentants n'auraient aujourd'hui de son chef aucune qualité pour agir ;

« Que l'Assistance publique invoque en second lieu, les lettres patentes de mai 1790 qui ont conféré au même hospice la capacité d'une personne civile et qui disposent (Art. 8) que l'établissement venant à disparaître par quelque événement imprévu, les biens, revenus et émoluments qui y seraient affectés feraient retour à l'œuvre générale de la Charité dans la paroisse, de telle façon que les représentants du fondateur n'auraient désormais ni intérêt ni action pour les revendiquer ;

« Attendu, sur le premier point, qu'en règle générale, les personnes qui confient à un ministre des cultes des sommes destinées à la création d'une œuvre charitable n'entendent pas lui constituer un mandat qui l'obligerait à agir en leur nom, et qui prendrait fin soit par le décès du mandant, soit avec le mandataire lui-même.

« Que le contrat qui intervient alors est un véritable don manuel, le donateur suivant par dessus tout la foi du donataire quant
à l'application des choses données ;

« Que l'abbé Jean-Denys Cochin avait donc de son vivant un
avoir propre sur l'hospice créé par lui et que ce droit, il lui était
loisible de le transmettre à titre gratuit sous des conditions déterminées, dont l'inexécution si telle était d'ailleurs sa volonté, serait
de nature à entraîner après lui la révocation de sa libéralité ;

« Attendu sur le second point et en admettant que les lettres
patentes de mai 1790 puissent être invoquées au procès, soit par
les demandeurs, soit contre eux, que l'article 8 de cet acte prévoit
en ce cas auquel l'hospice cesserait d'être entretenu par suite d'un
événement imprévu ou encore serait détruit ou supprimé et qu'il
donne alors aux biens qui en assurent le fonctionnement une attestation conforme à la pensée charitable du fondateur ;

« Qu'il ne vise aucunement l'hypothèse où les représentants de
l'abbé Jean-Denys Cochin, procédant du chef de celui-ci et usant
du droit commun, prétendraient revendiquer l'immeuble légué
par leur auteur pour inexécution de charges sous lesquelles le legs
aurait eu lieu ;

« Au fond, attendu qu'il incombe aux demandeurs d'établir
avant tout que l'abbé Jean-Denys Cochin, en disposant au profit
des pauvres malades de sa paroisse de l'hospice qui était son
œuvre, ainsi qu'il l'a fait par son testament du 3 juillet 1782, a mis
à sa libéralité une double condition, savoir que cet établissement
serait à perpétuité desservi par des religieuses et que l'aîné mâle
de la famille Cochin serait toujours membre-né du conseil qui en
dirigerait l'administration ;

« Attendu, en droit, que les articles 1046 et 954 du Code civil
quand ils portent pour les dispositions testamentaires, comme la
donation entre vifs seront révocables pour cause d'inexécution des
conditions sous lesquelles elles auront été faites, prévoient évidemment l'existence de conditions ou de charges formellement
établies par le testateur ;

« Attendu, d'autre part, qu'il rentre dans l'office du juge d'interpréter les clauses obscures et ambiguës d'un testament, d'en déterminer le sens et d'en fixer la portée ;

« Mais qu'en pareille matière, l'interprétation a pour base nécessaire une clause sur laquelle elle s'exerce et qu'en l'absence d'un
texte dont il doit établir la signification, le juge ne saurait, dans la
pensée de dégager les véritables intentions du testateur, disposer
en son lieu et place, et par exemple, soumettre ses dispositions à
des charges que le testament ne leur aurait pas imposées :

« Qu'en outre, si l'interprétation peut avoir lieu à la fois par le
rapprochement des diverses parties de l'acte et à l'aide d'éléments
extrinsèques, encore faut-il, dans ce dernier cas, que la volonté
du testateur ressorte principalement de l'œuvre testamentaire elle-
même ;

« Attendu, en fait, que le testament du 3 juillet 1782 ne renferme aucune énonciation formelle qui soit relative au service des
religieuses dans l'hospice Cochin, non plus qu'à la présence de

l'ainé mâle de la famille Cochin dans le conseil d'administration de cet établissement ;

« Qu'il ne renferme même aucun passage se rapportant, fût-ce indirectement à ce double objet ;

» Attendu qu'à l'égard de la première condition, les demandeurs invoquent, pour suppléer à l'insuffisance du testament, un contrat authentique du 6 avril 1782, aux termes duquel l'abbé Jean-Denys Cochin s'était assuré pour son hospice l'assistance de religieuses de la communauté des Filles de la Charité et dont les stipulations diverses attestent son désir de se les attacher à perpétuité ; mais que cet acte ne se relie au testament du 3 juillet 1782 par aucun point qui permette d'y voir un complément anticipé de la volonté du testateur ;

« Attendu qu'à l'égard de la seconde condition, les demandeurs excipent des lettres-patentes de mai 1790, dont l'article 2 réglant la composition du conseil d'administration de l'hospice, y réserve une place à l'aîné mâle de la famille Cochin, qu'il habite ou non la paroisse ;

« Mais que ces lettres qui réaliseraient seulement un acte de haute tutelle administrative, émané de l'autorité royale, ne saurait à aucun titre former un élément de l'œuvre testamentaire de l'abbé Jean-Denys Cochin ;

« Que d'ailleurs on prétendrait vainement les rattacher au testament de 1782 par le motif que le testateur aurait chargé son successeur à la cure de Saint-Jacques-du-Haut-Pas de les obtenir après lui, et aurait également adjuré son exécuteur testamentaire d' « aider à affermir » l'établissement qu'il avait créé ;

« Que des dispositions de ce genre, à quelque point de vue qu'on les envisage ne peuvent avoir le sens et la portée que les demandeurs leur attribuent ;

« Qu'encore moins auraient-elles la vertu juridique de faire passer des lettres patentes de 1790 dans le testament de 1782, une condition sur laquelle ce dernier acte demeure entièrement muet ;

« Attendu qu'il résulte de tout ce qui précède qu'en léguant aux pauvres malades de sa paroisse l'hospice dont il a disposé par un testament du 3 juillet 1882, l'abbé Jean-Denys Cochin n'a mis à sa libéralité ni l'une ni l'autre des deux conditions dont excipent aujourd'hui ses représentants ;

« Que dès lors leur demande doit être repoussée purement et simplement sans qu'il y ait lieu d'examiner si, dans une hypothèse contraire, les mêmes conditions avaient eu, de par la volonté du testateur, un caractère tel que leur inexécution aurait dû entraîner la révocation du legs ;

« Par ces motifs ; donne acte à tous les demandeurs de ce qu'ils se sont désistés soit à l'égard de la Ville de Paris seule, soit à l'égard de l'administration de l'Assistance publique et de la Ville de Paris, des instances qu'ils ont introduites par exploit du 26 février 1886, comme aussi des actions qui en faisaient l'objet, avec offre de payer les frais ; Dit en conséquence qu'il n'y a pas lieu de statuer sur lesdites instances ; et pour le surplus, déclare les consorts Cochin mal fondés dans leur demande, les en déboute et les condamne aux dépens. »

Cette solution est celle que nous avions annoncée dans l'un de nos discours aux distributions des prix en 1887. Un examen attentif des conditions dans lesquelles avait été fondé l'hôpital Cochin et des conditions dans lesquelles il se trouve aujourd'hui, permettait de la prévoir sans peine.

Les infirmières laïques

Le journal *Le Matin*, ayant publié un article contre la laïcisation qui a pour but, nous ne saurions trop le répéter, non seulement de remplacer des religieuses par des laïques, mais de les remplacer par des laïques ayant une instruction professionnelle solide, les rendant aptes à bien appliquer les prescriptions de la thérapeutique et de l'hygiène contemporaines, a reçu de M. le Dr Gérin-Roze, la protestation suivante :

A Monsieur le Directeur du *Matin* (1).

Monsieur. — Comptant sur votre impartialité, je viens vous prier de me permettre de répondre quelques mots à M. Cornély qui m'a mis personnellement en cause dans un article contre la laïcisation, inséré dans le *Matin* du 13 janvier 1889.

Prenant texte de ce que je m'étais plaint, à la Société médicale des hôpitaux, de l'insuffisance numérique de nos infirmiers, plainte qui ne pouvait d'ailleurs être bien comprise qu'entourée des phrases qui l'expliquaient, M. Cornély a cru devoir imprimer les conclusions suivantes :

« Par l'école laïcisée, la République fait pousser prématurément
« le crime dans la vie humaine ; mais par l'hôpital laïcisé elle se
« hâte de raccourcir autant qu'elle le peut cette même vie hu-
« maine, de sorte qu'en réalité il s'établit une moyenne contre
« laquelle les magistrats et les médecins sont seuls à protester. »

Comme il semble résulter de la rédaction de l'article que je partage l'opinion de M. Cornély, je crois devoir déclarer que je suis loin d'être de l'avis qu'il me prête bien gratuitement.

Chez les surveillantes laïques, comme autrefois chez les sœurs, j'ai généralement trouvé du bon vouloir et du dévouement. Deux de mes surveillantes laïques ont failli mourir d'une maladie qu'elles avaient contractée au chevet du malade, et ont repris leur poste le lendemain de leur guérison. Je souhaite que la politique

---

(1) *Matin*, 21 janvier 1889.

ne s'occupe pas d'elles et les laisse paisiblement vaquer à leurs devoirs.

Veuillez agréer, Monsieur le Directeur, l'assurance de ma parfaite considération.

GÉRIN-ROZE,

Médecin de l'Hôpital Lariboisière.

Laïcisation des établissements de bienfaisance de l'Etat. Asile de convalescence du Vésinet, Institution des sourds-muets, hospice des Quinze-Vingts, Institution des Jeunes Aveugles.

Dans la séance du Conseil municipal du 26 novembre 1884, M. Després disait :

« Eh ! Messieurs, voulez-vous me dire ce que font à la Chambre MM. Sigismond Lacroix. Bourneville et Lafont ! Le savez-vous ? Ils sont députés et ne parlent pas de la laïcisation. Il n'y a pas de Chambre républicaine qui les aurait suivis.

« L'Etat a cependant des hôpitaux et des hospices sous sa direction, ceux de la marine par exemple Ils n'ont pas osé proposer le renvoi des sœurs des hôpitaux de l'Etat. »

M. Després était mal renseigné : ni mes amis Sigismond Lacroix et Lafont, ni moi, nous n'avons jamais perdu de vue la réforme de la laïcisation des hôpitaux complément indispensable de la laïcisation des écoles et que nous considérons comme une réforme essentiellement républicaine et sociale.

Le 17 décembre 1884, nous avons posé la question de la laïcisation des établissements de bienfaisance de l'Etat et nous avons demandé que l'on commençât par les asiles de convalescence de Vincennes et du Vésinet. Nous avons également demandé la laïcisation de la Maison nationale de Charenton.

Plus tard, M. Després est revenu à la charge en déclarant que la Chambre des députés avait fait justice de ces propositions (*Bulletin municipal*, 11 juin 1887). M. Després s'imaginait sans doute que nous nous tenions pour battu. Loin de là ; nous n'avons jamais cessé d'agir et aujourd'hui, après avoir rappelé que l'Asile national de convalescence de Vincennes a été laïcisé le 1er septembre 1888, nous avons le plaisir d'apprendre à M. Després que l'*Institution des sourds-muets* sera laïcisée le 6 décembre prochain ; que l'*hospice des Quinze-Vingts* sera laïcisé au commencement de février 1889 ; que l'*Asile national du Vésinet* sera laïcisé le 13 février, et l'*Institution des Jeunes Aveugles*, le 18 du même mois. Enfin nous espérons voir laïciser peu après l'*Asile national de Charenton*... et la réforme ne s'arrêtera pas là.   B.

4

Assistance des Enfants idiots.

Dans sa session d'août dernier, le Conseil général de la Dordogne, sur la proposition de MM. les Dʳˢ Gadaud, Pourteyron, Clament, a émis un vœu tendant à ce qu'il soit créé des Asiles spéciaux pour les enfants idiots et arriérés. Nous enregistrons cette nouvelle avec la plus vive satisfaction, car elle démontre que la réforme sur laquelle nous avons insisté tant de fois et dans bien des circonstances, a fini par fixer l'attention et finira par aboutir.

M. Desprès au Conseil municipal

A propos de la question posée le 1ᵉʳ novembre 1888, au Conseil municipal de Paris, par M. Gamard, au sujet de la dérivation des eaux de l'Avre, nous relevons l'incident suivant soulevé par M. Desprès.

M. DESPRÉS. — Il est inutile d'avoir de l'eau de source à Paris, où l'eau de Seine est parfaitement suffisante.

M. FERDINAND DUVAL. — Mais M. Després, vous n'en boirez pas d'eau de source, si vous le voulez ; mais laissez les autres en boire.

M. CHAUTEMPS. — M. Després trouve que l'eau sale est plus nourrissante.

M. DESPRÉS. — Je dis que si j'étais riverain des sources qu'on veut dériver, je trouverais singulier que Paris, qui a une belle rivière, aille chercher son eau ailleurs ! (Exclamations. — Bruit).

M. ROUSSELLE. — Nous savons que tout ce qui est eau propre ne convient pas à M. Desprès.

M. GASTON CARLE. — Si on pouvait condamner M. Desprès à ne boire que de l'eau de Seine, il se trouverait vraiment bien puni.

M. DESPRÉS. — M. le Directeur des travaux, dans son discours, nous a fait une bucolique.

M. CHAUTEMPS. — Et M. Desprès veut nous faire boire la colique !

M. FERDINAND DUVAL. — Mais M. Desprès, la question est sérieuse.

M. DESPRÉS. — Mais, moi aussi, je suis sérieux ! (Exclamations. — Rires. — Bruit).

Distinction accordée à une surveillante, Mˡˡᵉ Bottard.

Nous enregistrons avec le plus grand plaisir la distinction qui vient d'être accordée par le gouvernement de la République à l'une des surveillantes de la Salpêtrière, dont le mérite et le zèle sont au-dessus de tout éloge.

Mlle BOTTARD, surveillante du service de M. Charcot, à laquelle ont été remises, le 1er janvier, les palmes académiques, est âgée de 66 ans. Sa vie, pour ainsi dire tout entière, s'est passée à la Salpêtrière où elle est entrée, en 1840, aux appointements de 10 fr. par mois. Au bout de 10 ans de service, elle gagnait 12 fr. 50 dans cet hospice de 6,000 habitants qui n'a jamais été desservi depuis sa fondation (1657) que par des laïques. Pour gagner cette somme, elle devait faire face à toutes les exigences d'un grand service d'aliénés ravagé en 1849 par le choléra. Pendant cette terrible épidémie, qui emporta trois médecins, un pharmacien et le directeur de l'hôpital, Mlle Bottard fut admirable de dévouement, passant plus de trente nuits sans goûter un instant de repos.

En 1854, en 1865, nouvelle épidémie cholérique ; en 1870, la variole noire ; silencieusement Mlle Bottard poursuit son œuvre d'absolu dévouement.

En 48 ans, les chiffres ont leur éloquence, les registres de l'hospice nous indiquent qu'elle n'a pas pris un seul jour de congé. On avouera que l'honneur qui vient de lui être fait est entièrement justifié.

Toute la génération médicale qui l'a connue et appréciée, se joindra à nous pour féliciter Mlle Bottard, comme elle l'a été par les malades qui se s,nt livrées vis-à-vis de leur surveillante à une manifestation aussi touchante que spontanée.   T.

L'instruction technique du personnel hospitalier.

Nous reproduisons l'article suivant de la *Province médicale*, dû à son rédateur en chef, M. Augagneur ; il montre une fois de plus la nécessité qui s'impose aux médecins et aux chirurgiens de s'occuper d'une façon sérieuse de l'instruction professionnelle des infirmiers et des infirmières.

Dans un précédent article de la *Province médicale* (6 avril 1889), nous abordions cette question, en en commençant l'étude par la critique des écoles d'infirmières organisées par l'administration. Nous constations que les religieuses hospitalières, dans l'état de choses actuel, ne recevaient pas et ne pouvaient pas recevoir une instruction technique suffisante. Mais si nous apprécions de la sorte ce qui se fait pour les femmes consacrées au service des malades, que ne dirons-nous pas à propos du personnel masculin, les *frères* employés dans les hôpitaux.

Pour les religieuses, l'administration a fait quelque chose, et ce quelque chose, si peu satisfaisant qu'il soit, il est juste d'en tenir compte comme d'une marque de bonne volonté, comme d'une manifestation de la conscience qu'a l'administration de l'absence d'instruction de son personnel. Les hommes ont été laissés en dehors de tout. Ils n'ont été convoqués à aucun cours, soumis à aucune leçon. Les frères des hôpitaux en 1889, sont au même degré d'instruction qu'au XVIe siècle. Je sais bien que l'administration considère que les frères doivent disparaître par extinction, et, par conséquent, elle se croit autorisée à ne rien entreprendre en face d'une institution à existence précaire.

A l'Hôtel-Dieu cette manière de voir est à peu près exacte, et le nombre des *frères* employés au service des malades est excessivement restreint, diminué de jour en jour. A la Croix Rousse, il en est de même. Mais à la Charité, et surtout à l'Antiquaille, les choses se passent autrement. Si, pour améliorer l'instruction des infirmiers hommes, on attend que le dernier des frères ait disparu, les réformes ne pourront pas recevoir un commencement d'application avant le milieu du XXe siècle, car certains frères n'ont pas 25 ans.

Que les infirmiers aient un caractère religieux ou soient de simples laïques, il n'en est pas moins d'une haute importance de leur donner l'instruction technique, et, ce qui était exact en considérant l'ancien personnel religieux, est plus exact encore appliqué aux laïques appelés à le remplacer. Comment sont organisés les services de l'Hôtel-Dieu, par exemple ?

Les religieuses ont, dans les salles, la direction générale. Ce sont elles qui distribuent les médicaments et les aliments. Pendant la nuit, elles sont remplacées, presque partout, par des femmes venues du dehors, les veilleuses.

Tous les gros travaux de nettoyage sont exécutés par des hommes à la journée. Ce sont ces mêmes manœuvres qui remplissent les fonctions de brancardiers, pour transporter les malades aux bains, dans les salles d'opérations, qui dans les salles d'hommes donnent aux malades mille soins dont les religieuses ne peuvent s'occuper. Ces employés à la journée, 3 fr. 50 par jour, ont un rôle considérable, et, dans certaines circonstances, une influence décisive sur le sort des malades.

Dans les services de médecine, ce sont eux qui appliquent la méthode de Brandt aux hommes atteints de la fièvre typhoïde. Pour mettre au bain et l'en sortir toutes les trois heures un homme quelquefois délirant, il faut une force physique qui nécessite l'emploi d'un infirmier, à l'exclusion des femmes. D'autre part, la responsabilité est grande pour celui qui est chargé de ce traitement : il doit prendre la température toutes les trois heures, la noter, observer les phénomènes survenus après les bains ou dans leur intervalle, juger de la possibilité, si la fièvre est tombée, de supprimer un ou plusieurs bains, choisir parfois une décision rapide en face d'une manifestation morbide inattendue : enténorrhagie, syncope, etc.

Avec l'état de choses actuel, les médecins de l'Hôtel-Dieu doivent demander la mise en jeu de facultés si diverses et si élevées, à des hommes sans instruction qui se sont résignés au métier peu rétribué, sans avenir et peu agréable, de manœuvre dans un hôpital, poussés par la nécessité et comme un pis aller. Ce qu'ils savent, ils l'ont appris par routine, et c'est une bonne fortune quand, de temps à autre, on rencontre un de ces modestes employés intelligent, consciencieux. Vite on l'emploie dans les salles de médecine au service proprement dit des malades. Hier il frottait les salles et lavait les chaises percées ou battait la laine des matelas ; aujourd'hui il prend des températures et baigne des typhiques. Malheureusement, cet oiseau rare ne reste pas longtemps à la disposition des médecins. Un homme apte à remplir de si délicates fonctions ne se contente pas d'un salaire aussi maigre que celui qui lui est attribué et, dès qu'une position meilleure lui est offerte, il abandonne l'hôpital.

Dans les sections de chirurgie, le rôle des infirmiers n'est pas moins important et nécessite une éducation spéciale. L'introduction des méthodes antiseptiques a complètement changé les conditions du traitement des blessés. Jadis le grand point était l'opération et, dans l'intervention, le chirurgien ne cherchait guère que le succès opératoire immédiat. Débordé par la multiplicité des accidents septiques qui sévissaient alors dans les salles de chirurgie, l'opérateur se laissait aller à une sorte de fatalisme, quant à l'issue finale de ses opérations. Le rôle des aides était insignifiant et n'existait plus, l'acte opératoire terminé. Tenir un membre à amputer, comprimer les vaisseaux, placer une ligature et, dans les jours suivants, appliquer un pansement quelconque, en assistant, spectateur impuissant sinon désintéressé, à la lutte de l'organisme contre les virus, dont chaque opération, chaque pansement ensemençait chaque plaie. Jamais il ne venait à l'idée d'un chef de services de s'enquérir de certains détails, de la préparation des instruments, des pièces de pansement.

A l'Hôtel-Dieu, il a fallu, dans le service de M. Léon Tripier, lutter avec énergie pour obtenir que les brancardiers qui maintiennent le malade sur la table d'opération, qui le soutiennent lors des pansements, fussent spécialement consacrés au service pendant sa durée. Jusqu'à ce moment, quand il y avait un malade à transporter, on prenait deux manœuvres employés au cardage des laines de matelas. Sans se laver les mains, sans changer de blouses, ces hommes étaient au contact des blessés et des blessures. Les garçons chargés de l'amphithéâtre, s'ils avaient un instant disponible, étaient utilisés au même service et dans les mêmes conditions.

Dans les salles de chirurgie, le personnel subalterne doit de toute nécessité, en présence des progrès de l'antisepsie, recevoir une instruction sérieuse. L'opération terminée, le malade pansé, tout n'est pas fini. L'amphithéâtre doit être nettoyé avec intelligence et conscience. Les instruments seront soumis à des désinfections parfois assez compliquées. Dans une salle d'opération, chaque manœuvre doit être réfléchie et attentive. Pour qu'un employé subalterne exécute sa mission avec conscience, il doit être instruit. Les recommandations qui lui seraient faites lui sembleront enfantines s'il n'en comprend pas toute l'importance, grâce aux notions qu'il a préalablement reçues.

En 1881, étant chef de clinique du service de M. L. Tripier, je publiai un article résumant en quelques pages la pratique antiseptique avec toutes ses minuties. Je me rappellerai longtemps les sarcasmes que me prodiguèrent plusieurs de mes confrères et de mes amis, s'extasiant sur les séries de lavages auxquels devaient être soumises les éponges, sur les nettoyages successifs de la région opératoire. Ces précautions leur semblaient exagérées et enfantines, et j'étonnerais beaucoup certains d'entre eux, aujourd'hui partisans et praticiens déterminés de l'antisepsie, si je leur remettais en mémoire leurs plaisanteries d'antan.

Ce qui est arrivé à presque tous les chirurgiens, comment voulez-vous en préserver des individus dépourvus de toute instruction ? Ou ils ne raisonneront pas, et vous serez obligés de les manœuvrer comme des machines faisant une faute à chaque événement imprévu, ou ils raisonneront, et, par l'absence de notions premières, raisonneront à faux.

Pour que la réussite des opérations soit absolument garantie, le chirurgien doit être assuré que certaines conditions, qu'il ne peut surveiller lui-même, sont réalisées. Le nettoyage des instruments, la préparation des pièces de pansement étaient des occupations de manœuvre dans l'ancienne chirurgie, ce sont aujourd'hui des fonctions de contremaître. C'est cette catégorie d'employés, de contremaîtres, si vous le voulez, qui n'existe pas dans nos hôpitaux et qu'il faut absolument créer.

A chaque service de chirurgie doit être attaché un homme muni de connaissances spéciales, et sur lequel on puisse se reposer de l'exécution des détails multiples sans lesquels il n'y a pas d'antisepsie, pas de garantie pour les malades. Cet homme doit savoir exécuter un pansement.

Tous les six mois les internes et les externes nouveaux ne sont pas toujours capables d'exécuter d'emblée un pansement antiseptique. Il ne suffit pas d'en connaitre la théorie, il faut que tous ses multiples détails deviennent une habitude : un interne nouveau ne l'a pas. Le chef de service a besoin de trouver à ses côtés un aide accoutumé à ses manières d'agir, un aide inamovible, ce sera l'infirmier breveté.

Les internes et les externes sont là pour apprendre leur profession ; ne nous étonnons pas qu'ils en ignorent certains détails pratiques. A l'école de Saint-Cyr, à l'école polytechnique à Saumur, tout élèves officiers que soient les élèves, ils n'en reçoivent pas moins des leçons au moins des démonstrations de sous-officiers, pour le côté technique et pratique de leur instruction : équitation, gymnastique, escrime.

Dans les salles de chirurgie, nous avons besoin de ce sous-officier chargé des besognes matérielles. L'armée a depuis longtemps compris la différence à établir entre l'infirmier destiné aux soins des malades et celui à qui n'incombe que l'entretien des locaux. L'infirmier qui frotte fait les lits, secoue les paillasses, etc., c'est l'infirmier d'exploitation ; il apprend son métier dans le corps où l'a envoyé le bureau de recrutement, c'est un vulgaire manœuvre. L'infirmier de visite, qui prend les températures, a la charge des instruments, exécute certains pansements, distribue les médicaments, etc., reçoit une instruction spéciale à l'école des infirmiers du Val-de-Grâce.

Cette distinction est aussi indispensable dans les hôpitaux civils, mais exige une certaine largeur de vue pour sa réalisation. Les hommes qui accepteront de passer leur vie dans ces emplois subalternes devront être traités avec égard, et assurés de l'avenir. Leur rôle autrement important, autrement nécessaire que celui rempli par les employés de bureau doit leur assurer une situation convenable. Quant aux voies et moyens, leur réalisation n'est pas très difficile. Nous savons de bonne source que l'administration des hôpitaux a été présentie par l'autorité supérieure à cet égard ; qu'on lui a demandé de vouloir bien organiser des écoles d'infirmiers, et nous connaissons trop son dévouement aux malades pour ne pas compter sur son acquiescement à des propositions aussi flatteuses et aussi utiles.

Exercice illégal de la pharmacie par les religieuses.

Sœurs de charité exerçant la pharmacie à Ispagnac: condamnation. — Le tribunal de Florac vient de condamner à 500 francs d'amende, le 12 avril dernier, des sœurs de charité qui exerçaient la pharmacie à Ispagnac, commune du département de la Lozère, très voisine de Florac, et qui vendaient au public; le Tribunal a, de plus, ordonné la fermeture de l'officine, illégalement ouverte. Les poursuites exercées contre ces sœurs ont eu lieu sur les instances du Syndicat des pharmaciens de la Lozère. (*Répertoire de pharmacie*, 10 mai.)

Sœurs de charité exerçant la pharmacie avec un prête-nom; condamnation à Marseille. — Dans un petit village des environs de Marseille, à Sainte-Marguerite, les sœurs de Saint-Vincent de Paul tenaient une pharmacie ouverte au public, avec le concours d'un prête-nom, et, ce qu'il y a de plus étrange et qui prouve le mauvais vouloir que met généralement l'autorité supérieure à réprimer le cas d'exercice illégal de la pharmacie, c'est que ladite officine se trouvait installée dans le même immeuble que l'école communale. Le syndicat des pharmaciens des Bouches-du-Rhône avait appelé, à plusieurs reprises, l'attention de qui de droit sur cette situation essentiellement irrégulière, mais ses tentatives étaient restées infructueuses. Il s'est enfin résolu de traduire les sœurs devant le tribunal de Marseille, qui (13 avril 1889), a rendu un jugement prononçant la fermeture de l'officine illégalement ouverte et condamnant les inculpées à 500 fr. d'amende et 25 fr. de dommages-intérêts envers ledit Syndicat. (*Idem, 10 mai.*)

PARIS — IMP. V. GOUPY ET JOURDAN. RUE DE RENNES, 71.

LAÏCISATION DE L'ASSISTANCE PUBLIQUE

N° 12.

I.

Laïques et religieuses : Fantaisies budgétaires de M. A. Després.

Depuis quelques années, M. Després qui avait été atteint de manie épistolaire, semblait guéri. Cette guérison n'était qu'apparente. Il s'agissait malheureusement d'une simple rémission. En effet sa maladie vient de se manifester de nouveau par deux lettres adressées à quelques jours de distance au Journal des *Débats* et à la *Gazette des Hôpitaux*. Nous allons examiner ces lettres non pas dans un but thérapeutique, le cas étant incurable, mais pour le public qui, de bonne foi, ne connaissant pas la maladie de M. Després, pourrait se laisser prendre à ses assertions... fantaisistes.

Les journaux politiques opposés à la sécularisation de tous les services qui dépendent de l'Etat, des départements et des communes, réforme qui est la conséquence naturelle, logique, d'un gouvernement reposant sur l'organisation civile de la société, ont reproduit avec empressement les deux lettres de M. Després.

Dans sa première épitre, le chirurgien, ami des pansements sales, affirme que, au cours de la récente discusion qui a eu lieu au Conseil municipal, M. Peyron, directeur de l'Assistance publique, « a présenté les comptes de son administration et l'état des hôpitaux sous un aspect peu conforme à la vérité. » Ensuite, comme preuve, il établit une comparaison entre les

dépenses du personnel secondaire de l'hôpital de la
Charité du temps des sœurs et les dépenses du personnel secondaire laïque.

« On a mis à la Charité, dit-il, non pas 18 laïques à la place
des sœurs, mais bien 35 laïques.... Au total, voici les chiffres
exacts :
Budget de 1881 (avant la laïcisation). p. 77. Charité :
1° Sous-employés : 22 sœurs et une surveillante pour l'accouchement. Dépense : 5.604 fr.

Avant d'aborder la discussion principale, nous devons
faire deux rectifications de détail. 1° Les 18 sœurs
avaient avec elles, en 1888, 3 sous-surveillantes de
1re classe, 1 sous-surveillant de 1re classe, 1 sous-surveillant et 1 sous-surveillante de 2e classe et 2 suppléants (1). Les 18 sœurs et les 8 sous-employés laïques
ont été remplacées par 26 surveillantes, sous-surveillantes et suppléantes (en 1891, 34) (2). 2° Les chiffres
de M. Després en ce qui concerne le budget de 1881,
doivent être rectifiés ainsi :

1° Sous-employés . . . . 5.460 fr.
2° Infirmiers . . . . 21.430 fr.
    Total . . . . 26.890 fr.

Donc, d'après M. Després, l'augmentation de dépense résultant de la laïcisation serait de 74.000 fr.
moins 26.880 fr., soit . . . . 47.120 fr.
   Suivant M. Risler, rapporteur du Budget au Conseil du surveillance de l'Assistance publique, l'augmentation de dépense
est seulement de . . . . 23.800 fr.
   D'où une différence de . . . . . . 23.320 fr.

---

(1) Risler. — *Rapport sur le projet de budget de l'exercice 1891.* p. 103.
(2) Cette augmentation de huit personnes a été motivée par la disposition
défectueuse de diverses salles qui nécessitent un double personnel et par les
nouveaux services de veille et d'*ovariotomie* (*Procès verbal de la séance du
8 décembre 1887, du Conseil de surveillance.* Rapport de M. Goupy).

Examinons à quoi tiennent ces résultats si contradictoires.

1° M. Després prend le budget de 1881 comme type de budget avant la laïcisation. Mais l'hôpital de la Charité ayant été laïcisé en février 1888, il aurait dû prendre pour terme de comparaison le chiffre du budget de 1888, établi en 1887. Or, à ce budget de 1888, les dépenses du personnel (religieuses, infirmières, etc.) figurent, non pas pour 26.880 fr., mais pour 32.200 fr., soit en plus . . . . 6.320 fr.

2° Infirmiers et infirmières : 76. Dépense : 21.480 fr.

Budget de 1889 (après la laïcisation), p. 81. Charité :

1° Sous-employés 18 ; le reste est compté avec les infirmiers. Dépense : 25.200 fr.

2° Infirmiers et infirmières : 103. Dépense : 48.800 fr.

Budget de 1890 (après la laïcisation), p. 63. Charité (là encore il fallait dissimuler) :

1° Surveillant et surveillantes : 3. Dépense : 4.900.
2° Sous-surveillantes : 13. Dépense : 18.800 fr.
3° Suppléantes . 15. Dépense : 20.000 fr.
4° Infirmiers et infirmières : 91. Dépense : 30.200 fr.

2° Nous devons faire remarquer que dans le chiffre de 1889, c'est-à-dire 74.000 fr., les traitements entrent pour 43.000 fr. et les indemnités de nourriture allouées au personnel non logé pour 30.500 fr. Or, tandis que M. Després ne tient pas compte du prix de la nourriture des sœurs, M. Risler, au contraire, la déduit très justement en la calculant réglementairement, soit . . . . 12.500 fr.

3° Le rapporteur du Conseil de surveillance a fait ses calculs en prenant l'organisation au lendemain même de la laïcisation. Le budget de 1889, établi en 1888, quelques mois après le départ des religieuses de la Charité, compte en plus deux emplois de surveillante à 1.500 fr. (y compris les avantages en nature), soit . . . . 3.000 fr. (1)

4° Enfin, dans le chiffre de 74.000 fr. entre aussi le montant des indemnités de chauffage, allouées au personnel laïque non logé, soit 1.500 fr., indemnités que M. Risler avait laissées de côté, estimant que ces indemnités étaient compensées, et au delà, par la dépense de chauffage de l'ensemble de la Communauté, soit . . . . 1500 fr. (2)

En additionnant les quatre sommes que nous venons de commenter : 6.320 fr.; 12.500 fr.; 3.000 fr. et 1.500 fr., on trouve 23.320 fr., somme égale à la différence qui existe entre le chiffre de M. Risler, examiné et accepté par le Conseil de surveillance, et celui de M. le Docteur A. Després.

Le procédé de M. Després est connu, il est toujours le même. Pour être parlementaire, nous dirons qu'il confine aux limites de la mauvaise foi. En allant chercher le budget de 1881 au lieu de celui de 1888 pour le comparer avec celui de 1889, M. Després savait qu'il y trouvait un moyen de grossir la dépense de la laïcisation. En effet, ce dernier budget, du temps des sœurs, était plus élevé que celui de 1881 pour cette

---

(1) Ces deux emplois ont été créés en vertu de l'arrêté du 9 mars 1888 pour les services de la *crèche* et celui de la *veille* à la clinique chirurgicale.

(2) En 1887, les dépenses de chauffage de la Communauté se sont élevées à 1531 fr. Les indemnités de chauffage accordées au personnel non logé sont les suivantes : Surveillantes, 130 fr. Sous-surveillantes, 100 fr. Suppléantes, 50 fr. Infirmières, 20 fr.

raison, connue de M. Després, que, en 1882, les sœurs étant à la Charité, le salaire des infirmiers et des infirmières avait été augmenté.

Dans sa seconde lettre, de même que dans la première, le savant hygiéniste qui préfère l'eau souillée de la Seine aux eaux de source, commence, suivant son habitude, par accuser l'Administration d'inexactitude volontaire ou, pour parler net, de mensonge. Nous ne nous arrêterons pas à ces accusations aussi injustes qu'injurieuses, voulant surtout nous attacher à relever les erreurs de ses chiffres.

« En 1889, dit-il, le prix des *services de santé* et *services économiques* qui était de 2.377.000 fr. (budget de 1888. p. 64) est aujourd'hui de 2.687.900 fr. Total 310.000 fr. d'augmentation. »

Par des lettres que nous avons publiées, nous savions que M. Després ne connaissait que médiocrement l'orthographe (1). Aujourd'hui, nous constatons avec regret qu'il ne sait pas lire les documents qu'il cite. Les chiffres de 2.377.000 fr. et de 2.687.900 fr. représentent les dépenses du *personnel médical* et du *personnel secondaire* (sous-chapitres 6 et 6 bis. *Personnel attaché au service des administrés*). Le total des dépenses du service de santé et des services économiques s'élève au contraire pour 1891 à 23.704.270. (Projet de budget, p. 110). La somme de 310.000 fr., relevée par M. Després, représente l'augmentation sur le *personnel médical* et le *personnel secondaire* depuis quatre ans (1888-1891) ; elle est absolument normale et proportionnelle à l'augmentation du nombre des lits.

---

(1) Voir entre autres : *Laïcisation de l'assistance publique*, n° 8, p. 149 et *Progrès médical*, avril 1887.

	1888	1889	1890	1891
Service médical..	928.600	944.900	954.100	971.900
Service adminis-tratif............	1.449.000	1.609.800	1.650.900	1.714.100
Total.....	2.377.600	2.554.700	2.605.000	2.686.000
Nombre de lits ...	21.482	22.677	22.838	23.337

Faisons remarquer en passant la progression constante des lits des hôpitaux et des hospices mis à la
disposition des malades, des vieillards, des infirmes, etc, réponse péremptoire à ceux qui prétendent que l'accroissement des dépenses ne correspond
pas à une augmentation du nombre des lits et partant des malades secourus.

« En revanche, continue M. Després, la dépense de la cave, le
vin que l'on achetait, en 1887 au prix global de 2.310.400 fr.,
n'est plus acheté, cette année qu'au prix inférieur de 2.047.500
fr., total 262.900 fr. *d'économies sur le vin des malades.* »

M. Després ignore ou feint d'ignorer que l'Assistance publique vend du vin à des établissements qui
remboursent, par exemple aux asiles d'aliénés de la
Seine. Si en 1891, au sous-chapitre 11 : *Cave*, figure
un crédit moins élevé que celui porté au budget de
1887, cela tient à deux raisons. En premier lieu,
l'Assistance fournit moins de vin aux établissements
étrangers, ainsi que cela ressort du tableau ci-
dessous :

	Services de l'Assistance	Services étrangers	Total
1888	1.776.000	534.400	2.310.400
1891	1.562.500	485.000	2.047.500
Différence........	213.500	49.400	262.900

La diminution de 262.900 fr., signalée par M. Després, n'est donc plus que de 213.500 fr. En second lieu, et c'est ce qui explique cette dernière différence, le prix du vin pour 1891 a été moins élevé que pour 1888. Le prix du vin en 1888 a été de 0 fr. 63 centimes le litre ; il a été prévu au chiffre de 0 fr. 58 centimes le litre pour 1891. La qualité du vin étant la même et les quantités étant toujours en rapport avec le nombre des journées d'administrés, il s'en suit que, contrairement à l'affirmation infâmante de M. Després, l'Administration *n'a pas fait d'économies sur le vin des malades.*

« Pour ce qui est du coût d'installation des infirmières laïques, à l'hôpital Cochin, par exemple, écrit M. A. Després, j'ai montré, pièces en main, et bien en face de M. le directeur Peyron (*Bulletin municipal officiel* du 16 novembre 1885), que l'on avait acheté, près de l'hôpital Cochin, une maison au prix de 88.000 fr., et que l'on y avait dépensé pour la mettre en état 51.000 fr., soit en tout 139.000 fr. ; puis, comme cela ne suffisait pas, l'on a donné congé à des locataires d'une maison productive de revenu appartenant à l'Administration de l'Assistance publique, 17, rue du faubourg St Jacques ; et, pour avoir des logements destinés aux laïques, l'on a supprimé un revenu de 4.400 fr. De sorte que le renvoi des sœurs de l'hôpital Cochin a nécessité une dépense inutile pour les malades de 139.000 fr. en capital et de 4.400 fr. en revenus. Le chiffre de la dépense d'installation des laïques à l'hôpital Cochin, dressé par l'Administration et reproduit dans le rapport, est de 37.002 fr. 78. Tout commentaire est superflu. »

L'acquisition a été faite en vue de loger non seulement le personnel secondaire laïque, mais aussi le directeur de l'établissement dont l'appartement, incommode et mal disposé, était situé au milieu des salles de malades. Par conséquent, une partie des travaux ont été faits en vue de cette destination et ne peuvent être mis au compte de la laïcisation. Il conviendrait aussi d'en déduire, si cela était possible, les dépenses qu'ont occasionnées les améliorations réclamées impérieusement par le service de l'hôpital, améliorations qui ont pu être faites par un aménagement nouveau des locaux qui composaient la communauté. C'est ainsi que la pharmacie, suffisante lorsque l'hôpital n'avait que 38 lits, était devenue de plus en plus insuffisante au fur et à mesure de l'augmentation du nombre des lits (394 aujourd'hui). L'ancien parloir de la communauté, augmenté de l'ancien magasin de la pharmacie, sert de tisanerie et de salle de distribution; les trois pièces du rez-de-chaussée de la maison du faubourg St Jacques, n° 4, qui servaient de bureaux et de chambres à coucher à la Supérieure et à son assistante, ont été transformées en cabinet et en laboratoire pour le pharmacien. Lés trois pièces du premier étage et celles du second étage, autrefois chambres à coucher des religieuses, composent maintenant l'appartement du directeur (1). Quant à la construction qui part de la maison précédente et s'avance intérieurement le long de l'hôpital et qui servait d'oratoire (rez-de-chaussée) et de dortoir aux religieuses (1er et 2me

____

(1) L'ancien appartement du Directeur sert de logement au commis rédacteur.

étages), il a été affecté au service de la pharmacie (magasin au rez-de-chaussée) et aux internes en pharmacie (salle de garde, cuisine, salle à manger, bibliothèque, chambre à coucher) (1).

Dans quelle proportion toutes ces améliorations diminuent-elles la dépense totale mise si libéralement à la charge de la laïcisation de l'hôpital Cochin? C'est ce qu'il est difficile d'apprécier. En tout cas, elles existent, elles sont indéniables, elles ont entraîné des frais et il était du devoir de M. A. Després de ne pas les dissimuler.

La discussion qui précède, les chiffres précis que nous avons donnés, montrent une fois de plus avec quelle légèreté, avec quelle médiocre souci de la vérité, M. Després se laisse aller à toutes sortes d'affirmations qui ne reposent sur aucune base sérieuse. Loin de s'améliorer, sa maladie nous paraît s'aggraver. Rien ne pourra la guérir, pas même la douche parlementaire qu'il va certainement recevoir. Et ce sera justice !

BOURNEVILLE.

II.

Les infirmiers et infirmières des hôpitaux de Paris.
(1843-1867-1890).

La 3ᵉ Commission (Assistance publique) du Conseil général a fait sa visite annuelle à la Salpêtrière, le 20 novembre dernier. Elle en a profité pour se rendre compte, suivant l'habitude, du fonctionnement de l'Ecole municipale d'infirmières annexée à cet hospice. Elle a assisté aux exercices pratiques, puis

---

(1) L'ancien local de la pharmarcie forme la salle de garde des internes en médecine qui, auparavant, avaient une installation déplorable, qu'on a transformée en un bureau pour le chirurgien, et en laboratoire servant aussi de chambre d'ophthalmologie. La cloison séparant l'ancien bureau du chirurgien du réfectoire des sœurs a été supprimée, et les deux pièces servent maintenant de réfectoire pour le personnel.

aux cours de l'Ecole primaire et enfin à la leçon de M. le
Dr Poirier sur les pansements et la petite chirurgie. — A la fin
de la visite, M. Bourneville a donné des renseignements sur
l'organisation des Ecoles d'infirmières et il a terminé par une
comparaison entre le personnel secondaire des hôpitaux en
1843, 1867 et 1890. Voici la reproduction de cette dernière
partie de son discours.

Si l'on en croyait les adversaires de la laïcisation, depuis
que les surveillantes laïques ont remplacé les religieuses
dans les établissements hospitaliers, les infirmiers et les
infirmières seraient plus mal recrutés, plus incapables,
plus durs aux malades qu'autrefois. Il est facile de répondre en montrant ce qu'étaient les *infirmiers* et les
infirmières à deux époques éloignées et différentes, 1843
et 1867, et en les comparant à ce qu'elles sont aujourd'hui.

En ce qui concerne la première date, nous allons citer
un extrait du *Rapport fait au Conseil général des hospices*
dans la séance du 10 mai 1843 par la Commission médicale de 1841-1842 :

« De toutes parts, dit le rapporteur, M. E. Horteloup, il nous
a été adressé des réclamations au sujet des infirmiers et des
infirmières. Et cette branche importante du service appelle
l'attention du Conseil. Dans quelques hôpitaux, c'est sur le
nombre trop peu considérable que portent les réclamations de
nos confrères ; dans tous, c'est sur leur qualité.

« La modicité des gages n'amène près des malades que
des gens incapables d'avoir pour eux les égards et les soins
que réclame leur état ; aussi regardent-ils ces sortes de places
comme un état transitoire, ils sont infirmiers en attendant
mieux, et, n'ayant aucun désir de se fixer dans les Maisons
Hospitalières, ils ne font rien pour acquérir la dextérité que
réclament leurs fonctions. Pour augmenter leurs appointements,
tous les moyens leur sont bons. Ce sont eux qui apportent et
vendent aux malades des aliments et des boissons que les chefs
du service de santé jugent convenable de leur refuser. Un d'eux
a été saisi apportant de l'eau-de-vie à un convalescent. Presque
tous exigent, ou des pauvres malades, ou de ceux qui viennent
les visiter, des gratifications plus ou moins considérables. Le
malheureux qui ne peut payer reste privé de soins, sans que le
directeur le plus actif ou la surveillante la mieux intentionnée
puisse parer à ces inconvénients. Mais si ces graves désordres
sont dans les hôpitaux ordinaires des plaies effrayantes, que
sera-ce donc, Messieurs, si vous jetez les yeux sur les maisons

spéciales destinées aux aliénés. Le récit tracé par l'un de nos confrères de la Salpêtrière est vraiment déplorable ; après avoir loué le mérite et le dévouement de quelques surveillantes et sous-surveillantes de la maison, et témoigné le regret que le nombre de ces femmes vertueuses soit si peu considérable, il ajoute : « Cette réflexion s'applique bien plus péniblement encore à nos filles de service. Impossible de se faire, si on ne les a vues de près, une idée complète de l'immoralité d'un grand nombre d'entre elles. Cette profession est exercée par quantité de personnes qui ne peuvent s'en procurer d'autres. C'est dans les sections d'aliénées et surtout dans celles d'incurables qu'on trouve les moins dignes. C'est là, au contraire, c'est au sein de cet excès de souffrances qu'il faudrait avoir les cœurs et les bras les plus secourables.

« Ce pénible tableau trouve son pendant exact dans les plaintes que nous adressent nos confrères de Bicêtre. Là, ce sont des hommes du plus bas étage et de la plus grossière brutalité, qui *battent* les pauvres aliénés confiés à leur garde, et détruisent par leurs violences les bons effets du traitement.

« Ne croyez pas, Messieurs, que cette peinture soit exagérée, des chiffres vous prouverout combien les mutations sont fréquentes parmi ces employés subalternes, et vous aurez la conviction que ces êtres dégradés et pervers doivent être au plus tôt remplacés auprès de vos malades.

« 1842. A l'Hôtel-Dieu, où il faut 100 infirmiers ou infirmières, dans les premiers mois, il en est entré 167 et sorti 165.

« 1841. A Bicêtre, le service des aliénés comprenait 84 infirmiers-servants et brigadiers ; le mouvement a été dans l'année ainsi qu'il suit : il en est entré 164 et sorti 163. En 1842, le mouvement d'entrée et de sortie a encore augmenté.

« Il est impossible, avec un aussi court séjour, que des infirmiers acquièrent la moindre capacité. Pour obvier à d'aussi graves désordres, l'élévation du salaire n'est pas le seul remède. Peut-être faudrait-il d'année en année une augmentation que le Conseil déterminerait d'après les bons témoignages rendus sur le compte de chaque infirmier ou infirmière. Peut-être pourrait-on établir des distinctions, des récompenses pour ceux dont la conduite serait irréprochable, et dont le zèle pour les pauvres malades serait constaté ; il faudrait peut-être leur assurer un asile après un service continu de vingt ans dans les maisons dépendant de l'administration.

« Peut-être devrait-on établir diverses classes d'infirmiers et d'infirmières qui recevraient de 150 à 300 fr. de gages, et qui ne passeraient de l'une dans l'autre que sur des certificats des chefs de service. Quel que soit le moyen adopté par le Conseil, pourvu qu'il parvienne à fixer d'une manière plus constante les infirmiers dans les hôpitaux, il recevra l'approbation de tous. *La dépense* qu'entraînera nécessairement cette augmentation d'appointements *est une des plus urgentes.*

« Cette branche du service trop longtemps oubliée mérite la plus sérieuse attention et exige un *prompt remède.*

Les griefs du corps médico-chirurgical des hôpitaux en 1843 peuvent se résumer ainsi : insuffisance du personnel ; — insuffisance de sa qualité ; — modicité exagérée des gages, incapacité professionnelle ; — abus criants envers les malades ; — mutations fréquentes partout, entre autres à Bicêtre et à l'Hôtel-Dieu (1). Relativement aux moyens indiqués pour remédier à une telle situation, nous en parlerons tout-à-l'heure, après avoir fait connaître l'opinion exprimée par M. le professeur Léon Le Fort en 1867 :

« Le service direct des malades est fait, comme nous l'avons dit, par des laïques, serviteurs à gages, qui, pour ces pénibles fonctions, reçoivent un salaire de 15 francs par mois, lequel, après quatre années, peut être élevé à un maximum qui est alors de 21 francs. Quand on réfléchit que les domestiques des deux sexes, généralement assez bien logés, reçoivent, à Paris, dans les maisons particulières, où ils sont bien nourris, un salaire qui, presque toujours, dépasse le double, on se demande par quel miracle l'administration des hôpitaux parvient à ne payer que 15 francs les pauvres diables chargés du plus pénible et du plus rebutant de tous les services. Hélas ! la réponse n'est que trop facile pour ceux qui ont vécu dans les hôpitaux, en contact journalier avec les malades. Sauf de rares, de très rares exceptions, les infirmiers et infirmières présentent deux variétés : le rebut des serviteurs incapables de pouvoir être conservés nulle part ailleurs et des gens d'une

---

(1) Les mutations ont été, à Bicêtre, en 1889, de 105 pour les 190 infirmiers de la maison et de 12 pour les 71 infirmières. — Pendant la même année, il y a eu à l'Hôtel-Dieu, où sont encore les sœurs, 162 mutations pour 85 infirmiers et 64 mutations pour 51 infirmières. Les renvois, à l'H.-D., ont eu les causes suivantes : abandon de service, 90 ; paresse et ivrognerie, 106 ; négligence dans le service, 30. — La diminution considérable des mutations à Bicêtre est un des résultats de l'Ecole municipale d'infirmiers et d'infirmières qui y existe. On voit qu'à l'Hôtel-Dieu, où les religieuses *recrutent elles-mêmes* le personnel, la situation loin de se modifier, s'est plutôt aggravée.

moralité malheureusement non douteuse, que l'exiguité même de leur salaire pousse fatalement à les augmenter par les plus indignes extorsions. Si le malade a soif, si, cloué à son lit, il ne peut saisir le vase qui renferme sa tisane, ou s'il a bu celle qui lui avait été donnée, s'il réclame un autre secours, il faut qu'il paye ou que ses parents, en venant le visiter, aient apprivoisé, à prix d'argent, des gens qui devraient être, qu'on croit être les serviteurs de celui qui souffre, et qui ne sont trop souvent pour lui que de véritables vampires.

« Presque tous exigent, ou des pauvres malades, ou de ceux qui viennent les visiter, des gratifications plus ou moins considérables. Le malheureux qui ne peut payer reste privé de soins, sans que le directeur le plus actif, ou la surveillante la mieux intentionnée, puisse parer à ces inconvénients. »

« Voilà ce que disait le rapport de la commission médicale du 10 mai 1843, et l'administration se fait une étrange illusion, quand elle s'imagine avoir remédié au mal. Il persiste toujours le même, toujours aussi intense ; il n'est pas un médecin d'hôpital qui n'en connaisse toute l'étendue ; mais il n'est donné à aucun de nous de pouvoir l'atteindre ; car la répression directe venant de notre part serait un empiétement sur les droits des administrateurs, et il ne nous appartient pas davantage d'appliquer le seul remède efficace : *Augmenter le salaire des infirmiers. Le mal est rendu inévitable par une économie des plus mal entendues ; puisse l'Administration finir par le comprendre* et diriger dans une meilleure voie les efforts très réels, mais sans résultat décisif possible auxquels elle se livre depuis longtemps pour combattre ce fléau (*Paris, 2e partie : La Vie.*). »

« Le mal persiste le même, toujours aussi intense ! » Voilà ce qu'écrit M. le professeur Le Fort 25 ans après la Commission médicale. Qu'a fait durant cette période l'Administration ? Elle a élevé les salaires mensuels de 10 à 15 fr. et, à des périodes variables, elle a fait apposer, à l'entrée des salles de malades, un AVIS que l'on a encore vu reparaitre de temps en temps depuis 1867 : il est ainsi conçu :

« Le Directeur de l'Administration rappelle de nouveau qu'il est expressément interdit par les règlements, à tous les agents du personnel secondaire de recevoir de l'argent ou les cadeaux des malades ou des parents ou amis de ces malades. Le Directeur de l'Administration prie les personnes qui viennent visiter les malades de vouloir bien tenir compte de cet

avis. En ne le faisant pas, elles attireraient toutes les sévérités
du règlement sur les agents du personnel à qui elles donneraient
une rémunération quelconque. »

Donner 10 fr. par mois en 1843, 15 fr. en 1867, loger les
infirmiers et les infirmières en commun, dans des dortoirs
encombrés et insalubres, leur allouer une nourriture des
plus médiocres, par-dessus le marché exiger d'eux un
désintéressement absolu, et, en échange, leur demander
le plus grand dévouement dans l'accomplissement de la
« besogne la plus pénible, la plus rebutante » n'était-ce
pas exiger l'impossible?

C'est parce que nous avions nous-même constaté l'exactitude de cette peinture du personnel secondaire des hôpitaux que nous avons entrepris la tâche difficile et ingrate
de réformer ce personnel. Chaque fois que nous avons
trouvé dans les journaux un fait ayant trait à des poursuites et à des condamnations d'infirmiers, nous avons
répété avec la Commission médicale et avec M. Léon
Lefort: *Il faut augmenter le salaire des infirmiers*. Et
nous avons ajouté: il faut créer des *Ecoles professionnelles*
comme celles qui existent depuis 1840 en Angleterre, en
Suisse, en Allemagne, etc.

Les renseignements que nous avions donnés sur ces
Ecoles à l'étranger, dans le *Mouvement Médical* d'abord,
puis dans le *Progrès Médical* n'ayant pas déterminé l'Administration à étudier leur organisation et à en créer
d'analogues dans notre pays, nous avons pris l'initiative
de ces réformes aussitôt que nous avons été nommé
conseiller municipal.

Le Conseil municipal a augmenté les *pensions de repos*
dont profitent les religieuses. Il a augmenté les *salaires*
qui ont été portés de 15 fr. à 25 fr. au minimum (1); il a créé

---

(1) Ainsi que le dit justement M. le Pr Le Fort, ainsi que l'ont
écrit les inspecteurs des établissements de bienfaisance, Lunier,
Constans, etc., le salaire des infirmiers et des infirmières ne devrait
pas être inférieur comme il l'est au salaire des domestiques de la
même ville, mais supérieur. Voici les *traitements* actuels : Surveillants de 1re classe, 800 fr.; — de 2e classe, 700 fr.; — Sous-
surveillants de 1re classe, 600 fr.; — de 2e classe, 500 fr.; —
Suppléants, 400 fr.; — 1ers Infirmiers, 360 fr.; — Infirmiers de
1re classe, 330 fr.; — de 2e classe, 300 fr. Ces salaires sont les
mêmes pour les deux sexes. En plus, logement, nourriture et habillement. Les infirmiers de jour sont de service en hiver de 6 heures
du matin à 8 heures du soir; en été de 5 heures du matin à 8 h. du

les trois *écoles* municipales d'infirmiers et d'infirmières de Bicêtre, la Salpêtrière, la Pitié et l'Ecole départementale de l'Asile clinique.

Ces mesures ont-elles produit des résultats ? Certainement, et, si par suite des obstacles apportés durant long-temps par une partie des fonctionnaires du chef-lieu de l'Administration et des hôpitaux, obstacles qui, malgré la bonne volonté de M. Peyron, n'ont pas encore tout à fait disparu, ces résultats ne sont pas aussi considérables qu'ils devraient l'être ; si le nouveau personnel n'est pas encore aussi parfait que nous le désirerions, il est incontestable que, aujourd'hui, une partie des infirmiers et une partie considérable des infirmières ont une instruction primaire et professionnelle qui les met en mesure de s'acquitter avec plus d'habileté et d'intelligence de leurs fonctions ; de mieux exécuter les prescriptions des chefs de service ; de leur fournir sur les malades des renseignements exacts, ce dont autrefois ils étaient aussi incapables que la plupart des religieuses. Il n'est pas moins reconnu par toutes les personnes de bonne foi que sous le rapport de la propreté, de la tenue, de la moralité, le nouveau personnel laïque, celui qui a passé par les Ecoles et obtenu le diplôme (1) n'est plus passible des reproches que formulait la Commission médicale de 1843. Les soins donnés aux malades sont plus éclairés, au grand avantage des malades et des médecins. Quant au dévouement, le personnel laïque a fait ses preuves : personne n'a failli à ses devoirs, non-seulement durant les dernières épidémies de choléra et de variole, mais encore en face des maladies contagieuses des enfants devant lesquelles on prétendait qu'il déserterait.

A mesure que le programme de l'*enseignement professionnel*, que nous avons tracé, sera plus rigoureusement appliqué ; que les discussions soulevées par la laïci-

---

soir. Ils ont une heure pour le déjeuner et une heure pour le diner. Ils ont deux permissions de sortie par mois à partir de midi. Les infirmiers veilleurs prennent le service à 8 heures du soir et le quittent à 10 heures du matin dans certains services et après 11 h. dans d'autres. Dans les hôpitaux, par exemple la Pitié, le service commence à 5 heures du matin, été comme hiver. Les directeurs peuvent accorder à une partie de leurs infirmiers, à tour de rôle, une sortie de 6 heures à 8 heures du soir.

(1) Les Ecoles d'infirmières ont été créées en 1878. Les diplômes ont été institués en 1882. Depuis lors, jusqu'à ce jour, il a été délivré 886 diplômes.

sation seront moins violentes, moins injustes ; que les améliorations matérielles au point de vue de la nourriture et du logement seront complétées ; que les femmes qui embrassent cette carrière seront sûres d'avoir par leur travail et leur dévouement, avec la considération des administrateurs et des médecins, la sécurité pour l'avenir, les résultats déjà obtenus se compléteront et dans un avenir prochain les établissements hospitaliers de Paris posséderont un personnel secondaire pouvant rivaliser avec le personnel laïque des hôpitaux les mieux tenus de l'Angleterre, de l'Allemagne et des Etats-Unis. »

III.

Les Religieuses hospitalières jugées par M. Husson.

(*Mémoires du baron* HAUSSMANN, tom. II, p. 79).

Le passage suivant des *Mémoires* de M. le baron Haussmann mérite d'attirer l'attention :

« A l'Assistance publique M. Husson apporta ses qualités d'application, d'ordre méthodique, d'investigations détaillées. Mais je dus contenir son zèle de réformes à l'endroit des sœurs hospitalières, auxquelles il reprochait de coûter trop cher, bien que mal payées (150 fr. chacune) (1), à cause de leur nombre exagéré, du temps qu'elles passaient aux exercices religieux dans leurs communautés ; des aides qu'il leur fallait pour tout ; de leur tendance au gaspillage ; et, grief beaucoup plus grave, de tenir souvent trop peu de compte des prescriptions médicales, pour agir à leur tête. Il n'appréciait pas assez les qualités admirables par lesquelles ces saintes filles rachetaient tout cela.

« Je suppose que s'il eût été le maître, on aurait assisté dès lors à quelque essai de laïcisation, surtout dans les bureaux de bienfaisance. »

Nous remercions vivement M. le baron Hausmann de nous avoir fait connaître l'opinion de M. Husson, directeur de l'Assistance publique, pendant les dix dernières années de l'Empire, sur les *Religieuses hospitalières.*

---

(1) 200 fr. pour la plupart des congrégations hospitalières de Paris ; 150 fr. pour deux ou trois ; 300 fr. dans les Asiles d'aliénés.